Gotthilf Gerhard Hiller

Ausbruch aus dem Bildungskeller
Pädagogische Provokationen

Gotthilf Gerhard Hiller

Ausbruch aus dem Bildungskeller

Pädagogische Provokationen

Mit einem Vorwort von Andreas Flitner

Armin Vaas Verlag

Gotthilf Gerhard Hiller
Jg. 1944, Dr. phil., Professor für Lernbehindertenpädagogik an der
Pädagogischen Hochschule Ludwigsburg (Reutlingen)

Für Inge,

ohne deren
engagierte Mitarbeit,
Ermutigung,
Duldsamkeit,
Kritik und Ironie

diese Arbeit
nicht
möglich wäre.

Vierte Auflage
1997
© Armin Vaas Verlag 89129 Langenau-Ulm
Umschlagbild: Radierung von Cielo Dolci 1978 (Ausschnitt)
Druck und Bindung: AZ Druckhaus, Kempten

ISBN 3-88360-065-2

Inhalt

Vorwort (Andreas Flitner)   Seite 7
Vorwort zur vierten Auflage   10
Ausbruch aus dem Bildungskeller   12

I. Schultheoretische Herausforderungen   15

Realitätsnahe Schule
Impulse zur Öffnung der Schule für Lernbehinderte für eine
bessere Vorbereitung ihrer Schüler auf die Lebenswirklichkeit   15

Allgemeinbildung in sonderpädagogischer Sicht   46

Unterdrückte und unbefriedigte Bedürfnisse
Bemerkungen zu Gerhard Kleins bedürfnistheoretischer
Gesellschafts- und Schulkritik   51

Perspektiven der Schule für Lernbehinderte
Umrisse eines Bildungskonzeptes für Kinder und Jugendliche der
unteren Statusgruppen   58

Repräsentation als Problem der Schule   77

II. Bewußtseinsbildender Unterricht   87

Schwätzer und Stumme   87

Ikonische Texte. Eine Chance für „Schulversager"   98

„Die in der Fremde arbeiten …"
Unterricht mit Karikaturen von Arbeitsmigranten
(Mitautor: Herbert Schaible)   109

Aufsätze ernstnehmen – korrigieren alleine reicht nicht
Ein Weg zum sozialen Lernen und Lehren im ganz alltäglichen
Unterricht   122

Förderlicher Aufsatzunterricht   130

Texte befragen
Methodische Anregungen zu einem kritischen Leseunterricht   154

Wohnen und Wohngemeinschaft als Unterrichtsthema   167

III. Zugänge zum Beschäftigungssystem   177

Die Berufswirklichkeit und die Vorbereitung in den Schulen für die
     behinderten Jugendlichen   177

Benachteiligte Jugendliche im Berufsvorbereitungsjahr   203

Arbeit und Beruf – für benachteiligte und behinderte Jugendliche?   214

Konzept zur Verzahnung von Schulunterricht und beruflicher
     Ausbildung für Jugendliche mit Lernschwierigkeiten   253
     Erstfassung   253
     Zweitfassung   261

Bibliographische Anmerkungen   272

Vorwort

Die Beiträge, die in diesem Buch zu drei Kapiteln zusammengefaßt sind, zwingen zu neuem Nachdenken darüber, wie Schule, Unterricht und Ausbildung für Benachteiligte – Kinder, Jugendliche und junge Erwachsene – gestaltet werden können. Damit werden zugleich grundsätzliche Fragen der Bildungs- und Schultheorie und einer künftigen Bildungspolitik aufgeworfen.

Eine Schule für benachteiligte Kinder und Jugendliche – so wird im ersten Kapitel gefordert – muß die Lebenswelt ihrer Schüler nachweislich zu ihrem Bezugspunkt machen. Denn diese hat ihre bisherige Lebensgeschichte geprägt und wird sie auch weiterhin bestimmen. Weil Lehrer oft diese Lebenswelt nicht hinreichend kennen, zu wenig um die Belastungen und Herausforderungen wissen, aber auch die Chancen einer Anknüpfung nicht wahrnehmen, wird ihnen hier angeraten, für den einen oder anderen dieser Schüler über mehrere Jahre hinweg zum Fürsprecher zu werden, ihm in begleitender Hilfe als einfühlsamer und kompetenter Partner zur Verfügung zu stehen. Ein solches Engagement öffnet den Blick über die Zäune der schulischen Arbeit, der berufsvorbereitenden und berufsbildenden Maßnahmen hinaus und schafft so Einsicht und Bereitschaft zu Veränderungen in der Schule selbst: Die Jugendschule, die hier gefordert wird, soll nicht länger nur Stätte der Vermittlung von Wissen, von Fähigkeiten und Fertigkeiten sein; sie sollte sich darüber hinaus zur Aufgabe machen, ihren Schülern dauerhafte Kontakte zu solchen Erwachsenen zu vermitteln, die sie über die Schulzeit hinaus im Auge behalten und ihnen verläßliche Partner bleiben können. Es geht darum, die Jugendlichen in Gruppen und Vereinen außerhalb der Schule einzubinden und ihnen gesicherte Zugänge zu solchen Positionen im Beschäftigungssystem zu eröffnen, die ihnen soweit als möglich wirtschaftliche Unabhängigkeit von anderen bieten. All das sind Voraussetzungen dafür, daß diese Schule ihren Schülern dann auch die Gefahren und Schwierigkeiten redlich vor Augen führt, denen sie aller Wahrscheinlichkeit nach ausgesetzt bleiben werden.

Im zweiten Kapitel werden Beispiele von einem Unterricht vorgelegt, der solcher Bewußtseinsbildung dienen soll. Um herauszufinden, wie Schüler ihre Welt wahrnehmen, muß man ihnen Gelegenheit geben, ihre Vorstellungen, Meinungen, Ängste und Probleme zu äußern. Die Berichte bieten zahlreiche Anregungen dafür. Sie zeigen auch, wie man Schüler dazu ermutigt, sich mit ihren Auffassungen und auch Vorurteilen auseinanderzusetzen. In der Arbeit an Bildern, mit Informationen und Gegenargumenten differenziert und erweitert sich das Bewußtsein. Die Schüler distanzieren sich allmählich von dem, was sie bedrängt, werden bereit, sich auf Ungewöhnliches einzulassen. Weil diese Schüler früher und häufiger als ihre Altersgenossen sich mit nichtkonventionellen Lösungen der Lebensgestaltung arrangieren und ungeklärte Situationen aushalten müssen, hat die Schule die Aufgabe, mit ihnen eine solche Reflexions- und Distanzierungsarbeit zu leisten. Sie kann ihnen helfen, zwischen Herkunftsmilieu und bürgerlicher Kultur ihren Weg zu gehen.

Die Arbeiten des dritten Kapitels belegen, daß sich die Frage nach den Zugängen zum Beschäftigungssystem neu stellt, wenn man konkret untersucht, welche Arbeitsplätze den Schwachen und Schwierigen eigentlich offenstehen. Schulische Anstrengungen zur Orientierung und Vorbereitung der „Berufs"-wahl, auch die vielfältigen Maßnahmen zur Förderung der Berufsreife und schließlich die Ausbildungskonzepte selbst werden in dieser Perspektive mehr als fraglich. Das Konzept zur Verzahnung von schulischer Allgemeinbildung und beruflicher Ausbildung, das als *eine* Alternative zum Bestehenden für den Bereich des Baugewerbes am Schluß des Buches vorgelegt wird, bietet freilich nur für einen kleinen Teil der benachteiligten Jugendlichen einen Ausweg. Die Übertragbarkeit dieses Konzepts auf andere gewerbliche Branchen wäre zu prüfen. Daß benachteiligte Mädchen und junge Frauen offensichtlich so gut wie keine Chance haben, eine Beschäftigung zu finden, die ihnen wirtschaftliche Selbständigkeit gibt, bleibt eine der bedrückenden Feststellungen, mit denen dieses Buch den Leser konfrontiert. Wie soll für diese Mädchen eine redlich unternommene Vorbereitung auf die Zukunft aussehen?

Die Provokationen des Buches richten sich nicht allein auf die Schulpraxis. Sie gelten auch der Bildungstheorie und der Bildungspolitik.

Die *Bildungstheorie* nimmt die Vielzahl und Verschiedenartigkeit der tatsächlich vorhandenen und der künftig realisierbaren Lebenswelten nicht ernst genug. Sie verdrängt und grenzt aus, sie übersieht und negiert, was der bürgerlichen Lebenswelt nicht entspricht. Bildungswirksame Potentiale anderer Lebensverhältnisse werden nicht zureichend wahrgenommen und gewürdigt. Dies gilt im internationalen Horizont ebenso wie im nationalen Rahmen: Die Durchsetzung der Bildungs- und Arbeitsgesellschaft ohne Alternativen, die bisherigen Bemühungen, immer mehr von dieser Bildung an immer weitere Schülerkreise zu verteilen, läßt die Lage der Zurückbleibenden immer schwieriger werden. Brauchen wir, so wird hier provozierend gefragt, anstelle *eines* Bildungsentwurfs, der seinen Anspruch auf Allgemeingültigkeit zwar fortgesetzt behauptet, nicht aber nach seiner sozialen Geltung fragt, nicht die Ausarbeitung einer Vielfalt von verschiedenen, als gleichwertig anzuerkennenden Bildungskonzepten?

Die *schultheoretische* Provokation der hier vorgelegten Aufsätze ist nicht geringer: Der Lebenszusammenhang, in den Kinder und Jugendliche eingebunden sind, hat sie nicht nur zu dem werden lassen, was sie sind. Er bestimmt auch ihre Zukunftschancen, wenn die Schule ihnen nicht hilft, sich mit ihren spezifischen Verhältnissen konstruktiv auseinanderzusetzen. Konfrontiert sie statt dessen die Kinder und Jugendlichen nur mit einem Ausschnitt von Angeboten und Erwartungen unter dem Anspruch allgemeiner Verbindlichkeit, so erzeugt sie allenfalls Unterwerfung

oder aber stößt auf Ablehnung und Gleichgültigkeit. Befreiung aus den Lebens-
umständen durch schulische Erziehung und durch Unterricht ist jedoch nur in
Graden möglich: Grenzgänger heranzubilden, die zu ihrem Herkunftsmilieu soviel
Distanz entwickeln, daß sie mit realistischen Alternativen experimentieren und
zeitweilig in ihnen zurechtkommen können, ist das weitestreichende Ziel, das sich
heute Schulen vernünftigerweise stecken können. Die scheinbar unüberbrück-
baren Gegensätze zwischen den Vertretern von Gesamtschulkonzepten auf der
einen, mehrgliedriger Schulsysteme auf der anderen Seite lassen sich – so eine eher
implizit als explizit formulierte These dieses Buches – möglicherweise dadurch
überwinden, daß man eine Vielzahl sehr unterschiedlicher, lebensweltbezogener,
„schülernaher" Schulen schafft und dann dafür sorgt, daß jede für die spezifischen
Chancen und Beschränkungen sensibel wird, die ihr durch ihren „kulturellen Kontext" vorgegeben sind.

Schulische Distanzierungsarbeit für die künftig Erfolgreichen hätte darauf zu zielen, daß sie lernen, auch die vielfältigen Formen von Einschränkungen und Benachteiligungen derer wahrzunehmen, die, aus welchen Gründen immer, auf
Dauer den eigenen Schwächen und den von außen sie bedrängenden Schwierigkeiten ausgeliefert sind. Unterricht in den höheren Schulen wäre demzufolge
stärker als bisher darauf anzulegen, das nötige Wissen und, durch gemeinsame
Aktivitäten mit Benachteiligten, auch das praktische Können und die Bereitschaft
zu entwickeln, daß junge Menschen informierte und solidarische Fürsprecher und
Partner von Benachteiligten werden können.

Pädagogische Provokationen gegen Ausgrenzung münden hier nicht in eine durch-
gehend gemeinsame Beschulung von Benachteiligten und Begünstigten. Sie
erschöpfen sich auch nicht in der Forderung nach einer auf solidarisches Handeln
ausgerichteten Bildungstheorie oder in der Entwicklung alternativer schulischer,
curricularer und methodischer Konzepte: Vielmehr werden sehr konkrete *bildungspolitische* Forderungen erhoben, unter anderem die nach einem Jugendbildungsgesetz. Wenn zutrifft, was dieses Buch behauptet, daß derzeit mindestens
jeder fünfte Jugendliche sowohl aus dem Beschäftigungssystem als auch aus der
Teilhabe am geselligen Leben und an glückenden privaten Beziehungen ausgeschlossen und damit an den Rand der Gesellschaft gedrückt wird, so muß das uns
alle alarmieren. Wenn wir in solchem Umfang die zukünftige Entwicklung von
Kindern und Jugendlichen gefährden, so riskieren wir in der Tat die Grundlagen
unserer Gesellschaft.

Andreas Flitner
Tübingen, April 1989

Vorwort zur vierten Auflage

Nach acht Jahren wird die vierte Auflage dieses Buches erforderlich; die anhaltende Resonanz macht deutlich, daß die aufgeworfenen Fragen und die Art ihrer Behandlung noch immer und sehr dringend einer Fortführung bedürfen. Weil die hier zusammengefaßten Aufsätze aus den Jahren 1985 bis 1988 jedoch zeit- und situationgebunden sind – nur zwei davon wurden für die zweite Auflage (1991) nennenswert überarbeitet –, habe ich sie für diese Auflage nicht mehr aktualisiert. Statt dessen mache ich im folgenden auf einige Texte aufmerksam, die von meinen Mitarbeitern und mir zu den hier bereits behandelten Themen inzwischen veröffentlicht wurden. Sie dokumentieren unsere Entwicklung und den gegenwärtigen Stand an Methoden- und Problembewußtsein, auch an Erkenntnis.

Die schultheoretische Diskussion, die den ersten Teil des Buches ausmacht, wurde schon 1991 durch das Plädoyer für eine Stärkung der integrativen Funktion des Bildungssystems ergänzt. Unter der Fragestellung „Schule zwischen allen Stühlen?" habe ich 1994 die Chancen (schul-)pädagogischer Verständigung in einer pluralen Gesellschaft diskutiert. Im gleichen Jahr erschien das Buch „Jugendtauglich – Konzept einer Sekundarschule", in dem die Entwürfe zu einer Jugendschule (hier auf den Seiten 64 bis 75 in ersten Umrissen skizziert) sehr detailliert ausgearbeitet und fortgeschrieben sind. Welche Herausforderungen für die Schul-, Sozial- und Berufspädagogik sich aus den Lebenslagen und Zukunftsperspektiven von Jugendlichen der unteren Bildungsgänge im veränderten Deutschland ergeben, habe ich in einem Beitrag zu dem von Wolfgang Mack herausgegebenen Buch „Hauptschule als Jugendschule" (1995) dargestellt; inwiefern der „fächerübergreifende Unterricht" hierfür Lösungsansätze bietet, haben Ingeborg Hiller-Ketterer und ich in einem Aufsatz erörtert, der 1997 in dem von Ludwig Duncker und Walter Popp herausgegebenen Band erscheint.

Die im zweiten Teil vorgelegten Studien zum „bewußtseinsbildenden Unterricht" werden vor allem durch das Buch „Zahlen Welten" von Joachim Schroeder (1994) fortgeführt, außerdem durch meine Buch- und Zeitschriftenbeiträge „Zur Alphabetisierung benachteiligter Kinder" (1990), „Blicke auf das europäische Haus" (1991), „Lehren und Lernen mit Bildern" (1993) und „Anatomie einer Bildgeschichte" (1994). Für einen „realitätsnahen Unterricht" in Sachen (Über-)Lebenskunst haben wir 1992 bzw. 1994 die Unterrichts- und Informationsbroschüren „Durchblick im Alltag" (zwei Schülerarbeits - und zwei Lehrerhefte) für Jugendliche, junge Erwachsene und deren „Begleiter" veröffentlicht.

Die im dritten Teil vorgestellten Konzepte zur schulischen und nachschulischen Begleitung, Unterstützung und (Aus-)Bildung von benachteiligten Jugendlichen und jungen Erwachsenen wurden durch eine Reihe von qualitativ-empirischen Untersuchungen zu den Lebenswegen und Lebenslagen der Betroffenen in ihrer Dringlichkeit bestätigt. Hervorzuheben sind hier vor allem das Buch „Zwischen Totalversorgung und der Straße" von Werner Baur (1996) und der gemeinsam mit Hans-Joachim Friedemann und anderen erarbeitete Forschungsbericht über die weiteren Lebenswege von BVJ-Absolventen (1996, 1997), eine Untersuchung, die seit 1993 jährlich fortgeschrieben wird (Weiblen 1996, Schwenkmezger 1997). Zu welchen Konsequenzen wir aufgrund dieser Befunde und zweier weiterer Studien über die Lebenswege benachteiligter Frauen (Maier 1996, Abele 1997) hinsichtlich der Allgemein- und Berufsbildungsbemühungen für Benachteiligte kommen, haben Werner Baur und Michael Storz in ihrem Aufsatz „Muß die Schule auf die Arbeitslosigkeit vorbereiten?" (1997) und ich in meinem Beitrag „Berufsvorbereitungsjahre – ebenso notwendig wie unglaubwürdig?" (1997) dargestellt. – Zum Thema „Alltagsbegleitung junger Menschen in riskanten Lebenslagen" haben Joachim Schroeder und Michael Storz 1994 den Reader „Einmischungen" veröffentlicht; einen entsprechenden „Leitfaden für die Praxis" haben dazu Michael Storz und Christine Stein (1994) erarbeitet. In den verschiedenen Formen solch „nachgehender Betreuung" sehen wir wichtige Ansätze zu einer „sonderpädagogischen Erwachsenenbildung", die – inszeniert als bürgerschaftliches Engagement, gestützt durch fachkompetente Beratung – nicht nur denen nützt, für die sie eingerichtet wird, sondern von der auch jene profitieren, die sie betreiben.

Gotthilf Gerhard Hiller
Reutlingen, Mai 1997

Bibliographische Hinweise zu diesem Vorwort
Abele, S.: Qualitative Untersuchung zum Lebensweg und zur Individuallage von Absolventinnen der Ausbildung zur Hauswirtschaftstechnischen Helferin. Unveröff. wiss. Hausarbeit, Reutlingen 1996.
Baur, W.: Zwischen Totalversorgung und der Straße. Über Langzeitwirkungen öffentlicher Erziehung. Eine qualitative Studie zu Lebenslauf, Individuallage und Habitus eines ehemaligen Heimzöglings. Langenau-Ulm 1996.
Baur, W., Storz, M.: Muß die Schule auf die Arbeitslosigkeit vorbereiten? Die Krise der Arbeitsgesellschaft – Auswirkungen auf die Schule. In: Bildung und Wissenschaft 51 (1997), S.14-23.
Hiller, G.G.: Zur Alphabetisierung benachteiligter Kinder. In: Hiller, G.G., Kautter, H. (Hg.): Chancen stiften. Über Psychologie und Pädagogik auf den Hinterhöfen der Gesellschaft. Langenau-Ulm 1990, S.171-183.
Hiller, G.G.: Blicke auf das europäische Haus. Vom Umgang mit einer politischen Metapher. In: Wege nach Europa – Spuren und Pläne (= Jahresheft IX. Friedrich-Verlag Velber in Zusammenarbeit mit Klett). Seelze 1991, S.103-112.
Hiller, G.G.: Von normierter Einfalt zu normaler Vielfalt. Plädoyer für eine Stärkung der integrativen Funktion des Bildungssystems. In: Zeitschrift für Pädagogik 37 (1991), S.225-244.
Hiller, G.G.: Durchblick im Alltag. Erste und Zweite Folge. Tips, Informationen und Arbeitsmaterial für junge Leute und ihre Begleiter. Schüler- und Lehrerhefte (1992/1994). Neuauflage, Berlin 1997.
Hiller, G.G.: Lehren und lernen mit Bildern. Mediendidaktische Erwägungen zu Formen der ikonischen Repräsentation im Sachunterricht. In: Duncker, L., Popp, W. (Hg.): Kind und Sache. Weinheim/München 1993, S.257-273.
Hiller, G.G.: Anatomie einer Bildgeschichte. Experimente mit einem Beispiel aus „Haderers Wochenschau". In: Praxis Schule 5-10, 5 (1994) Heft 6, S.48-51.
Hiller, G.G. (Hg.): Jugendtauglich. Konzept für eine Sekundarschule. Langenau-Ulm 1994.
Hiller, G.G.: Schule zwischen allen Stühlen? Chancen pädagogischer Verständigung in einer pluralen Gesellschaft. In: Die Deutsche Schule 86 (1994), S.160-178.
Hiller, G.G.: Lebenslagen und Zukunftsperspektiven von Jugendlichen der unteren Bildungsgänge im veränderten Deutschland – Herausforderungen für Schule, Sozial- und Berufspädagogik. In: Mack, W. (Hg.): Hauptschule als Jugendschule, a.a.O., S. 48-64.
Hiller, G.G.: Berufsvorbereitungsjahre – ebenso notwendig wie unglaubwürdig? In: Gewerkschaft Erziehung und Wissenschaft Baden-Württemberg (Hg.): Berufs- und Lebensperspektiven von benachteiligten jungen Menschen. Das Berufsvorbereitungsjahr (BVJ) in Baden-Württemberg. Stuttgart 1997, S.5-15.
Hiller, G.G., Friedemann, H.-J. u.a.: Plädoyer für eine sonderpädagogische Erwachsenenbildung für junge Menschen in erschwerten Lebenslagen. Bericht über ein Forschungsvorhaben „Alltagsbegleitung für Absolventen von Berufsvorbereitungsjahren". In: GEW (Hg.): Benachteiligte und Berufsausbildung. Frankfurt 1997, S.33-68 und S.121-125.
Hiller, G.G., Friedemann, H.-J.: Berufsvorbereitung und berufliche Bildung für benachteiligte Jugendliche: ein viel zu schmales Angebot. Einladung zu einer schmerzhaften Debatte. In: Die neue Sonderschule 41 (1996), S.249-261.
Hiller, G.G., Hiller-Ketterer, I.: Fächerübergreifender Unterricht in didaktischer Perspektive. In: Duncker, Popp, (Hg.): Über Fachgrenzen hinaus. Chancen und Schwierigkeiten fächerübergreifenden Lernens in Schule und Unterricht. Bd.I. Historisch-systematische Untersuchungen, gesellschaftliche Herausforderungen, didaktische Begründungen. Heinsberg 1997.
Mack, W. (Hg.): Hauptschule als Jugendschule. Beiträge zur Reform der Hauptschulen in sozialen Brennpunkten. Ludwigsburg 1995.
Maier, I.: Abwarten, was kommt. Eine Untersuchung zu Anschlußkarrieren und Individuallagen von jungen Frauen, die 1990 eine Ausbildung zur Friseurin aufgenommen haben. Unveröff. Diplomarbeit, Reutlingen 1995.
Schroeder, J.: ZahlenWelten. Bausteine für einen interkulturellen Mathematikunterricht. Langenau-Ulm 1994.
Schroeder, J., Storz, M. (Hg.): Einmischungen. Alltagsbegleitung junger Menschen in riskanten Lebenslagen. Langenau-Ulm 1994.
Schwenkmezger, T.: Die Jahre nach der Schule als sonderpädagogische Herausforderung – eine qualitative Untersuchung zur funktionaleren Enkulturation Benachteiligter. Unveröff. wiss. Hausarbeit, Reutlingen 1997.
Storz, M., Stein-Siegle, C.: Alltagsbegleitung konkret. Ein Leitfaden für die Praxis. Langenau-Ulm 1994.
Weiblen, M.: Was kommt nach dem Berufsvorbereitungsjahr? Eine qualitative Untersuchung zu Individuallage und Karrieren von Absolventen des BVJ. Konsequenzen für Schule und Unterricht. Unveröff. wiss. Hausarbeit, Reutlingen 1996.

Ausbruch aus dem Bildungskeller

In Wohnhäusern sind die Keller heute vorwiegend Abstellräume für funktionslos gewordenes Gerümpel, für Gegenstände und Materialien, derer man sich erinnert, wenn einen die Lust zu basteln überkommt. Wochenlang braucht man sie nicht zu betreten; sie liegen außerhalb von Wahrnehmung und Interesse. In die öffentlichen Keller, die Tiefgaragen, Verkehrsschächte und Schutzräume, wird abgedrängt, was an der Oberfläche keinen Platz beanspruchen darf. Nur gezwungenermaßen hält man sich dort auf.

Schwache Hauptschüler, Kinder in Schulen für Lernbehinderte und für Erziehungshilfe, Jugendliche in berufsvorbereitenden Maßnahmen – so die Ausgangsthese des Buches – sitzen im Keller des Bildungssystems. – Für die inhaltliche Bestimmung und die organisatorische Verwirklichung einer allgemeinen Grundbildung für das unterste Fünftel der Gesellschaft der Bundesrepublik haben wir weder theoretisch noch politisch noch praktisch brauchbare Konzepte. Weil in den Regelschulen eine für alle Kinder und Jugendlichen gleichermaßen verbindliche Form intellektuell bestimmter Lebensführung auf wirtschaftlich anspruchsvollem Niveau als Allgemeinbildung rigoros durchgesetzt wird, trifft man im Bildungskeller auf abgedrängte Kinder und Jugendliche, die mit solchen Zielsetzungen nicht viel anzufangen wissen. Wer unterschiedlichster Ursachen wegen den Leistungs- und Verhaltensnormen nicht genügt, wird in Einrichtungen verbracht, die mit dem vagen Versprechen arbeiten, sie könnten auf längeren Wegen und mit besonderen Methoden bewirken, daß die jungen Leute, die sie entlassen, den gesetzten Normen hinreichend genügen: Später sollen sie ihr Leben selbständig, unabhängig von öffentlicher Fürsorge oder privater Hilfe führen. Diese Erwartung wird nicht nur an sie herangetragen, sie haben sie auch für sich selbst gelernt.

Selbständigkeit wird aber für die Mehrzahl der schwachen Hauptschüler und der Schüler aus den genannten Sonderschulen zur Illusion, wenn man sich im Erziehungs- und Bildungssystem weder theoretisch hinreichend präzise Vorstellungen davon macht, noch über praktische Konzepte der Vorbereitung verfügt, wie benachteiligte junge Erwachsene im Leben zurechtkommen sollen: Ohne verläßliche Beziehungen, kaum fähig zu einer selbstverantwortlichen Gestaltung ihrer Tage und Wochen, mit einem Einkommen, das bis zur Rente nur wenig über dem Sozialhilfesatz liegt, ständig in Zwangskontakt mit den Einrichtungen öffentlicher Beratung und Kontrolle.

Daß all dies ein Problem des Schul- und Ausbildungssystems ist, wird theoretisch und praktisch geleugnet. Die Verantwortung für das Scheitern wird dem einzelnen

Versager zugeschoben. Indem aber die Schwachen und Schwierigen als „Minus-
und Mankovarianten" der Normalen in Einrichtungen abgeschoben werden, die
sich selbst lediglich als „Reparaturwerkstätten" verstehen, beweist dieses System,
daß es den Herausforderungen nicht mehr genügt, die sich durch die Umbrüche in
der Gesellschaft im Zuge der dritten industriellen Revolution stellen. Vorsichtig
geschätzt, wird heute jeder fünfte Jugendliche als schwacher Hauptschüler, Sonderschüler (L/E) oder als Abbrecher „höherer" Bildungsgänge von den Angeboten
und Förderchancen des Bildungssystems nicht mehr erreicht. Muß ein Bildungssystem, das bestenfalls für vier Fünftel seiner Zwangsklientel etwas taugt, nicht als
gesellschaftlich gefährlich eingeschätzt werden?

Dreierlei ist ihm vorzuwerfen:
1. Das gegenwärtige Schulsystem ist am Ideal kleinbürgerlicher Lebensformen
   orientiert. Was damit nicht verträglich ist, hat keinen Platz. Allen offensichtli-
   chen Entwicklungen zum Trotz wird an den klassischen Lebenslaufbildern vom
   lebenslangen, existenzsichernden Beruf, von Ehe und Kleinfamilie festgehalten, obwohl sich die Gesellschaft unter dem Druck des industriellen Systems
   zunehmend aus diesen Achsen herausentwickelt, die vormals die Biographien
   des einzelnen bestimmten. Die Gesellschaft ist vielfältiger und offener, auch für
   nichtkonventionelle Lebensentwürfe, als das, was die Schule ihren Schülern
   zeigt.
2. Nicht nur mit ihren Inhalten, auch mit ihren Methoden erstarrt die Schule
   zusehends zu einer kulturimperialistischen Einrichtung: Freundlich im Ton,
   unerbittlich im Anspruch, verpflichtet sie den Nachwuchs auf spezifische Formen von Rationalität, Emotionalität, Erfahrungs- und Handlungsfähigkeit und
   definiert alles andere als irrelevant, nicht normal, defizitär aus der Bandbreite
   des Akzeptablen heraus. Anderen Formen des Vernünftigseins, des ästhetischen
   Genusses, der Symbolbildung und der Interaktion steht sie ratlos und ablehnend
   gegenüber. Als Unterrichtspersonal wird nur zugelassen, wer nachweislich den
   gesetzten Normen überdurchschnittlich genügt und – solchermaßen erfolgreich
   – sich in aller Regel mit ihnen auch identifiziert. Wer als Schüler die Erwartungen nicht erfüllt und/oder wer sich nicht anpassen kann und will, wird damit
   bestraft, daß ihm der Zugang zu einer objektiv wie subjektiv befriedigenden
   Existenz verwehrt wird.
3. Wider besseres Wissen hält die Schule an der Fiktion fest, es sei lediglich ihr
   Auftrag, zu ergänzen und zu differenzieren, was durch Familie und Verwandtschaft an Erziehung und Bildung geleistet wird. Sie reagiert, wenn überhaupt,
   dann nur ungenügend darauf, daß Kinder und Jugendliche, die in (unvollständi-
   gen) Kleinfamilien aufwachsen, nicht im wünschenswerten Umfang und in
   zureichender Qualität Sozialkontakte ausbilden können, um die Vielfalt konkreter Lebensgestaltungsmöglichkeiten *praktisch* kennenzulernen. Sie sucht
   nach wie vor lediglich Kenntnisse und Fertigkeiten zu vermitteln und sperrt sich
   gegen den Anspruch, in ernsthaften Formen der Zusammenarbeit mit Betrieben
   einerseits, mit Gruppen, Vereinen und Organisationen ohne Erwerbscharakter
   andererseits, gesicherte Erstzugänge zum Beschäftigungssystem, zum geselligen Verkehr und zu generationsübergreifenden Wohn- und Lebensgemeinschaften zu ermöglichen. Statt dessen bietet sie Kultur zum Räsonieren; Kultur

als gelebte Praxis erfahren Schüler, wenn überhaupt, dann nur in den schulspe-
zifischen Surrogaten des Projektunterrichts, der Schulfeste, Schullandheimaufenthalte, Betriebspraktika usw.
Die in diesem Buch publizierten Arbeiten beschreiben nicht nur die angedeuteten
Probleme im einzelnen, sie stellen auch Vorschläge und Beispiele für eine Neugestaltung der unteren Bildungsgänge zur Diskussion.

Im ersten Teil wird in mehreren Anläufen ein Konzept für realitätsnahe Jugendschulen entfaltet. Welche Konsequenzen sich daraus für die zentralen Themen der
aktuellen erziehungswissenschaftlichen Diskussion um die Allgemeinbildung, die
Integration Behinderter in Regelschulen, die Gestaltung von Schulen und die Konzeption des Unterrichts ergeben, wird in einzelnen Aufsätzen gesondert erörtert.

Im zweiten Teil werden Anregungen zu einer inneren Schulreform vorgelegt. Sie
zielen allesamt darauf, die Unterrichtsinhalte so zu akzentuieren und die Methoden
des Unterrichtens so zu nutzen, daß die Heterogenität der Erfahrungshorizonte und
Lebensformen besser als bislang zum Vorschein kommen kann. Wie dafür die nur
wenig genutzten Formen bildhafter Symbolisierung von Sachverhalten und Problemstellungen gerade Schulversagern, die mit sinnerfassendem Lesen von Texten
Schwierigkeiten haben, neue Chancen bieten, wird besonders herausgestellt.

Die Beiträge im dritten Teil des Buches erörtern, warum die derzeit üblichen Formen der beruflichen Orientierung, Vorbereitung, Hinführung und Eingliederung
auf gefährlichen Illusionen beruhen. Als Gegenentwurf werden Umrisse für organisatorische und inhaltliche Maßnahmen zur Diskussion gestellt, die einen gesicherten Erstzugang zum Beschäftigungssystem auch für diejenigen garantieren
könnten, die ohne institutionalisierte schul- und sozialpädagogische Förderung
über einen längeren Zeitraum Gefahr laufen, auf Dauer am Rand der Gesellschaft
leben zu müssen.

„Ausbruch aus dem Bildungskeller" – diese Formel bezeichnet also 1. die Suche
nach bildungstheoretischen und schulorganisatorischen Konzepten, die dem untersten Fünftel der Jugendlichen eine lohnende Perspektive auf ein Leben, auch
unter erschwerten Bedingungen, eröffnet und die Vorbereitung darauf als zentrales
Problem begreift.

„Ausbruch aus dem Bildungskeller" – will 2. die curriculare und methodische
Phantasie der Lehrerinnen und Lehrer von benachteiligten Kindern und Jugendlichen anregen, die farbige Vielfalt unterschiedlichster Lebensformen ihren Schülern einfallsreich und furchtlos zu präsentieren.

„Ausbruch aus dem Bildungskeller" – steht 3. für ein Programm, das die Schule im
Interesse der Schwachen und Schwierigen auf verbindliche Formen der Zusam-
menarbeit mit den maßgeblichen Kräften des wirtschaftlichen und kulturellen
Lebens verpflichten will. Nichts wäre bedenklicher, als wenn die Schule in völliger
Überschätzung ihrer Möglichkeiten versuchen wollte, das außerschulische Leben
in den eng gezogenen Grenzen ihrer Einrichtung nachbilden zu wollen.

I. Schultheoretische Herausforderungen

Realitätsnahe Schule

**Impulse zur Öffnung der Schule für Lernbehinderte
für eine bessere Vorbereitung ihrer Schüler auf die Lebenswirklichkeit**

Aus fünf Thesen über die Zukunftsperspektive der Absolventen der Schule für Lernbehinderte ergibt sich die Forderung nach einer „realitätsnahen Schule". Die Chancen, die Schule für Lernbehinderte zu öffnen für eine bessere Vorbereitung ihrer Schüler auf die Lebenswirklichkeit, werden skeptisch beurteilt: Das humanistische Ideal einer Allgemeinbildung bestimmt fast überall das curriculare Konzept dieser Schule und das Bewußtsein ihrer Lehrer. Die wissenschaftlichen und praktischen Bemühungen um die Förderung dieser Schülerschaft haben somit kultur-imperialistische Züge, da die Agenten dieser Maßnahmen in schichtspezifischen Vorstellungen von einer für jedermann gleichermaßen idealen Lebensführung gefangen sind.

Demgegenüber erörtert der Beitrag Wege zur Annäherung an die Lebenswirklichkeit dieser Schüler. Daraus erwachsen curriculare Forderungen, die eine konstruktive Kritik bestehender Bildungspläne ermöglichen (Schwerpunkt Oberstufe). Schließlich ergibt sich daraus der Umriß eines Konzepts zur Neugestaltung der Schul- und Unterrichtszeit in einer Hauptschule, die ihre Schüler auf ein Leben unter erschwerten Bedingungen vorbereitet, ohne daß das Postulat der Realitätsnähe umschlägt in eine bloß affirmative Reproduktion der Verhältnisse.

1. Fünf Thesen zum Problem der „Realitätsnähe"

Welche Realitäten sind gemeint, wenn im folgenden die Forderung vertreten wird, die Schule für Lernbehinderte müsse eine „realitätsnahe Schule" werden? Es erscheint mir zweckmäßig, hierauf zunächst mit fünf Thesen zu antworten; sie laufen darauf hinaus, die Schüler in Schulen für Lernbehinderte nicht länger nur von ihrem defizitären Status her zu begreifen, den man mit Mitteln der Soziologie und Psychologie erfassen kann. Im folgenden wird der Versuch gemacht, sie vielmehr unter der Frage nach ihren Zukunftsperspektiven zu beschreiben.

These 1:

Schüler der Schule für Lernbehinderte sind Menschen, die in der Regel ihr künftiges Leben auf einer wirtschaftlich schmalen, oft ungesicherten Basis führen müssen.

Absolventen der Schule für Lernbehinderte, mit Berufsausbildung oder ohne, sind überwiegend in Erwerbsverhältnissen beschäftigt, von denen Studierende der Sonderpädagogik und Lehrer an Schulen für Lernbehinderte in der Regel nur höchst unzureichende Vorstellungen haben. Es hat Sinn, ihnen Aufgaben wie die folgenden zu stellen:

(1)   Eine 20jährige, ledige Näherin, Absolventin der Schule für Lernbehinderte, verdient netto etwa 1050,– DM. Stellen Sie für diese junge Frau eine Budgetplanung auf, unter der Voraussetzung, daß sie weder von ihrer Familie, noch von einem Lebensgefährten oder von Freunden finanzielle Zuwendungen erhält. Sie lebt alleine in einer mittelgroßen deutschen Stadt. Konkretisieren Sie für einen Monat, wie diese Frau auf sich allein gestellt, Tag für Tag ein sie „befriedigendes Leben" führen könnte.

(2)   Ein 29jähriger Speditionsfahrer, ehemaliger Absolvent der Schule für Lernbehinderte verdient monatlich netto 1650,– DM. Aufgrund einer Reihe beruflicher und privater Mißerfolge und damit verbundener finanzieller Einbrüche hat er zur Zeit Schulden in Höhe von 15.000,– DM, für die er monatliche Raten in Höhe von 350,– DM aufbringen muß. Er hat weder eine Familie, noch eine Lebensgefährtin, noch Freunde, die ihn unterstützen. Wie kann er ein „befriedigendes Leben" führen? Beschreiben Sie für einen Monat, Tag für Tag, wie das gehen könnte und berechnen Sie die anfallenden Kosten.

Seminararbeiten zu solchen Themen machen Studierenden und Lehrern in erschreckend konkreter Weise deutlich, wie eingeschränkt ein solches Leben faktisch ist, wie außergewöhnlich groß die Anstrengungen sind, in diesem Rahmen über die Runden zu kommen, wie hart die Forderungen an Selbstdisziplin und Askese, wie groß die Versuchung, am Rande der Legalität oder außerhalb von Recht und Gesetz zu leben.

Wenn gar noch als Bedingung zeitweilige, „selbstverschuldete" Arbeitslosigkeit hinzukommt und die oder der Betreffende zum Sozialhilfeempfänger wird, so übersteigt dies in aller Regel die Fähigkeit von Studierenden und Lehrern, in solchem wirtschaftlichen Rahmen Formen menschenwürdigen Lebens zu konkretisieren. Gleichwohl haben wir davon auszugehen, daß nicht wenige unserer ehemaligen Schüler einem solchen wirtschaftlichen Schicksal ausgeliefert sind.

Eine „realitätsnahe Schule" kann sich solch dramatischen Auspizien nicht verschließen. Sie wird nach Mitteln und Wegen suchen, ihre Klientel auf der Oberstufe anhand von Fallstudien in derlei wirtschaftliche Probleme einzuführen. In diesem Zusammenhang ist die Entwicklung von Medien für unsere Schüler ein dringendes Desiderat, die in der Form von Fallschilderungen, Dokumenten, Episoden usw. Chancen und Grenzen der Lebensführung vorführen und so – eher implizit als explizit – die Umrisse einer „Lebenslehre" darstellen. Sachrechnen wird zu einem zentralen Unterrichtsfach, bleibt nicht länger beliebiger Anwendungs-Appendix zum Training der jeweils zuvor explizierten neuen Rechenverfahren. In Planspielen werden beispielhaft Möglichkeiten durchgespielt, wie man unter solchen Bedingungen mit Ansprüchen, Wünschen und Notwendigkeiten zurechtkommen kann. Doch davon später mehr.

These 2
Schüler der Schule für Lernbehinderte sind Menschen, die in der Regel aufgrund ihrer geringen sozialen Attraktivität auch auf dem Markt der privaten Beziehungen nur sehr eingeschränkte Chancen haben.
Diese These gilt meinen Beobachtungen zufolge für junge Männer in noch radikalerem Ausmaß als für weibliche Jugendliche. Dies hängt mit den gesellschaftlichen Erwartungen an die Rolle von Männern in unserer Gesellschaft unmittelbar zusammen. Konkret bedeutet dies, daß diese jungen Männer und Frauen in der Regel nur höchst flüchtige, instabile, von wechselseitiger Ausbeutung und Abhängigkeit gekennzeichnete primäre Beziehungen eingehen können, in denen weder Verläßlichkeit erfahrbar wird noch der Aufbau einer privaten Sinnperspektive gelingt. Bis zum 25. Lebensjahr zumindest, in vielen Fällen weit darüber hinaus, ist bei diesen Menschen eine extrem hohe Fluktuation der unmittelbaren Lebensgefährten zu konstatieren.
Eine „realitätsnahe Schule" kann sich diesem Problemkomplex schwerlich entziehen. Wiederum wird an Fallbeispielen das Problem zu thematisieren sein. In vielen, immer wiederkehrenden Gesprächsformen ist zu erörtern, was man selbst dazu tun kann, für andere ein attraktiver, wichtiger Mensch zu werden. Außerdem sind in besonderen Formen von Spiel und Übung die Dispositionen der einzelnen Schüler zu fördern und zu Fähigkeiten und Fertigkeiten zu entwickeln, die sie als Partner begehrenswert erscheinen lassen.
Ebenso wichtig ist, daß die Schule alles daran setzt, ihre Schüler in integrationsfähige und -willige Sozialgruppen einzuschleusen (Vereine, Klubs, Initiativen, Wohngemeinschaften, Familien, Kirchengemeinden usw.), in denen sie tragfähige Kontakte zu Erwachsenen und Jugendlichen aufbauen und erleben können, um so mittelfristig verläßliche Freundschaften anzubahnen.

These 3
Schüler der Schule für Lernbehinderte verfügen mehrheitlich über Familien- und Verwandtschaftsbeziehungen, die nur bedingt dazu in der Lage sind, sie an bürgerliche Grundformen einer praktisch erfolgreichen Lebensbewältigung heranzuführen und sie darin hinreichend zu stabilisieren.
Diese These besagt nicht, daß unsere Schüler nicht von klein auf wichtige Formen der Lebensbewältigung, des Zurechtkommens unter erschwerten Bedingungen erlernen. Nur werden diese Formen von durchschnittlich bürgerlich Sozialisierten nur allzuoft übersehen, in ihrer Bedeutung gering geachtet oder aber, wenn als Herausforderung an das eigene Selbstverständnis wahrgenommen, sogleich mit Ärger und Widerwillen quittiert, mit Negativbegriffen gefaßt und abschätzig interpretiert. Haben wir uns je gründlich genug gefragt, woraus unsere Schüler den Lebensmut schöpfen, wie sie die Kräfte erwerben, all dem standzuhalten, was sie begrenzt und belastet? Wissen wir, wie ihnen die Widerstandsfähigkeit, Zähigkeit und Gelassenheit zuwachsen, die sie befähigen, ihr Leben zu ertragen, es anzunehmen und sich nicht aufzugeben? Die mageren Hoffnungen, die ihnen

die Schule einstiften kann, sind es wohl kaum; sicher machen sie nicht den entscheidenden Beitrag aus.

Andererseits lehrt die Erfahrung, daß diese weitgehend unaufgeklärten, nicht
gewürdigten Sozialisationsformen der Primärgruppen in der Regel alleine nicht
ausreichen, die konfliktreichen Erfahrungen des Nichtgenügens, des Ausgeschlossenwerdens und des partiellen Scheiterns hinreichend produktiv aufzuarbeiten, in
einer Gesellschaft, in der bürgerliche Formen der Lebensführung absolut dominant
sind. Eine „realitätsnahe Schule" kann demzufolge nicht länger an der Behauptung
festhalten, schulischer Unterricht sei eine Ergänzung zur Familienerziehung, er
könne darauf aufbauen, kritisch fördern und differenzieren, was von zuhause her
schon angelegt worden ist.

Einerseits gilt zu sehen, daß die Schule als Institution zur Durchsetzung bürgerlicher Ideale der Lebensführung den respektablen Leistungen einer Lebenswelt
und ihrer Sozialisationsformen, die sich „am Rande der Normalität" (Wocken
1983) etablieren mußte, allzuoft borniert-indifferent, viel häufiger noch mit kultur-
imperialistischer Attitüde gegenübertritt. Wir werden im folgenden zu fragen
haben, ob und gegebenenfalls wie sich dies ändern läßt.

Andererseits ist davon auszugehen, daß unter den gegebenen Verhältnissen, und
dies bedeutet: angesichts einer dominierenden Bürgerkultur, Familie und Verwandtschaft „am Rande der Normalität" das Hineinwachsen und Zurechtkommen
ihrer Kinder in einer bürgerlichen Gesellschaft nicht in der wünschenswerten
Qualität und im nötigen Umfang leisten und garantieren können. Deshalb wird es
zur Aufgabe einer „realitätsnahen Schule", ihre Schüler mit potentiellen Paten zu-
sammenzubringen, die zunächst als Gäste im Unterricht eingeführt und bekannt
gemacht, als Begleiter bei unterrichtlichen und außerschulischen Veranstaltungen
den Schülern vertraut geworden, dann als verläßliche Partner einzelner fungieren
können, die sie in Halbdistanz begleiten. Unsere Schüler brauchen Erwachsene,
die als ihre Freunde unter anderem in der Lage sind, wichtige Kontakte anzubahnen, sie in die Besorgungen des täglichen Lebens qualifiziert einzuführen. Sie
brauchen Erwachsene, die sich – wenn nötig – um ihre gesundheitliche Verfassung
kümmern, die straf- und zivilrechtliche Konsequenzen mangelnder, praktischer
Handlungsfähigkeit abzufangen in der Lage sind, die sich mit ihnen um den Aufbau
von Tages- und Wochenrhythmen bemühen, die mit ihnen private und berufliche
Perspektiven entwickeln und diese präsent halten können. Unsere Schüler brauchen die Nähe von lebenserfahrenen Menschen, die bereit und fähig sind, ihnen mit
praktischer Sympathie und Solidarität zu helfen, negative Erlebnisse zu verarbeiten und belastende Erfahrungen und Situationen durchzustehen.

Mit einigem Recht läßt sich vermuten, daß es unter den frühzeitig aus dem
Arbeitsprozeß freigesetzten Männern und Frauen eine ganze Reihe tüchtiger
Menschen gibt, die für eine solche Begleitung in Halbdistanz für Kinder und
Jugendliche wichtige Partner, Anreger, Orientierungsfiguren werden könnten.
Aufgrund ihrer Lebenserfahrung sind sie in der Lage, den Jugendlichen genügend
Freiraum zur Selbstentfaltung zu lassen, ihnen aber gleichzeitig auch materielle
und ideelle Rückenstärkung in Krisensituationen zu geben. Eine „realitätsnahe
Schule" wird alles daransetzen, sich dieser unerläßlichen Ressourcen zu bedienen.

These 4

Schüler der Schule für Lernbehinderte sind Menschen, die in der Regel häufiger mit Institutionen öffentlicher Kontrolle, Beratung, Hilfe und sozialer Fürsorge in Zwangskontakt kommen.

Wir müssen uns klar machen, daß unsere Schüler als Jugendliche und junge Erwachsene häufiger als jeder von uns mit staatlichen Institutionen in Zwangskontakt kommen. Sie erscheinen dort dann in der Regel in inferioren Positionen, als Bittsteller oder gar als potentiell Straftatverdächtige. Sofern sie nicht in der Lage sind, den Anforderungen der jeweiligen Bürokratie zu genügen (Anträge stellen und Fakten ordnungsgemäß zu belegen), ist es verhältnismäßig leicht, sie abzuweisen bzw. ihren berechtigten Interessen nicht stattzugeben und zudem ihnen die Schuld für das jeweilige Scheitern als persönliches Versagen zuzuschieben. Eine „realitätsnahe Schule" hat sich auf diese Tatbestände einzustellen und ihre Schüler soweit irgend möglich zum qualifizierten Umgang mit diesen Institutionen zu befähigen. Was dafür im einzelnen zu tun ist, wird später im Detail erörtert.

These 5

Schüler der Schule für Lernbehinderte sind Menschen, die mit dem auf Dauer gestellten Vorwurf leben müssen, selbst an ihrer Lage schuld zu sein.

Eine „realitätsnahe Schule" wird zwar keine Anstrengung unterlassen, ihren Schülern ein Angebot zu machen, das geeignet ist, künftiges Leid zu mindern und die Selbstachtung und den Lebensmut ihrer Klientel zu fördern. Aber sie wird dennoch nicht länger dem Irrglauben anhängen, die Schule könne Entscheidendes am Lebensweg ihrer Schüler ändern. Durch die Schule wird man nicht von Armut befreit und die Schule befähigt ihre Schüler auch nicht dazu, ihres eigenen Glückes Schmied zu werden: Das harte Lebensschicksal der Mehrzahl unserer Schüler ist durch unterrichtliche Bemühungen nicht entscheidend zu mildern. Ausnahmefälle bestätigen auch hier die Regel.

Eine „realitätsnahe Schule" muß akzeptieren, daß die Mehrzahl ihrer Schüler jetzt und in Zukunft auf Formen der Verdrängung ihrer objektiven Lebenssituation angewiesen ist, wenn sie überleben wollen. Sie hat sich demzufolge Gedanken darüber zu machen, wie sie mit Respekt Menschen begegnet, die das Verdrängen lernen müssen. So gesehen erscheinen bislang inkriminierte Verhaltensformen und Lebenstechniken in ganz neuem Licht. Rauchen, Alkoholmißbrauch, Drogen, Glücksspiel, Manipulation von Fakten und Zusammenhängen im eigenen Interesse, Flucht in elektronisch vermittelte Träume, Phantasien und Fiktionen sind zunächst nichts anderes als Indizien dafür, daß junge Menschen in Situationen überleben müssen, die ohne all dies unerträglich wären. Jeder Versuch, in korrigierender Absicht unmittelbar an derlei Verhaltensformen anzusetzen, ist Symptomkuriererei und somit im Prinzip erfolglos.

Eine „realitätsnahe Schule" muß sich dem Problem des Verdrängens als einer zu kultivierenden Lebenstechnik neu stellen. Sie wird zu diesem Zweck die abgedrängten, subkulturellen Formen der Jugendkultur mit großer Aufmerksamkeit studieren. Dabei wird sie entdecken, daß Jugendliche Formen des Umgangs mit ihrer Lage entwickeln, die weit über übliche Verdrängungen hinausreichen. Hans-Jürgen Wirth konkretisiert in seinem vorzüglichen Buch „Die Schärfung der Sinne.

Jugendprotest als persönliche und kulturelle Chance" an einem eindrücklichen Beispiel, was hier gemeint ist (Wirth 1984, S. 182ff.).

> „Nachdem wir die Punks näher kennengelernt hatten, wurde uns auch deutlicher, welche Bedeutung die Ratten für sie haben. Ratten sind Ungeziefer, übertragen Krankheiten, Pest und Tod; sie ernähren sich von Dreck und Abfall. Diesen Tieren fühlen sich die Punks nahe, gelten doch auch sie als asozial, Abschaum, krank und unsauber. Die Punks können sich aber nicht nur mit der negativen Seite der Ratten identifizieren, sondern auch mit einer positiven. Ratten sind ausgesprochen zähe Tiere, die selbst unter widrigsten Umständen überleben. In Sciencefiction-stories sind sie häufig die einzigen Überlebenden eines Atomkrieges … Indem sie die Ratten hegen, identifizieren sie sich projektiv mit ihnen und versorgen sich gleichsam selbst" (S. 182/183).

> „Mit der Pflege der Ratten machen sie den Versuch, der Welt doch noch irgendwelche positiven oder gar tröstlichen Züge abzutrotzen. Ihr Verhältnis zu den Ratten ist geprägt von einer Traurigkeit, die dazu verhilft, auch unter den widrigsten äußeren Umständen ein Stück Wärme und Menschlichkeit zu bewahren – und sei es durch Kommunikation mit einer Ratte … Die Komplizenhaftigkeit der Punks mit den Ratten wird zum letzten Trost" (S. 185).

Ich räume gerne ein, daß es für die Eigner von Dackeln, Sittichen, Hamstern und Schildkröten einiger Anstrengungen – nicht nur intellektueller Art – bedarf, die kreative Intelligenz und Phantasie zu entdecken, die sich in einer solchen symbolträchtigen Symbiose manifestiert.

Hier wird dem Bürger vorgelebt, wie man eine unerträgliche Situation meistert. Weder Revolution noch Selbstdestruktion werden hier angesagt, sondern eine merkwürdig weiche Form des Protests, der die eigene Lage schonungslos identifiziert, sich darin Symbole der Hoffnung schafft und sie damit zumindest aushaltbar – wenn nicht erträglich – macht.

Ähnlich aufregende Entdeckungen lassen sich machen, wenn man die Kostümierungen oder auch die Sprüche und Graffiti der Jugendkultur gründlich genug studiert. Hier artikuliert sich ein hohes Maß an Witz, an kultivierter Intellektualität, mit der die bürgerliche Schule bis jetzt kaum etwas anzufangen weiß. Die Lehrpläne für Deutsch, Kunst und Textiles Werken unserer Schulen nehmen jedenfalls von alledem keine Notiz. Gleiches gilt für die Formen, in denen Jugendliche ihre Körperlichkeit inszenieren, interpretieren und wichtig nehmen, auch für die vitale Sexualität, die sich zum Beispiel in Texten und Arrangements des Hard-Rock unüberhörbar manifestiert.

Eine „realitätsnahe Schule" kann nicht länger an diesen Formen des Protests und einer „kynischen Intelligenz" unserer Schüler vorbeisehen (vgl. dazu und zum folgenden: Wirth 1984, S. 194–201), mit der sie auf die ernsten, traurigen und furchtbaren Verhältnisse reagieren, in denen sie aushalten müssen. Mit ihrer Bereitschaft, den Witz, den Humor, die Ironie, die Karikatur und die aggressive Anmache zur Existenzweise zu machen, signalisieren unsere Schüler Formen der Selbstbehauptung, ein Management der Ohnmachtsgefühle, das produktiv über bloße Verdrängungsformen hinausreicht.

Eine „realitätsnahe Schule" wird außerdem akzeptieren, daß Menschen, die man für ihre Lage fortgesetzt selbst verantwortlich macht, über Techniken verfügen müssen, sich unmittelbar wirksam zur Wehr zu setzen, sei es gegen Vorwürfe,

Zurücksetzungen oder Beleidigung. Viele Formen der körperlichen und verbalen Aggressivität dienen diesem Zweck der Selbstbehauptung. Sie sind daher zu kultivieren, da sie letztlich als Ausdruck von Überlebenswillen, Durchsetzungsbereitschaft, Kampf gegen die Resignation zu sehen sind.

Zusammenfassung: Eine „realitätsnahe" Schule verschließt sich nicht länger der Tatsache, daß ihre Schüler aktuell und in Zukunft durch eine ungleich höhere Belastung und ungleich geringere Aussichten auf ein glückendes Leben zu charakterisieren sind. Respekt, Solidarität und Sympathie – nicht geschwätziges Mitleid – sind das Fundament, das sowohl die Auswahl der Themen als auch die Lehr- und Umgangsformen bestimmt.

2. Skeptische Anmerkungen zur Chance der Schule für Lernbehinderte, sich „dieser Realität" zu „öffnen"

Drei Begriffe im Untertitel des Themas sind zentral: Öffnung der Schule, Lebenswirklichkeit der Schüler der Schule für Lernbehinderte, bessere Vorbereitung. – Wenn wir über die „Öffnung der Schule" nachdenken wollen, so gehen wir davon aus, daß wir uns die Schule als einen geschlossenen Raum vorstellen. In welcher Hinsicht hat es Sinn von der Schule für Lernbehinderte als von einem geschlossenen Raum zu sprechen? Im folgenden sollen drei Aspekte erörtert werden.

Kultureller Imperialismus / Stratozentrismus

Ich möchte mit einer provokanten These einsetzen: Was sich in den Schulen und Klassenzimmern der Schule für Lernbehinderte abspielte und abspielt, läßt sich als Kulturimperialismus beschreiben, vergleichbar den Missionsaktivitäten in früheren Jahrhunderten in Übersee. Kultureller Imperialismus stellt sich heute längst nicht mehr allein als Problem zwischen Nationen dar. Mittel- und oberschichtig sozialisierte Lehrer, Schulpsychologen, Sozial- und Sonderpädagogen sehen zwar die Schwierigkeiten, Belastungen und Diskriminierungen, denen Kinder und Jugendliche ausgesetzt sind, die an der Regelschule scheitern. Aber sie sehen sie „stratozentrisch", das heißt aus der Perspektive jener Einstellungen, Erwartungen und Ansprüche an das Leben, die ihrer Schicht eigen sind. Es fehlt ihnen an Erfahrungen und Kenntnissen, die aus einer kontinuierlichen Teilhabe an der „Kultur" stammen, die dort entsteht, wo Leben unter auf Dauer gestellten, belastenden Bedingungen sich vollzieht.

Der Vorwurf des „Stratozentrismus" bedarf einer begrifflichen Erläuterung. Es handelt sich dabei um eine Analogiebildung zum Begriff des „Ethnozentrismus", den Adorno u. a. (1950, 1968) im Anschluß an Summer wie folgt beschrieben haben:

> „… der Begriff (hat) die allgemeine Bedeutung von kultureller Beschränktheit; er bezeichnet die Tendenz des Individuums, ‚völkisch zentriert' zu sein, eine starre Bindung an alles das, was ihm kulturell primär gemäß ist, was seiner eigenen Haltung entspricht und eine ebenso unelastisch abwehrende Reaktion gegen alles Fremdartige …

Ethnozentrismus … meint eine verhältnismäßig konstante mentale Struktur im Verhältnis zu ‚Fremden' überhaupt … (S. 89). Der Ethnozentrismus wird hier also als ein
System von Auffassungen über Gruppen und Gruppenbeziehungen verstanden. Dabei wird unterschieden: als ‚Eigengruppen' die Gruppen, zu denen sich das Individuum subjektiv als zugehörig fühlt, und als ‚Fremdgruppen' diejenigen, von denen
es nicht das Gefühl hat, daß sie es etwas angehen, und die als antithetisch zur Eigen-
gruppe angesehen werden. ‚Fremdgruppen' sind Gegenstand negativer Vorstellungen und feindlichen Verhaltens; ‚Eigengruppen' dagegen sind Gegenstand positiver
Urteile und einer unkritisch verteidigenden Haltung. Zudem herrscht oft die Auffassung, daß Fremdgruppen den Eigengruppen sozial unterzuordnen seien" (S. 92).

Fast alle Bildungspläne sowie die Integrationsdiskussion (Kanter 1985, Bleidick
1987) oder auch die in Mode gekommenen Anstrengungen zur bewußten Gestaltung des Schullebens und der Klassenzimmer zeigen vor dem Hintergrund
solcher Überlegungen, in wie bedenklichem Umfang die Vorschläge und mehr
noch die konkreten Maßnahmen fast ausschließlich jenen Idealen, Erwartungen,
Einstellungen und Gewohnheiten verpflichtet sind, die eindeutig dem Stratum der
bürgerlich sozialisierten und gebildeten Protagonisten zuzuordnen sind.

Bevor man Menschen, die auf Dauer mit außergewöhnlichen Belastungen leben
müssen, wohlmeinend in eine bürgerliche Welt vermeintlich universaler Normalität zwangsintegriert, sie mit Inhalten, Institutionen und Umgangsformen der
eigenen Schicht fraglos kolonisiert, täte man gut daran, jene „Eigenwelt" (Begemann 1985, insbesondere S. 120–134) mit hermeneutisch deskriptiven Verfahren
so gründlich wie möglich zu erforschen, statt diese durch reifikatorische, psy-
chologische und soziologische Theorien zu verdrängen, die bestenfalls belegen,
was der in seiner Schicht verhaftete Bürger eh schon weiß: Diese Schüler sind
„soziokulturell benachteiligt" (Begemann 1984), sie leben „am Rande der Normalität" usw.

Gelänge uns dies, so könnten wir uns darauf einlassen, in einer „realitätsnahen
Schule" mit der Erwartung zu erziehen und zu lehren, daß aus unseren Schülern
bestenfalls Menschen werden, die auf Dauer als Grenzgänger zu leben haben
zwischen einer bürgerlich dominanten Kultur (die ihnen auch künftig oft genug
gleichgültig bis feindlich gegenüberstehen wird) und jenen Lebensformen, die
ihnen Vitalität, Zähigkeit und Gelassenheit gegenüber einem kaum erträglichen
Leben eingestiftet haben. Wir sollten uns mit dem Gedanken vertraut machen, daß
aus solcher Grenzgängerschaft neue Formen eines kulturellen Lebens entstehen
können, die nicht die unseren sind, die gleichwohl jedoch über den Status quo hin-
ausführen. Solche Formen könnten selbst uns Respekt abnötigen, vielleicht sind
sie auch geeignet, uns aus Sackgassen bürgerlicher Resignation, Langeweile und
Vereinsamung zu befreien, wenn wir nur bereit sind, uns auf sie einzulassen und
daran zu partizipieren.

Aus dem leidvollen Aufeinandertreffen von afrikanischen und europäischen
kulturellen Traditionen in der Karibik und im südlichen Nordamerika entstanden
jedenfalls kulturelle Leistungen von einzigartigem Rang und hoher Qualität; Jazz
und Gospel sind die bekanntesten.

Mit dem Zugriff mittelschichtverhafteter Wissenschaften allein wird man
jedenfalls der Lebenswirklichkeit der Kinder und Jugendlichen nicht ansichtig, die
derzeitig die Schule für Lernbehinderte besuchen, noch entdeckt man das kul-

turelle Potential, das in dieser Lebenswelt ausgebildet ist. Was schlimmer ist, man geht noch immer fraglos davon aus, daß im Prinzip die schultheoretischen Voraussetzungen, die für die Etablierung des allgemeinbildenden Regelschulwesens galten, auch für die Konzeptualisierung einer Schule Gültigkeit haben, die jene Kinder und Jugendlichen fördern und erziehen soll, die an eben dieser bürgerlichen Schule gescheitert sind.

Man offeriert diesen Schülern also erneut eine Institution, die darauf anlegt, den einzelnen zu einem Leben in eigener Verantwortung zu befähigen, obwohl deutlich ist, daß nicht nur Sonderschüler damit klar überfordert sind. Wieviel Verantwortung sowohl im beruflichen als auch im privaten Bereich wird tatsächlich, faktisch vom Individuum übernommen? Wieviel wird freiwillig oder gezwungenermaßen delegiert an Partner, Kollegen und Lebensgefährten, die dann gemeinsam in leistungsfähigen Gruppen das realisieren, von dem man sich einbildet und sich einredet, handlungskompetente Individuen seien in der Lage all das alleine zu schaffen. Wir erachten es für wünschenswert, daß jeder in der Lage ist, sein Handeln permanent zu reflektieren und argumentativ zu stützen, weil wir dem Ideal einer individuellen Subjektivität nachhängen. Derweilen leben uns unsere Schüler vor, daß es demgegenüber andere Formen der Lebensführung gibt, die in viel stärkerem Maße auf eine Kollektivität zielen, die sich nicht argumentativ begründet.

Statt daß wir daraus Konsequenzen zögen und in der Schule sehr viel mehr nach Formen einer Einführung in den geselligen Verkehr suchten, nach Möglichkeiten der Teilhabe an den Genüssen der Erwachsenenkultur und deren Vergnügungsformen (Stammtisch, Kegelbahn, Kartenspiel, Wandern und Reisen), verpflichten wir unsere Schüler auch in der Schule für Lernbehinderte auf eine humanistisch-bürgerliche Bildungstradition. Wir beschäftigen uns – wie alle anderen Schulen auch – vorrangig mit Sprache und Literatur. Selbst die Auseinandersetzung mit persönlichen, gesellschaftlichen und technischen Problemen können wir uns als Menschen, die gelernt haben, mit Texten umzugehen, eben nur im Medium von Texten vorstellen.

Ein deutliches Indiz für die Richtigkeit dieser Behauptung ist unser neurotisches Verhältnis zu Fernseh- und Videokonsum. Während viele Programme zur sogenannten Medienerziehung darauf anlegen, zum kritisch distanzierten, quantitativ jedenfalls eingeschränkten Konsum zu erziehen, gibt es kaum Ansätze einer Erziehung zum Tele- oder Videogenuß. Dabei dürfte es gerade Sonderpädagogen einleuchten, daß Menschen, die sich enorm schwer tun mit dem Erschließen von schriftlichen Texten, im audiovisuellen Angebot des Fernsehens eine geradezu ideale Möglichkeit haben, am Weltgeschehen zu partizipieren: Legastheniker müssen intensiver und länger fernsehen als lesefähige Bildungsbürger, wenn sie an interessante Themen und Fragestellungen herankommen wollen. Die Videoaufzeichnung ermöglicht überdies Formen der Wiederholung, des „Nach-Lesens", der Auswertung und Klärung im Unterricht. Wir müßten uns daher ernsthaft fragen, ob nicht viele Unterrichtsstunden (vor allem in den Sachfächern) nutzbringender angelegt wären, würden wir sie zum Kommentieren und Nacharbeiten von TV-Sendungen gebrauchen als zum Ausfüllen und Anmalen von Arbeitsblättern. Stattdessen ziehen wir es vor, die meisten Unterrichtsstunden, in denen es um Kenntniserwerb und Aufklärung geht, als verkappte Lesestunden zu inszenieren. Wir sind glücklich, wenn wir Sachverhalte und Probleme auf Begriffe bringen können und halten die begriffliche Fixierung eines Problems nicht selten gar schon für dessen Lösung (vgl. dazu Hartwig 1980, S. 123ff.).

Wir sind verliebt in den Gedanken der Selbstverwirklichung und hängen demzufolge willig der idealistischen Vorstellung an, Schule und Unterricht habe vorrangig der Weckung und Entfaltung der persönlichen Kräfte des Schülers zu dienen, demzufolge sei es von nachgeordneter Bedeutung, womit er sich im einzelnen auseinandersetze. Weil prinzipiell jeder Unterrichtsinhalt der Ausdifferenzierung der werdenden Persönlichkeit dient, verlangen wir auch vom Schüler der Schule für Lernbehinderte, daß er sich gleichermaßen ernsthaft auf alle unsere Angebote einläßt. Wir reagieren ärgerlich und beleidigt, wenn er uns zu verstehen gibt, daß ihn vieles nicht sonderlich interessiert. Wer indes der Forderung nach möglichst umfassender Bildung gerade auch für den Schüler der Schule für Lernbehinderte Raum gibt und alles daran setzt, ihm dies mittels besonderer Methoden und Kunstgriffe zu ermöglichen, ist in Gefahr, den Anspruch an den Unterricht, er müsse praxisrelevant, lebensbedeutsam sein, als Versuch mißzuverstehen, den Unterricht vorschnell abzuzwecken. Man argumentiert dann, es gehe um eine kritische Allgemeinbildung, die man vermitteln wolle, nicht um eine Aus-Bildung von unmittelbar verwertbaren Fähigkeiten und Fertigkeiten. Praktisch hat dies dann zur Folge, daß man sich heimlich immer wieder am Bildungsangebot des Gymnasiums orientiert und – in den traditionellen Schulfächern – immer wieder darauf aus ist, auch dem Schüler der Schule für Lernbehinderte möglichst viel von dem mitzugeben, was man Allgemeinbildung nennt.

Jede Reform, die auf Vorbereitung auf die Lebenswirklichkeit zielt, muß sich mehr oder weniger deutlich gegen diese Bildungstradition absetzen. Es hat keinen Sinn, nur zu benennen, was die Schüler der Schule für Lernbehinderte alles „auch noch" lernen sollten. Man kann nicht nur Forderungen addieren, man muß auch angeben, was dafür aus dem Bildungsplan abgesetzt werden soll.

Ich möchte dieses Problem illustrieren an der Schulfremdenprüfung: Wenn wir uns darauf verpflichten lassen, unseren Unterricht auf der Oberstufe der Schule für Lernbehinderte so anzulegen, daß etliche unserer Schüler die Hauptschulprüfung für Schulfremde mit Aussicht auf einigen Erfolg machen können, dann bleibt uns künftig kaum Spielraum für eine Reform, die auf bessere Vorbereitung unserer Schüler auf die Lebenswirklichkeit zielt. Dies bedeutet, daß wir uns über kurz oder lang Gedanken darüber machen müssen, ob wir für die Schule für Lernbehinderte nicht eine Prüfung brauchen, die juristisch der Hauptschul-Abschlußprüfung gleichwertig ist, die jedoch in der Art ihrer Anforderungen dem Bildungsgang einer „alternativen Hauptschule", einer „Schule für praktische Jugendbildung" entspricht, in die man dann die bisherigen Schulen für Lernbehinderte überführen müßte.

Schulrechtliche Fixiertheit

Hinzu kommt, daß die auf bürgerliche Bildungsvorstellungen ausgerichtete Schule – wie alle Regelschulen sonst – nicht nur ein ideologisch, sondern auch ein rechtlich fixierter, geschlossener Raum ist. Auch für die Schule für Lernbehinderte gilt die klassische Trennung von Unterricht und gewerblich-betrieblicher Ausbildung einerseits, von Unterricht und außerschulischen Bildungsangeboten (die man in seiner Freizeit wahrnimmt) andererseits. Was aber wäre, wenn sich zeigen sollte, daß unsere Schüler im Rahmen von Vereinen, Volkshochschulkursen, von Mitarbeit in gewerblichen Betrieben in bestimmten Bereichen, (ich denke da vor allem an die Fächer Musik, Kunst, Sport und Technisches Werken) durch zeitlich begrenzte Mitgliedschaften, durch Teilnahme an Kursen, durch zeitlich begrenzte Jobs, besser auf ihr künftiges Leben vorbereitet werden könnten? Dies hätte automatisch schulrechtliche Konsequenzen auf den verschiedensten Ebenen. Nicht zuletzt wäre dies ein Angriff auf Beschäftigungsanteile der professionalisierten Lehrerschaft.

Wirtschaftliche, gesellschaftliche und kulturelle Distanz der Lehrer

Nicht zuletzt steht dem Konzept einer „realitätsnahen Schule" auch das bisherige Selbstverständnis der Agenten der Schule für Lernbehinderte im Wege: Wir sind daran gewöhnt, unsere erzieherische und unterrichtliche Arbeit unter Zielvorstellungen der Integration, der Anpassung und der Reparatur zu leisten. Wir orientieren uns dabei daran, so gut es geht, unsere Schüler so unauffällig wie möglich zu machen, wir wollen verhindern, daß sie herausfallen aus den üblichen Standards der Lebensgestaltung. Dabei sind wir eher unausgesprochen als klar formuliert darauf aus, sie für ein kleinbürgerliches Lebens- und Familienideal zu qualifizieren. Nur selten und vor allem nicht radikal genug machen wir uns klar, wie weit wir und unsere Lebenswelt von dem entfernt ist, was als Lebenswirklichkeit unsere Schüler erwartet bzw. schon jetzt bestimmt.

Auch diese These möchte ich durch zwei Beispiele illustrieren: Wer A 13 und mehr monatlich verdient, ist nicht genötigt, sich zu überlegen, wie man als junger Mann als Lagerarbeiter mit netto 1400,– DM in der Lohntüte, oder als ungelernte Floristin mit netto etwa 900,– DM auf sich allein gestellt ein „lohnendes Leben" führen kann.

In verschiedenen Seminaren habe ich – wie eingangs bereits angedeutet – zur „nachgehenden Betreuung" für Studierende der Sonderpädagogik Hausarbeiten vergeben, in denen verlangt wurde, in den genannten finanziellen Rahmen eine Vorstellung vom Leben während eines Monats auszuarbeiten. Es ging darum, Wohnraum, Kleidung und Wäsche, tägliche Verpflegung und dazu eine befriedigende Form der Freizeitgestaltung und der sozialen Kontakte „rein theoretisch" zu entwickeln. Viele, die sich dieser Mühe unterzogen haben, wurden sich erst während dieser Arbeit klar darüber, vor welchen Problemen die Eltern unserer Schüler und deren Geschwister heute stehen und vor denen unsere Schüler künftig selbst stehen werden.

Ein zweites Beispiel: Was fiele Ihnen ein, wenn Sie die Gefühle eines arbeitslosen Jugendlichen aufschreiben sollten, Maximum etwa 100 Wörter? Wären wir dazu in der Lage? Kämen wir zu einem Text wie diesem?

> Borniertes Pack, nicht mal'n Job ist drin! Was soll ich denn machen? Arbeitsamt? Die reden und reden und reden, vertrösten. Umschulung, wieder vertrösten.
> Marion macht auch schon eine Fliege: „Nee, ich will nicht so was Schlappes wie dich," sagt sie.
> Tut doch mal was Sache ist. Ich will doch arbeiten. Warum setzt ihr mich denn in die Welt, wenn …
> Bin ich 'ne Maschine, Arbeitsmaterial, bei Gebrauch tüchtig schütteln und dann ab irgendwo hin? – Ich bin wer! Klar! Leben will ich! (Misereor 1984, S. 12).

Zusammenfassung: Die Voraussetzungen für eine tatsächlich bedeutsame Öffnung der Schule für Lernbehinderte sind nicht als sehr hoch einzuschätzen, Bildungstradition, schulrechtliche Fixierungen, das bisher ausgebildete Selbstverständnis und nicht zuletzt die wirtschaftliche, gesellschaftliche und kulturelle Distanz der Sonderschullehrerschaft von ihrer Klientel sind mächtige Kräfte, die man bei allem Optimismus nicht unterschätzen sollte.

3. Annäherungsmöglichkeiten an die Lebenswirklichkeit von Schülern der Schule für Lernbehinderte

Aufgrund eigener Erfahrungen muß ich davon ausgehen, daß der Annäherungsprozeß – nicht nur für Hochschullehrer, wohl auch für Lehrer der Schule für Lernbehinderte und für Schulverwaltungsbeamte – äußerst mühsam, langwierig ist und nur in Graden gelingt. Ich möchte drei Zugangswege benennen, die mir gleich wichtig und als aufeinander bezogen zugleich alle unverzichtbar erscheinen:

Die kontinuierliche, über mehrere Jahre praktizierte
„nachgehende Betreuung" einzelner Schüler

Die eindrücklichsten Erlebnisse und Erfahrungen mit Schülern aus der Schule für Lernbehinderte und aus Berufsvorbereitungsklassen und die wichtigsten Denkanstöße für meine Arbeit in Hochschule und Schule habe ich aus intensiven Formen der nachgehenden Betreuung gewonnen, die ich in einem Fall seit jetzt zwanzig Jahren praktiziere. Andere Jugendliche sind dazugekommen, einige habe ich aus dem Blick verloren, zu nicht wenigen besteht ein latenter Kontakt, der von der einen oder der anderen Seite immer wieder aktiviert wird. Aus dieser Arbeit ist eine „Checkliste" zur „nachgehenden Betreuung" hervorgegangen. Bitte verstehen Sie diese Liste nicht falsch. Sie hat den Charakter eines „Denkzettels" und ist nicht als direkt umsetzbarer Leitfaden für Verhöre geschrieben!

Es wird auffallen, wie stark hier „handfeste" Besorgungen einer Art „Grundsanierung" im Vordergrund stehen. Es versteht sich von selbst, daß all dies nicht möglich ist, wenn nicht zwischen dem Betreuten und dem Betreuer ein stabiles Vertrauensverhältnis besteht. Aber auch dieses bildet sich nicht zuerst aus und dann kommt die mühsame Arbeit, dessen Verhältnisse gemeinsam in eine weniger bedrohliche Verfassung zu bringen. Im Gegenteil, im konkreten Unter-die-Arme-greifen, in der wirksamen Veränderung seines Zustandes baut sich der pädagogische, schließlich der freundschaftlich-solidarische Bezug zueinander auf und aus (vgl. dazu Hiller, G.G., Schönberger, F. 1977).

Aus diesen Erfahrungen ergibt sich mit innerer Logik die Frage danach, was im Rahmen der schulischen Erziehung zur Verbesserung der Kondition geleistet werden kann, mit der unsere Schüler gegen die Widerwärtigkeiten des Lebens antreten können, die ihnen bevorstehen. Aus den mühseligen Arbeiten, die Papiere zusammenzustellen, die nötig sind, um junge Leute für Behörden als „Fälle/Vorgänge" darstellbar zu machen, entstand zum Beispiel bereits 1976 ein Unterrichtsversuch in Zusammenarbeit mit Volker Siegle: Anlage einer privaten Registratur

Checkliste – Was alles zu beachten ist, wenn man „nachgehende Betreuung" effektiv anfangen will

Rechtliches
- ❐ Personalausweis und/oder (gegebenenfalls) Reisepaß einsehen; gegebenenfalls Fotokopien machen (bei Verlust des Originals hilfreich)
- ❐ Personalien erfassen (Name, Vorname, Geburtstag, Geburtsort, Größe, Augenfarbe, Kennzeichen, Anschrift(en) – auch frühere, Personalausweis-Nummer/ Reisepaß-Nummer)
- ❐ Volljährigkeit prüfen, Personensorgerechtsverhältnisse prüfen (Eltern, Amtsvormund, Bewährungshelfer oder?), bei Ausländern: gültige Aufenthalts- und ggf. Arbeitserlaubnis
- ❐ Geschäftsfähigkeit prüfen
- ❐ Anschriften der nächsten Verwandten ermitteln
- ❐ Geschwisterverhältnisse (Namen, Anschriften) ermitteln
- ❐ Kurzcharakteristik der Bindung zu unmittelbaren Verwandten/Bekannten (gegebenenfalls Anschrift, Telefon-Nummer)
- ❐ Offene Straftaten / Bewährung (Bezugspersonen)
- ❐ Wehrüberwachung?
- ❐ Unterhaltsverpflichtungen gegenüber wem? / Umfang?

Privatkontakte
- ❐ Bisherige Anlaufstellen ermitteln, Art(en) der Beziehung kurz charakterisieren
- ❐ Briefkontakte erfragen
- ❐ Art und Umfang von (regelmäßigen) Zuwendungen ermitteln
- ❐ Fester Freund / feste Freundin? (unbedingt deren Einstellung zum Vorhaben einer nachgehenden Betreuung ermitteln)

Geld / Finanzen
- ❐ Aufstellung von Soll und Haben (Barvermögen, eventuell mehrere Post-, Bank- und Sparkassen-Sparbücher, Prämien- und/oder Bausparverträge; Versicherungen; Forderungen an Dritte; Schulden bei Dritten; Kredite; Pfändungen)
- ❐ Schriftliche Erklärungen bezüglich der Forderungen und der Schulden sammeln bzw. erstellen und jeweils vom Gläubiger/Schuldner unterzeichnen lassen
- ❐ Rückzahlungsmodi aushandeln, Schuldentilgungsplan erstellen, mit Gläubigern abstimmen
- ❐ Forderungen beitreiben, schriftliche Vereinbarungen anstreben
- ❐ Monatliche Einnahmenstruktur erfassen – monatlich/wöchentliche Ausgabenstruktur entwickeln (gegebenenfalls mehrfach revidieren!)
- ❐ Sparbuch einrichten
- ❐ Girokonto einrichten (eventuell Schecks, Scheckkarte, Überweisungsträger, Euroschecks beschaffen)
- ❐ Vergünstigungen vom Vermögensbildungsgesetz und Prämiensparverträgen realisieren
- ❐ Eventuell Dispositionskredit beantragen
- ❐ Einfachstbuchführung aufbauen und einweisen
- ❐ Mittelfristige Anschaffungsziele ermitteln und Anschaffungsplan entwickeln (Prioritätenliste, Ansparraten, eventuell Kreditaufnahme – Zeitpunkt/Konditionen)

Privatregistratur aufbauen
- ❐ Vgl. dazu: Hiller, Siegle: Anlage einer privaten Registratur. In: Reflektierte Schulpraxis, Villingen 1976, G41, S.1–7; sowie: Bildungsplan der Schule für Lernbehinderte (Sonderschule) – Baden-Württ. Lehrplanheft 16/1980, S.29–30.

Beruf
- ❐ Arbeitszeiten ermitteln
- ❐ Namen von Mitarbeitern erfragen
- ❐ Namen / Rufnummern von Vorgesetzten erfragen
- ❐ Anschrift / Rufnummer des Betriebs ermitteln
- ❐ Gegebenenfalls Treuhandvereinbarung zustellen
- ❐ Abtretungserklärung zustellen
- ❐ Zahlungsanweisung für Löhne zustellen
- ❐ Zustellung der Lohnabrechnung an Betreuer vereinbaren
- ❐ Bescheinigung über vermögenswirksames Sparen vorlegen (Formular der Sparkasse / Bank)
- ❐ Lohnabrechnungen prüfen (regelmäßige Anwesenheit auf der Arbeitsstelle prüfen)

Wohnung
- ❐ Mietvertrag prüfen / eventuell mitunterzeichnen
- ❐ Dauerauftrag für Monatsmiete einrichten
- ❐ Dauerauftrag für Stadtwerke (Strom / Gas / Wasser / Müll) einrichten
- ❐ Reinigungsgeräte und -mittel beschaffen; in R.-verfahren und -termine einweisen und gegebenenfalls regelmäßig überprüfen
- ❐ In den Gebrauch technischer Einrichtungen einweisen; Heizung / Lüftung / Warmwasserbereiter / Herd usw.
- ❐ Gebrauchten Kühlschrank und gebrauchte Waschmaschine besorgen, in Gebrauch einweisen
- ❐ Privathaftpflichtversicherung abschließen

Kleidung
- ❐ Kleiderbestand anhand Mindestbestandliste durchprüfen
- ❐ Festbetrag monatlich für Kleider und Wäscheanschaffungen zurücklegen
- ❐ Anschaffungsplan entwickeln
- ❐ In Wäsche- und Kleiderpflege einweisen, nächstgelegene Reinigung / Wäscheannahmestelle ermitteln (Annahme und Rückgabemodi bzw. -zeit erkunden) bzw. jemanden ausfindig machen, der die Wäsche mitwäscht

Ernährung
- ❐ Speiseplan entwickeln
- ❐ Einkaufsstrategien und -pläne entwickeln (Einkaufsmöglichkeiten, Standardeinkaufszettel, Checklisten)
- ❐ Wochenendblätter / Tageszeitungen beschaffen und auf Sonderangebote prüfen
- ❐ Kochkenntnisse überprüfen, gemeinsam kochen
- ❐ Anleitung zur Herstellung von Einfachspeisen
- ❐ Einkaufsbelege vorlegen und erläutern lassen

Zeitplanung
- ❐ Erfassen der regelmäßigen Freizeit
- ❐ Befragung über Gewohnheiten, Einstellungen, Bindungen
- ❐ Befragung über Hobby- und Freizeitwünsche; anhand eines regional spezifizierten Kataloges von Freizeitmöglichkeiten und -angeboten abstimmen
- ❐ Erarbeitung eines „Normalstundenplans für die Regelwoche"
- ❐ Ermittlung von Vergünstigungen (Vereinsbeiträge, Dauerkarten, Mehrfachkarten usw.)
- ❐ Anschaffung von Orientierungsmitteln (Stadtkarte / Fahrpläne)

Eigentum
- ❐ Besitzverhältnisse klären / Teilbesitz
- ❐ Erbansprüche
- ❐ Liste von Wertobjekten erstellen

Ärztliche Versorgung
- ❐ Anschrift eines Allgemeinmediziners aushändigen
- ❐ Anschrift eines Zahnarztes aushändigen
- ❐ Telefonnummern dieser Ärzte und des Krankenhauses aushändigen
- ❐ Prüfen, ob Impfschutz gegen Tetanus + Polio besteht
- ❐ Krankenscheinheft eventuell in Verwahrung nehmen

Sexuelle Aufklärung / Praxis
- ❐ Wissen und Einstellung anhand konkreter Fragen ermitteln
- ❐ Aufklärungsliteratur gemeinsam durcharbeiten
- ❐ Verhütungsmittel beschaffen und Gebrauch präzise erklären
- ❐ Arztanschrift besorgen, wo Antikonzeptiva rezipiert werden und wo bei ungewollter Schwangerschaft beraten wird, Pro Familia

Fahrzeug
- ❐ Notwendige und mögliche Gebrauchsintensität (km-Quantum pro Monat) im Rahmen der allgemeinen Einnahmen/Ausgabenstruktur festlegen
- ❐ Feste Ausgaben pro Monat (Steuer / Versicherung) ermitteln; eventuell Jahresraten an Finanzamt und Versicherung
- ❐ Fixbeträge für Reifenverschleiß und Reparaturen pro Monat festsetzen
- ❐ Laufende Ausgaben pro Monat / pro Woche im Rahmen des Kilometer-Limits für Benzin und Öl ermitteln

Treuhandvereinbarung
- ❐ Vereinbarung gemäß Muster ausfertigen und unterzeichnen
- ❐ Zahlungsanweisung für Löhne ausfertigen
- ❐ Abtretungserklärung ausfertigen
- ❐ Giro-Sonderkonto auf Name und Rechnung des Betreuers einrichten (entsprechende Bankformulare beschaffen)
- ❐ Dispositionskredit auf Giro-Sonderkonto beschaffen
- ❐ Eventuell sonstige Giro- und Sparkonten, Verträge usw. auflösen
- ❐ Betreuungsvertrag ausfertigen
- ❐ Klärung, zu welchen Geschäften die Zustimmung des Betreuers erforderlich ist
- ❐ Mindestverpflichtungen für den Jugendlichen / jungen Erwachsenen (pro Woche / Monat / Jahr) festlegen
- ❐ Kontaktpersonen/-möglichkeiten vermitteln
- ❐ Abrechnungsformulare und -verfahren entwickeln
- ❐ Informationsmöglichkeiten beschaffen (TV / Radio / eventuell Zeitung oder Zeitschrift)
- ❐ Konfliktregelungsformen aushandeln

(Hiller, Siegle 1976). Daraus ist später ein Teil des Wirtschaftslehreplans in Baden-Württemberg geworden. – Allgemein gewendet möchte ich behaupten, je konkreter und kontinuierlicher wir als Sonderschullehrer auf den verschiedensten Ebenen zu solidarischen Partnern einzelner Schüler werden und dies auch bleiben über die Schulentlassung hinaus, um so präziser gelingt es uns, das Unabdingbare einer besseren Vorbereitung im Unterricht selbst zu leisten.

Nur erweiternd und ergänzend sei angemerkt, daß auch die fast dreijährige Arbeit in einem Entwicklungsland und die in einem solchen Arbeitszusammenhang sich ausbildende Sensibilität und Solidarität mit Familien, Kindern und Jugendlichen, die gezwungen sind, oft unterhalb der Grenze extremer Armut zu leben, eine veränderte Einstellung zu unserer Kultur, auch zu unserem „Bildungsgut" bewirkt. Eine einläßliche Beschäftigung mit dem Thema „Dritte Welt" – auch wenn sie nicht in der Form des mehrjährigen Exils realisiert wird – ist ein nützlicher Zugang, um gründlicher nach der Lebenswirklichkeit derer zu fragen, die auf der Schattenseite unserer Kultur und Gesellschaft leben müssen.

Nicht zuletzt haben wir auch im solidarischen Kontakt zu ausländischen Familien, zu ihren Kindern und Jugendlichen ein weites Feld, in dem wir unsere Annäherungsversuche praktisch erproben können. Viele Sonderschullehrer tun dies mit bemerkenswertem Engagement, das weit über die Pflichten des Unterrichtsbeamten hinausgeht.

Die systematische Beschäftigung mit erzählender Literatur zum Leben von Kindern, Jugendlichen und Erwachsenen in gestörten Verhältnissen

Mittlerweile gibt es eine ganze Reihe guter Erzählungen und Romane, die die Lebenswirklichkeit von Familien, Jugendlichen und Kindern zum Gegenstand haben, die etwa der Realität entsprechen, aus der unsere Schüler kommen bzw. in die wir sie entlassen (vgl. u.a.: Enders, J., Krausnick, M. 1980; Ladiges 1978; Manuel, O., Kanstein, J. 1977; Rodrian 1976; Rutgers 1976; Schneider (Hg.) 1984). Nachdrücklich empfehle ich die Lektüre von Leonie Ossowski: Die große Flatter (Weinheim 1977. Frankfurt 1980). Der Roman wurde mehrfach ausgezeichnet, verfilmt und vom Fernsehen in mehreren Folgen gesendet.

> Richy Piesch wohnt zusammen mit seinem Vater in der Siedlung. Seine Mutter ist mit ihrem neuen Bekannten und seiner Schwester aus der Wohnung ausgezogen. Es kommt zu Auseinandersetzungen zwischen Vater und Sohn. Richy wird vom Vater zusammengeschlagen. Beim Fußballspiel, das der Sozialarbeiter organisiert, entdeckt dieser die Striemen auf dem Rücken des Fünfzehnjährigen. Richy packt aus auf der Sozialstation, um anzugeben. Will dann aber doch beim Vater bleiben. Richy kommt am Abend in die Wohnung zurück, in der Küche treffen die beiden aufeinander:
> „Wo warst du?" fragt Herr Piesch und rührt im Suppentopf herum. Es riecht angebrannt. Angebrannte Erbswurstsuppe. Richy vergeht der Appetit. „Auf der Sozialstation!" Der Vater rührt heftiger. Zigarettenasche fällt in die Suppe. „Was hast du da gemacht?" „Der Adam hat die Striemen auf meinem Rücken gesehen und mich zur Köpping mitgenommen. Ich sollte sagen, woher die kommen." „Was hast du gesagt?" Mucksmäuschen, nach Angebranntem riechende Stille. Herr Piesch rührt nicht mehr im Topf herum. Herr Piesch holt kaum Luft. Nur die Zehen in seinen Latschen bewegen sich. „Von dir, hab' ich gesagt!" „So", sagt Herr Piesch und dreht sich um, in der

Hand den Kochlöffel mit Erbswurstsuppe dran. Es tropft ihm heiß auf die Finger. Egal. Gleich wird er den klebrigheißen Kochlöffel in das Gesicht seines Sohnes klatschen, damit dem das Lächeln vergeht. „Saukerl, verdammter!" Herr Piesch hebt den Arm. Richys Kopf zuckt seitlich weg, er greift nach dem Löffel. Überall, auch auf dem Tisch, ist jetzt Erbswurstsuppe. Beide halten den Kochlöffel fest. Ihre Augen sind dicht voreinander, ihre offenen Münder riechen hungrig.
Richy lispelt flüsternd durch die Zahnlücke: „Ich hab's verdient, hab' ich gesagt. Weil ich deine Blumentöpfe zerschossen habe. Es waren sehr schöne Töpfe, nicht wahr?" Herr Piesch wischt sich mit dem Handrücken über den Mund, unsicher und nicht wissend, was das soll. „Jaja", sagt er, „aber was hat die Köpping gesagt?" „Ob ich zu meiner Mutter will!" Richy läßt den Kochlöffel los und schüttelt sich die Suppenspritzer aus den Locken. Lacht, läßt auch den Vater nicht weiter fragen, erzählt weiter: „Nein, hab' ich gesagt, was soll ich bei der Hure, mein Vater erzieht mich schon richtig, auch wenn's manchmal Prügel gibt. Mir macht das nichts. Unsereiner ist das gewöhnt. Und dann bin ich ab, hierher!" Herr Piesch lehnt sich an den Küchenschrank und schlägt sich auf den Schenkel. „Sauber", sagt er, „du wirst ein Piesch!" Er lacht laut und abgehackt, wie Leute, die nicht gewohnt sind zu lachen. Dann greift er in die Tasche, fummelt ein Fünfmarkstück heraus. Er läßt es über den Tisch in Richys geöffnete Hand rollen. „Weil du mein Sohn bist!" (S. 87/88).

Diese Episode demonstriert, daß wir es nicht selten – und dies deckt sich mit eigenen Erfahrungen – im Milieu vieler unserer Schüler mit anderen Kategorien von Respekt, Solidarität und gegenseitiger Verläßlichkeit zu tun haben, auch mit einer anderen Art von Interaktion. Sobald wir nicht nur Einblicke, sondern Eingang in die Familien unserer Schüler haben, merken wir, daß sie andere Auffassungen haben von verläßlichen Beziehungen untereinander. – Im Spiegel von Literatur können wir eigene Erlebnisse besser einschätzen und verarbeiten lernen. – Zunehmend entdecken wir, daß viele dieser Kinder in ihrem Alltag ernsthafter beansprucht werden, als wir dies vermuten, auch in ihren Möglichkeiten, die wirtschaftliche Grundlage der Familie mit zu sichern. Ihre Kindheit ist in aller Regel früh zu Ende. Gute Partner zeichnen sich aus durch beides: spontane, großzügige Solidarität, wenn sie die Mittel dazu haben, und direkt wirksame Härte, wenn Normen verletzt werden. Tatverständigung ist wichtiger als langwierige Versuche zur Versprachlichung von Beziehungen, Einstellungen und Konflikten. Die Biographie älterer Geschwister und naher Verwandter sowie guter Freunde der Familie hat mehr Orientierungskraft als die auf Identitätsfindung und Selbstverwirklichung ausgelegten Erziehungskonzepte, auf die hin wir selbst durch Schule, Studium und Familie beansprucht wurden und immer noch werden.

Theoretische Literatur

Um eigene Erfahrungen und literarische Produktionen in den Gesamtkontext der Lebensproblematik von Jugendlichen in gestörten Erziehungsverhältnissen einordnen zu können, ist die Auseinandersetzung mit der einschlägigen sozialwissenschaftlichen Literatur unumgänglich.

Zusammenfassung: Annäherungen an die Lebenswirklichkeit sind ein langwieriger, mühsamer Prozeß, der seitens der Lehrer ganzheitlicher, nicht nur intellektueller Anstrengungen bedarf. Nachgehende Betreuung als kontinuierliche Praxis der

Einübung in Solidarität, neugierig-selbstreflexive Lektüre von literarischen Produktionen, die das Milieu unserer Schüler zum Gegenstand haben, sowie die Vergegenwärtigung der Gesamtsituation durch regelmäßiges Studium der einschlägigen sozialwissenschaftlichen Fachliteratur sind die drei aufeinander bezogenen Spuren, auf denen wir zu einem realistischen Bild von der Lebenswirklichkeit unserer Schüler und deren zukünftigen Entwicklungsmöglichkeiten kommen.

Auf diesem Weg stellen sich dann mit zunehmender Dringlichkeit Fragen wie diese: Selbst wenn wir es schaffen sollten, künftig 40 Prozent unserer Schüler durch Frühförderung, Rückschulungsverfahren und Schulfremdenprüfung vom sogenannten „Stigma der Sonderbeschulung" zu befreien, bleiben uns immer noch sechs von zehn Schülern, die wir aus unseren Schulen „ins Leben entlassen". Ist es da nicht sehr problematisch, die Unterrichtszeit der Oberstufe aufzubrauchen mit forcierter Vorbereitung auf die Arbeitswelt und mit dem Versuch, die Anforderungen der Schulfremdenprüfung zu erfüllen? Müssen wir nicht noch konsequenter als bisher unsere Anstrengungen darauf konzentrieren, unseren Schülern nüchtern und solidarisch zugleich klarzumachen, wie man unter wirtschaftlich und damit auch gesellschaftlich sehr eingeschränkten Bedingungen ein respektables Leben führen kann? – Es ist schwer, aber nicht unmöglich, jungen Menschen einsichtig und praktisch verständlich zu machen, daß man sich nicht deswegen schon als minderwertig zu erleben und zu empfinden braucht, weil man an der gesellschaftlich eingespielten Betriebsamkeit zum Zwecke der Verdrängung von Langeweile und Überdruß nicht in derselben Intensität partizipieren kann, wie dies den sogenannten Normalen und durchschnittlich Wohlhabenden möglich ist.

Wir müssen uns dann allerdings selbstkritisch fragen, ob wir bereit und fähig sind, Schülern auf einem solchen Weg der kritischen Distanzierung von fragwürdigen gesellschaftlichen Zwängen (Jagd nach Statussymbolen, Besitz, Prestige usw.) und allgemeinüblichen Spielformen (Massentourismus, Mode, bedenkenloser Konsum usw.) ein solidarischer Partner zu sein. Wir sind jedenfalls diesen Schülern vor uns weniger Mitleid als vielmehr Respekt schuldig: Sie gehen einen schwereren Weg durch ihr Leben als er uns zugemutet ist. – Ich denke, wir tun gut daran, wenn wir mit großer Wachheit alle Möglichkeiten der Selbst- und Umweltgestaltung aufspüren, die Jugendliche heute ausprobieren, um auf materiell schmaler Basis dennoch die Erfahrung eines persönlich befriedigenden Lebens zu machen. Und wir sollten versuchen, Spuren und Zeugnisse solchen Lebens zum Gegenstand unseres Unterrichts zu machen.

4. „Bessere Vorbereitung" durch curriculare Innovationen mit schulorganisatorischen Konsequenzen

Es wurde dargestellt, wie wir uns der Lebenswirklichkeit unserer Schüler annähern können, um aus den praktischen und theoretischen Erkenntnissen Anhaltspunkte, Ideen und vielleicht sogar Arbeitsformen für den Unterricht auf der Oberstufe der Schule für Lernbehinderte zu gewinnen.

Theoretisch erscheint es zunächst nicht allzu schwierig, aus dem was sich da so ergibt, einen Anforderungskatalog für das zusammenzustellen, was in der Schule für Lernbehinderte an Unterrichtsangebot erfolgen müßte.

Allgemeine Grundbildung auf der Oberstufe
der Schule für Lernbehinderte –
Unsystematischer Katalog für Unterrichtsvorhaben

1. Deutsch
Registraturaufbau und Nutzung (Ablegen lernen); Musterbriefe/-texte und Training der individuell-situativen Variation (Bestellung / Reklamation / Kündigung von Abonnements / Bewerbung / Lebenslauf / Krankmeldung / Schuldschein / Personenbeschreibung / Hergangsschilderung); Verzeichnisse anlegen (Anschriften / Telefon-Nummern-Verzeichnisse / Rezepte, Speisepläne), Formulare und Anträge ausfüllen.

2. Lesen
Anhand von Fallstudien, einschließlich Jugendbüchern (Auszüge), Episoden aus dem Alltag: Information und Ernüchterung bezüglich der realistischen Einschätzung der eigenen Gegenwart und Zukunft. Dialoge / Briefe / Dokumente – auch im Blick auf Partnerbeziehungen.

3. Alltagsrhetorik
Beschreiben von Gegenständen, Personen, Orten, Vorgängen. – Informationen erfragen und erteilen. – Nachrichten weitervermitteln, mündlich und schriftlich, Termine verabreden. – Mit Gründen sagen, was man (nicht) will, sich wehren, sich entschuldigen usw.

4. Zeitnutzungsschemata entwickeln
Veranstaltungskalender, Fahrpläne, Anzeigen, Programmgestaltung (Zeit / Geld), Speisekarten.

5. Rechnen
Preisvergleich, Zeit-Weg-Optimierungen, Standardeinkaufszettel, Musterkalkulationen (Fahrzeug, Freizeit) – Bargeldloses Zahlen: Girokonto (Kontoauszug / Dauerauftrag / Lastschrift / Scheck / Euroscheck) – Sparverträge / Vermögensbildung / Rücklagen. – Gebrauch des Taschenrechners.

6. Geld einteilen
Einnahmen-Ausgaben-Struktur. Abrechnungsverfahren Haushaltsbuch. Programm für mittelfristige Anschaffungen. Preisgünstige Beschaffungsmöglichkeiten für Möbel, Haushaltsgeräte, Fahrzeuge, Kleidung.

7. Gemeinschaftskunde, Wirtschaftslehre
- ❒ Flußdiagramme für: Was tun wenn … Unfall verschuldet, erlitten / Wohnung gekündigt / Arbeitsplatz verloren / Arzt nötig / Umzug nötig / Fahrzeugkauf und -zulassung / Straftat begangen, Opfer einer Straftat / Schuldner nicht zahlt / ungewollte Schwangerschaft / Vaterschaftsklage / Zahlungsunfähigkeit (vgl. Seite 35)
- ❒ Arbeits-, Miet-, Kauf-, Kredit-, Spar-, Abonnementsverträge und deren rechtliche Folgen
- ❒ Wo kann ich mitmachen? (Vereine, Kirchen, VHS, Parteien, Gewerkschaft)
- ❒ Planspiele zur Simulation alltäglicher Anforderungen (verschiedene Lösungsalternativen mit Konsequenzen) Stadtspiele usw.
- ❒ Gezieltes Erlernen von Spielen (Spielstrukturen / Spielregeln / Repertoire-Erweiterung): Brettspiele (Mühle, Dame, Schach), Geschicklichkeitsspiele (Mikado, Billard, Flipper, Videospiele), Kartenspiele.

8. Biologie / Hauswirtschaft
❒ Auseinandersetzung mit / Entwicklung von praktischen Positionen zu Rauchen,
   Alkohol, Rauschgift, Pharmakagebrauch
❒ Erste-Hilfe-Kurse
❒ Umgang mit Dienstleistungen des Gesundheitswesens, Selbstmedikation, Pro-
   phylaxe
❒ Kochen und Einkaufen (Rezepte, Speisepläne, lokale Einkaufsstrategien, ratio-
   nelle Alltagspraxis)
❒ Kleidung / Kosmetik: Mindestbestandslisten, Second-Hand-Kauf, Pflege
❒ Wohnung: Gestaltung / Pflege, Beschaffungsmöglichkeiten von Haushaltsgeräten
❒ Feste feiern lernen (Einkaufen, Herrichten, Programm, Finanzierung) Teestube,
   Samstagsterrine, Diskothek

9. Kunst / Musik / Werken / Arbeitslehre
❒ Hobbyerwerb: (1) technisch orientierte Hobbies: Kfz.-Reparatur / Do-it-yourself.
   (2) ästhetische Hobbies: Malen, Fotografieren, Dekorieren, Mitglied in Musik-
   verein, -gruppen, Chören. (3) längerfristige Hobbies: Modellbau, Gartenbau,
   Tierzucht.
❒ Tanzen (Trivialformen)

10. Sportangebot
❒ Ein Mannschaftsspiel (Volleyball, Fußball, Handball, Basketball)
❒ Schwimmen (mindestens Freischwimmer / möglichst DLRG-Grundschein)
❒ Jedermanns-Sport: Trimm-Trab, Ballspiele, DSB-Sportabzeichen
❒ (Berg) Wandern und Skilanglauf
❒ Eine Kampfsportart (Ringen / Judo / Karate usw.)

11. Sonstiges
Schulinitiierte Projekte: Autowaschaktionen, Einkaufen für alte Mitbürger, Bazare,
Flohmärkte, Entrümpelung und Restaurierung, Altspielzeugladen / Wochenendtagun-
gen / Thematische Schulwochen / Gäste im Unterricht.

Dabei handelt es sich zunächst nur um eine Ableitung aus den Problemen, vor die
junge Menschen gestellt sind, und an denen sie oft genug scheitern, wenn sie unsere
Schule verlassen haben. Es wäre sodann zu prüfen, was davon in Bildungsplänen
bereits Eingang gefunden hat und was noch zu ergänzen wäre.
   Doch in solchen Ableitungen, im Begriff der Vorbereitung selbst, steckt ein
ernstzunehmendes, pädagogisches Problem, auf das bereits Schleiermacher in
seinen Pädagogischen Vorlesungen aus den Jahren 1813/14 und 1826 aufmerksam
gemacht hat (Schleiermacher 1826, 1957). Seine klassische Frage lautet, ob man
den gegenwärtigen Moment einem zukünftigen aufopfern dürfe. Und seine Antwort von der dialektischen Wechselwirkung von Spiel, als dem gegenwärtigen
Moment verpflichtet, und Übung, als der Zukunft verpflichtet, ist ebenso bekannt.
Er plädiert für eine Schul- und Unterrichtsorganisation, in der übendes Spiel zunehmend übergeführt wird in spielerische Übung.
   Die Temporaldifferenz zwischen Schulzeit und künftiger Lebenswirklichkeit
ist ein Problem, das sich im Blick auf benachteiligte Kinder und Jugendliche
zusätzlich verschärft.

Flußdiagramm: Was tun, wenn … Wohnung gekündigt

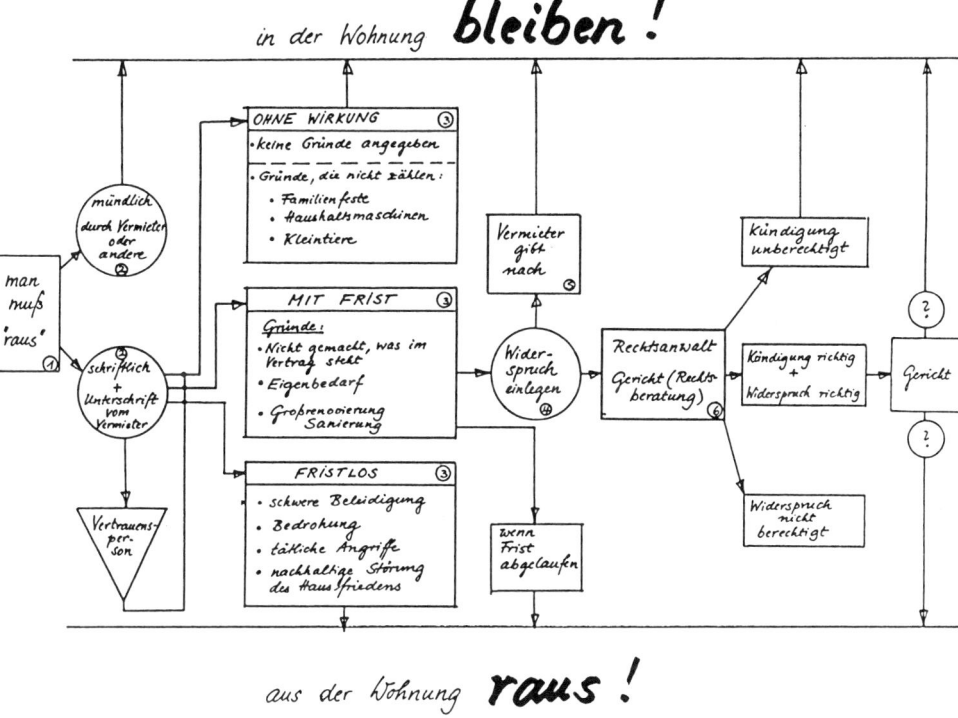

Entwurf: Christine Stein-Siegle

Text zum Flußdiagramm:

1. Du wohnst in einem Zimmer oder einer Mietwohnung. Plötzlich wird Dir gekündigt.

2. Wenn Dein Vermieter oder sonst wer nur sagt, Du mußt raus, bleib drin! Der Vermieter muß schriftlich kündigen und selbst unterschreiben!

3. Prüfe die Kündigung genau!
   Achtung! Frag jemand um Rat. Geh mit der Kündigung zu ihm!
   – Die Kündigung ist ohne Wirkung, wenn der Vermieter keine Gründe angibt. Oder wenn er Gründe nennt, die gar nicht zählen, weil man das darf.
   – Ist die Kündigung fristlos und es stimmt, was man Dir vorwirft, mußt Du sofort ausziehen!
   – Erhältst Du die Kündigung mit Frist und der Angabe von Gründen, überlege was Du willst!

4. Willst Du bleiben, leg in jedem Fall Widerspruch ein. Achtung: Frag jemand um Rat! (zum Beispiel Mieterverein)

5. Gibt der Vermieter nach, bleib in Deinem Zimmer oder in Deiner Wohnung!

6. Gibt er nicht nach, kannst Du Rechtsanwalt und Amtsgericht um eine Entscheidung bitten. Das Gericht entscheidet dann, ob Du die Wohnung räumen mußt oder nicht.

Obwohl die Schüler der Schule für Lernbehinderte zwar nicht im gleichen Maß wie ihre Altersgenossen vom wirklichen Leben ausgeschlossen sind, gilt doch auch für sie, daß sich erst nach der Entlassung aus der Schule und im Zuge der – sicher zu einem früheren Zeitpunkt sich vollziehenden – Ablösung von der Herkunftsfamilie, die Probleme einstellen, auf die wir sie vorbereiten sollten. Zugespitzt formuliert: Zum Zeitpunkt, in dem wir „vorbereiten", haben die Probleme für die Schüler keine Brisanz. Und wenn die Probleme bedrängend werden, haben die meisten Jugendlichen und jungen Erwachsenen keine verläßlichen Bezugspersonen mit hinreichender Sachkenntnis, an die sie sich wenden können.

Lösungen, die im Sinne Schleiermachers zunächst übendes Spiel praktisch ermöglichen, um schließlich die Routine gut eingespielter Handlungssicherheit hervorzubringen, dies gerade auch hinsichtlich der „üblichen" Herausforderungen einer selbständigen Lebensführung, lassen sich nur in Formen einer längerfristigen Kooperation mit außerschulischen Einrichtungen, mit Experten und Laien entwickeln. Ich sehe dazu die folgenden Ansatzpunkte:

– Mit Hilfe von Fördervereinen lassen sich an Schulen für benachteiligte Jugendliche Beratungsstellen für Nachgehende Betreuung aufbauen. Es besteht auch die Möglichkeit, daß sich solche Fördervereine als Träger von Maßnahmen der „Ausbildungsbegleitenden Hilfe" (ABH – § 40 AFG) engagieren (vgl. dazu S. 186 f. und Hiller 1990). So wird unter den Augen der Schüler eine intensive Betreuung und Beratung älterer Geschwister, von Ehemaligen und Ihresgleichen möglich, in die auch die Lehrer der Schule einbezogen sind. Wenn es solchen Einrichtungen gelingt, für ihre Klientel und sukzessive dann auch für die Schüler der Oberstufe Kontakte zu engagierten, kompetenten Erwachsenen zu stiften, so daß ihnen ab dem frühest möglichen Zeitpunkt und weit über die Schulzeit hinaus „Ansprech- und Aufbaupartner" zur Verfügung stehen, dann hat auch ein Unterricht, der sich Lebensvorbereitung zum Ziel setzt, mehr Chancen, ernst genommen zu werden.

– Die Bedeutsamkeit schulischer Bildungsbemühungen für die Zeit nach der Schule läßt sich für Schüler kaum besser demonstrieren als dadurch, daß die Schule die „unterrichtlichen" Angebote zugleich einem größeren Adressatenkreis öffnet. So ist ernsthaft zu prüfen, ob nicht Teile des Unterrichtsprogramms zum Beispiel in der Form von Wochenendtagungen realisiert werden könnten, zu denen man Ehemalige, Familienangehörige, aber auch spezifische Interessentengruppen als weitere Teilnehmer einlädt. Bemerkenswert sind daher in diesem Zusammenhang erste Versuche von Lehrern, regulären Unterricht ab Klasse 8 in die (frühen) Abendstunden und an außerschulische Lernorte (Volkshochschulen, Museen, Sportstätten, Schulungsräume von Betrieben) zu verlegen und für zusätzliche Interessenten zu öffnen. Hinter solchen Neuerungen steht die Überlegung, daß die Schüler, sobald sie entlassen sind, Beratungs- und Weiterbildungsangebote nur nach Arbeitsschluß, also in Abendkursen, oder in der Form von Wochenendtagungen wahrnehmen können. Warum also sie nicht beizeiten an derlei gewöhnen? Fortsetzung von „vertrauten" Gepflogenheiten sind wahrscheinlicher als der Entschluß zu neuen Verhaltensweisen.

– Umgekehrt ist auch zu überlegen, ob die Schule wirklich für alles Wichtige die idealsten Voraussetzungen bietet. Hätte es nicht Sinn, bestimmte Kurse, wenn nötig mit fest umrissenen, testierbaren Qualifikationen, an gemeinnützige Einrichtungen zu delegieren, die dafür besser disponiert sind als die Schule? – Was spricht eigentlich dagegen, daß Schüler der Klasse 7, die sich für einen zehnwöchigen zweistündigen DLRG-Kurs einschreiben, in dieser Zeit ihren Sport in der Form dieses Kurses absolvieren? Warum kann man die dreißig Stunden „Bildende Kunst" eines Schuljahres nicht an drei Wochenenden in den Räumen der Volkshochschule organisieren oder im Gemeindezentrum einer Kirchengemeinde und dazu Interessierte von außen dazu einladen? Vielleicht lassen sich dazu ortsansässige Künstler gewinnen?

So wichtig die Diskussion über derlei Vorstellungen ist, die alle mit dem Problem zu schaffen haben, wie sich der gegenwärtige mit dem zukünftigen Moment verzahnen läßt, so sehr müssen wir uns auch der Frage zuwenden, was sich innerhalb der Schulmauern zur „Verbesserung" der Vorbereitung auf die Lebenswirklichkeit tun läßt. Mit der Frage nach der „besseren" Vorbereitung ist mitgesagt, daß ein wichtiges Kriterium bisheriger Lehrpläne bereits in solchen Anstrengungen gelegen hat. Und in der Tat läßt sich vieles benennen, was seitherige Lehrpläne schon vorgeschrieben haben.

5. „Vorbereitung auf Beruf und Leben" als zentrale Aufgaben einer Schule für Benachteiligte – Chancen und Probleme des Bildungsplanes der Schule für Lernbehinderte in Baden-Württemberg aus dem Jahre 1990

Der Bildungsplan für die Schule für Lernbehinderte in Baden-Württemberg, der am 1. August 1991 in Kraft getreten ist, verdient in diesem Kontext besondere Aufmerksamkeit. Viele Impulse, die ich an dieser Stelle in der Erstauflage dieses Buches veröffentlicht habe, wurden durch die Verfasser aufgenommen, so daß sie nunmehr entfallen können. Statt dessen will ich im folgenden versuchen, am Beispiel dieses mutigen Konzeptes die grundsätzlichen Chancen, aber auch die Probleme herauszuarbeiten, die sich bei dem Versuch ergeben, die Realitätsnähe der Schule durch einen innovativen Bildungsplan voranzutreiben.

Dieser neue Bildungsplan unterscheidet sich ganz erheblich von seitherigen Bildungsplänen sowohl für diese Schulart als auch für alle übrigen Schularten des allgemeinbildenden Schulsystems. Er bietet zugleich einen ausgezeichneten Rahmen für die Entwicklung eines inhaltlich diversifizierten Bildungsangebotes für Kinder und Jugendliche, denen die breite Einbahnstraße einer gleichförmigen Allgemeinbildung auf unterstem Niveau (bisher angeboten durch die Hauptschule und die auf entsprechende „Annäherungskonzepte" (Klein 1990) verpflichteten Sonderschulen für Erziehungshilfe, für Lern- und Sprachbehinderte) zum Verhängnis wurde.

Die Bauprinzipien des neuen Bildungsplanes

Dieser Bildungsplan ist in drei Großkapitel gegliedert: Im Zentrum des ersten Kapitels stehen wichtige Aussagen zum „besonderen Erziehungs- und Bildungsauftrag der Schule für Lernbehinderte". Den zweiten Teil bilden thematisch zentrierte Lehrpläne für drei Schulstufen (Unterstufe: Klasse 1 bis 3; Mittelstufe:

Klasse 4 bis 6; Oberstufe: Klasse 7 bis 9). Eine Sammlung von Fachlehrplänen für die einzelnen Schulfächer bildet den dritten Teil.

Ausgangspunkt für die Darlegungen im ersten Teil ist die Feststellung, daß es auf allen Altersstufen Kinder und Jugendliche gibt, denen aus den verschiedensten Gründen das Regelangebot der normalen Grund- und Hauptschulen nicht gerecht zu werden vermag. Damit werden Schul- und Lernschwierigkeiten nicht mehr ausschließlich als Probleme begriffen, die in der Persönlichkeit der Schüler zu suchen sind, sondern als Folgen einer problematischen Relation zwischen der Lebens- und Lerngeschichte des Schülers einerseits und dem inhaltlichen Angebot der Schule, insbesondere seiner bisherigen Gliederung in Fächer neben- und nacheinander, andererseits. Für besonders problematisch am bisherigen curricularen Muster erscheint offenbar zweierlei: 1. Die faktischen Spielräume, die ein auf Klassenstufen bezogener Fächerlehrplan für die Anpassung des Unterrichtstempos an die Leistungsmöglichkeiten konkreter Lerngruppen bisher geboten hat, sind viel zu gering. 2. Die bisherigen, ausschließlich fächerspezifischen Bildungspläne verunmöglichen auf eine geradezu groteske Weise die Gruppierung verschiedener Unterrichtsaktivitäten zu komplexeren Lernprozessen und deren Justierung auf übergreifende Perspektiven von Bildung und Erziehung. Anders gesagt: Es blieb bislang ausschließlich dem Schüler überlassen, die heterogenen Angebote und Herausforderungen, denen er im Lauf eines Schultages, einer Schulwoche, gar eines Schuljahres neben- und nacheinander ausgeliefert war, „irgendwie" zu integrieren und als „sinnvoll" zu begreifen. Offenbar bietet die Tatsache, daß schon immer in Haupt- und Sonderschulen der größere Teil des gefächerten Unterrichts durch Klassenlehrer erteilt wurde, keine hinreichende Gewähr dafür, daß die schulische Inanspruchnahme von den Schülern als für sie im Moment hinreichend interessant und im Blick auf die Zukunft als wichtig genug erfahren und verstanden werden konnte, so daß sie sich mit ausreichend dauerhafter Lern- und Leistungsbereitschaft darauf hätten einlassen können und wollen.

Das curriculare Konzept des neuen Planes reagiert auf diese doppelte Problematik mit einer Reihe von innovativen Lösungsschemata:
1. Ein auf erfolgreiche Selbstbehauptung in der modernen Gesellschaft angelegtes Bildungs- und Erziehungskonzept für Kinder und Jugendliche, für die das Regelbildungs- und ausbildungssystem nicht zureicht, muß grundsätzlich als ein systematisch gesicherter, gleichwohl variantenreicher Enkulturationsprozeß durchkomponiert werden, *der die neunjährige Schulzeit und die Zeit der Berufsausbildung, einschließlich eventuell erforderlicher, besonderer Vorbereitungsmaßnahmen auf das Beschäftigungssystem umgreift.* Folgerichtig geht der Bildungsplan davon aus, daß die Zielmarke eines dem Hauptschulabschluß gleichwertigen Bildungsstandes „in der Regel" mit der „abgeschlossenen Berufsausbildung" erreicht wird.

2. Eingliederung in das Beschäftigungssystem, Teilhabe am geselligen Leben und eine subjektiv befriedigende Gestaltung der privaten Verhältnisse – all dies kann nur durch eine Schule wirksam angebahnt und gefördert werden, die ab dem jeweils frühesten Zeitpunkt, sodann in verbindlichen Formen der *Kooperation über lange Fristen mit geeigneten Persönlichkeiten, Gruppen und außerschuli-*

schen Einrichtungen zusammenwirkt, um die Anschlußfähigkeit ihrer Schüler zu steigern und zu sichern. Die zahlreichen, sehr konkreten Hinweise dieses neuen Planes auf Vernetzungsmöglichkeiten der schulischen Vorhaben mit solch außerschulischen Bildungsinitiativen und Ausbildungsprogrammen (Lernen am außerschulischen Ort, Experten im Unterricht, Projekttage, Praktisches Lernen, Kooperation Schule/Vereine, Praxiswochen, Hospitationen usf.) lassen erkennen, daß es letztlich darum geht, in ihrer Arbeit weitgehend autonome, regionale Bildungs- und Ausbildungsnetzwerke auf- und auszubauen, die an der gesellschaftlichen Integration von Kindern, Jugendlichen (und jungen Erwachsenen) in erschwerten Lebenslagen entscheidend und erfolgreich mitwirken.

3. Im Zentrum solch weitgespannter Alternativen zum Regelsystem steht die Schule für Lernbehinderte als eine besondere Kinder- und Jugendschule.

Alles, was sie ihren Schülern bietet, und woraufhin sie diese beansprucht, das curriculare Gefüge also, wird in diesem neuen Bildungsplan in doppelter Gestalt präsentiert: Da findet man zunächst einen *Lehrplan* (Teil 2). Er ist, wie angedeutet, nach Schulstufen (nicht mehr nach Klassen) gegliedert und, was noch interessanter ist, nicht mehr nach Fächern alleine geordnet, sondern nach Themen fächerverbindend organisiert.

Das Kollegium einer Schulstufe kann somit das Unterrichtsangebot (und damit die Anforderungen) flexibler als bisher auf die Lernvoraussetzungen und das Lerntempo der Schüler abstimmen. Innerhalb dieser größeren Zeitrahmen wird allerdings erwartet, daß die gesteckten Ziele „energisch angestrebt" werden. Faktisch bedeutet dies: Über einen erheblich längeren Zeitraum als bisher wird vom Kollegium einer Schulstufe eine wesentlich höhere Kompetenz im Umgang mit der Unterrichtszeit verlangt. Im Rahmen von jeweils drei Schuljahren müssen retardierend-vertiefende Phasen durch Lernschnellwege ausgeglichen werden. – Ob die Kollegien ein solch anspruchsvolles Zeitmanagement zu realisieren vermögen, ist eine offene Frage. Der Gefahr, daß sich von Anfang an notorische Unterforderung breit macht, die mit dem Hinweis auf die geringe Leistungsfähigkeit der Schüler entschuldigt wird, kann man sich wirksam nur durch Formen einer kollegialen Planung erwehren, die hauptsächlich dazu dient, auffällige Abweichungen als solche zu bemerken und rechtzeitig wirksame Konsequenzen zu ziehen, Gegenmaßnahmen zu ergreifen.

Die Organisation des Curriculum nach Themengruppen und deren mehrfache Untergliederung (nach Themen mit Schwerpunkten und Inhalten), somit eine weitgreifende Abkehr von der klassischen Organisation nach Schulfächern, ist nicht minder ambivalent. Sie begünstigt einerseits zweifellos einen schüler- und lebensnäheren Unterricht. Neben diesen wünschenswerten Effekten kommt es andererseits geradezu zwangsläufig aber auch zu Wirkungen, die nicht so positiv einzuschätzen sind. Diese verstärken sich, je radikaler man das Konzept eines fächerübergreifenden Unterrichts, gar als dominantes, curriculares Organisationsschema, durchzusetzen beabsichtigt: Je thematisch zentrierter ein Curriculum angelegt wird, desto schwieriger wird die unterrichtliche Repräsentation der strukturalen Dimension der Wissens- und Könnensbestände: Die Option für Konkretheit, Komplexität und Mehrperspektivität wird bezahlt mit dem Zurückdrängen von Systematik, Generalisierung und Abstraktion.

Gerade wenn man *nicht* der Meinung ist, daß die bislang in den Schulfächern
ausgebildeten, systematischen Organisationen des Wissens und der Methoden
sowie die dort definierten Abstraktionsniveaus, auf denen Themen und Probleme
üblicherweise ver- und behandelt werden, auch für Schüler der unteren Bildungsgänge verbindlich bleiben müssen, bleibt die grundsätzliche Frage zu beantworten,
wie man diesen Kindern und Jugendlichen systematisierte, abstrahierte und damit
generell anwendbare Wissensbestände und Methoden in dem Umfang vermitteln
kann, in dem sie diese später – in der Ausbildung, auf Beschäftigungspositionen,
im Alltag, für gesellschaftliche und politische Partizipation – nachweislich mindestens brauchen.

4. Um solche Aspekte gegenwärtig zu halten und um zu verhindern, daß thematisch
zentrierter Unterricht zu einem Potpourri von Unterhaltungsnummern auf nied-
rigstem Trivialniveau verkommt, wurde dem Lehrplan (Teil 2) eine Sammlung
von unterschiedlichen *Fachplänen* (Teil 3), gewissermaßen als Gegengewicht
von gleichgeordneter Bedeutung, beigefügt. Nach Ansicht der Verfasser enthalten
diese Fachpläne nichts grundlegend anderes als der Lehrplan, sie „stellen die Bil-
dungsinhalte", lediglich verschiedenen Fächern zugeordnet, „in einem systematischen Aufbau dar". So gesehen haben sie die Funktion von systematisch organisierten Beichtspiegeln; ihr Hauptzweck besteht darin, ein erkennbar wachsendes
Anspruchsniveau bezüglich der Durchführung thematischen Unterrichts zu sichern. Aber sie taugen auch dazu, dem Lehrer die Grenzen eines fächerübergreifenden Unterrichts deutlich vor Augen zu führen: Nicht alles, was die Schule
an Wissensbeständen und Könnensformen vermitteln muß, läßt sich in hinreichender Qualität in *einer* curricularen Organisationsform vermitteln.

Chancen und Probleme der Umsetzung

Die Dialektik von Lehrplan (Teil 2) und Fachplänen (Teil 3) bestimmt somit die
künftige Qualität dieser besonderen Schule für benachteiligte Kinder und
Jugendliche. Zugespitzt: Die Güte der Fachpläne und das Maß der Beachtung, das
man diesen vor Ort bei der Ausarbeitung des einzelschulspezifischen Curriculum
schenkt, bestimmen das Anspruchsniveau eines künftig thematisch zentrierten
Unterrichts. Gleichzeitig bieten überzeugende Fachpläne auch präzise Hinweise
auf jene Kurse und Lehrgänge, die „zur Vermittlung systematisierten Wissens und
zum gestuften Aufbau von Fähigkeiten" auch künftig – parallel- und zwischenge-
schaltet – unabdingbar erforderlich bleiben.

Es ist abzuwarten, ob die für Schulfächer ausgebildeten Lehrer in der Lage sein
werden, die gleichberechtigten, jedoch gegenläufigen Ansprüche zwischen Lehrplan und Fachplänen tatsächlich im Gezüge ihres schuleigenen Curriculum in einer
produktiven Spannung präsent zu halten. Was hier von den Kollegien vor Ort
erwartet wird, ist nichts weniger als die Bereitschaft und Kompetenz, für ihre
Schule neue zeitliche Ordnungsmuster für sehr verschiedenartige „Elemente
pädagogischer Förderung" zu entwerfen (Der Bildungsplan nennt und erläutert als
die vier wichtigsten: Den Lehrgang, die offene Lernsituation, das zweckfrei
übende Spiel und das Unterrichtsprojekt). Wie dies in der Form von „Schulzeitpar-

tituren" geleistet werden kann, habe ich andernorts ausführlich dargestellt (vgl. Hiller 1980, 1986).

Thematisch zentrierte, fächerverbindende Curricula einerseits, nach Schulfächern unter systematischen Ansprüchen organisierte Curricula andererseits, haben ihre je spezifischen Schwierigkeiten und Schwächen, natürlich auch ihre spezifischen Vorteile. Darin offenbart sich ein grundsätzliches Dilemma. Es besteht darin, daß ein zeitgemäßes Konzept einer allgemeinen Laienbildung, also einer nicht-akademischen, nicht-literalen Bildung, sich nicht länger als Gefüge von Schulfächern allein auslegen läßt, umgekehrt aber auch nicht ohne eine Vermittlung von systematisch geordneten Wissens- und Könnensbeständen auszukommen vermag. Von einem Bildungsplan kann nicht mehr erwartet werden, als daß er *beide* Organisationsformen als gleichwertig neben-/nacheinander präsentiert. Daß dies hier erstmalig geschieht, kann als Novum der Lehrplangeschichte nicht hoch genug geschätzt werden. Daß dieses Konzept nicht in allen Stücken – weder im Lehrplan noch in den Fachplänen – auf Anhieb gelungen ist, versteht sich von selbst. Dem Gesamtentwurf haften noch sehr die Unzulänglichkeiten und Anfangsschwierigkeiten einer konzeptionellen Kursänderung an. Doch auch dies schafft Spielräume für weiterführende Ideen und Konzepte. An die professionelle Kompetenz der Kollegien und damit jedes einzelnen Lehrers stellt dieser Bildungsplan zweifellos weit höhere Ansprüche als alle sonst üblichen. Damit die Chancen des Konzepts nicht alsbald von der Tradition eingeholt und erstickt werden, sind allerdings unverzüglich flankierende Maßnahmen im Bereich der wissenschaftlichen Lehreraus- und -fortbildung und einer medialen Sicherung durch beispielhafte Kompositionsanleitungen zur Auslegung der Schulzeitgestalt einzelner Schulen sowie die Verbreitung vielfältiger Anregungen zur Durchführung thematisch zentrierter Vorhaben und entsprechender Unterrichtsberichte aus allen Schulstufen erforderlich.

Der neue Bildungsplan für die Schule für Lernbehinderte in Baden-Württemberg ist der mutige, von Risiken umstellte Versuch, *eine* wichtige Voraussetzung dafür zu schaffen, daß variantenreiche, weil regionsspezifische Formen einer realitätsnahen Schule für benachteiligte Kinder und Jugendliche entstehen und sich fortentwickeln können. Ob und in welchen Ausprägungen daraus konkrete Schulkonzepte erwachsen, die auch in der Öffentlichkeit als ernstzunehmende Alternativen zur Regelschule konkurrenzfähig werden, weil sie ihre soziale Geltung nicht länger nur aus Annäherungskonzepten an eine als verbindlich erachtete, vermeintlich universelle Allgemeinbildung herleiten, dies bleibt abzuwarten.

Anregungen zu einem „Lebenspraktikum"

Die Vorbereitung auf das Beschäftigungssystem wird im neuen Bildungsplan in einer Stufenfolge geordnet, die hinreichend sorgfältig auf die biografischen Voraussetzungen des Schülers, auf seine Erfahrungen im familiären Umfeld und auf Erfahrungen ehemaliger Schüler Bezug nimmt; vom Lehrer werden präzise Kenntnisse bezüglich der in der Region vorhandenen Regel- und Sonderberufsbildungsmaßnahmen verlangt; er muß wissen, welche Probleme der anschließende Berufsschulunterricht für seine Schüler aufwirft, und wie ihnen zu begegnen ist;

er soll auch über die wirtschaftlichen Konsequenzen konkreter Ausbildungs- und Beschäftigungsperspektiven informieren können.

Es wäre wünschenswert, in Analogie zu dieser sorgfältig durchgeplanten Annäherung an das Beschäftigungssystem ein ähnlich differenziertes Bündel von Programmen zur Orientierung und Einführung in andere, nicht minder wichtige Lebensbereiche zu entwickeln. Der Bildungsplan liefert dafür zwar den erforderlichen Spielraum, er verzichtet jedoch auf vergleichbar präzise Konkretionen. Deswegen dazu die folgenden Anregungen:

In Analogie zu den Konzepten der Gran Aventura in Bemposta (Möbius 1973) wäre zu fragen, ob wir nicht auch den Schülern und Schülerinnen einer Jugendschule künftig die Chancen bieten sollten, eine moderne Form der Initiation in die Gesellschaft zu durchlaufen, die sie erwartet. Die Gran Aventura, das Große Abenteuer, ist ein im Bemposta eingerichtetes Ausbildungsjahr, an dem nur über fünfzehn Jahre alte Jungen freiwillig teilnehmen können. Es umfaßt folgende Stadien:

Drei Monate	Retraite in einem alten Bergkloster. – Harte Lebensbedingungen, Selbstversorgung. – Schweigen mit zwei halbstündigen Unterbrechungen am Tag. Vorbereitung auf die weiteren Stadien;
ein Monat	in Dreiergruppen: Hilfspfleger im Krankenhaus;
ein Monat	bei Atlantikfischern oder im Winter in den eingeschneiten Bergdörfern Galiziens;
ein Monat	Gefangener in einem Jugendgefängnis;
ein Monat	Zusammenarbeit mit einem Jugendpfleger im Slum einer spanischen Großstadt;
ein Monat	in Dreiergruppen: Dorf- und Straßenbettel;
vier Monate	Arbeit als Schiffsreiniger oder als Ungelernter auf einer Baustelle.

Das läßt sich nicht übertragen, aber wir sollten uns über Analogien Gedanken machen: Hierzu einige unsystematische Einfälle:

❐ Jeder Schüler wird in einem Hobby soweit gefördert, daß er sich einer außerschulischen Gruppe für die Dauer von sechs Monaten anschließen kann. Dazu ist er dann verpflichtet (Testat).

❐ Jeder Schüler arbeitet in der Zeit zwischen dem 7. und 9. Schuljahr je eine Woche während der Schulzeit
   – im Hoch-, Tief- oder Straßenbau
   – im Gartenbau, in der Land- oder Forstwirtschaft
   – in einem Reinigungs- oder Entsorgungsbetrieb.

❐ Jeder Schüler hat sechs Monate lang einen durch Förderverein oder Schule vermittelten Job: Zeitungen austragen – Gartenarbeiten bei älteren Leuten – Einkaufen für andere – Babysitten – Altpapiersammeln – Autowaschen – Schneeschippen usw.

❐ Einmal im Halbjahr ab Klasse 7 Besuch einer Gerichtsverhandlung.

❐ Jeder Schüler macht DLRG-Bronze-Abzeichen oder DSB-Sportabzeichen in der Zeit zwischen Klasse 7 und Klasse 9.

❐ Jeder Schüler macht Gelbgurt in Judo oder einer sonstigen Kampfsportart.

❐ Jeder Schüler lernt ein Brett- und ein Kartenspiel durchschnittlich gut spielen.

❏ Jeder Schüler hat in der Zeit zwischen Klasse 7 und 9 an 20 Schultagen an einer Veranstaltung teilgenommen, die die Selbstversorgung der Gruppe verlangt (Schullandheim usw.).

❏ Jeder Schüler absolviert einen Erste-Hilfe-Kurs.

6. Statt einer Zusammenfassung

Das Konzept einer „realitätsnahen Schule" ist der Entwurf für eine besondere Regelschule, die wie jede andere Staatsschule zu finanzieren ist. „Realitätsnah" ist sie nicht zuletzt insofern, als sie anerkennt, daß die Schule prinzipiell nicht mehr als eine universale Institution fortbestehen kann, die eine für alle Schüler gleichermaßen verbindliche Form intellektuell bestimmter Lebensführung vorschreibt, also bestimmte Formen der Rationalität kodifiziert und von Kindern und Jugendlichen fordert, sich dieser solchermaßen kodifizierten Vernunft anzupassen. Eine „realitätsnahe Schule" akzeptiert dagegen, daß es neben den sogenannten normalen Formen des Vernünftigseins andere Formen der Ausbildung von Intellektualität, Emotionalität, Erfahrungs- und Handlungsfähigkeit gibt. Sie ist bereit, mit großer Aufmerksamkeit das Anderssein der Vernunft, die anderen Formen des ästhetischen Genusses, der Symbolbildung, der Interaktion usw. bei ihrer jeweiligen Klientel zu sehen, zu fördern und zu ihrem relativen Recht zu verhelfen, auch wenn dies eine nicht zu unterschätzende Herausforderung an das Bürgertum bedeutet. In den Schulen für Lernbehinderte in Sonderheit sind Menschen als Schüler präsent, die am kulturellen Imperialismus der bürgerlichen Institution Schule scheitern, weil die Formen des Vernünftigseins, die in ihrer Lebenswelt ausgebildet sind, als irrelevant, nicht normal, defizitär herausdefiniert werden aus der Bandbreite des Akzeptablen. Kultureller Imperialismus stellt sich, wie gesagt, schon längst nicht mehr allein als Problem zwischen Nationen dar. In einer Zeit der ungeheuren Heterogenität von Erfahrungshorizonten und Lebensformen, in der jeder von uns nicht nur in mehreren Sprachen, sonder auch in verschiedenen Kulturschichten gleichzeitig lebt, macht man es sich zu einfach, wenn man die Schule als Institution beläßt, die im Grunde nur die Ausbildung einer bestimmten Lebensform als für jedermann verbindlich zuläßt und die Schüler zwingt, diese Herausforderung anzunehmen und sich entsprechend anzupassen. Wer an dieser Herausforderung scheitert, wird damit bestraft, daß ihm der Zugang zu einer objektiv befriedigenden Existenz verwehrt wird.

Eine „realitätsnahe Schule" macht demgegenüber konkrete Anstrengungen, sich ihrer Klientel anzubequemen. Sie ist auf dem Weg, die Aufklärung zu radikalisieren, indem sie nicht länger an der Fiktion festhält, die Schule, die ausschließlich ein bestimmtes Vernunftsprofil favorisiert, könne von Armut und Leid befreien und setzte jeden in Stand, selbständig seines Glückes Schmied werden zu können.

Eine „realitätsnahe Schule" akzeptiert, daß das Selbständigkeitsideal für ihre Klientel nichts weiter ist als eine bürgerliche Schimäre. Sie akzeptiert, daß das Ziel, zu einem Leben in eigener Verantwortung zu erziehen, zu einem Handeln zu befähigen, das sich permanent selbst reflektiert, argumentativ expliziert und sichert, für ihre Klientel bloße Fiktion bleibt. Somit nimmt sie Abstand von den zweifelhaften Versuchen, ihre Schüler auf das Ideal einer individuellen Subjektivität zu verpflichten. Weil ihre Schüler jetzt schon Formen der Lebensführung vorleben und sie auch künftig praktizieren werden, die viel eher auf Kollektivität angelegt sind, die sich nicht argumentativ begründet, zielt sie schon jetzt darauf, diese Formen der Lebensführung zu kultivieren. Daraus erklärt sich die Forderung, eine „realitätsnahe Schule" müsse sämtliche Ressourcen aktivieren, um eine nicht-institutionalisierte Vernetzung ihrer Klientel in soziale Gruppen zu sichern, die ein menschenwürdiges Leben ermöglichen. In dem Maße, wie es gelingt, die Schüler einer „realitätsnahen Schule" in sinnstiftende Kollektive, Kommunitäten, einzubinden, wächst auch der Freiraum der Schule, nüchtern und ernüchternd auf Möglichkeiten, Grenzen und Gefahren eines solchen Lebens vorzubereiten.

Literatur

Adorno, Th. W. und andere (1950): Der autoritäre Charakter. Deutsche Übersetzung: Institut für Sozialforschung. Frankfurt 1968.

Begemann, E.: Schüler und Lern-Behinderungen. Zum pädagogischen Auftrag des Lehrers. Ein Studienbuch. Bad Heilbrunn 1984.

Begemann, E.: Innere Differenzierung als Eigenwelterweiterung. In: Begemann, E. (Hg.): Individuelles und gemeinsames Lernen in der Schule für Lernbehinderte. Mainz 1985.

Bleidick, U.: Empirische Begründung und ideologische Rechtfertigung der pädagogischen Förderung Behinderter. In: Senator für Schulwesen, Berufsbildung und Sport (Hg.): Sonderpädagogik heute – Bewährtes und Neues. Referate des Sonderpädagogischen Forums Berlin. Fachtagung vom 23. bis 25. November 1987. Berlin o.J. (1989), S. 32–82.

Böhm, O. und andere: Eine curriculare Struktur des Lernbereichs „Privatleben" für die Schule für Lernbehinderte. Zeitschrift für Heilpädagogik 39 (1988), S. 454–463.

Enders, J., Krausnick, M.: „Für die biste doch der letzte Dreck!" Jugendliche in einer Obdachlosensiedlung. Reinbek 1980.

Hartwig, H.: Jugendkultur. Ästhetische Praxis in der Pubertät. Reinbek 1980.

Hiller, G.G., Siegle, V.: Anlage einer privaten Registratur. In: Reflektierte Schulpraxis. 10.Lfng.G41. Villingen 1976, S. 1–7.

Hiller, G.G., Schönberger, F.: Erziehung zur Geschäftsfähigkeit. Entwurf einer handlungsorientierten Sonderpädagogik. Essen 1977.

Hiller G. G.: Überlegungen zum 10. Pflichtschuljahr für Schüler aus Schulen für Lernbehinderte. Sonderpädagogik 9 (1979), S. 97–105.

Hiller, G. G.: Ebenen der Unterrichtsvorbereitung. In: Adl-Amini, B., Künzli, R. (Hg.): Didaktische Modelle und Unterrichtsplanung. München 1980, S. 119–141.

Hiller, G. G.: Längerfristige Unterrichtsplanung. In: Handreichungen Sonderschule. Heft 34. Hessisches Institut für Lehrerfortbildung. Fuldatal/Kassel 1986.

Hiller, G.G.: Bildungsunternehmen ohne Erwerbscharakter? Probleme und Chancen komplexer Projekte zur Verwirklichung praktischen Lernens. In: Neue Sammlung 30 (1990), S. 407–418.

Kanter, G. O.: Die Sonderschule regelschulfähig, die Regelschule sonderschulfähig machen – Perspektiven aus Modellversuchen. Zeitschrift für Heilpädagogik 36 (1985), S. 309–325.

Klein, G.: Auftrag und Dilemma der Sonderschule – gestern, heute und morgen. In: Sonderschule in Niedersachsen 1990, Heft 2, S. 5–16.

Ladiges, A.: „Hau ab, du Flasche!" Reinbek 1978.

Lisop, I., Huisinga, R. (Hg.): Bildung zum Sozialschrott? Ausbildungsbeeinträchtigte? 10. Schuljahr und ihre spezielle Pädagogik. Frankfurt, Wetzlar 1984.

Manuel, O., Kanstein, I.: Abhauen – die letzte Chance? Geschichte einer Flucht. Reinbek 1977.

Ministerium für Kultus und Sport Baden-Württemberg (Hg.): Bildungsplan für die Schule für Lernbehinderte. Druckvorlage. Stuttgart 1990. Masch. verf. Mskr.

Misereor/BDKJ (Hg.): Unser Verzicht – Leben für viele. Jugendaktion '84. Arbeitsmappe. Aachen, Düsseldorf 1984.

Möbius, E.: Die Kinderrepublik. Reinbek 1973.

Ossowski, L. (1977): Die große Flatter. Frankfurt 1980.

Prändl, B.: Neue Wege der Sonderpädagogik. Zeitschrift für Heilpädagogik 35 (1984), S. 1–6.

Rodrian, R.: Blöd, wenn der Typ draufgeht. Reinbek 1976.

Rutgers, A.: Ich bin Fedde. Hamburg 1976.

Schleiermacher, F.: Pädagogische Schriften. Erster Band: Die Vorlesungen aus dem Jahre 1826. Düsseldorf, München 1957, hier S. 45ff. und S. 379f.

Schneider, J. (Hg.): Jugend in Kreuzberg. Aufwachsen in einem bedrohten Stadtteil. Berlin 1984.

VDS-Gruppe an der Pädagogischen Hochschule Reutlingen: Vorschläge zur Weiterentwicklung der Sonderschule. Sonderschule in Baden-Württemberg. 16, 1983, S. 15–23.

Wirth, H. J.: Die Schärfung der Sinne. Jugendprotest als persönliche und kulturelle Chance. Frankfurt 1984.

Wocken, H.: Am Rande der Normalität. Untersuchungen zum Selbst- und Gesellschaftsbild von Sonderschülern. Heidelberg 1983.

Ziehe, Th., Stubenrauch, H.: Plädoyer für ungewöhnliches Lernen. Ideen zur Jugendsituation. Reinbek 1982.

Allgemeinbildung in sonderpädagogischer Sicht

Zur Fragestellung

Wer aus der Perspektive der Sonderpädagogik das Konzept der Allgemeinbildung diskutieren will, stößt dann auf besonders fruchtbare Fragestellungen, wenn er dies im Blick auf Kinder und Jugendliche tut, die als lernbehindert und/oder verhaltensgestört gelten. Am unteren „Rande der Normalität" (Wocken 1983), oft mit dramatischen Biographien und schlechten Zeugnissen belastet, haben sie weder beruflich noch privat eine Chance, gegen die Vielzahl von Mitbewerbern um ein objektiv wie subjektiv befriedigendes Leben erfolgreich zu konkurrieren. Gleichwohl werden sie (auch von sich selbst) zu denen gezählt, denen keine Sonderrechte zugebilligt zu werden brauchen: Weder für Staat und Gesellschaft noch für den Betroffenen selbst sind diese Behinderungen so offensichtlich, daß sie zu dem Personenkreis zu zählen wären, dem man zum Beispiel im Rahmen des Bundessozialhilfegesetzes besondere Rechte auf Schutz und Förderung zu gewähren hätte. Mit dem Datum der Volljährigkeit spätestens gelten sie, wie alle anderen, als voll geschäftsfähig; sie werden im vollen Umfang dafür zur Verantwortung gezogen, ob und wie sie mit den Chancen und Gefahren unserer Kultur zurechtkommen. Die Ausweglosigkeit, die einerseits aus der Geltung der Normen und andererseits aus der auf Dauer gestellten Erfahrung resultiert, diesen Normen nicht genügen zu können, führen entweder zur Resignation (bis hin zu Suizidversuchen) oder aber zu Aufsässigkeit (bis hin zu krimineller Devianz).

Angesichts dieser schnell wachsenden Gruppe von Kindern und Jugendlichen, deren Chancen auf künftiges Glück in der gegenwärtigen ökonomisch-technologischen Umbruchsituation sich deutlich verschlechtern, radikalisiert sich die Frage nach brauchbaren Konzepten von Allgemeinbildung. So wichtig Versuche zur Neubestimmung ihrer *inhaltlichen* Geltung sind (Klafki 1985), so dringlich bedürfen sie gleichermaßen einer *sozialwissenschaftlich-empirischen Fundierung:* Wenn Allgemeinbildung ein politisches Konzept sein soll, darf die Frage nach ihrer sozialen Geltung nicht länger ausgespart bleiben (vgl. dazu A. Rang 1986). Es ist dabei zu bedenken, daß die bisherigen Konzepte der Allgemeinbildung als Basis und Bezugsrahmen die bürgerliche Kultur haben. Dies impliziert, daß sie fraglos von folgenden zwei Prämissen ausgehen:

– Familie und Verwandtschaft garantieren als Hauptagenturen der bürgerlichen Kultur die Einführung der nachwachsenden Generation in die Werte, Traditionen und Techniken der bürgerlichen Lebensführung. Schulischer Unterricht ergänzt, fördert und differenziert, was von zu Hause mitgebracht wird. Selbstverständlich stellen Familie und Verwandtschaft außerdem die wirtschaftlichen Voraussetzungen bereit, die zum Erwerb von Allgemeinbildung nötig sind.

– Die bürgerliche Moral ist fester Bestandteil der Allgemeinbildung. Alles, was nicht in diesen Rahmen paßt, wird als deviant wahrgenommen und inkriminiert.

Für die Kinder und Jugendlichen, von denen eingangs die Rede war, treffen diese beiden Voraussetzungen nicht oder nur sehr eingeschränkt zu. Im folgenden wird versucht, im Blick auf sie ein Konzept von Allgemeinbildung thesenhaft zu umreißen, das sich nicht festlegen läßt auf die Durchsetzung einer bürgerlichen Kultur. Kritische Distanz zu ideologischen Verengungen bisheriger Konzepte soll ermöglicht werden, ohne jedoch deren aufklärerisch-realutopischen Anspruch aufzugeben.

Die Thesen 1 bis 3 beziehen sich auf die erste, die Thesen 4 und 5 auf die zweite der oben genannten Voraussetzungen. Die schul- und unterrichtspraktischen Konsequenzen dieser Argumentation für eine „realitätsnahe Schule" wurden bereits an anderer Stelle ausführlich erörtert (vgl. S. 15–45). Sie werden hier knapp zusammengefaßt und auf die leitende Fragestellung bezogen.

Fünf Thesen zur Zukunftsperspektive von Jugendlichen „am Rande der Normalität" – eine bildungstheoretische Provokation

These 1:

Schüler aus Schulen für Lernbehinderte und Verhaltensgestörte stehen mehrheitlich in Familien- und Verwandtschaftsbeziehungen, die nur bedingt dazu in der Lage sind, sie an bürgerliche Grundformen einer erfolgreichen Lebensbewältigung heranzuführen und sie darin hinreichend zu stabilisieren (vgl. S. 17f.).

Absolventen dieser Schulen – gleiches gilt wohl auch für viele Hauptschüler – lernen in den primären Gruppen, in denen sie aufwachsen, in der Regel sehr viel darüber, wie man unter erschwerten Bedingungen dennoch zurechtkommt. Von durchschnittlich bürgerlich Sozialisierten werden diese Formen der Lebensbewältigung jedoch weder in ihrer praktischen Effizienz noch in ihrer psychisch stabilisierenden Wirkung (Widerstandsfähigkeit, Zähigkeit, Gelassenheit) wahrgenommen oder gar gewürdigt; allzuoft werden sie gering geachtet, meist unterschätzt. Andererseits lehrt die Erfahrung aber auch, „daß unter den gegebenen Verhältnissen ... Familie und Verwandtschaft ‚am Rande der Normalität' das Hineinwachsen und Zurechtkommen ihrer Kinder in einer bürgerlichen Gesellschaft nicht in der wünschenswerten Qualität und im nötigen Umfang leisten und garantieren können. Die weitgehend unaufgeklärten, nicht gewürdigten Sozialisationsformen der Primärgruppen (reichen) in der Regel alleine nicht aus, die konfliktreichen Erfahrungen des Nichtgenügens, des Ausgeschlossenwerdens und des partiellen Scheiterns hinreichend produktiv aufzuarbeiten, in einer Gesellschaft, in der bürgerliche Formen der Lebensführung absolut dominant sind" (S. 18).

Aufgrund dieser Tatsachen ist zu fordern, daß Allgemeinbildung so zu konzipieren ist, daß einerseits mit ihrer Realisierung nicht lediglich kulturimperialistische Durchsetzungsstrategien sozialer Geltungsansprüche einer bürgerlichen Zivilisation gemeint sind. Andererseits wäre Allgemeinbildung so anzulegen, daß sie die Bereitschaft und Fähigkeit zur Grenzgängerschaft ausbildet; dies in einer Epoche, die gekennzeichnet ist durch eine „ungeheure Heterogenität von Erfahrungshorizonten und Lebensformen, in der jeder von uns nicht nur in mehreren Sprachen, sondern auch in verschiedenen Kulturschichten gleichzeitig lebt ..." (S. 44). Anzustreben wäre, daß genügend Individuen künftig in der Lage sind, als Fürsprecher,

Sachwalter und Partner mit denen zusammenzuleben, die mit dominanten Formen gesellschaftlicher Rationalität aus eigener Kraft nicht zurechtkommen.

These 2:
   Schüler aus Schulen für Lernbehinderte und Verhaltensgestörte sind Menschen, die in der Regel häufiger mit Institutionen öffentlicher Kontrolle, Beratung, Hilfe und sozialer Fürsorge in Zwangskontakt kommen (vgl. S. 19)
   „Sie erscheinen dort dann in der Regel in inferioren Positionen, als Bittsteller oder gar als potentiell Straftatverdächtige. Sofern sie nicht in der Lage sind, den Anforderungen der jeweiligen Bürokratie zu genügen (Anträge stellen und Fakten ordnungsgemäß zu belegen), ist es verhältnismäßig leicht, sie abzuweisen beziehungsweise ihren berechtigten Interessen nicht stattzugeben und zudem ihnen die Schuld für das jeweilige Scheitern als persönliches Versagen zuzuschieben" (S. 19). – Ein zureichendes Konzept von Allgemeinbildung hat sich auf diese Tatbestände einzustellen und den einzelnen soweit wie irgend möglich zum qualifizierten Umgang mit diesen Institutionen zu befähigen beziehungsweise darauf hinzuarbeiten, daß für jeden, der dies aus eigener Kraft nicht schafft, geeignete Vertrauenspersonen erreichbar sind, die ihm dabei wirksam helfen können.

These 3:
   Schüler aus Schulen für Lernbehinderte und Verhaltensgestörte sind Menschen, die in der Regel ihr künftiges Leben auf einer wirtschaftlich schmalen Basis führen müssen (vgl. S. 16).
   Was dies bedeutet, wird deutlich, wenn man die Aufgaben auf Seite 16 „rein theoretisch" zu „lösen" versucht. Wer mit und für solche Menschen Finanzierungspläne erarbeitet, erfährt nicht nur deutlich, wie eingeschränkt ein solches Leben faktisch ist. Die Forderungen an Selbstdisziplin und Askese sind so enorm hoch, daß sie objektiv als uneinlösbar gelten müssen. Wer nicht der Versuchung erliegen will, am Rande der Legalität oder gar außerhalb von Recht und Gesetz zu leben, muß sich klar machen, daß er über längere Zeiträume hinweg nur in einer Gruppe wirtschaftlich überlebensfähig ist, die dazu bereit ist, ihn mitzutragen.
   Auf das Problem der Allgemeinbildung gewendet, bedeutet dies zweierlei: Allgemeinbildung muß so konzipiert werden, daß sie die Mitglieder einer Gesellschaft befähigt, die wirtschaftlich Schwachen in ein Netz von sozialen Gruppen so einzubinden, daß ihnen ein menschenwürdiges Leben ermöglicht wird. Mit der Schaffung und Finanzierung von Institutionen einer verwalteten Fürsorge allein ist dies nicht hinreichend zu leisten. Gefragt ist Allgemeinbildung als Sympathie, Solidarität und Mitverantwortung, als Bereitschaft und Fähigkeit zur Einmischung in Verhältnisse, im Interesse benachteiligter und unterdrückter Menschen. Im Blick auf diejenigen, die aufgrund ihrer Herkunft und ihrer Bildung zu einer selbständigen, wirtschaftlichen Existenz in der Lage sind, muß deutlich werden, daß sie dem Anspruch allgemeiner Bildung nur insofern gerecht werden, als sie bereit und fähig dazu sind, ihre wirtschaftliche Selbständigkeit so zu realisieren, daß daraus Lebenschancen für diejenigen entstehen, die aus eigener Kraft die Minima eines glücklichen Lebens nicht erwerben können.
   Im Blick auf die von wirtschaftlichem Mangel dauerhaft Bedrohten muß deutlich werden, daß zur Allgemeinbildung die Einsicht gehört, sich dieses defizitären

Zustandes nicht schämen zu brauchen. Dies bedeutet zugleich, daß sie dazu befähigt werden müssen, ihre Würde als Mitglieder von Kollektiven zu entdecken und nach Kräften zu steigern.

Pointiert formuliert: Ob jemand hinreichende Allgemeinbildung besitzt oder nicht, entscheidet sich auch daran, ob er als aktives Mitglied von Gruppen lebt, in denen wirtschaftlich Schwache einen selbstverständlichen Platz haben.

These 4:
Schüler aus Schulen für Lernbehinderte und Verhaltensgestörte sind Menschen,
die mit dem auf Dauer gestellten Vorwurf leben müssen, selbst an ihrer Lage schuld
zu sein (S. 19).

Angesichts einer wachsenden Zahl von Menschen, die aufgrund minimaler Konkurrenzchancen sich auf ein Leben in Armut und Isolation einrichten müssen, ist Allgemeinbildung so anzulegen, daß sie dafür sensibilisiert, die Verletzungen wahrzunehmen, die demjenigen zugefügt werden, der den dominanten kulturellen, ökonomischen und moralischen Normen – warum auch immer – nicht entsprechen kann oder will. Noch einmal pointiert: Wer auf jedwede Form abweichenden Verhaltens, auf jede Art der Normverletzung, des Protests, auf Sub- und Gegenkulturen lediglich mit Unverständnis, moralischer Empörung und mit Abscheu zu reagieren weiß, wer die Betreffenden kriminalisiert und nach deren Bestrafung ruft, wem all dies nicht Anlaß wird zu kritischer Prüfung der herrschenden Verhältnisse und Normen und zu Selbstkritik, der besitzt keine ausreichende Allgemeinbildung.

Wer mangelnde Konformität, fehlende Anpassungs- und Leistungsbereitschaft zuerst und hauptsächlich als moralisches Versagen deutet, ist eher borniert denn gebildet. Allgemeinbildung ist auf der anderen Seite so auszulegen, daß sie einen differenzierten Umgang mit eigenen Negativerfahrungen eröffnet und zugleich die Kräfte und Formen des Widerstandes fördert und kultiviert, mit denen man gegen unerträgliche Verhältnisse und Überforderung wirksam protestieren kann. Allgemeinbildung muß dazu befähigen, die eigene Lage schonungslos zu identifizieren und sich darin zugleich Symbole der Hoffnung zu schaffen, um sie aushalten zu können (Wirth 1984). Gefragt ist nach der Entwicklung und Kultivierung von Formen der Selbstbehauptung, des Managements von Ohnmachtsgefühlen, nach effizienten Techniken des Sich-Wehrens gegen ungerechtfertigte Vorwürfe, unerträgliche Zurücksetzungen und Beleidigungen.

These 5:
Schüler aus Schulen für Lernbehinderte und Verhaltensgestörte sind Menschen,
die in der Regel aufgrund ihrer geringen sozialen Attraktivität auch auf dem Gebiet
der privaten Beziehungen nur sehr eingeschränkte Chancen haben (S. 17).

Unseren Beobachtungen zufolge können Absolventen von Sonderschulen für Lernbehinderte und Verhaltensgestörte als junge Männer und junge Frauen „in der Regel nur höchst flüchtige, instabile, von wechselseitiger Ausbeutung und Abhängigkeit gekennzeichnete primäre Beziehungen eingehen …, in denen weder Verläßlichkeit erfahrbar wird, noch der Aufbau einer privaten Sinnperspektive gelingt. Bis zum 25. Lebensjahr zumindest, in vielen Fällen weit darüber hinaus, ist bei diesen Menschen eine extrem hohe Fluktuation der unmittelbaren Lebensgefährten zu konstatieren"(S. 17).

Zur Allgemeinbildung müßte demgegenüber gehören, daß die Mitglieder einer Gesellschaft in der Lage sind, zu dominanten Formen der Organisation ihrer sozialen Beziehungen eine kritisch-konstruktive Distanz zu gewinnen. Dies bedeutet konkret, daß die Fixierung auf die Ideale der ausschließlich monogamen, heterosexuellen Partnerschaft und der Kleinfamilie zu relativieren ist (Bopp 1985). Diese Lebensformen sind von den hier in Rede stehenden Jugendlichen als tragfähige Beziehungen nur selten, und wenn, dann in der Regel nur suboptimal realisierbar, sofern man als Maßstab die gegenwärtig herrschenden Ansprüche an Partner- und Familienbeziehungen zugrunde legt. Unter diesen Voraussetzungen gewinnen Formen des Zusammenlebens mehrerer Erwachsener, mehrerer Generationen, auch unter Einbezug älterer Menschen, als ökonomisch und sozial selbständige primäre Gruppen erhöhtes Interesse.

Zusammenfassung

Wenn man versucht, ein Konzept der Allgemeinbildung zu formulieren aus der Perspektive und im Interesse von Randgruppen der Gesellschaft und deren nicht-imperialistisch betriebener Integration, so zeigt sich, daß die bislang bekannten inhaltlichen Konkretionen nicht zureichen. Was hier im Bezug auf Kinder und Jugendliche formuliert wurde, die unterschiedlichster Ursachen wegen aus Regelschulen ausgeschlossen werden, ließe sich gleichermaßen hinsichtlich vieler Hauptschüler, vieler Kinder von Arbeitsmigranten und der Mehrzahl der Kinder und Jugendlichen in der Dritten Welt darlegen: Was bislang unter Allgemeinbildung gefaßt wird, hält den Herausforderungen nicht stand, denen sich diese Menschen stellen müssen. Ein Konzept von Allgemeinbildung, das das Leid verdrängt, das aus einem auf Dauer gestellten Nichtgenügen resultiert, desavouiert sich als kulturimperialistisches Programm, vergleichbar den kolonialistischen Missionsaktivitäten aus früheren Jahrhunderten in Übersee.

Allgemeinbildung kann nicht länger identisch sein mit Bestimmung und Durchsetzung einer für alle Kinder und Jugendlichen gleichermaßen verbindlichen Form intellektuell bestimmter Lebensführung auf wirtschaftlich anspruchsvollem Niveau. Allgemeinbildung ist vielmehr zu konzipieren als ein Gefüge von Lerninhalten, Lernformen und -prozessen, in denen die verschiedensten Formen von Vernunft, von ästhetischem Genuß, von Symbolbildung und Interaktion in ein reziprok förderliches Verhältnis zueinander gesetzt werden.

Literatur

Bopp, J.: Vor uns die Sintflut! Streitschriften zur Jugend- und Psychoszene. Reinbek 1985, insbesondere S. 30ff.
Hiller G. G.: Realitätsnahe Schule. Impulse zur Öffnung der Schule für Lernbehinderte für eine bessere Vorbereitung ihrer Schüler auf die Lebenswirklichkeit. In diesem Band S. 15–45. – Dieser Aufsatz war Gegenstand der Diskussion in der Kommission Sonderpädagogik der Deutschen Gesellschaft für Erziehungswissenschaft am 11. März 1986 unter der Leitung von Gerd Iben.
Klafki, W.: Neue Studien zur Bildungstheorie und Didaktik. Weinheim 1985.
Rang, A.: Zur Bedeutung des „Allgemeinen" im Konzept der allgemeinen Bildung. In: Zeitschrift für Pädagogik, 32. Jg. 1986, Nr. 4.
Wirth, H. J.: Die Schärfung der Sinne. Jugendprotest als persönliche und kulturelle Chance. Frankfurt/M. 1984.
Wocken, H.: Am Rande der Normalität. Untersuchung zum Selbst- und Gesellschaftsbild von Sonderschülern. Heidelberg 1983.

Unterdrückte und unbefriedigte Bedürfnisse?

Bemerkungen zu Gerhard Kleins bedürfnistheoretischer Gesellschafts- und Schulkritik

> *„Solange es in einem Land möglich ist, daß Kinder unter solchen Bedingungen aufwachsen, ohne daß ihnen öffentliche und private Hilfe zuteil wird, solange sollte niemand über die schwindende Geburtenzahl klagen."*
> Gerhard Klein: Lernbehinderte Kinder und Jugendliche. Stuttgart 1985, Seite 128 f.

Das Buch ist nichts für schnelle Leser. In leichtverständlicher Sprache wird eine Fülle von Tatbeständen referiert, ein bedrückendes Bild von Gesellschaft und Schule entsteht. Die vorhandenen und denkbaren Wege und Mittel zur Vermeidung und Linderung der Übel werden jedoch skeptisch beurteilt. Wer allerdings gründlich, auch zwischen den Zeilen liest, wird durch die Argumentation zu theoretischen und praktischen Überlegungen angestiftet, für die er dem Autor Dank abzustatten hat.

Die zentrale These

Aus der Darstellung von acht, teils fragmentarischen Lebensläufen von Kindern und Jugendlichen, die die Schule für Lernbehinderte absolvierten, entwickelt Klein die These: „Schüler, die im bundesrepublikanischen Schulsystem als lernbehindert gelten, sind … Kinder, deren Grundbedürfnisse unzureichend oder gar nicht befriedigt werden" (S. 48). Und er belegt eindrucksvoll „wie es letztlich die Kumulation von Entbehrungen, Schädigungen und Unterdrückungen ist, die das schwere Schulversagen bewirkt" (S. 8).

Die Schwierigkeit des theoretischen Ansatzes

Die systematische Darstellung phasenspezifischer pädagogischer Bedürfnisse im Früh- und Elementarbereich, in der Phase der Einschulung und des Besuchs der Grundschule, in der Zeit der Umschulung, während des Besuchs der Schule für Lernbehinderte und in der Phase der Berufsvorbereitung und Berufsausbildung – die fünf Hauptkapitel des Buches – fördert zunehmend deutlicher die Schwierigkeiten des theoretischen Ansatzes zutage: Auch pädagogische Bedürfnisse von Kindern und Jugendlichen – sieht man von den elementaren Bedürfnissen des

Säuglings während des extrauterinen Frühjahres (Portmann) einmal ab (vgl. S. 54) – sind keine anthropologischen Fixpunkte, auf denen sich eine zureichend begründbare pädagogische Praxis der Bedürfnisbefriedigung aufbauen ließe.

Nicht nur die Art der Befriedigung oder Unterdrückung kindlicher und jugendlicher Bedürfnisse, sondern *diese selbst* sind bestimmt durch die je spezifisch-historische Ausprägung eines komplexen Gefüges gesellschaftlicher Bedingungen:

a) Das empirische Material von Klein macht unmißverständlich deutlich, daß die materielle Basis der Primärgruppe und die Formen, mit denen diese Basis gesichert wird, in erheblichem Maß darüber entscheiden, was als Bedürfnis in welcher Ausformung für das betreffende Kind oder den betreffenden Jugendlichen praktisch manifest werden kann.

b) Hinzu kommt – auch dies macht Klein deutlich – daß in den Biographien der Erziehungspersonen (Eltern, Geschwister, Lehrer, Lehrmeister) Traditionen und Wertgefüge präsent sind, die die Bedürfnisse der abhängigen Kinder und Jugendlichen konstituieren.

c) Schließlich sind es die sekundären Institutionen einer Industriegesellschaft, die zur Durchsetzung sozialisationspolitischer Vorstellungen geschaffen wurden und die auf die primären Sozialisationsagenturen massiv einwirken; sie bestimmen in erheblichem Umfang, was pädagogische Bedürfnisse von Kindern und Jugendlichen sind.

Dieses gesellschaftlich-geschichtlich bestimmte Zirkelverhältnis von Bedürfniskonstitution und Bedürfnisbefriedigung ist das zentrale Problem des Buches. Klein führt indirekt den Nachweis, daß dieses Gefüge von Wechselwirkungen in der Gesellschaft der Bundesrepublik so problematisch verfaßt ist, daß eine nicht zu übersehende, vermutlich sogar wachsende Zahl von Kindern und Jugendlichen fortgesetzt unerträglichen Belastungen und Schädigungen ausgesetzt wird.

Öffentliche Erziehungseinrichtungen als Bedürfnisproduzenten mit normativem Anspruch

Eine moderne Industriegesellschaft wie die der Bundesrepublik hat den Wechselwirkungsprozeß von Bedürfnisproduktion und Bedürfnisbefriedigung – gerade auch im Bereich der Sozialisation von Kindern und Jugendlichen – in den entscheidenden Bereichen längst aus einem wie auch immer gedachten „naturgemäßen" Ursprungszustand in eine künstliche Spielstruktur überführt. Darin will sie den Nachwuchs zu gleichermaßen kompetenten wie loyalen Mitspielern heranbilden. Die Bedürfnisproduktion und die Bedürfnisbefriedigung sind dabei weitgehend der Verfügungsgewalt des Einzelnen und der primären Gruppen entzogen: Es sind die Institutionen der Sozial- und Bildungspolitik im wesentlichen, aber auch die der Wirtschafts- und Finanzpolitik, und vor allem die ihnen zu- und nachgeordneten Einrichtungen der Sozial- und Bildungsverwaltung, die seit dem 19. Jahrhundert ein Gefüge von Institutionen geschaffen haben, die die pädagogische Bedürfnisproduktion und deren Verinnerlichung durch die Betroffenen ebenso steuern und sanktionieren, wie sie die Rituale der „angemessenen" Befriedigung ausformen und kontrollieren. Sie legen Kindheit und Jugend als entsprechende Gewöhnungs-, Trainings- und Vorbereitungsphasen aus und strukturieren diese Lebens-abschnitte durch ein Gefüge von Einrichtungen, die zwangsweise durchlaufen werden müssen.

Klein führt – und das ist die Stärke des Buches – sehr anschaulich und detailreich den Nachweis, daß und wie hierzulande der Kindergarten, die Grund- und Haupt-schule, die Berufsschule und die betriebliche Ausbildung als Einrichtungen funk-tionieren, die *mindestens* erfolgreich zu durchlaufen sind, um die Minima hinrei-chender Kompetenz und Loyalität nachweisen zu können, damit die Zulassung zum allgemeinen Gesellschaftsspiel erfolgt: Wer in diesen Einrichtungen versagt oder scheitert, aus welchen Gründen auch immer, verwirkt sein Recht auf Teilhabe.

Zugleich birgt das empirische Material und die darauf bezogene Gedanken-führung eine Vielzahl von Belegen dafür, daß diese Einrichtungen nicht allein die Bedürfnisse der Kinder und Jugendlichen für die Zeit nach Art und Umfang bestimmen, in denen sie diesen Einrichtungen unmittelbar ausgeliefert sind; sie dominieren auch die Phasen der frühen Kindheit und die nicht institutionell strukturierte Lebenszeit von Kindern und Jugendlichen.

So zeigt sich zum Beispiel der Kindergarten als die Instanz, die darüber ent-scheidet, welche Bedürfnisse in der vorauslaufenden Phase der nicht institutiona-lisierten Kindheit „angemessen" zu erfüllen sind: Die Forderung, eine spezifische „Spielfähigkeit" vorweisen zu können, macht die Konstruktion und Verinnerli-chung eines analogen Spielbedürfnisses erforderlich, das offenbar durch „Bär und Puppe" (S. 29) nicht hinreichend befriedigt werden kann; es müssen schon „Me-mory und Puzzles" (S. 29) dazukommen.

Was Klein als unterdrückte und unbefriedigte Bedürfnisse von Kindern und Jugendlichen faßt, was er später als besondere Bedürftigkeit von Schülern der Schule für Lernbehinderte beschreibt, läßt sich so gesehen dann auch als Katalog all der Probleme lesen, auf die die „normalen", öffentlichen Erziehungs-, Bil-dungs- und Ausbildungseinrichtungen, insbesondere die Regelschule, nicht ange-messen zu reagieren imstande sind. Ihr Gegenteil ergibt den meist unausgespro-chenen Katalog der Forderungen einer mit Bildungsmonopol ausgestatteten Re-gelschule in der Bundesrepublik, die nahezu ausschließlich (klein-)bürgerlichen Normen verpflichtet ist. Mit universalem Anspruch macht sie der Gesellschaft, ins-besondere den für die Erziehung verantwortlichen Erwachsenen, aber auch dem Nachwuchs selbst klar, was sie an Eingangsvoraussetzungen erwartet und an „Eigenleistungen" während der Schulzeit einklagt, in dem sie all dies als „Bedürf-nisse" der Kinder und Jugendlichen ausgibt.

Wie eine „bedürfnisgerechte" Erziehung erfolgreicher Kinder und Jugendlicher auszusehen hätte, ergibt sich ex negationis aus den beklagten Verhältnissen und Verhaltensformen. Das sieht dann etwa so aus:

– Eltern künftig erfolgreicher Schüler haben dank einer soliden beruflichen Ausbildung in gesicherten wirtschaftlichen Verhältnissen zu leben. Mit ihrem regelmäßigen Einkommen können sie ausreichend große, sanitär einwandfrei ausgestattete Wohnungen in mittleren bis guten Wohnlagen finanzieren. Sie verfügen außerdem über eine hinreichend breite Allgemeinbildung, sind bele-sen und nehmen das kulturelle Angebot ihrer Umgebung in ausreichendem Umfang wahr. Ihrem Fernsehkonsum beschränken sie auf weniger als zwei Stunden am Tage.

– Sie sind in der Lage und dazu bereit, inner- wie außerfamiliäre Konflikte soweit
   unter Kontrolle zu halten (wenn nicht gar produktiv zu verarbeiten) , daß für den
   Nachwuchs – zumindest bis zu dessen Adoleszenz – der Eindruck eines har-
   monischen Familienlebens aufrecht erhalten werden kann.
– Eltern künftig erfolgreicher Schüler setzen alles daran, ihre Lebensführung so
   zu gestalten, daß ihren Kindern – soweit dies an ihnen liegen könnte – weder prä-
   noch postnatale Schädigungen widerfahren. Sie nehmen die hierfür bereitge-
   stellten Angebote öffentlicher Gesundheitsdienste und Beratung im vollen
   Umfang in Anspruch.
– Eltern künftig erfolgreicher Schüler sind in der Lage und dazu bereit, ihren
   wenigen (maximal zwei) Wunschkindern von Geburt an die notwendige Fürsorge angedeihen zu lassen und deren Grundbedürfnisse den bürgerlichen
   Normen entsprechend umfassend und dauerhaft zu befriedigen. Sie investieren
   beträchtliche Mittel, um für ihren Nachwuchs bis zum zehnten Lebensjahr
   wenigstens eine konstante Bezugsperson freizustellen. Sie sorgen für gesunde,
   abwechslungsreiche Kost, einen durch großzügig bemessene Spielflächen,
   gutes Spielzeug, vorzügliche Bilderbücher und Lernspiele anregungsreich
   gestalteten, eigenen Wohnbereich. Sie kümmern sich um eine ebenso funktio-
   nale wie ästhetischen Ansprüchen genügende Kleidung und vermitteln durch all
   dies ihrem Nachwuchs das Bewußtsein unverwechselbarer Einzigartigkeit.
– Sie tragen Sorge für die Anbahnung und die Ausgestaltung der Kontakte ihrer
   Kinder zu ebenbürtigen Spielkameraden und zu förderlichen Erwachsenen. Sie
   öffnen ihnen den Zugang zu vielfältigen Möglichkeiten kognitiver, musisch-
   ästhetischer und sportlicher Förderung, all dies vom frühest möglichen Zeitpunkt an.
– In wohlgestalteten Tages-, Wochen- und Jahresrhythmen, in denen Phasen der
   konzentrierten Anstrengung und der Entspannung harmonisch aufeinander
   abgestimmt sind, betreiben sie die allseitige Entfaltung der Kräfte ihrer Kinder
   und fördern insbesondere in vielfältigen Formen gemeinsamer Tätigkeit deren
   sprachliche Entwicklung und motorische Geschicklichkeit. So übergeben sie
   nach spätestens sieben Jahren dem Schulsystem ein gesundes, ausgeglichenes
   und belastbares, mit Selbstvertrauen und Daseinsfreude begabtes Kind zur
   weiteren Förderung.
– Alsdann schaffen sie ihm einen häuslichen Arbeitsplatz, an dem es ruhig und
   konzentriert seine Schularbeiten erledigen kann. – Durch regelmäßige Lektüre
   pädagogischer Publikationen und durch einläßliches Studium der Schulbücher
   und Hefte, sowie durch den regelmäßigen und engagierten Kontakt mit Schule
   und Lehrern, nicht zuletzt durch auf das schulische Angebot abgestimmte
   familiäre Aktivitäten einer zusätzlichen Förderung und Anregung schaffen und
   erhalten sie die Lernbereitschaft ihrer Kinder. Sie sichern deren Erfolgswillen
   vor allem aber dadurch, daß sie selbst durch ihre eigene Tüchtigkeit und die
   daraus erwachsenden Lebenschancen die Nützlichkeit schulischer Anstrengungen sinnenfällig demonstrieren.

Das empirische Material

Diese sehr lesenswerten Kapitel sind Musterstücke einer beschreibenden Pädagogik, sorgfältiger Recherchen; genaue Berichte empirischer Untersuchungen, klare
Zusammenfassungen, begrifflich präzise Diagnosen. Auffällig allerdings, daß die
einschlägigen Erhebungen und Publikationen, die Klein zitiert, von wenigen Ausnahmen abgesehen, aus den Jahren zwischen 1969 und 1979 stammen (von den
145 im Literaturverzeichnis erwähnten Titeln sind nur etwa ein Viertel nach 1980
erschienen). Dies ist kein Einwand gegen die Aktualität der vorgebrachten Fakten
und Argumente: Es gibt genügend Hinweise darauf, daß sich die Situation seit den
siebziger Jahren für benachteiligte Kinder und Jugendliche eher verschärft als
entspannt hat. Alarmierend ist eher das Faktum, daß Fragestellungen der empi-
rischen Pädagogik, die vor gut fünfzehn Jahren im Zentrum öffentlicher Aufmerksamkeit standen, in den letzten Jahren offenbar nicht mehr verfolgt wurden.
Ausdruck von wissenschaftlicher Resignation angesichts politischer Ohnmacht?
Auch die von Klein geschilderten, ergreifenden Schicksale von „Kindern und
Jugendlichen" haben Biographien von Männern und Frauen zur Grundlage, die
heuer zwischen 21 und 29 Jahre alt sind. Auch dieses Faktum ist kein Einwand
gegen die Aktualität der vorgelegten Recherchen; Biographien wie diese lassen
sich ohne Schwierigkeiten in erschreckend genügender Zahl heute ebenso aufspüren wie vor sechs oder vor fünfzehn Jahren. Es wäre allerdings zu fragen, ob sich
angesichts der Tatsache, daß gegenwärtig zumindest in den Ballungsgebieten der
Bundesrepublik jeder dritte, wenn nicht jeder zweite Schüler, der eine Schule für
Lernbehinderte besucht, ein Ausländer ist, die von Klein entwickelte Problematik
mit noch größerer Schärfe und teilweise anderen Akzenten stellt. Schließlich ist zu
vermuten, daß Biographien von Schülern, für die die Umschulung in die Schule für
Lernbehinderte keine Erlösung bedeutete, der Argumentation eher förderlich gewesen wären; sie hätten das Buch von unnötigen Mißverständnissen befreit.

Die Empfehlungen zu einer bedürfnisorientierten Erziehung

Liest man die Empfehlungen und Vorschläge Kleins und die von ihm referierten
Konzepte und vielfältigen Bemühungen zur Milderung der Diskrepanz zwischen
den gesellschaftlichen Sozialisationsansprüchen und den faktischen Ressourcen,
über die benachteiligte Kinder und Jugendliche verfügen oder verfügen können
sollten, um eine gesellschaftlich akzeptable Sozialisation durchlaufen zu können,
dann zeigt sich ein grundsätzliches Dilemma, das abschließend herausgearbeitet
werden soll:
a) Geht man davon aus, daß die Industriegesellschaft der Bundesrepublik die
Mindestkonditionen einer qualifizierten Sozialisation ihres Nachwuchses nicht
beliebig ermäßigen kann, dann hat sie mit größerer Radikalität als bisher und sicher
mit erheblich größerem (nicht nur materiellem) Aufwand dafür Sorge zu tragen,
daß *alle* Kinder und Jugendlichen von Geburt an die Chance einer „allseitigen
Besorgung" (S. 139/154) und einer qualifizierten schulischen und beruflichen Bildung erhalten. Nicht nur angesichts der von Klein geschilderten Mängelsitua-
tionen in kinderreichen Familien und bei alleinerziehenden Eltern der untersten

sozialen Schichten und nicht nur angesichts der Schwierigkeiten „ökologischer
Eingriffe" in solch problematische Verhältnisse stellt sich die Frage, ob es weiterhin Sinn hat, die Familie grundsätzlich als wichtigste Institution der primären
Sozialisation zu propagieren, ohne deren Qualifikation hierfür regelmäßig zu prüfen, um im Bedarfsfall rechtzeitig intervenieren zu können.

Der Verlust der pädagogischen Kompetenz der Familie hängt in vielerlei Hinsicht mit dem Zustand der Gesellschaft im ganzen zusammen. Da die überwiegende Zahl der historischen Prozesse, die zu diesem Zustand führten, mit Sicherheit nicht mehr umkehrbar ist, sind daraus sicher generellere, weiterreichende
Konsequenzen zu ziehen, als Klein sie angedeutet hat. Er hat recht, wenn er meint,
daß Eltern und Kinder hieran kein wesentliches „Verschulden trifft" (S. 101); aber
seine Ausführungen zwingen zu einer radikaleren Neuformulierung der Sozialisa-
tionsproblematik. Zugespitzt: Wer das Ungenügen der familialen vorschulischen,
schulischen und beruflichen Sozialisation benachteiligter Kinder und Jugendlicher so prägnant beschreibt, wer die bestehenden Hilfsmöglichkeiten und selbst
die neuesten Konzepte und Vorschläge mit guten Argumenten so skeptisch beurteilt, muß binnen Kürze ein weiteres Buch vorlegen, in dem er aufzeigt, zu welchen
Konsequenzen sich die bundesrepublikanische Gesellschaft zu bequemen hätte,
wenn sie weiterhin an den bestehenden Normen ihres Regelsystems einer Sozialisation festhalten will, die ihrer Komplexität angemessen ist, und wenn sie gleichzeitig ein wirklich allgemeines Recht auf Erziehung und Bildung für *alle* Kinder
und Jugendlichen durchsetzen will.

b) Es ist allerdings auch eine andere Argumentation denkbar. Und auch dafür
findet man eher implizit als explizit Belege in Kleins Buch: Man bestreitet, daß die
Gesellschaft der Bundesrepublik mit ihren Erziehungs- und Bildungsinstitutionen
(Kindergarten, Grund- und Hauptschule, Berufsschule und betriebliche Ausbildung) die Normen einer „Mindestsozialisation" zureichend bestimmt hat. Mit
guten Argumenten läßt sich der Nachweis führen, daß die borniete Fixierung
dieser Einrichtungen auf einen bestimmten Ausschnitt bürgerlicher Lebensmuster
und Werte, ihre Festlegung auf eine bestimmte Kompetenz im Umgang mit Sprache, Schrift und Mathematik, sowie ihre Fixierung auf einen bestimmten Umfang
von Faktenwissen, Problembewußtsein und „Grundfähigkeiten" in einem fixen
Ausschnitt von Handlungs- und Sachgebieten und vor allem ihre Festlegung auf
kaum variierbare Tempi, Abfolgen und Organisationsschemata des Lernens mit
der faktischen Pluralität von Lebensmustern, die in dieser Gesellschaft realisierbar
sind, überhaupt nicht verträglich ist. Pointiert formuliert bedeutet dies die Aufgabe
der Idee der Allgemeinbildung als eines für alle Kinder und Jugendlichen gleichermaßen verbindlichen Kanons von Mindestbeständen an Wissen, Fähigkeiten
und Fertigkeiten. Konsequenterweise hätte dieser Denkansatz zur Folge, daß man
die Unterscheidung von „Regel-" und „Sonder"-Einrichtungen öffentlicher Erziehung und Bildung aufgibt und statt dessen eine Pluralität von unterschiedlich kon-
zeptualisierten, juristisch gleichwertigen Erziehungs- und Bildungseinrichtungen
für Kinder und Jugendliche entwickelt, die sorgfältiger als bisher die divergierenden Bedürfnisprofile aufeinander abstimmen könnten, die sich aus der jeweiligen
Struktur der Sozialisationsinstanzen und deren Ressourcen einerseits und aus den
Erfordernissen künftiger Lebensperspektiven andererseits ergeben.

Daß die Schule für Lernbehinderte in diesem Sinn als die Vorform von mehreren, alternativ auslegbaren Grund- und Hauptschulen erscheinen könnte, macht Klein an verschiedenen Stellen und im Verlauf seiner Argumentation zunehmend deutlicher: „In der Verbindung der Elemente Individualisierung, Schulleben, allgemeiner Jugendbildung wäre ein bedürfnisorientiertes Bildungs- und Erziehungsangebot gegeben, das die Schule für Lernbehinderte als Alternative zur Hauptschule legitimierte. Allerdings müßten sich die Vorstellungen von Schulen bei allen Beteiligten grundlegend (sic!) ändern. Verwaltung, Eltern, Lehrer und außerschulische Einrichtungen müßten erheblich umdenken" (S.151f.).

Setzt man allerdings so an, dann ist binnen Kürze ebenfalls ein weiteres Buch erforderlich, in dem die organisatorischen und inhaltlichen Umrisse solcher Erziehungs- und Bildungseinrichtungen noch deutlicher zum Vorschein kommen und die damit verbundenen Probleme des Schulrechts, der Lehrerbildung und -besoldung usw. erörtert werden.

Wie sehen solche Kindergärten, Schulen und Betriebe aus, die Kinder und Jugendliche als Orte erleben können, „wo sie in materieller und psychischer Not Hilfe erfahren" (S.148), wo sie ihre Macht-, Ordnungs-, Halt- und Entwicklungsprobleme (S.140) angemessen bearbeiten können? Was bieten diese Alternativen an realistischen Zukunftsperspektiven ihren Schülern an, und wie stabilisieren sie diese Kinder und Jugendlichen in der von ihren Eltern und durch sie selbst gewählten Andersartigkeit solcher Bildungsgänge? Wie immunisieren sie ihre Schüler gegen die Ängste, die mit dem Risiko verbunden sind, einen wie auch immer von der „Normalität" der anderen unterschiedenen Lebensweg bewußt und nicht länger gezwungenermaßen zu gehen?

Das Buch von Klein enthält dazu eine Fülle von Anregungen, bezogen auf mögliche Einrichtungen für die verschiedenen Stufen des kindlichen und jugendlichen Lebens. Sie zu systematisieren und weiterzuentwickeln zu einem großen Entwurf einer geordneten Vielfalt privater und öffentlicher Einrichtungen zur Schaffung und Sicherung unterschiedlichster Gefüge unverzichtbarer Sozialisationserfahrungen, scheint mir eine faszinierende Aufgabe zu sein, zu der Gerhard Klein anstiftet.

Dieses zweite Buch hielte ich für wünschenswerter als das erste. Das erste fände wohl mehr Leser und mehr Zustimmung. Risikobereitschaft zu fördern ist möglicherweise nicht bedürfnisorientiert, aber vielleicht überlebensnotwendig.

Perspektiven der Schule für Lernbehinderte

Umrisse eines Bildungskonzeptes für Kinder und Jugendliche der unteren Statusgruppen*

Der sich ankündigende radikale Wandel der Arbeits- und Lebensverhältnisse in der Bundesrepublik und der damit verbundene Wirklichkeitsverlust klassischer Lebenslaufbilder zwingen zur Entwicklung von organisatorischen und inhaltlichen Alternativen zu jenen Insitutionen des Bildungssystems, in denen benachteiligte Kinder und Jugendliche auf eine qualifizierte Teilhabe am gesellschaftlichen Leben vorbereitet werden sollen. Die bisherigen Grund-, Haupt- und Sonderschulen können diesen Anspruch mittelfristig nicht mehr einlösen. Für die zahlreichen Bemühungen um eine Reform der grundlegenden Bildung für Kinder und Jugendliche aus den unteren Statusgruppen, wie sie vor allem im Bereich der Schulen für Lernbehinderte eingesetzt haben, und die sich auch in den Kooperations- und Integrationsprojekten dokumentieren, wird hier ein konzeptioneller Rahmen zur Diskussion gestellt und inhaltlich konkretisiert.

1. Problemdefinition

Über Perspektiven der Schule für Lernbehinderte zu reden, hat nur Sinn, wenn man dies in einem bildungstheoretisch und bildungspolitisch weit genug gespannten Horizont tut. Deshalb die folgende Ausgangsthese: Hinter der Frage nach der Perspektive der Schule für Lernbehinderte steht das Problem, daß wir für die inhaltliche Bestimmung und die organisatorische Verwirklichung einer allgemeinen Grundbildung für das unterste Fünftel der Gesellschaft in der Bundesrepublik weder ein theoretisch noch ein politisch brauchbares Konzept haben. Erst also aufgrund einer Neubestimmung der Konzeption einer allgemeinen Bildung für jenen Personenkreis, der heute die untere Hälfte aller Hauptschüler sowie die Klientel der Schulen für Lernbehinderte und für Erziehungshilfe umfaßt, läßt sich die Frage nach der künftigen Struktur und Funktion von schulischen Einrichtungen mit Verstand diskutieren, in denen die heutigen Schulen für Lernbehinderte, doch nicht nur sie allein, möglicherweise aufgehoben werden könnten, ohne damit Gefahr zu laufen, bisher Erreichtes mutwillig preiszugeben. – Negativ gewendet: Fixierungen auf engere Horizonte, zum Beispiel auf eine schulimmanente Integrations-

*   Überarbeitete Fassung eines Vortrages beim Verbandstag 1987 „Kooperative Sonderpädagogik" des Landesverbandes Schleswig-Holstein e.V. im VDS am 13.8.1987 in Kiel.

diskussion (sollen Behinderte auf Sonder- oder Regelschulen?) führen nicht weiter, wenn Regelschulen qua Hauptschulen bereits in Sackgassen führen. Fixierungen gar auf die Frage, ob und wie die Schulen für Lernbehinderte wieder einmal umbenannt werden könnten, ohne daß man grundsätzlich über ihre Inhalte, Ziele und vor allem über ihre Wirksamkeit diskutiert, führen mittelfristig über die vorhandene Situation nicht hinaus.

2. Zur Notwendigkeit einer Neubestimmung des Bildungskonzeptes für die unteren Statusgruppen – oder: Über das durch gesellschaftliche Entwicklungen erzwungene Ende der klassischen Allgemeinbildung

Analysen und Prognosen gesellschaftlicher Entwicklungen

Der sich ankündigende Systemwandel der Arbeitsgesellschaft zwingt das Bildungssystem zu einem radikalen Wandel. Dabei geraten bereits die Hauptschule und mit ihr die Schulen, die nicht einmal zum Hauptschulabschluß führen, ins bildungspolitische Aus. Der Besuch solcher Schulen wird künftig immer mehr zum Kriterium dafür, daß man aus dem Beschäftigungssystem ausgeschlossen wird. Ich möchte diese Argumentation im Anschluß an Klemm und andere (1985) und Beck (1986) entfalten:
1.
Die dritte industrielle Revolution bewirkt einen Systemwandel der Arbeitsgesellschaft: Das System der Vollbeschäftigung transformiert sich in ein System der pluralisierten, flexiblen, dezentralen Unterbeschäftigung, in dem nebeneinander Formen der legalen und illegalen Leiharbeit, der geringfügigen, der saisonalen Beschäftigung, des kapazitätsorientierten variablen Arbeitszeitvertrages, des zeitlich begrenzten Arbeitsvertrages ohne festgelegte Arbeitszeit, der Werkverträge, der freien Mitarbeit und der Schwarzarbeit zunehmen und mit der „Einheitsnorm" vertraglich geregelter, betrieblich organisierter, „lebenslanger Ganztagsarbeit" (Beck 1986, S. 224) konkurrieren, sie möglicherweise gar zum Verschwinden bringen werden. Diese Transformation kann nicht einkommensneutral erfolgen. „… mit der … Generalisierung der Unterbeschäftigung … geht eine Umverteilung des Einkommens, der sozialen Sicherung, der Karrierechancen, der Stellung im Betrieb *nach unten* einher, im Sinne eines kollektiven Abstiegs" (ebd., S. 226). „Wie im 19. Jahrhundert hat auch diese Entwicklung eine prinzipielle Janusköpfigkeit. Fortschritt und Verelendung greifen in neuer Weise ineinander … Arbeitslosigkeit verschwindet, aber taucht zugleich in neuen risikovollen Unterbeschäftigungsformen generalisiert wieder auf" (ebd., S. 227).
2.
Die Schulpädagogik als Theorie und als Praxis hat auf diese Transformationsprozesse so gut wie keinen Einfluß. Sie wird jedoch durch diese Entwicklung in einer unerhörten Weise herausgefordert: Wie bereiten die pädagogischen Institutionen unserer Gesellschaft ihren Nachwuchs auf *diese* Zukunft vor? Noch präziser: Was tun wir bislang in den sogenannten „Regel"- Grund- und Hauptschulen, was in den Schulen für Lernbehinderte, für Erziehungshilfe, für Sprachbehinderte, um jene Schüler, die – aus welchen Gründen auch immer – nicht zu höheren Abschlüssen

gelangen können, auf diese Realität vorzubereiten und sie vor den schlimmsten Folgen solcher Entwicklungen zu schützen?

Nach allem was bislang bekannt ist, müssen wir diese Frage mit einer Bankrotterklärung beantworten. Sowohl in den Hauptschulen als auch in den Sonderschulen, um die es hier geht, reicht der Blick in der Regel über die Zäune der Institutionen nicht hinaus. So geschieht vielerorts nichts, fast überall zu wenig und das Wenige ist nicht selten unnötig oder falsch. Dieser Tatbestand ist deswegen so alarmierend, weil die Konsequenzen der eingangs beschriebenen Transformationsprozesse die Absolventen der Haupt- und Sonderschulen – nach allem, was man bisher weiß – nicht nur in den ersten Phasen nach Schulabschluß, sondern grundsätzlich und somit dauerhaft treffen werden. Sowohl Beck (1986) als auch Klemm und andere (1985) beurteilen die mittelfristigen Chancen der Hauptschüler und der Institution Hauptschule als extrem ungünstig. In noch stärkerem Maße gilt dies für Sonderschüler und ihre Schulen. Hier stichwortartig ihre Feststellungen und Argumente:

a) Das Interesse an der Hauptschule wird weiter rapide sinken (Klemm und andere 1985, S. 87). Bis zum Ende des Jahrhunderts dürften bundesweit nur noch 20 Prozent eines Jahrgangs die Hauptschule besuchen, überwiegend Migrantenkinder und Kinder der untersten Statusgruppen.

b) Jede Maßnahme zur Rettung der Hauptschule ist paradoxerweise dazu geeignet, deren Situation zu verschlechtern. (Vgl. dazu und zum folgenden Klemm und andere 1985, S. 87.) Der Ausbau der Hauptschule als weiterführende Sekundarschule bringt sie in Konkurrenz zur Realschule. Dieser wird sodann der Vorzug gegeben, Beispiel dafür bietet die Situation in Westberlin. – Die Konzeptualisierung der Hauptschule als Gegenschule mit pädagogischem Profil führt in bedenkliche Nähe zur Sonderschule – mit dem gleichen Effekt wie der erstgenannte Weg. – „Je mehr die Hauptschule Restschule oder Ausländerschule wird, desto mehr bewahrt sie den Rest an Schülern auf, der den Sprung zur Realschule nicht geschafft hat" (ebd., S. 87). Somit kommen Klemm und andere zum Ergebnis: „Sowohl die bisherige als auch die vorhersehbare künftige Entwicklung macht deutlich, daß es nur eine Alternative geben kann: rechtzeitige Auflösung oder Schrecken ohne Ende" (ebd., S. 88).

Mit „reformerischer Hartnäckigkeit" (ebd., S. 95) halten sie daher die „Überwindung des gegliederten Schulsystems zugunsten eines flächendeckenden Angebotes von Gesamtschulen … als alleinige Schulreform", also nicht länger „im Wettbewerb mit den bestehenden Schulen" (ebd., S. 96) für erforderlich. Was die Autoren selbst – angesichts der realen gesellschaftlichen Kräfte als „konkrete Utopie" (ebd.) bezeichnen, zeigt bezüglich der Klientel, die derzeit die Haupt- und Sonderschulen besucht, die folgenden Umrisse:

– Statt früher Aufteilung in Leistungskurse längeres, gemeinsames Lernen in heterogenen Gruppen. Schüler unterschiedlicher Lerngeschwindigkeiten erhalten dabei unterschiedliche Aufgaben (Binnendifferenzierung).

– Statt Gesamtschule als Bildungsgroßbetrieb Gliederung in kleine, weitgehend selbständige Einheiten.

– Statt 45-Minuten-Fachunterricht, fächerübergreifende Unterrichtseinheiten und Projekte, kooperativer Unterricht verschiedener Fachlehrer, statt Hausaufgaben Übungsphasen im Unterricht.

– Nachmittags vielfältige Formen spielerischen und handwerklichen Lernens unter Beteiligung von Schülern, Lehrern, Sozialpädagogen und Eltern.

– Statt überall gleichem Lehrplan verbindliches „Basiscurriculum" und eigene Profilierung, zum Beispiel Türkisch als erste oder zweite Fremdsprache.

– Wahlpflichtbereiche mit von Schule zu Schule unterschiedlichem Schwerpunkt (zum Beispiel musisch, naturwissenschaftlich-ökologisch, polytechnisch) (ebd., S. 97).

Gegen dieses Konzept ist nicht nur einzuwenden, daß es „kaum Durchsetzungschancen hat", was die Autoren selbst zugestehen (ebd., S. 98). Es leugnet auch insofern die gesellschaftlichen Verhältnisse, als es sich nicht radikal genug dem Faktum stellt, daß mindestens das schwächste Fünftel dieser künftigen Gesamtschüler (wenn sich nicht Generalisierungseffekte einstellen, die den Anteil betroffener Schüler noch vergrößern) ebensowenig Zugang zum Beschäftigungssystem hätte, wie dies bisher für die entsprechende Gruppe der heutigen Hauptschüler und für die Sonderschüler zutrifft. Sie würden spätestens durch die Einstellungstests der Arbeitgeber ausgelesen. Um die Problematik noch schärfer in den Blick zu bekommen, im folgenden die Argumente von Beck (1986):

a) Empirisch-statistische Analysen zeigen, daß sich „die Beschäftigungschancen von *Hauptschulabgängern* dramatisch" verschlechtert (haben). Die Türen zum Beschäftigungssystem sind in diesen unteren Gängen des Bildungssystems durch Umschichtungen und Verdrängungsprozesse sowie betriebliche Rationalisierungsmaßnahmen inzwischen fast vollständig verschlossen ... alle Schätzungen gehen davon aus, daß auch in Zukunft das Bildungssystem im unteren Bereich einen qualitativ ansteigenden Sockel Dauerarbeitsloser ohne Beschäftigungsperspektiven produzieren wird" (ebd., S. 239).
b) „... unter dem Druck der Misere am Arbeitsmarkt ... (gewinnen) auch im Übergang von der Schule zur Lehre ... ‚Warteschleifen' eine zunehmende Bedeutung" (BVJ, MBSE, Berufsfachschulen usw.). „Aber selbst nach dem erfolgreichen Absolvieren der Berufsausbildung wird eine *labile Übergangsphase,* in der schlechte Jobs mit Arbeitslosigkeit, kurzfristigen Arbeitsverhältnissen und Unterbeschäftigung wechseln, immer mehr zum Normalfall" (ebd., S. 241).
c) Der Zusammenhang von Bildung und Beschäftigung ist derart brüchig geworden, daß die weiterführenden Schulen ihre statuszuteilende Funktion „an die betrieblichen Personalabteilungen beziehungsweise -chefs verloren" haben und sich die Hauptschulen auf die „Negativauslese" derer beschränkt, denen jeder berufliche Status vorenthalten werden soll (ebd., S. 244).
„Am extremsten sind die Konsequenzen dort, wo der Bildungsabschluß auch nicht mehr die Türen zu den ‚Vorzimmern' öffnet, sondern selbst zum *Ausschließungskriterium* wird. Dies trifft mehr und mehr auf den *Nur-Hauptschulabschluß zu* ... Der *Gang durch die Hauptschule wird zur Einbahnstraße in die berufliche Chancenlosigkeit.* Die Hauptschule driftet so in das gesellschaftliche Abseits ab, wird zur Schule der unteren, auf berufliche Zukunftslosigkeit *fest*geschriebenen Statusgruppen.
Die neue Negativfunktion der Chancenvorenthaltung tritt also gleichsam ‚rein' an der Hauptschule hervor. Dies ist auch insofern eine höchst bemerkenswerte Entwicklung, weil mit der Anhebung der Bildungsvoraussetzungen die Ausbildung der Hauptschule zur ‚Nonbildung' degradiert, der Hauptschulabschluß historisch *in die Nähe zum Analphabetentum gerückt wird.* Im Fall der Hauptschule wird erkennbar, daß ‚Bildung' – *das* klassische Merkmal für *erwerbbaren* Status – historisch zurückverwandelt werden kann in ein quasi-*askriptives* Merkmal: Die Hauptschule verteilt Chancen*losigkeit* und droht damit, *als* Bildungsinstitution zur Gettomauer zu werden, hinter der die unteren Statusgruppen auf die Dauerexistenz der Erwerbslosigkeit (beziehungsweise Fürsorge, Sozialhilfe) festgeschrieben werden. Die *durchgesetzte* Bildungsgesellschaft produziert in diesem Sinne auch ein neuartiges, paradoxes ‚Quasi-Analphabetentum' der untersten Bildungsabschlüsse (Haupt- und Sonderschule).
Mit dieser Marginalisierungsfunktion verwandelt sich die Haupt- wie vorher bereits die Sonderschule in einen ‚Aufbewahrungsort' für arbeitslose Jugendliche. Sie ist als bildungsorientierte ‚Jugendherberge' irgendwo zwischen Straße und Gefängnis angesiedelt. Ihr Funktionsgehalt verschiebt sich in Richtung Beschäftigungstherapie. Entsprechend ver-

schlechtert sich die pädagogische Situation. Lehrer und Lehrpläne werden in ihrer Legimität gefährdet. Auf sie werden die Widersprüche einer ‚berufsorientierten Ausbildung ins Nichts' projiziert. In dem Maße, in dem die Schule der Schülern nichts mehr zu ‚bieten' oder vorzuenthalten hat, büßt sie ihre Autorität ein. *Anomische* Reaktionen der Jugendlichen sind (aktuell und potentiell) in derartigen Bildungsghettos beruflicher Zukunftslosigkeit geradezu vorgezeichnet. Das extremste und sichtbarste Zeichen hierfür wäre die ansteigende Gewalt gegen Lehrer, vor allem in Großstädten mit hoher, konstanter Jugendarbeitslosigkeit" (ebd., S. 245/246).

Bildungspolitische und schulpädagogische Konsequenzen

Aus solchen Analysen werden im Blick auf unsere Fragestellungen die folgenden Punkte wichtig:
1.
Haupt- und Sonderschulen geraten angesichts mittelfristiger Entwicklungsperspektiven des Beschäftigungssystems in eine Situation, deren Fatalität sich nur noch graduell unterscheidet.
2.
In Anerkennung gesellschaftlicher Realitäten ist davon auszugehen, daß es auch in künftigen Gesellschaften untere und unterste Statusgruppen geben wird; auch dann, wenn diese künftig nicht mehr im Sinne sozialer Gruppen gesellschaftlich bedeutsam werden können, wird es eine sehr präzis erfaßbare Zahl von Individuen geben, die unter den Risiken eines gewandelten gesellschaftlichen Systems in erheblich höherem Maße zu leiden haben werden als andere. Außerdem ist mit guten Gründen davon auszugehen, daß die Bundesrepublik – entgegen aller anderslautenden Behauptungen – binnen Kürze zum Einwanderungsland werden wird, was zwangläufig zum Entstehen weiterer Gruppen im unteren Bereich der Statushierarchie führen wird.
3.
Demzufolge wird es auch künftig Kinder und Jugendliche geben, die – aus welchen Gründen auch immer – dem Bildungsgang einer auf *eine* – wie wir zeigen konnten: fragliche – Façon von Allgemeinbildung verpflichteten Regelschule weder im Tempo noch in der erforderlichen Intensität und Effektivität folgen können. Gleichwohl haben diese Kinder und Jugendlichen ein Recht auf eine ihnen angemessene und zugleich wirksame Grundausbildung.
4.
Diese Grundausbildung muß so angelegt werden, daß sie die Integration in die Gesellschaft in zumindest zweifacher Hinsicht sichert:
a) Sie muß einen definierten Erstzugang zum Beschäftigungssystem garantieren, der die materiellen Voraussetzungen erreichbar macht, um ein Leben in freigewählten Gemeinschaftsformen mit anderen, ohne wirtschaftliche Zwangsabhängigkeiten (etwa von Herkunftsfamilien oder staatlicher Fürsorge und Hilfe) zu führen. Ein solch garantierter Erstzugang zum Beschäftigungssystem schützt den betroffenen Jugendlichen vor der Erfahrung totaler Nutzlosigkeit.
b) Diese Grundbildung muß außerdem so angelegt sein, daß sie den Zugang zum geselligen Verkehr mit Angehörigen anderer Statusgruppen ermöglicht. Dies ist insbesondere deswegen unverzichtbar, weil eine pluralistische, flexible, de-

zentrale Unterbeschäftigung von jedem einzelnen verlangt, daß er ein pluralistisches, flexibles, dezentrales Netz sozialer Kontakte und Bindungen (anstelle lebenslanger Partnerbezüge) zu etablieren vermag und die eigenen psychischen Dispositionen in entsprechender Weise elaborieren kann. Eine solche flexible soziale Vernetzung und die Entwicklung entsprechender psychischer Fähigkeiten ist als Konzept gegen die fortschreitenden Individualisierungs- und Isolationsprozesse zu begreifen, das möglicherweise die wirtschaftlichen, sozialen und psychischen Folgen der Risikogesellschaft abzupuffern vermag (vgl. Hiller, Hiller-Ketterer 1988).

5.
Die Entwicklung und Durchsetzung einer solchen Bildungskonzeption und die Errichtung entsprechend leistungsfähiger Institutionen für das unterste Fünftel unserer Gesellschaft ist mit Formen einer „inneren Schulreform" allein oder mit nur geringfügigen, schulorganisatorischen Bemühungen nicht zu leisten. Insofern ist mit aller Deutlichkeit festzustellen:

a) Wenn es zutrifft, daß die Hauptschule als allgemeinbildende Regelschule bereits einem sinkenden Schiff gleichkommt, dann verlieren Schulen, die unter dem Niveau der Haupschule qua Institution rangieren, jede Daseinsberechtigung, sofern sie den Anspruch erheben, im vollen Umfang am wirtschaftlichen und gesellschaftlichen Leben partizipierende Individuen heranbilden zu wollen. Sie sind aufzuheben in Bildungseinrichtungen, die dies nachweislich zu leisten imstande sind.

b) Integrations- und Kooperationsbemühungen, die sich auf Grund-, Haupt- und Sonderschulen beschränken, muten angesichts dieser Analysen als gefährliche Sozialromantik an oder – um im Bild zu bleiben – als müßiger Streit um die Frage, ob auf dem ohnehin sinkenden Dampfer die Passagiere der unteren Preisklassen noch eine Weile lang Zutritt zu den Räumen haben sollen, die zuvor ausschließlich den Fahrgästen erster Klasse vorbehalten waren.

c) Demgegenüber gewinnt die Ausarbeitung eines Bildungskonzeptes für das unterste Fünftel der Gesellschaft gesellschaftspolitisch höchste Priorität. Wird dies verkannt, dann kann nicht ausgeschlossen werden, daß das ohnehin anfällige System unserer hochtechnisierten Gesellschaft zur Zielscheibe destruktiver Angriffe seitens der Ausgeschlossenen wird.

d) Es geht also in erster Linie um bildungspolitische und bildungsökonomische Maßnahmen, die im folgenden zu skizzieren sind. Auf ein solches Rahmenkonzept bezogen wird es möglich, in den bestehenden Institutionen, also in den Grund-, Haupt- und Sonderschulen bereits jene Entwicklungen zu stärken und zu fördern und neue anzubahnen, die einem solchen Konzept entsprechen. Anders gesagt: Erst im Horizont eines bildungspolitischen Konzepts der effizienten Grundausbildung für die untersten Statusgruppen gewinnt die Arbeit eine diskutable Perspektive, die bisher im Rahmen der Schule für Lernbehinderte geleistet wurde, einschließlich der Bemühungen um eine „innere Schulreform".

**3. Umriß eines Bildungskonzeptes und darauf bezogener Bildungs-
institutionen für die untersten Statusgruppen in der Bundesrepublik**
(vgl. dazu auch Knoop 1985; Erath 1987, S. 195–262)

Grundschulen verschiedener Dauer

Wenn sichergestellt werden soll, daß möglichst viele Schüler den Übergang in die
Realschule oder das Gymnasium schaffen und wenn zugleich deutlich ist, daß ein
Großteil der Kinder aufgrund wachsender Sozialisationsdefizite dieses Ziel immer
schwerer erreichen können, weil sie in krisenbedrohten, instabilen, das heißt in der
Regel auch ökonomisch labilen Primärgruppen aufwachsen müssen, dann wird die
ausschließlich auf vier Schuljahre begrenzte Grundschule zum Anachronismus. Es
erscheint daher zweckmäßig, die Regelgrundschule durch andere Organisationsformen zu ergänzen. Die wichtigste Institution, die zu errichten wäre, ist ein auf
fünf Schuljahre ausgelegter Grundschul-Bildungsgang, der zu den gleichen Zielen
führt, wie die übliche Grundschule. Er unterscheidet sich lediglich darin von dem
der Regelschule, daß er den Schülern mehr Zeit läßt und über mehr und besser
ausgebildetes Fachpersonal verfügt, um den Erwerb der Kulturtechniken und des
elementaren Sachwissens hinreichend zu garantieren. (Nur am Rande sei ver-
merkt, daß als Pendant dazu eine auf drei Schuljahre verkürzte Intensivform der
Grundschule denkbar wäre; diese für Kinder, die in der Regelschule unterfordert
werden, die sich dort langweilen und deswegen schulmüde werden.) Die Wahl der
Grundschulform kann Sache der Eltern bleiben. Ihre Entscheidung sollte allerdings aufgrund einer Beratung und Empfehlung erfolgen, die eine obligate, mehr-
monatige förderdiagnostische Beobachtung im Kindergarten voraussetzt in der
Zeit, in der das Kind das sechste Lebensjahr erreicht.

Es ist ohne Schwierigkeiten vorstellbar, daß die Unterstufe der bisherigen
Schule für Lernbehinderte in eine auf fünf Schuljahre ausgelegte „normale"
Grundschule überführt werden könnte. De facto ist sie dies bereits, betrachtet man
die durchschnittliche Verweildauer ihrer Klientel im Grundschulbereich. Die Vorteile einer solchen Transformation der Unterstufe der Schule für Lernbehinderte in
eine auf fünf Schuljahre konzipierte Regelgrundschule sind offensichtlich: An die
Stelle einer stigmatisierenden Institution tritt eine Schule oder ein Schulzug
eigener Prägung, der sich dem Anspruch des Kindes auf ihm angemessene Lern-
tempi ebenso stellt, wie sie dem gesellschaftlichen Anspruch standhält, den Übergang in weiterführende Schulen rechtzeitig zu ermöglichen. Dies bedeutet allerdings auch, daß sich diese Langform der Grundschule nicht länger aus der
Verpflichtung verabschieden kann, tatsächlich dieses Ziel des qualifizierten Übergangs in weiterführende Schulen für ihre Schüler erreichbar zu machen. Die Unterstufe der Schule für Lernbehinderte hat meines Erachtens lange genug unter dem
Verdikt gelitten, daß ihre Schüler eben mehrheitlich auch in der Mittel- und Oberstufe in dieser Schulform verbleiben. Dabei stellt sich seitens der Lehrer eine Art
selbstverordneter Genügsamkeit hinsichtlich der Anforderungen ein, die faktisch
nach unten keine Grenzen kannte. Grundschüler können sich jedoch gegen Unterforderungen überhaupt nicht wehren. Im Interesse der Schüler ist es daher dringend
geboten, daß Sonderpädagogik und Sonderpädagogen sich mehr denn je dieser
Gefahr einer verantwortungslosen Unterforderung ihrer Schüler bewußt werden
und sämtliche Formen pädagogisch-didaktischer Allotria meiden. Aus genau die-

sen Gründen möchte ich gerne die Unterstufe der Schule für Lernbehinderte in einer ordentlichen fünfjährigen Grundschule aufgehoben wissen.

Zweijährige Eingangsstufe zu Jugendschulen für die 12/13jährigen, die nicht auf weiterführende Schulen kommen können

Es wäre unsinnig, sich der Vermutung hinzugeben, über die Errichtung von Grundschulen in Langzeitform wären alle Schüler auf weiterführende Schulen so vorzubereiten, daß sie diese mit Erfolg durchlaufen könnten. Wahrscheinlich ist lediglich, daß für einen erheblichen Teil sicherere Fundamente als bisher für diese anspruchsvolleren Bildungswege zu legen wären. Wahrscheinlich ist aber auch, daß nach wie vor ein gewisser Prozentsatz eines Jahrgangs in den weiterführenden Schulen nicht die Chancen bekommen kann, die seinem Leistungsvermögen entsprechen. Ich gehe davon aus, daß dieser Prozentsatz deutlich unter 15 Prozent bleibt. Für diese Gruppe – und nur für sie – erscheint mir die Einrichtung einer zweijährigen Eingangsstufe unerläßlich. In dieser Zeit geht es in erster Linie darum, das spezifische Begabungsprofil, die „Stärken" der einzelnen Schüler durch entsprechende Unterrichtsangebote und förderdiagnostische Maßnahmen herauszuarbeiten, so daß erkennbar und hinreichend verläßlich prognostizierbar wird, in welcher Weise sie im Anschluß daran in einer der im folgenden näher beschriebenen Jugendschulen (vgl. zum Terminus Lisop u.a. 1984, Wocken 1984) für berufliche und lebenspraktische Bildung beschult werden können. Die orientierungsstiftende pädagogisch-didaktische Arbeit in diesen beiden Schuljahren konzentriert sich im wesentlichen auf drei Bereiche:

a) Es ist eine erste, intensive Auseinandersetzung mit den wichtigsten Herausforderungen anzubahnen, die das Leben der Menschen am Ende des 20. Jahrhunderts global, regional und individuell bestimmen werden. Es ist zu vermuten, daß Formen des genetischen Lehrens in einem interkulturell konzipierten Sachunterricht am besten dazu geeignet sind, ego-, ethno- und eurozentrierte Schemata der Wahrnehmung, der Interpretation und der Gestaltung von Realität zu problematisieren und zu differenzieren, um so die Voraussetzungen dafür zu schaffen, Interessenkonflikte und risikobelastete, unbereinigte Situationen verschiedenster Reichweite und Dauer besser ertragen und gelassener durchstehen zu können.

b) Im Lauf der beiden Schuljahre muß außerdem durch entsprechenden Unterricht deutlich erkennbar werden, für welche Bereiche des Beschäftigungssystems, zu denen ein Schüler später realistisch gesehen Zugang haben könnte, er verwertbare Interessen und Fähigkeiten in welcher Intensität auszubilden vermag.

c) Jeder Schüler sollte sich außerdem Klarheit darüber verschaffen können, welche spezifischen Interessen und Fähigkeiten er in welchen Freizeitbereichen bei sich entdecken, für sich erwerben und trainieren kann, die ihm berechtigte Aussichten auf eine dauerhafte Integration in entsprechende außerschulische Gruppen eröffnen.

Die vielfältigen Herausforderungen, die ein solcher Unterricht bereit hält, vermitteln jedem Schüler Erfahrungen des Erfolgs, aber auch des Scheiterns. Beides ist nötig, damit er zu einer realistischen Einschätzung dessen gelangt, was er selbst zu leisten imstande ist, wo seine Grenzen erkennbar werden und wie er sich in Situa-

tionen verhalten muß, die er auf sich gestellt nicht zu bewältigen vermag. Wenn es
bei all dem darum gehen soll, daß diese Schüler ein gleichermaßen realistisches
wie positives Selbstbild gewinnen können, dann haben wir eine zentrale Voraussetzung zu beachten, die ich an anderer Stelle bereits ausführlicher dargestellt habe
(vgl. S. 15–50).

Unterricht auf dieser Stufe kann nicht als kulturimperialistisches Programm
inszeniert werden, indem man Kinder und Jugendliche, die auf Dauer mit außergewöhnlichen Belastungen leben müssen, wohlmeinend in eine bürgerliche Welt
vermeintlich universaler Normalität zwangsintegriert und sie mit Inhalten, Zielsetzungen, Umgangsformen und Denkstilen der eigenen Schicht fraglos kolonisiert. Schüler *dieser* Stufe werden zu Erwachsenen, die auf Dauer als Grenzgänger zu leben haben zwischen einer bürgerlich dominanten Kultur (die ihnen auch
künftig oft genug gleichgültig bis feindlich gegenüberstehen wird) und jenen Lebensformen, die ihnen Vitalität, Zähigkeit und Gelassenheit gegenüber einem
kaum erträglichen Leben eingestiftet haben. Anders formuliert: Die Allgemeinbildung, die wir in der hier vorgeschlagenen Eingangsstufe grundlegen wollen,
kann nicht länger identisch sein mit Bestimmung und Durchsetzung einer für alle
gleichermaßen verbindlichen Form intellektuell bestimmter Lebensführung auf
wirtschaftlich anspruchsvollem Niveau. Diese Allgemeinbildung ist vielmehr zu
konzipieren als ein Gefüge von Lerninhalten, Lernformen und -prozessen, in
denen die verschiedensten Formen von Vernunft, von ästhetischem Genuß, von
Symbolbildung und Interaktion in ein reziprok förderliches Verhältnis zueinander
gesetzt werden.

Die Überführung der bisherigen Mittelstufe der Schule für Lernbehinderte und
der Klassenstufen 5 und 6 der bisherigen Hauptschulen in eine solche Vorstufe von
Jugendschulen ist ungleich schwieriger als die Transformation der Unterstufe in
eine fünfjährige Grundschule. Dies hängt nicht zuletzt damit zusammen, daß
weder für die Mittelstufe der Schule für Lernbehinderte noch für die Klassenstufen
5 und 6 der bisherigen Hauptschulen ein überzeugendes Konzept vorliegt. Man hat
vielmehr genügend Anlaß zur Vermutung, daß gerade in diesen Schuljahren den
Pubertierenden bislang eher Reinfantilisierung droht als die Konfrontation mit
Herausforderungen, die sie als Initianten einer Industriegesellschaft ernstnimmt.

Diversifizierte Jugendschulen für berufliche und lebenspraktische Bildung
für die 14- bis 17jährigen

Wenn zutrifft, daß die Hauptschule bisheriger Prägung zunehmend zur Nicht-
Schule verkommt, eine Sackgasse ist, wenn sie Negativauslese betreibt, indem sie
ihre Absolventen vom Zugang zum Beschäftigungssystem aussperrt, dann hat es
keinen Sinn, die Integration bisheriger Sonderschüler in diese Schulart zu fordern.
Andererseits ist auch kaum erkennbar, wie Gesamtschulen für das unterste Fünftel
ihrer Klientel bessere Zukunftschancen eröffnen könnten. Man kann das Problem
einer effizienten Grundausbildung für diejenigen, die den Übergang in die Realschule oder das Gymnasium nicht schaffen oder auf diesen Wegen nicht weiter-
kommen, sicher nicht allein dadurch lösen, daß man die bisherigen Institutionen
durch eine umfassendere ersetzt, ohne sich über deren curriculare Auslegung
inhaltliche Klarheit zu verschaffen.

Wenn gewährleistet werden soll, daß neue Institutionen, die an die Stelle der zu Sackgassen, Aufbewahrungsanstalten und Verschiebebahnhöfen für „Sozialschrott" verkommenen Einrichtungen treten sollen, nicht binnen Kürze ebenso untauglich werden wie ihre Vorgänger, dann müssen sie inhaltlich so ausgelegt werden, daß sie den folgenden vier Kriterien genügen:

1.
Sie müssen – wie schon angedeutet – definierte Erstzugänge zum Beschäftigungssystem (nicht nur zu Ausbildungen und schon gar nicht lediglich nur zu Warteschleifen vor Ausbildungen) garantiert eröffnen.

2.
Sie müssen Formen des Lehrens und Lernens entwickeln, in denen die Jugendlichen *in redlicher Weise* mit jenen Problemen konfrontiert werden, die ihre weitere Biographie entscheidend bestimmen werden.

3.
Sie müssen nicht nur zum Beschäftigungssystem, sondern gleichermaßen zum geselligen Verkehr definierte Zugänge eröffnen; zu jenen Gruppen, Zirkeln, Vereinen und Körperschaften also, in denen sich das gesellschaftliche Leben außerhalb der Schule organisiert, indem sie ihre Klientel für eine qualifizierte Teilhabe interessieren und entsprechend vorbereiten.

4.
Sie müssen schließlich kontinuierlich Formen der Begegnung mit Repräsentanten jener sozialen Institutionen im Unterricht ermöglichen, mit denen diese Jugendlichen erfahrungsgemäß später häufig in Zwangskontakt kommen werden (Sozialarbeiter, Mitarbeiter von Beratungsstellen und kommunaler Behörden, Polizei, Ärzte, Kreditberater, Wohnungsmakler, Staatsanwälte, Richter, Rechtsanwälte usw.). Sie müssen außerdem – und dies ist erfahrungsgemäß sehr schwierig – eine wachsende Zahl von Privatpersonen und primärer Gruppen für ihre Klientel interessieren; dies mit dem Ziel, den Jugendlichen außerschulische und über die Schulzeit hinaus dauernde Primärkontakte zu kompetenten und zur Mitverantwortung bereiten Personen und Gruppen zu eröffnen, die als Fürsprecher, Sachwalter und Partner außerhalb der Herkunftsfamilien und ergänzend zu verwaltender Fürsorge bereit sind, mit denen zusammenzuleben, die mit den dominanten Formen gesellschaftlicher Rationalität aus eigener Kraft nicht zurechtkommen.

Diese vier Punkte bestimmen das Profil der Jugendschule, in der die bisherige Oberstufe der Hauptschule (Klasse 7 bis 9/10) und jener Sonderschulen aufzuheben wäre, die bislang nicht zu einem anerkannten Bildungsabschluß führen. Diese Punkte sind im folgenden zu erläutern und durch Beispiele zu konkretisieren.

4. Das Profil einer Jugendschule

Definierte und garantierte Erstzugänge zum Beschäftigungssystem

Vor dem Hintergrund der bisherigen Überlegungen wird die Forderung verständlich, den *Wettbewerb* um Erstzugänge zum Beschäftigungssytem in den bisherigen Formen künftig auf die Absolventen der Realschulen und Gymnasien zu begrenzen. Anders formuliert: Aufgrund der absehbaren Entwicklungen des Arbeitssystems ist für Jugendliche, die keinen Real- oder Gymnasialabschluß erreichen, durch ein Jugendbildungsgesetz ein Erstzugang zum Beschäftigungssystem branchen- oder berufsartenspezifisch zu garantieren.

An die Stelle der bisherigen Hauptschulen und aller Schulen, die Abschlüsse und Abgänge unterhalb des Haupschulabschlusses offerieren, müssen Bildungseinrichtungen treten, die über bindende Verträge mit der Industrie, mit dem Handwerk, mit kommunalen, regionalen-, landes- und bundeseigenen Arbeitgebern ihrer Region (auch mit der Bundeswehr) in genügender Zahl verfügen, die eine Übernahme aller ihrer Absolventen in zeitlich befristete Erstbeschäftigungsverhältnisse garantieren. Diese sollten eine Dauer von mindestens zwei Jahren nach Abschluß der beruflichen Bildung und des Militär- beziehungsweise des Zivildienstes nicht unterschreiten. Diesem Konzept zufolge könnte dann keine Jugendschule für berufliche und lebenspraktische Bildung eröffnet werden, die nicht über solche Kooperations- und Abnahmeverträge verfügte. Zur Begründung dieses Vorschlages ist folgendes auszuführen:

a) Wenn das Recht auf Arbeit zur wirtschaftlichen Sicherung der Lebensführung in selbstgewählten Gruppen als ein in den Humanitätsvorstellungen unserer Gesellschaft begründetes Menschenrecht gilt und wenn zugleich feststeht, daß dieses Recht für den betroffenen Personenkreis nicht länger über Formen des Wettbewerbs am Arbeitsmarkt zureichend realisiert werden kann, dann wird es zur Aufgabe des Staates, dieses Recht per Gesetz durch entsprechende Planungs-, Vorsorge- und Erziehungsmaßnahmen zu sichern.

b) Für Jugendliche, die keinen Real- und Gymnasialabschluß erreichen können, steht das Recht auf einen Erstzugang zur Erwerbsarbeit über dem Recht der freien Ausbildungs- und Berufswahl, wenn diese sich de facto nicht mehr realisieren läßt. In einer Gesellschaft, in der die Mehrzahl ihrer Mitglieder im Laufe ihres Lebens wiederholt in Erwerbsverhältnissen tätig werden muß, die nicht ihrer Ausbildung entsprechen, verlagert sich demzufolge die „freie" Entscheidung für die betroffenen Jugendlichen auf einen späteren Zeitpunkt. Sie sollte jedenfalls nicht mehr in der krisenbelasteten Phase zwischen dem 16. und 20. Lebensjahr getroffen werden.

c) Betrachtet man die Spannweite der konkreten Abschlüsse, die unter dem Sammelbegriff des Abiturs vom altsprachlich-klassischen über diverse neusprachliche bis hin zum kaufmännischen und technischen Abitur in vielen Spielarten reichen, so ist nicht einzusehen, warum auf der Ebene des derzeitigen Hauptschulabschlusses und an dessen Stelle nicht ebenfalls eine Vielzahl diversifizierter Formen eines Abschlusses der Grundausbildung treten könnte, die de facto dann erste, garantierte Zugänge zum Beschäftigungs- und Ausbildungssystem eröffnet.

d) Entsprechende Verträge mit den Kammern der Industrie, des Handels und des Handwerks sowie mit Einrichtungen der öffentlichen Hand böten für diese Institutionen sehr konkrete Möglichkeiten der Mitsprache und Mitgestaltung der curricularen Anforderungen. An die Stelle einer lediglich von der Schulverwaltung ausgeformten und kontrollierten, letztlich unverbindlich bleibenden, weil entweder wie bisher zu breit oder aber zu sozialpädagogisch dominiert angelegten Hauptschulallgemeinbildung (vgl. dazu zum Beispiel die Vorschläge der Kommission „Neuer Ansatz für die künftige Hauptschularbeit" des Senators für Schulwesen, Berufsausbildung und Sport Berlin 1987 für einen Modellversuch „Projektzug"), könnten Bildungsgänge treten, durch die Jugendliche planvoll und verbindlich auf eine mittlere Zukunftsperspektive vorbereitet und verpflichtet werden. Industrie, Handel und Handwerk bekämen die Chance, den von ihnen geforderten Solidaritätsbeitrag in einer den Erfordernissen des künftigen Arbeitsmarktes angemesseneren Weise und produktiver als bisher zu gestalten: Geht man davon aus, daß der Schüler der Jugendschule mit seinem Eintritt in diese Institution das Recht auf einen langfristig konzipierten Ausbildungs- und Beschäftigungsvertrag erwirbt (die ersten drei Jahre im dualen System Jugendschule/Betrieb, im Anschluß daran mindestens ein Jahr, maximal drei Jahre im dualen System Berufsschule/Betrieb und nach dem Militär-, Zivil- oder Sozialdienst zwei weitere Jahre Beschäftigung im Betrieb), dann wäre damit ein Zeitrahmen gesetzt, in dem es möglich ist, auch Jugendliche, die bisher als schwache Hauptschüler oder als Abgänger aus Schulen für Lernbehinderte und für Erziehungshilfe erscheinen, so zu qualifizieren, daß sie als Facharbeiter in Zukunftsbranchen ihr Auskommen verdienen könnten. Nicht die endlosen Programme der Orientierung, Vorbereitung, Hinführung und Förderung von Berufswahl- und Berufsreife im Vorfeld des Beschäftigungssystems und unter nahezu ausschließlicher Regie allgemeinbildender, schulischer Einrichtungen, an die sich nur allzu häufig die Eingliederung in fragwürdige Ausbildungs- und Beschäftigungsverhältnisse anschließt, sondern die verbindlich institutionalisierte Kooperation von Schul- und Beschäftigungssystem zum frühest möglichen Zeitpunkt und über einen möglichst langen Zeitraum wird hier als Lösungsansatz zur Diskussion gestellt, der die Interessen beider Seiten, der benachteiligten Jugendlichen einerseits, der Industrie, des Handels und des Handwerks andererseits gleichermaßen berücksichtigt.

– Dabei wäre allerdings gründlich zu prüfen, in welchen Branchen und darin für welche Berufe/Beschäftigungsverhältnisse solch langfristige Ausbildungskooperationsformen entwickelt werden sollten. Der Bildungsbericht der Bund-Länder-Kommission vom September 1987 macht die Dringlichkeit des Problems deutlich: Die Zahl der Berufsanfänger ohne Berufsabschluß wird von jährlich 210 000 auf 280 000 im Jahre 1995 steigen. Er belegt aber auch, daß es mit einer Fortführung oder auch Intensivierung bisheriger Ausbildungspraxis nicht getan ist. Schon jetzt erlernen zu viele junge Leute einen Beruf, der auf dem Arbeitsmarkt der Zukunft nur geringe Chancen auf Beschäftigung bietet. Die in diesem Bericht als Problemgruppen genannten Berufe sind in der Mehrzahl genau jene, die bislang hauptsächlich von schlechten Hauptschülern und Absolventen der Sonderschulen für Lernbehinderte und Erziehungshilfe ergriffen werden: Kfz-Instandsetzer, Gärtner und Gartenarbeiter, Bäcker, Fleischer und Friseusen. – Ein zusätzliches Argument, das die Entwicklung inhaltlich wie organisatorisch neuer beruflicher Ausbildungsgänge für benachteiligte Jugendliche als zwingend geboten erscheinen läßt, ergibt sich aus der Tatsache, daß für die Mehrzahl der Ausbildungsberufe, die von benachteiligten Jugendlichen bisher erfolgreich erlernbar sind, zu konstatieren ist, daß das nach Abschluß der Ausbildung in diesen Berufen erzielbare Nettoeinkommen nicht ausreicht, um ein noch so bescheidenes, materiell von privater oder öffentlicher Fürsorge unabhängiges Leben zu führen. Dies gilt nicht für die Bau- und Baunebenberufe, wohl aber in ganz erschreckender Eindeutigkeit für die Ausbildungsberufe, die für Mädchen und Frauen insbesondere im Bereich des Nahrungs-, Genußmittel- und Gaststättengewerbes zugänglich sind.

e) Mit der Entscheidung des Jugendlichen und seiner Eltern – wiederum aufgrund einer entsprechend diagnostisch abgesicherten Beratung – für *eine* solche Jugendschule spezifischer Prägung eröffnete sich somit für den Betreffenden eine konkrete biographische Perspektive. An die Stelle sinnloser Aufbewahrung träte die Aussicht auf eine zwar zeitlich beschränkte und finanziell begrenzt attraktive, gleichwohl hinreichend befriedigende Anfangsphase im Beschäftigungssystem. Mit guten Gründen ist zu erwarten, daß diese Perspektive, sich in einem längerfristig konzipierten, dualen Ausbildungssystem für einen zukunftsträchtigen Arbeitsplatz qualifizieren zu können, auch dazu führen wird, daß die Zahl der Schüler deutlich steigen wird, die bereit und fähig sind, auf diesem Weg ein Äquivalent für den Mittleren Bildungsabschluß zu erwerben.

f) Jugendschulen, die vertraglich gesicherte Erstzugänge zu einer Beschäftigung in einem spezifischen Beruf oder Berufsfeld eröffnen, insofern sie bereits konstitutiver Teil solcher Ausbildungsgänge sind, können die für die berufliche Orientierung und Vorbildung auszuweisende Unterrichtszeit zu einer entlasteten, konzentrierten und vertieften Vorbereitung ihrer Schüler nützen und somit auf die praktischen wie theoretischen Anforderungen der weiteren beruflichen Ausbildungsphasen gründlicher und effizienter vorbereiten.

Die schulpraktischen Erfahrungen der letzten fünfzehn Jahre mit lernbehinderten Schülern machen deutlich, daß man von keinem Inhalt bisheriger Hauptschulcurricula sagen kann, daß er diesen Schülern nicht mit gleicher Effizienz vermittelbar wäre wie bisherigen Hauptschülern, vorausgesetzt, man gibt ihnen genügend Hilfestellung beim Erfassen und genügend Übungs- und Memorierungszeit, die sie auf entsprechend geeignete Aufgaben verwenden können. Woran lernbehinderte Schüler scheitern, ist die Stofffülle des Regelcurriculum der Hauptschule und das sich daraus ergebende Unterrichtstempo. Würde man Jugendschulen einrichten, die von vornherein ihre berufsvorbereitenden Anstrengungen auf ein enger begrenztes Feld konzentrierten und die ihre Unterrichtsangebote in den sogenannten „Versagensfächern" Mathematik und Deutsch in entsprechenden Anteilen auf diesem Feld konsequent funktionalisierten, so entspräche dies eher den Lernfähigkeiten der Jugendlichen und böte ihnen Aussicht auf reale Integrationschancen in das Arbeitssystem. Der dafür zu zahlende Preis – die frühe Festlegung auf ein erstes berufliches Bewährungsfeld – erscheint mir angesichts der realen Verhältnisse, das heißt angesichts des drohenden, prinzipiellen Ausschlusses vom Beschäftigungssystem als nicht zu hoch. Ich halte für humaner, einem Jugendlichen einen realisierbaren Zugang zum Beschäftigungssystem weitgehend vorzuschreiben, als ihn chancenlos einem Wettbewerb auszusetzen, aus dem er nur als Verlierer hervorgehen kann, was nichts anderes bedeutet, als die materielle Bedrohung seiner Existenz und sei es auch nur in der Form einer nicht abzusehenden wirtschaftlichen Abhängigkeit von seiner Herkunftsfamilie und/oder von der Sozialfürsorge.

Aus empirisch-statistischem Material ist hinreichend bekannt, daß Schüler aus Schulen für Lernbehinderte, aber auch viele der schwächeren Hauptschüler in dem Spektrum der Ausbildungsberufe de facto auf eine immer kleiner werdende Zahl festgelegt sind, von denen wiederum nur wenige mehrheitlich ergriffen und erfolgreich abgeschlossen werden können (vgl. S. 179ff.).

Angesichts dieser Tatsache wäre es zweckmäßig, Jugendschulen zu schaffen, die analog zur Organisation der Berufsschulen dreijährige Klassenzüge mit Ausbildungsschwerpunkten einrichten, die auf die Möglichkeiten und Besonderheiten des regionalen Beschäftigungssystems und seiner künftigen Entwicklungschancen zugeschnitten sind.

– In Regionen, in denen Jugendliche in Großbetrieben oder bei sonstigen Arbeitgebern in Jobs *ohne Ausbildung* ihr Auskommen verdienen können, wäre zu prüfen, ob und wie entsprechende Interessenten auf solche Karrieren in einer Jugendschule vorzubereiten wären. Voraussetzung für die Entwicklung solcher Angebote wäre auch hier die vertraglich verbindliche Zusage auf Übernahme nach der Schulzeit.

– Bezüglich strukturschwacher Regionen wäre zu überlegen, ob künftige Jugendschulen in Zusammenarbeit mit der Bundeswehr und/oder mit den Trägern sozialer Dienste ein Bildungsprogramm für künftige Jungarbeiter und Jungarbeiterinnen entwickeln könnten, sofern im Abschluß daran außerhalb der Region entsprechende Arbeitgeber sich zur Übernahme solchermaßen vorgebildeter Jugendlicher verpflichten.

Dieses Plädoyer für einen vertraglich gesicherten Erstzugang zum Beschäftigungssystem für Absolventen künftiger Jugendschulen erklärt sich aus dem Bemühen, echte Integrationschancen für die untersten Statusgruppen zu sichern, die eben nicht nur auf schulische Rahmen begrenzt bleiben. Wenn zutrifft, daß über den benachteiligten Jugendlichen bislang „das Damoklesschwert der Arbeitslosigkeit ... als Guillotine hängt ... und ... entsprechend seine Schrecken verbreitet" (Beck 1986, S. 239) und wenn zutrifft, daß einer solchen Arbeitslosigkeit weder heute noch künftig soziale Lebenszusammenhänge entsprechen, es somit keine „Kultur der Armut" mehr geben wird, sondern „mehr und mehr Arbeitslosigkeit (und in der Folge ihrer Dauer: Armut) mit klassenzusammenhang*loser Individualisierung* zusammen(-trifft)" (ebd., S. 146), dann erscheint es mir angesichts der verheerend inhumanen Konsequenzen zwingend geboten, daß eine Jugendschule qua Institution für diesen Personenkreis als tragfähige Brücke zwischen Ausbildung und Beschäftigungssystem – wenn auch als Bündel schmaler Einbahnstraßen – installiert wird, dies nicht zuletzt im ureigensten Interesse der Gesellschaft als ganzer.

Redliche Vorbereitung auf die Lebenswirklichkeit

Zweifellos gilt auch für die Jugendschule, daß die gezielte Vorbereitung auf Erwerbsarbeit – auch im Rahmen von Kooperationsverträgen mit den künftigen Arbeitgebern und deren Institutionen – nur einen begrenzten Raum im Curriculum beanspruchen darf, zumal bis auf weiteres „nicht abzusehen ist, wie sich Ausbildung für ein flexibles System pluraler, mobiler Unterbeschäftigung in elektronisch vermittelten, dezentralen ‚Kooperationszusammenhängen'" insbesondere im Blick auf die Schüler einer Jugendschule „inhaltlich gestalten müßte beziehungsweise sollte" (ebd., S. 243). Was dies, bezogen auf unsere Klientel, bedeutet und wie eine Orientierung und Vorbereitung auf die Lebenswirklichkeit konkret auszusehen hätte, habe ich wiederholt erörtert (Hiller 1979; in diesem Band S. 26–36, S. 196–202 und S. 228–252), so daß hier lediglich zusammenfassend und ergänzend die folgenden Punkte anzusprechen sind:

Wenn zutrifft, daß „die Lebenslaufbilder von Klasse, Familie, Beruf, Frau und Mann an Wirklichkeitsgehalt und zukunftsleitender Kraft einbüßen" (Beck, S. 158), kann sich eine Jugendschule nicht ausschließlich darauf kaprizieren, eben diese zu konservieren und sie „gegen ‚abweichende' Entwicklungen und Orientierungen geltend" (ebd.) zu machen. Im Klartext: Statt weiterhin die Ehe und die heile Kleinfamilie via Gemeinschaftskunde, Deutsch-, Religions- und Sexualunterricht als Orientierungsrahmen und Zielperspektive *ohne* Alternativen zu propagieren, ist es an der Zeit, mit Jugendlichen in der Schule in redlicher Weise anzusprechen, was soziale Tatsachen sind, was als Trends und was als Möglichkeiten öffentlich diskutiert wird und in Ansätzen bereits zum Vorschein kommt. Wo sonst wären dafür Raum und Zeit, wo sonst kompetente Erwachsene in organisierten Interaktionsformen verfügbar?

Im Medium narrativer Literatur, in Begegnungen mit Betroffenen und im Medium von aufgezeichneten Fernsehsendungen (Reportagen, Features, Spielfilmepisoden usw.) ist zum Beispiel über die Gründe dafür zu reden,

– warum junge Leute immer häufiger in eheähnlichen Lebensgemeinschaften (ohne Trauschein) zusammenleben;

– warum in Großstädten heute jede zweite Ehe in die Brüche geht;

– warum es Singles gibt und wie sie leben;

– wie alleinerziehende Mütter zurecht kommen und vor welchen Problemen sie stehen;

– warum Bekannte und Freunde lebensbedeutsamer werden als Verwandtschaftsbeziehungen und wie man sich in ein tragfähiges Netz verläßlicher Beziehungen auf Zeit einbinden kann;

– wieso sich Jugendliche und Erwachsene nicht mehr ausschließlich auf heterosexuelle, monogame Partnerbeziehungen fixieren lassen wollen und statt dessen in größeren, in ihrer Zusammensetzung wechselnden Gruppen zusammenleben; usw.

Alle diese Formen neuer extra- und suprafamilialer primärer Vergesellschaftung sind Folgen unserer derzeitigen gesellschaftlichen und wirtschaftlichen Verhältnisse; sie erzeugen spezifische psychische Individuallagen und haben ihrerseits ökonomische und juristische Konsequenzen.

Eine Schule, die dies alles entweder totschweigt oder aber anprangert – und dies ist bis dato weithin der Fall – muß sich den Vorwurf gefallen lassen, zu einer anachronistischen, kulturimperialistischen Institution zu verkommen, die krampfhaft versucht, auf gegenwärtige und künftige Problemlagen mit Antworten aus der Vergangenheit aufzuwarten. Gleiches gilt für die Problemlagen, die sich aus den Risiken des Arbeitsmarktes ergeben: Eine Schule, die nicht ernsthaft auf das (Über-)Leben unter Bedingungen von Unterbeschäftigung und zeitlich begrenzter Arbeitslosigkeit vorbereitet, trifft dasselbe Verdikt. Auch für diesen

Komplex sind narrative Texte, Strategie- und Plan-, teilweise auch Rollenspiele nötig, auch hier sind Begegnungen mit Betroffenen unverzichtbar, dies alles, um zu verhindern, daß diese Jugendlichen früher oder später in Situationen geraten, die niemand mit ihnen zuvor antizipierte oder daß sie im primären Umfeld mit Erfahrungen belastet werden, ohne jemals von Handlungsstrategien und Lösungs-möglichkeiten etwas gehört zu haben.

Definierte Zugänge zum gesellschaftlichen Leben

Um die Risiken der fortschreitenden Individualisierung und der damit zwangs-läufig verbundenen sozialen Isolation des einzelnen abzupuffern, ist des weiteren zwingend erforderlich, daß die Jugendschule konsequent die Integration ihrer Klientel in außerschulische Gruppen vorbereitet und betreibt, in denen sich ge-sellschaftliches Leben und damit auch gesellschaftlicher Wandel in Formen reali-siert, an denen sie teilhaben können und wollen.

Auch in diesem Zusammenhang ist an vertraglich gesicherte Kooperation, zumindest beidseitig bindende Absprachen der Jugendschulen mit in der Region aktiven Gruppen, Vereinen, Chören, Volkshochschulen, Sportschulen und -zentren zu denken. Aufgabe der Schule, vor allem in den sportlich-musischen Fächern, aber auch im Sach- und Deutschunterricht, wäre es dann, die Schüler auf eine quali-fizierte Partizipation/Mitgliedschaft vorzubereiten. Es wäre denkbar, daß eine aus den schulischen Aktivitäten sich entwickelnde Mitgliedschaft und aktive Mitarbeit – nötigenfalls testiert und bewertet – auf die übliche Unterrichtszeit mit entspre-chend befreiender Wirkung angerechnet werden könnte. Die Gründe, die hierfür sprechen, wurden andernorts bereits ausführlich erörtert (vgl. S. 36f. und S. 199ff.). Hier nur zwei Anmerkungen: Schulinterne „Parallelaktionen" (zum Beispiel EBA) zu öffentlichen Aktivitäten außerschulischer Träger könnten so, wenn nicht vermieden, so doch auf das unbedingt erforderliche Maß eingeschränkt werden. Umgekehrt könnten Lehrer sich mit entsprechenden Basalangeboten an außer-schulisch institutionalisierten Aktivitäten mit ihren Lerngruppen im Rahmen ihres Lehrauftrages beteiligen. Schule als eine Institution der Gemeinwesenarbeit ließe sich so qualifizierter als bisher in ein regionalspezifisches kulturelles Angebot integrieren; die Integration der Schüler in entsprechenden Bereichen wäre eine natürliche Folge.

Vernetzung in suprafamiliale, primäre Gruppen

Jugendliche aus den unteren Statusgruppen unserer Gesellschaft kommen aus Familien, die mehrheitlich damit überfordert sind, ihre Kinder an Grundformen einer erfolgreichen und subjektiv befriedigenden Lebensführung in einem Staat heranzuführen, der dem einzelnen ein hohes Maß an Planungs-, Organisations- und Verhandlungskompetenzen und ein umfängliches Strategiewissen sowohl im privaten wie im öffentlichen Bereich abverlangt.

Weil diese Fähigkeiten in den Herkunftsfamilien nicht zureichend erworben werden und Schulen aus strukturellen Gründen sie nicht wirksam genug vermitteln können, brauchen Schüler einer Jugendschule – auch noch später als Erwachsene, am meisten aber in der Phase zwischen dem 16. und 25. Lebensjahr – ein Netz von verläßlichen, auf Dauer gestellten Kontakten zu engagierten und kompetenten Erwachsenen sowie zu primären Gruppen außerhalb und zusätzlich zu Herkunftsfamilie und Verwandschaft. Gesucht werden Menschen, die bereit und fähig sind, Jugendliche in Halbdistanz zu begleiten, und die sich, wenn nötig, couragiert genug für die Belange des oder der Betreffenden verkämpfen.

Jugendschulen, die diese Notwendigkeit erkennen, werden sich daher der schwierigen Aufgabe einer Kooperation mit interessierten Laien stellen, damit sie zum Raum der Begegnung zwischen den Generationen werden können, weil sie die Integration ihrer Schüler auch auf der Ebene der privaten Kontakte so betreiben wollen, daß diese über die Schulzeit hinaus Bestand haben. Jugendschulen, die in der Form von Schulausflügen, Schullandheimaufenthalten, Schulfesten, Klassentreffen, aber auch im ganz alltäglichen Unterricht Projekte organisieren, in denen ihre Schüler auf Personen treffen, auf Gruppen, die sich für sie interessieren und zu denen sie Vertrauen fassen lernen, erscheinen mir wichtiger als Integrationsbemühungen, die auf den engen und künstlichen Rahmen schulischer Institutionen und Gruppen beschränkt bleiben. Müssen solche begrenzten Aktivitäten sich nicht den Vorwurf mangelnder Ernsthaftigkeit gefallen lassen; taugen sie wirklich zu mehr, als daß sie zeitlich beschränkt und in einem gesellschaftlich eher belanglosen Rahmen irrationale Harmoniebedürfnisse der darin maßgeblich agierenden Erwachsenen befriedigen?

Zweckmäßiger erscheinen mir dagegen Projektwochen an Gymnasien und Realschulen, die zeitgleich mit denen der Jugendschulen in einer Region organisiert und zu denen Erwachsene als kooperationswillige Gäste eingeladen werden. Zweckmäßiger sind auch schulartenübergreifende Arbeitsgemeinschaften von begrenzter Dauer, die entweder an Jugend-, Realschulen oder Gymnasien einer Region eingerichtet werden, zu denen jedoch die Schüler *aller* Schularten Zugang haben. Inhaltlich zentriert lassen sich so Kooperationsmöglichkeiten und Kommunikationsformen erproben, aus denen sich primäre Kontakte, private Freundschaften aufgrund gemeinsamer Interessen ergeben, die außerhalb der Schule weiter kultiviert werden können.

Jugendschulen verstehen in diesem Bereich ihren Bildungsauftrag richtig, wenn sie sich daran machen, Gruppen in ihrem Umfeld ausfindig zu machen, die ökonomisch und sozial selbständig das Zusammenleben mehrerer Erwachsener und Jugendlicher, mehrerer Generationen, auch unter Einbezug älterer Menschen, so zu praktizieren bereit sind, daß daraus Lebenschancen für diejenigen entstehen, die nicht – oder noch nicht – aus eigener Kraft die Minima eines glücklichen Lebens erwerben können. Sie haben Wichtiges geleistet, wenn ihre Absolventen Anschluß und Zugang zu solchen Gruppen finden.

Die Oberstufe der Schule für Lernbehinderte – eine Vorform der Jugendschule

Die vielfältigen Anstrengungen, die vielerorts in den Oberstufen der Schulen für Lernbehinderte bereits unternommen werden, um ihre Schüler einerseits auf das sich wandelnde Beschäftigungssystem vorzubereiten und sie andererseits für eine qualifizierte Auseinandersetzung mit den Chancen und Risiken ihrer künftigen privaten Lebensführung „am Rande der Normalität" ausreichend zu befähigen, deuten darauf hin, daß sich hier bereits ein Wandel ankündigt: Die Betriebspraktika und die für deren Vor- und Nachbereitung zugeordneten Unterrichtseinheiten in verschiedenen Fächern, insbesondere im Bereich von Arbeit-Wirtschaft-Technik, nehmen einen zeitlich erheblich größeren Raum ein als in den Hauptschulen. Durch die Zusammenfassung bisheriger Unterrichtsfächer (Anteile von Deutsch, Mathematik, Natur-, Gemeinschafts- und Wirtschaftskundeunterricht, auch Geschichte und Religion/Ethik) ergeben sich Arbeitsfelder, in denen es hauptsächlich um Fragen der besseren Bewältigung von Alltagssituationen, um praktische Anregungen zu einer befriedigenden Lebensgestaltung geht; es wird Strategie- und Handlungswissen für so konkrete Bereiche vermittelt wie Gesundheitsfürsorge, Wohnungssuche, Führung der privaten Akten, Finanzplanung, Kreditaufnahme, Umgang mit Behörden, Fahrzeugkauf und -unterhalt, Versicherungen, usw. In den Fächern der musisch-ästhetischen Erziehung und des Sports werden vielfältige Formen der Zusammenarbeit mit außerschulischen Trägern und Einrichtungen des kulturellen Lebens erprobt. Projekte, Vorhaben und Feste, aber auch Begegnungen mit „Gästen im Unterricht" werden durch Fördervereine ermöglicht, die sich um die finanzielle Absicherung solcher Veranstaltungen ebenso bemühen, wie um eine den Interessen und Problemen dieser Schüler dienliche Öffentlichkeitsarbeit sowie um deren zusätzliche Förderung durch Vermittlung von Vertrauenspersonen für einzelne als auch von Angeboten einer „nachgehenden Betreuung" für Kleingruppen. All dies läßt eine Überführung dieser Schulen in Jugendschulen mit spezifischen Profilen denkbar erscheinen. Auch die Bemühungen der Schulverwaltung in den verschiedensten Bundesländern sind neuerdings deutlich darauf gerichtet, durch entsprechend offene Bildungspläne und Erlasse diese Reformen nicht zu behindern und die Entwicklung der Schulen für Lernbehinderte zu Schulen mit einem pädagogischen und curricularen Profil zu stärken, das den objektiven und subjektiven Interessen dieser Schüler insofern entgegenkommt, als es den regionalen Voraussetzungen und Bedingungen ihrer beruflichen und gesellschaftlichen Integration zu entsprechen sucht.

Zweck dieser Ausführungen sollte sein, eine Konzeption zu entwickeln, die darauf gerichtet ist, diese Bemühungen in den übergreifenden Entwurf eines künftigen Bildungssystems einzuordnen, der den Interessen der untersten Statusgruppen auch angesichts der zu erwartenden Entwicklung besser gerecht wird als das Bestehende. Ohne bildungs*politische* Maßnahmen allerdings sind die Bemühungen um eine innere Schulreform der Schule für Lernbehinderte zum Scheitern verurteilt. Die Überwindung stigmatisierender Ausgrenzung ist möglich, ohne daß man das Bewährte und Erhaltenswerte lernbehindertenpädagogischer Theorie und Praxis leichtfertig aufs Spiel zu setzen brauchte. Die Sackgassen und Gettos in den unteren Gängen des Bildungssystems können in der aufgezeigten Weise beseitigt werden; dies allerdings muß man politisch wollen und dann durchsetzen.

Literatur

Abschlußbericht der vom Senator für Schulwesen, Berufsausbildung und Sport berufenen Kommission „Neuer Ansatz für die künftige Hauptschularbeit" vom 14.5.1987 – Berlin 1987 (Masch. verv. Manuskript).

Beck, U.: Risikogesellschaft. Auf dem Weg in eine andere Moderne. Frankfurt 1986.

Erath, P.: Vergessen und mißbraucht. „Lernbehinderte" als Opfer allgemeinpädagogischer Ignoranz und sonderpädagogischer Eigeninteressen. Frankfurt/Bern/New York/Paris 1987.

Hiller, G. G.: Überlegungen zum 10. Pflichtschuljahr für Schüler aus Schulen für Lernbehinderte. In: Sonderpädagogik 9 (1979), S. 97–105.

Hiller, G. G.: Realitätsnahe Schule. Impulse zur Öffnung der Schule für Lernbehinderte für eine bessere Vorbereitung ihrer Schüler auf die Lebenswirklichkeit. In diesem Band S. 15–45.

Hiller, G. G.: Allgemeinbildung in sonderpädagogischer Sicht. In diesem Band S. 46–50.

Hiller, G. G.: Die Berufswirklichkeit und die Vorbereitung in den Sonderschulen für die behinderten Jugendlichen. In diesem Band S. 177–202.

Hiller-Ketterer, I., Hiller, G. G.: Zukunft ohne Kinder – Kinder ohne Zukunft? Über die Herausforderungen der Pädagogik am Ende des Jahrhunderts. In: Melenk, H. (Hg.): Lehrerbildung in Baden-Württemberg. 25 Jahre Pädagogische Hochschulen. Ludwigsburg 1988, S. 177–186.

Kanter, G. O.: Die Sonderschule regelschulfähig, die Regelschule sonderschulfähig machen – Perspektiven aus Modellversuchen. In: Zeitschrift für Heilpädagogik 36 (1985), S. 309–325.

Klein, G.: Lernbehinderte Kinder und Jugendliche. Lebenslauf und Erziehung. Stuttgart 1985.

Klemm, K., Rolff, H.-G., Tillmann, K.-J.: Bildung für das Jahr 2000. Reinbek 1985.

Knoop, H. D.: Problemfall Hauptschule. Mut zur Reform einer Schule. Essen 1985.

Lisop, I., Huisinga, R. (Hg.): Bildung zum Sozialschrott. Frankfurt, Wetzlar 1984, S. 320.

Schröder, H.: Die Berufseinmündung von Lernbehinderten. In: Zeitschrift für Heilpädagogik 38 (1987), S. 109–122.

Wocken, H.: Didaktische Leitideen der Schule für Lernbehinderte. In: Baier, H., Klein, G. (Hg.): Spektrum der Lernbehindertenpädagogik. Donauwörth 1984, S. 330–348.

Repräsentation als Problem der Schule

1. Zur Aktualität der Fragestellung

In komplexen Gesellschaften muß Erziehung in eigens dafür geschaffenen Einrichtungen veranstaltet und spezifisch instrumentiert werden. Hineinwachsen, teilhabender Mitvollzug des Lebens von Erwachsenen, genügt nicht mehr.

Damit aber stellt sich das Problem der Repräsentation der „Welt" in den pädagogischen Einrichtungen auf zwei Ebenen (vgl. Mollenhauer 1983, S. 52ff.):

Ebene 1:
Das Bildungsangebot – oder: Die Repräsentation der rechten Ordnung in der Vorstellungswelt, im Wissen.

Grundfrage: Wie muß das pädagogische Spiegelkabinett beschaffen sein, damit das Rechte auf die rechte Weise gelernt wird? – Wie soll die pädagogisch zurechtgerückte Repräsentation der Welt aussehen?

Drei Probleme:
1. Was ist aus der Fülle möglicher Bildungsstoffe zu lernen *wichtig?* (*Was* soll abgebildet werden?)
2. Wie kann das Wichtige in der nötigen *Anschaulichkeit* vermittelt werden? (*Wie* soll es abgebildet werden, damit es sinnlich faßbar ist?)
3. Wie kann beim Kind die *Motivation* erzeugt werden, sich das Repräsentierte anzueignen? (Auf welche Weise soll das motivationsstiftend geschehen?)

Ebene 2:
Das pädagogische Feld – oder: Die Repräsentation in sittlich personalen Verhältnissen zwischen Erwachsenen und Kindern

Grundfrage: Wie sieht eine pädagogisch verantwortbare Lebensform aus; wie müssen wir rechtes Leben den Kindern gegenüber repräsentieren? – Wie sehen für Kinder und Jugendliche zuträgliche Formen gemeinsamen Lebens aus?

Drei Probleme:
1. Wie sieht eine Lebensform aus, die die Bedürfnisse und die Würde des Kindes nicht verletzt, sondern respektiert?
2. Wie wird darin sittliches Handeln möglich, *ohne* Zwang, also auf Einsicht in das Gute gegründet? Wie belebt man darin die geistig-seelische Tätigkeit, die Produktivität des Kindes?
3. Wie sieht die pädagogische Sozialform aus, die zugleich Modell für Lebensformen überhaupt sein kann?

Die Problematik der Repräsentation auf beiden Ebenen (als Erkenntnis- und als Praxisproblem) verschärft sich angesichts pädagogisch nicht zu verantwortender Lebensverhältnisse. Die Formulierung verweist auf zweierlei: a) auf die Ohnmacht der Pädagogik; sie ist für die tatsächlichen Verhältnisse nur höchst indirekt haftbar zu machen; b) auf die faktische Unmöglichkeit, die gegenwärtigen Verhältnisse vor Kindern und Jugendlichen legitimieren zu können; sie sind auf allen Ebenen nicht zu rechtfertigen: Weder auf der *globalen* (Nord-Süd-Konflikt, Welthunger, Weltarmut, Ost-West-Konflikt: Rüstungswahn, Umweltzerstörung und Ressourcenplünderung), noch auf der *regionalen* (zum Beispiel europäischer Agrarmarkt, Durchgestaltung der Lebensverhältnisse nach den Grundsätzen einer kapitalistischen Wirtschaftsideologie: Reduktion auf Tauschwertrelationen) noch auf der *nationalen, lokalen, gruppenspezifischen* oder *individualbiographischen* Ebene.

2. Grundsätze der Repräsentation

Unter dieser Voraussetzung, daß die Lebensverhältnisse pädagogisch nicht mehr verantwortet werden können und es weder möglich noch vertretbar wäre, die räumlich und zeitlich äußerst begrenzten, dazu politisch ohnmächtigen „pädagogischen Provinzen" als Gegenprogramme zu den herrschenden Lebensverhältnissen inszenieren und durchsetzen zu wollen, lassen sich die folgenden Grundsätze formulieren, an denen sich schulische Repräsentationsbemühungen auf beiden Ebenen orientieren sollten:

Repräsentationen müssen als Abbilder/Spiegelungen, als pädagogisch interessierte Rekonstruktionen von Sachverhalten für Kinder und Jugendliche *durchsichtig* werden.

These 1:
    Mit dem, was die Schule lehrt, sollte sie bei Kindern und Jugendlichen *nicht* den Eindruck vermitteln wollen: Das ist die richtige Sicht der Dinge. Statt dessen: Aus *angebbaren* Gründen halten wir (das Kollegium, das für diese Unterrichtseinheit gerade steht beziehungsweise der einzelne Lehrer) diesen Unterrichtsgegenstand *so* für zeigenswert, lernenswert. Die Sache kann man auch ganz anders repräsentieren und sie wird und wurde anderswo auch anders repräsentiert (zum Beispiel in anderen Fächern, in anderen Schulen, in anderen historischen Epochen (zum Beispiel im Dritten Reich, im Kaiserreich), in anderen Ländern (zum Beispiel Kreuzzüge in türkischen Geschichtsbüchern). Entweder im historischen Vergleich oder im interkulturellen Vergleich, auch im interfachlichen Vergleich, nicht zuletzt durch Überpointierung und karikaturistische Zuspitzung kann man Kindern und Jugendlichen die problematische Relativität von Unterrichtsangeboten durchsichtig machen (zum Beispiel an der Art und Weise, in der man früher Märchen und biblische Geschichten „behandelte", auslegte, zu welchen Zwecken man historische Phänomene repräsentierte (unter anderem „Sparta" oder „17. Juni in der DDR" usf.). Vergleiche von Schulbuchseiten zu Themen des Heimatkunde- und des Sachunterrichts seit den zwanziger Jahren bieten sich an, auch vergleichende

Betrachtungen zu Schulbuchillustrationen. (Vgl. Rumpf, Mehrperspektivischer Unterricht; Metaunterricht.)

These 2:

Mit dem, was die Schule veranstaltet, mit ihren Spielregeln und ihren Ritualen sollte die Schule nicht den Eindruck vermitteln wollen: Hierin kommt die *richtige* Lebensform zum Vorschein: So handeln die sittlich Guten. Statt dessen: Aus *angebbaren* Gründen erscheinen uns diese Umgangsformen als förderlich und zuträglich. Andere kommen und kamen zu ganz anderen Lösungen. Und ob das von uns Ausgegrenzte, Abgewiesene wirklich so negativ ist, das ist eine offene Frage, der wir uns immer wieder stellen müssen. Bis auf weiteres überzeugen wir uns von der Richtigkeit unserer Entscheidungen oder wir lassen uns vom Gegenteil überzeugen und ziehen die Konsequenzen. Dazwischen gibt es nichts.

These 3:

Der größte Fehler, den die Schule sowohl auf der Ebene der Wissensvermittlung als auch auf der Ebene der Durchsetzung von Umgangsformen machen kann, ist, daß sie die von ihr gewählten Formen der Repräsentation als Selbstverständlichkeiten ausgibt. Auf der Ebene des Wissens führt dies zur Indoktrination, auf der Ebene der Umgangsformen zur Kolonialisierung der Schüler. Es sei hinzugefügt, daß man Schüler auch mit schülerorientierten Methoden und einem sozial-integrativen, freundlichen Unterrichtsstil indoktrinieren und kolonialisieren kann.

3. Repräsentationsprobleme des Unterrichts

Didaktische Repräsentationen müssen nachweislich und erkennbar von einem *pädagogischen Interesse* bestimmt sein: Sie müssen in ihrem Engagement für beziehungsweise gegen bestehende Strukturen, Handlungsweisen, Meinungen und Überzeugungen *für Schüler* erkennbar und diskutabel sein.

– Es ist ein Irrtum zu glauben, die Schule könne und müsse die Welt durch ihre Unterrichtsgegenstände und -themen möglichst objektiv repräsentieren.
– Blendet sie vorsätzlich die zum Thema gehörenden Interessengegensätze und -konflikte aus und versucht, nur zu zeigen, was ist, wird der Unterricht zur Apologie des Bestehenden. Ein Unterricht, der Schüler – belehrend und/oder handlungsorientiert – *nur* zu kompetenten Mitspielern machen will, muß sich diesen Vorwurf gefallen lassen.
– Ein Unterricht, der alle denkbaren Interessen repräsentiert und diese endlos gegeneinander zu relativieren sucht, leistet der Desorientierung Vorschub. Diesen Vorwurf müßte sich ein radikal-aufklärerischer Unterricht gefallen lassen; da es einen solchen jedoch nirgendwo gibt und auch noch nie gegeben hat, ist dieser Vorwurf gegenstandslos; er wird hier nur deswegen erwähnt, weil er gegen jeden auch noch so zaghaften Versuch vorschnell ins Feld geführt wird.

Daraus folgt: Pädagogisch interessierte Repräsentationen müssen *provokativen* Charakter haben: Sie müssen aufregend, anstößig, kantig, unbequem sein; sie sollen Ärgernis stiften, aufrütteln, Widerspruch provozieren.

Negativ formuliert: Unterricht, der lediglich abruft, sortiert und in Merksätzen und Handlungsrezepten fixiert, was die Schüler eh schon wissen und tun, der sie somit in ihrem Verhalten, in ihren Gewohnheiten, Ansichten, Interessen lediglich bestätigt, repräsentiert die Verhältnisse nicht, er indoktriniert. Indem er die außerschulische Realität lediglich verdoppelnd herbeizitiert, Interessen verschleiert, Wissensbestände in Gewißheiten überführt (statt sie in ihrer Abhängigkeit von Erkenntnisinteressen und den darauf bezogenen Methoden und Instrumentarien verfügbar zu machen), praktiziert er Affirmation und verbreitet so nicht selten Langeweile.

Kennzeichen eines repräsentierenderen Unterrichts dagegen ist, daß er dem Schüler die Verhältnisse als frag-würdig, durch Menschen in geschichtlichen Prozessen erzeugte Resultate vorführt, oft genug erzwungene, oft auch unter Zwang veränderte, als Resultate, die, sieht man von den irreversiblen Prozessen ab, auch in Zukunft auf Veränderung angelegt sind. Ein solcher Unterricht will die Verhältnisse dem Nachwuchs zur Disposition stellen, statt den Nachwuchs an die Verhältnisse auszuliefern. Er will ihn nicht auf die herrschenden Bewußtseinslagen und Meinungen einschwören, schon gar nicht, ihn zum bewußtlos fröhlichen Mitmachen oder zum stillen Dulden animieren.

In der Konsequenz führt dies dazu, daß durch pädagogisch interessierte Repräsentationen das Gegebene soweit in Distanz gebracht werden muß, daß die Frage ernsthaft gestellt werden kann, ob es besser ist, sich für dessen Bewahrung, Aneignung und Sicherung einzusetzen oder für dessen Kritik, Abweisung, Überwindung, sei es durch bewußte Abkehr oder durch den Versuch einer umgestaltenden Weiterentwicklung. Nur in den allernähesten Schulverhältnissen können Lehrer und Schüler gemeinsam aus solchen Einsichten dann auch unmittelbare Konsequenzen ziehen. Darüber hinaus bleibt es aber auch die Aufgabe des Unterrichts, diese Frage im Blick auf Probleme mittlerer Komplexität (wie zum Beispiel Kindererziehung, Gestaltung von Ehe und Familie, Arbeit und Freizeit) wachzurufen und durchzuhalten, auch wenn Schüler in diese Problemfelder zunächst nur als Opfer, als Beobachter und nur höchst bedingt als Agenten verstrickt sind, und sie demzufolge, wenn überhaupt, nur in außerschulischen Handlungszusammenhängen vor der Frage stehen, wie man damit zurechtkommen kann, was sich dazu an Praxis und Ideologie in ihrem Umfeld anbietet, wofür und wogegen sie mit Verstand und Gefühlen Position beziehen müssen. In noch stärkerem Maße wächst die Kluft zwischen unterrichtlich vermittelbarer Distanz zu den Verhältnissen und den faktischen Möglichkeiten praktischen Handelns, wenn es um Probleme auf nationaler, regionaler oder globaler Ebene geht. Schüler können daran nichts ändern; und dennoch ist es nicht gleichgültig, wie diese Themen des Geschichts-, des Gemeinschaftskunde- und des Geographieunterrichts, des Unterrichts in den naturwissenschaftlichen Fächern, in Musik, Kunst und Religion repräsentiert werden. Könnte nicht ein Kriterium für qualifizierte Repräsentationen sein, daß Schüler den kritischen Minoritäten in der Gesellschaft, die aus welchen Gründen auch immer auf Umgestaltung, Abkehr, Überwindung des Bestehenden drängen, zumindest mit ebensoviel Respekt und kritischem Interesse zuzuhören willens werden, ihre Anstrengungen und Experimente ebenso aufmerksam verfolgen wie sie dies denen gegenüber tun, die ihnen vermitteln wollen, daß alles gut so ist, wie es ist und daß man lieber mitmachen als nörgeln soll?

Ein Unterricht, der sich zum Ziel setzt, eine kritische Offenheit gegenüber anders Denkenden und anders Handelnden bei Schülern zu entwickeln (nicht aus bloßer Lust am Unkonventionellen, sondern aus dem Bewußtsein, daß eine menschlichere Welt nur von Menschen gestaltet werden kann, die nicht auf das Bestehende fixiert sind, sondern dagegen konkrete Utopien setzen können), engagiert sich für bewußte Repräsentationen seiner Themen sowohl in den Sachfächern (Beispiele: Geburtstag, Müll, aber auch Landwirtschaft, Supermarkt, Werbung, Ernährung, Rauchen) als auch im musischen Bereich (Auswahl und Interpretation von Liedern und Gedichten; Gestaltung von Festen, Spielen usw.).

Dabei wird dann auch deutlich: Wer provokativ repräsentiert und zugleich mit seinen Schülern über Sinn und Zweck solcher Provokationen reflektiert, zeigt als Lehrer immer auch auf sich selbst (Rauschenberger 1967): Er stellt seine Repräsentationen und damit sich selbst der Kritik. Schüler lernen so, sich damit auseinanderzusetzen, wie sich ihr Lehrer mit Verhältnissen, Meinungen, Interessen und Handlungsweisen auseinandersetzt, wofür er eintritt und wogegen er kämpft. Noch einmal: Es geht dabei niemals um Indoktrination; die Schüler sollen nicht die Positionen des Lehrers übernehmen. Notfalls muß er sie daran hindern. Sie sollen sich in der Auseinandersetzung mit seinen Angeboten ihre Positionen erarbeiten. Das heißt sie sollen lernen, ihre Meinungen, ihr Wissen und ihre Praxis im nachdenklichen Gespräch zu verteidigen oder sich überzeugen lassen. Beispielhafte Konkretionen zu einem solchermaßen „anstößigen" Unterricht hat Duncker 1988 herausgegeben.

4. Repräsentationsprobleme im pädagogischen Feld

Die beiden oben formulierten Grundsätze, daß Repräsentationen als solche für Schüler 1. *durchsichtig* und 2. in ihren *spezifischen* Interessen für Schüler *diskutabel* sein sollen, läßt sich im Blick auf die Repräsentation „der richtigen" Lebensform durch die Einrichtung und die Entwicklung von spezifischen Schulgestalten, von Schulleben ungleich schwieriger verwirklichen.

These 1:

Mit der Entscheidung *für* eine als richtig erkannte pädagogische Lebensform, die für Schulgestaltung und Schulleben normierende Kraft bekommen soll, fällt automatisch die Entscheidung *gegen* alle denkmöglichen Alternativen. Diese Alternativen werden aber nicht gelöscht, sondern sind als bewußt und unbewußt abgewiesene Möglichkeiten aktuelle und latente Herausforderungen; praktisch bedeutet dies: Pädagogische Lebensformen stehen permanent unter Legitimationsdruck und erzwingen auf Dauer gestellte Apologie.

Dies gilt in pluralistischen Gesellschaften für solch pädagogische Gestaltungsformen um so mehr, je weiter sie sich (im pädagogischen Interesse) von den herrschenden, das heißt als normal empfundenen Lebensformen entfernen.

Sie können sich folglich nur als Wahlmöglichkeiten etablieren. Das heißt Schüler und Eltern können sich für solche pädagogisch-programmatische Schulen entscheiden; es gilt aber auch das Umgekehrte: Schulen können Schüler (und Eltern), die nicht konsensfähig sind, ausschließen.

Öffentliche Schulen können im Prinzip daher keine spezifische Gestalt ausbilden; es sei denn, die öffentlichen Schulen werden mit Billigung der Mehrheit *nicht* auf den gleichen Grundkonsens festgelegt (Lingelbach/Diederich 1979, S. 154f.).

Absichtsvolle pädagogische Inszenierungen (Schulen, Jugendhäuser, Vereine) als auf Dauer gestellte Bekenntnisse zu präzise umrissenen Lebensformen schließen, wie oben ausgeführt, per se Alternativen aus (Beispiel Evangelische/Katholische Bekenntnisschulen, Waldorfschulen, Montessorischulen, Koranschulen, antiautoritäre Kinderläden, Landerziehungsheime, Napolas, Tvind usw.). – Sie sind entweder ständig in Gefahr, zu dogmatischen Gesinnungslagern zu verkommen, indem sie das Recht der in ihnen pädagogisch Tätigen und Beeinflußten auf Selbstbestimmung und Mitgestaltung auf nicht hinterfragbare Rahmen begrenzen, oder in dem Maße ihr Profil zu verlieren, in dem sie sich für andere Akzentuierungen im Sinne eines pluralistischen Konzepts öffnen. Sie lähmen ihren Einfluß, wenn sie versuchen wollten, sich selbst als nur *eine* spezifische Möglichkeit der Selbststilisierung zu begreifen, und dies nicht nur gegenüber Außenstehenden einräumen sondern auch ihren Anhängern, vor allem ihren Schülern, begreiflich machen wollten.

These 2:
  Repräsentationen von „richtigen Lebensformen", von „zuträglichen Formen gemeinsamen Lebens zwischen Kindern, Jugendlichen und Erwachsenen" können pädagogisch qualifiziert nur in der Form von Brechtschem Theater inszeniert werden. Als ihren szenischen Charakter ständig mitverdeutlichende Inszenierungsexperimente.

In einer komplexen Industriegesellschaft ist eine Antwort auf die Frage nach der gültigen Repräsentation pädagogisch verantwortbarer Lebensformen nur mit den größten Vorbehalten formulierbar: Sie müssen selbstreflexiv und selbstreferentiell sein: Sie müssen sich in ihrer Fraglichkeit präsentieren und so zum Nachdenken anregen und sie müssen sich selbst ihre Grenzen und ihr Ende setzen (zeitlich und räumlich).

  Unabdingbar ist ferner, daß solche experimentell gemeinten Entwürfe in einem Gefüge wechselseitiger Konkurrenz und Kritik angelegt sind. Konkret: Wir brauchen die öffentliche, konstruktive Kritik an den prononcierten Ausformungen von programmatischen Schulen ebenso wie wir solche programmatischen Schulen brauchen; fehlt die Kritik, entstehen Gebilde wie die Colonia dignidad in Chile; fehlen solche Schulen, so verkommt das Schulsystem zu einem Konkurrenzbetrieb, der entweder in Indifferenz oder in totalitären Ansprüchen versinkt (Propagandasystem des politischen Systems).

These 3:

Repräsentationen von „richtigen Lebensformen" in öffentlichen Schulen sind nur äußerst begrenzt möglich; sie stehen permanent im Verdacht des Kulturimperialismus. Wenn sie sich nicht selbst als Experimente begreiflich machen, sondern als Selbstverständlichkeiten begriffen werden sollen, müssen sie sich den Vorwurf der Verlogenheit und/oder der Borniertheit gefallen lassen.

Öffentliche Schulen sind nicht – wie die Anstalt Stans des Pestalozzi – als Haushaltungen konzipiert. Sie müssen nicht das Problem der Sicherung der materiellen Existenz ihrer Mitglieder lösen. Deswegen sind sie keine ernstzunehmenden Sozialverhältnisse. Noch präziser, man kann sie nicht ernsthaft als Sozialverhältnisse begreifen.

Öffentliche Schulen sind zeitlich und räumlich eng begrenzte, von den übrigen Lebensverhältnissen deutlich geschiedene Felder, künstliche Gebilde, in denen Kinder, Jugendliche und Erwachsene in spezifischen Rollen unter angeblich zweckdienlichen Kriterien zu künstlichen Gruppen zwangsweise zusammengefügt werden. Das Schulsystem als Organisations- und Kommunikationssystem erzwingt die Ausbildung von Rollen, in denen permanent Homogenisierung und Differenzierung unter Systemzwecken stattfindet. Diese Einschränkungen sind als Spezifika des Schulsystems nicht außer Kraft setzbar; und von daher stellt sich grundsätzlich die Frage, ob und wie ein solches Kunstgebilde „Schule" überhaupt Repräsentationsleistungen hinsichtlich gewünschter „Lebensformen" erbringen kann. Für vergleichbare Institutionen wie Gefängnisse und Kasernen wird dies weit kritischer diskutiert als für die Schule.

Wer diese Tatsachen überspringt und leichtfertig daran glaubt, Schule könne durch Schulleben „gültige Lebensformen" für die Realität außerhalb der Schule repräsentieren, ohne anzugeben, wie und warum das gelingen kann, muß sich Borniertheit, selbstverordnete Blindheit, trotz besserer Einsicht, vorwerfen lassen.

These 4:

Was sich im Bereich öffentlicher Schulen als Repräsentationen zuträglicher Lebensformen (selbstreflexiv und selbstreferentiell) herausbilden läßt, hat sich im Bezug auf jene Lebensformen zu reflektieren und zu legitimieren, in die Erwachsene, Kinder und Jugendliche außerhalb der Schule und mit größerer Kontinuität und Verbindlichkeit eingebunden sind (Herkunftsfamilie, Wohnviertel, ethnische Zugehörigkeit, Arbeits- und Freizeitkontexte der „significant others"). Dies schließt eine Reflexion des Wandels und der erkennbaren Neukonfiguration solcher Lebensformen in naher Zukunft für die jeweils konkret betroffenen Kinder und Jugendlichen mit ein.

Pädagogische Lebensformen, die man in öffentlichen Schulen installiert, (Morgenkreise, Schulgebet, gemeinsames Frühstück, Freiarbeit, Pausen- und Schulhofrituale, Klassenzimmergestaltung und Lernwelten, Stundenplangestaltung, Feste und Feiern, Bastelnachmittage, Lerngänge und Lernen am außerschulischen Ort, Ausflüge, Klassenfahrten und Reisen usw.) müssen auf Verträglichkeit mit Gegenwart und Zukunft der Schüler geprüft werden. Es läßt sich leicht zeigen, daß dies in der Regel nur sehr selten geschieht: Die meisten pädagogischen Formen und Rituale sind – wie die Schularchitektur selbst – an den Sitten und Bräuchen und dem darauf bezogenen Geschmack des kleinen und mittleren Bürgertums orientiert, dem die Mehrzahl der Lehrerinnen und Lehrer entstammt. Damit stehen sie in einem scharfen Kontrast zu den gegenwärtig verbindlichen Lebensformen benachteiligter Kinder und Jugendlicher und können auch nicht als Antizipationen ihrer realistischerweise prognostizierbaren Zukunft ausgewiesen werden.

Somit haftet ihnen allen der Makel der Inkompatibilität an; deftiger ausgedrückt, die Schüler erleben sie als albern und verlogen, nehmen sie sie ernst, dann lassen sie sich auf Illusionen ein, Denver und Dallas aufs schulisch Machbare reduziert.

In einer Zeit, in der die klassischen Lebenslaufbilder von Ehe, Familie, lebenslangem Beruf, der hinreichende materielle Sicherung bietet, von Mann und Frau zunehmend „an Wirklichkeitsgehalt und zukunftsleitender Kraft einbüßen" (Beck 1986, S.185) kann die Schule nicht länger kleinbürgerliche Lebens- und Selbstverwirklichungsideologien qua Schulleben konservieren und sie „gegen ‚abweichende' Entwicklungen und Orientierungen geltend" (ebd.) machen.

Im folgenden skizziere ich einige Anregungen zur Entwicklung von selbstreflexiven und selbstreferentiellen Formen von Schulleben, die ich mir für eine Schule für benachteiligte Kinder und Jugendliche wünsche. Die Argumente, mit denen ich diese Vorschläge im einzelnen rechtfertige, finden sich in den vorangestellten Aufsätzen.

– *Gestaltung des Klassenzimmers*
Statt „Wohnstube" mit Aquarium, Hamster, Sittich, Sperrmüllsitzecke, Bilder-Kinder-und-Jugendbücher„sammlung", Bravoposter und Schülerkunstprodukte usw. –
wechselnde Dekorationen (in Analogie zu Bühnenbildern, Environments, Ausstellungen und thematischen Schaufensterdekorationen) zu epochalen Unterrichtsthemen wie zum Beispiel Spielzeug, Auto, Verkehr, Dritte Welt, Türkei, Landwirtschaft, Mittelalter, Drittes Reich, fünfziger Jahre, DDR, usw.
Solche Dekorationen können Bestandteil der Lehrmittelsammlung werden und lassen sich jeweils durch die Klasse, die neu an den Themen arbeitet, weiterentwickeln.

– *Gestaltung des Freizeitbereichs*
Billardtisch, Flipper, Computerschach, Tischtennisplatte, Krafttrainingsraum, – Wartung und Verwaltung durch Oberstufenschüler/SMV.

– *Gestaltung eines Selbstlernzentrums*
mit selbstinstruierendem Material offen für Schüler einer je bestimmten Schulstufe. – Aufsicht, Beratung und Verwaltung durch einen stufenbezogenen Förderlehrer.

– *Gestaltung eines Gesprächszentrums*
Schülercafé in Zusammenarbeit mit der Schulküche. Schuleigener Caféteriabetrieb.

In diesem Café könnten klassenbezogene und klassenübergreifende Veranstaltungen durchgeführt werden: Gemeinschaftskunde, Religionsunterricht und teilweise die Sachfächer als „Talkshows": Schüler im Gespräch mit Gästen im Unterricht.

Unter Berücksichtigung der spezifischen Individuallagen von benachteiligten Kindern und Jugendlichen und im Blick auf deren Zukunft, kämen hierfür insbesondere folgende „Gäste" in Frage:

- ehemalige Schüler;
- „interessante" Privatpersonen: alleinerziehende Mütter, WG-Mitglieder, Nichtseßhafte, Spätaussiedler, Asylanten, Asylbewerber, Entwicklungshelfer, lokale junge Sportler, ausländische Auszubildende und Gaststudenten aus dem Ausland;
- Zeitzeugen (Senioren), ältere Arbeitslose;
- Vertreter lokaler und regionaler Aktionsgruppen, Initiativen;
- Repräsentanten von Vereinen, in denen die Schüler mitarbeiten können;
- Vertreter von Behörden und Beratungsstellen: Jugendamt, Sozialamt, Jugendgerichtshilfe, Drogenberatungsstelle, Beratungsstelle für Minoritäten, Frauenhaus, Erziehungs- und Familienberatung, Industrie- und Gefängnisseelsorger, Schuldenberater;
- Vertreter von Gewerkschaften (Jugendvertreter), Vertreter politischer Parteien;
- Vertreter aus dem Hilfs- und Rettungswesen: Rotes Kreuz, Hilfsdienste, Sozialdienste, DLRG, Feuerwehr.

- *Außerschulische Lernorte*
Anstelle eines Besuchs auf dem Bauernhof, bei der Waldameise, im Milchwerk (oder auch anstelle von Betriebsbesichtigungen mit Cola und Brezel) würde ich gerne vorschlagen, mit den Schülern Lernorte zu besuchen, an denen sich deutlicher und kontroverser als sonst üblich die Problematik und Widersprüchlichkeit, auch die Überlebensnischen, in unseren Verhältnissen offenbaren. Woanders als in der Schule treffen Kinder und Jugendliche auf Erwachsene, die zumindest dem Anspruch nach solche Erfahrungen mit ihnen „in Ruhe" aufarbeiten können?

Ich denke insbesondere an Besuche in
- Pfandleihhäusern und Versteigerungen
- Second-hand-Läden, Sperrmüllabfuhrzonen
- Zentrallager für Kleidersammlungen
- Kleider- und Möbellager sozialer Hilfswerke
- Schutzräume und Bundeswehranlagen
- Asylbewerberwohnanlagen und Jugendgefängnisse
- Nahrungsmittelproduktionsbetriebe und Schlachthöfe
- Wohngemeinschaften, alternative Produktionskollektive
- Ausländische Familien und deren Feste
- Biologische Landwirtschaftsbetriebe, Bio-Architektur
- Alternative Energiegewinnungsanlagen, Umweltschutzbetriebe
- Klärwerke und Müllverbrennungsanlagen, Recyclingbetriebe
- Intensivstationen, Alters- und Pflegeheime, Rehazentren

- Feuerwehr, Sanitäts- und Rettungsdienste
- Reinigungsbetriebe, Versandlager, usw.
- Dritte-Welt-Läden, Bürgerinitiativen, Kundgebungen
- Kriegsfriedhöfe, Judenfriedhöfe, Konzentrationslager
- Museen, Ausstellungen, Galerien, Planetarien, Sternwarten
- Film-, Funk- und Fernsehstudios.

- Ergänzend zu Verbindlichkeit, Wärme und Nähe sollten Lehrer, die mit be-
  nachteiligten Kindern und Jugendlichen umgehen, den Versuch machen, sich in
  Formen pädagogischen Humors, pädagogischer Ironie und Selbstironie einzu-
  üben. Sie sollten konsequent lernen, längerfristig in ungeklärten, unbereinigten
  Situationen auszuhalten, ohne die Fassung zu verlieren und ohne auf letzte
  Klärung „endgültig" zu drängen.

Literatur

Beck, U.: Risikogesellschaft. Auf dem Weg in eine andere Moderne. Frankfurt 1986.
Brecht, B.: Schriften zum Theater. Frankfurt 1963.
Duncker, L. (Hg.): Frieden lehren? Beiträge zu einer undogmatischen Friedenserziehung in Schule und Unterricht.
    Langenau–Ulm 1988.
Giel, K., Hiller, G. G., u.a.: Stücke zu einem mehrperspektivischen Unterricht. Stuttgart 1974 ff.
Götz, B.: Erziehung zur Wehrbereitschaft? Vergleichende Analyse einer Schulbucheinheit. In: Duncker, L. (Hg.):
    Frieden lehren, a.a.O., S. 213–238.
Lingelbach, Chr., Diederich, J.: Handlungsprobleme des Lehrers. Königstein 1979.
Mollenhauer, K.: Vergessene Zusammenhänge. Über Kultur und Erziehung. München 1983.
Rauschenberger, H.: Über das Lehren und seine Momente. In: Adorno, Th.W. u.a.: Zum Bildungsbegriff der
    Gegenwart. Frankfurt 1967, S. 64–110.
Rumpf, H. (Hg.): Schulwissen. Göttingen 1971.

II. Bewußtseinsbildender Unterricht

Schwätzer und Stumme[*]

1. Warnung vor Selbstüberschätzung

Kennzeichnend für die Pädagogik sei, so Friedrich H. Tenbruck, daß sie an notorischer Selbstüberschätzung leide. – Sieht man sich die Kongreß- und Tagungsthemen der Erziehungswissenschaftler und die Lieblingsthemen der Schulpraktiker genauer an, so kann man sich in der Tat des Eindrucks kaum erwehren, daß Pädagogen auf eine eigentümliche Art und Weise ihr Leiden an der Gesellschaft verarbeiten: Ihre unerfüllten Sehnsüchte und Wünsche projizieren sie (zu Bedürfnissen der Kinder und Jugendlichen umgedeutet) als Fixsterne an den Himmel der pädagogischen Theorie- und Praxisideale. In deren spärlichem Licht entfachen sie sodann Diskussionen und hektische Umtriebe, ohne gründlich zu prüfen, ob denn die Voraussetzungen gegeben, die Bedingungen günstig und die Mittel vorhanden sind, die Dinge hinauszuführen.
– Sie nehmen die Zerstörung der Natur wahr und graben mit ihren Schülern hinter jeder Schule Biotope, richten Schulgärten ein, züchten Kresse auf der Fensterbank und produzieren Nistkästen in Serie.
– Auf die Zerrüttung der Familien, die steigenden Scheidungsziffern und die kinderfeindliche Wohnarchitektur reagieren sie mit der Umgestaltung des Klassenzimmers zur Schulwohnstube mit Spiel-, Bastel- und Leseecke.
– Gegen schwindende Möglichkeiten, primäre Erfahrungen zu machen, setzt man den erlebnis- und erfahrungsorientierten Unterricht, Schulfeste und -feiern, die schuleigene Folklore.
– Gegen die Erfahrung wachsender Ohnmacht und Fremdbestimmung, mangelhafter Partizipations- und Gestaltungsmöglichkeiten sowohl im Beschäftigungssystem als auch im Raum der kommunalen Öffentlichkeit propagiert man den handlungsorientierten Projektunterricht.

[*] Vom 1. bis 3. Oktober 1987 veranstalteten die Dozenten für Sonderpädagogik in deutschsprachigen Ländern und die Kommission „Sonderpädagogik" der Deutschen Gesellschaft für Erziehungswissenschaft in Frankfurt/Main ihre 24. Arbeitstagung zum Thema: Das Dialogische in der Heilpädagogik. Als kritische Anmerkung zum Tagungsthema in konstruktiver Absicht war dieser Beitrag angekündigt.

– Auf Lebensmittelskandale ohne Ende antwortet die Schule mit der Zubereitung
  von Obstsalat ab dem ersten Schuljahr, mit Vollkornplätzchen zu Weihnachten
  und mit Brotbacken für alle.
– Orientierungslosigkeit und Ausländerfeindlichkeit bekämpft man mit Heimat-
  kunde und Landeshymnen.
– Auf Konkurrenzdruck, Leistungszwang und Selektion antwortet man mit
  Gruppenunterricht und Integration, auf Qualifizierungsoffensiven, Elite- und
  Spezialtraining mit einem Bekenntnis zur Allgemeinbildung.
– Wo mächtige wirtschaftliche und politische Gruppen und Verbände mithilfe
  einer auf höchstem technologischem Standard monologisch arbeitenden Be-
  wußtseinsindustrie das Denken, die Bedürfnisse und die Gefühle der Menschen
  ihren Interessen dienstbar machen, entdeckt nun auch die Sonder- und Heilpädagogik ihr Heil im Dialog.

Man darf zwar niemandem vorwerfen, daß ihm die großen Utopien abhanden
gekommen sind, daß er an Wunder nicht mehr glauben mag, daß er den aufrechten
Gang aufgibt, lieber auf allen Vieren kriecht und sich damit begnügen will, in
seinem Terrain Gartenzwerge aufzustellen. Aber der Hinweis darauf, daß Gartenzwerge keine Hoffnungsträger sind, sollte erlaubt bleiben, auch in der Pädagogik.

2. Dialogbarrieren

Ich habe erhebliche Zweifel daran, daß es in unseren Schulen (auch in den Sonderschulen) den Lehrerinnen und Lehrern (auch den Sonderpädagogen) möglich
ist, mit benachteiligten Kindern und Jugendlichen in ein dialogisches Verhältnis zu
gelangen. Ich fürchte, die Voraussetzungen und Rahmenbedingungen sind eher so,
daß sie sich gegenseitig als Schwätzer und Stumme wahrnehmen müssen, wenn sie
sich auf solche Ansprüche ohne weiteres einlassen.
   Schulen sind Agenturen zur Definition und Durchsetzung einer für alle Schüler
gleichermaßen verbindlichen Allgemeinbildung. Darunter versteht man ein Gefüge von Lehrinhalten, Lernformen und -prozessen, das zur Ausbildung einer
spezifischen Art von Rationalität, zur Heranbildung spezifischer Wertvorstellungen und ihrer Symbolisierung geeignet ist, das bestimmte Formen der Genuß-
fähigkeit entwickelt und spezifische Interessen, Handlungsstrategien und Inter-
aktionsstile einstiftet. Der maßgebliche Orientierungsrahmen für die inhaltliche
Gestaltung dieser verbindlichen Allgemeinbildung ist die bürgerliche Kultur,
einschließlich der bürgerlichen Moral. Negativ gewendet bedeutet dies: Nicht-
bürgerliche Formen von Rationalität, von Symbolbildung, von Genuß, von Interessen, von Handlungen und Motiven, von Umgangsformen und Moral werden
ausgegrenzt, als deviant oder defizitär wahrgenommen, als pathologische oder
kriminelle Erscheinungsformen denunziert, bestenfalls tabuisiert und ignoriert.
   Lehrerinnen und Lehrer entstammen mehrheitlich diesem bürgerlichen Milieu.
Familie und Verwandtschaft haben sie seit der frühen Kindheit in die Werte, Traditionen und Techniken einer bürgerlichen Lebensführung eingewöhnt. Schulischer Unterricht hat ergänzt, gefördert und differenziert, was von zuhause mit-

gebracht wurde. Die wirtschaftlichen Voraussetzungen, die für den Erwerb solcher Allgemeinbildung unabdingbar sind, wurden für sie bis zum Abschluß ihrer Examina bereitgestellt. Sie waren in diesem System erfolgreich und haben es mittlerweile zu etwas gebracht. Sie können sich demzufolge kaum vorstellen, daß und wie außerhalb der bürgerlichen Kultur Leben in subjektiv und objektiv befriedigenden Formen gelingen könnte. Durch Biographie und Schule dem bürgerlichen Leben verhaftet, werden sie zumeist unbewußt zu Missionaren, die teils mit raffinierten, teils sehr direkten Methoden die kognitive, psychische und physische Kolonialisation ihrer Schüler betreiben.

Benachteiligte Kinder und Jugendliche, zu ihnen gehören nach meinem Verständnis Schüler der Schule für Erziehungshilfe, der Schule für Lernbehinderte, schwache Hauptschüler, Abbrecher höherer Bildungs- und Ausbildungskarrieren, die Mehrzahl der Kinder von Arbeitsmigranten und von Asylbewerbern; ihnen allen ist gemeinsam, daß sie zur bürgerlichen Kultur und ihren Repräsentanten ein vielfach gebrochenes oder auch gar kein Verhältnis haben.

In der Schule werden und sind sie als Lehrer und Schüler zusammengezwungen, einander ausgeliefert, wobei die Machtverhältnisse klar definiert sind. Was Geltung hat und sich Geltung verschafft, ist die bürgerliche Normalität. Verständlich, daß diejenigen verstummen, deren Lebenserfahrungen und -formen, deren Vernunft, deren Symbole, deren Interessen und deren Strategien zur Bewältigung ihrer Probleme dort nicht vorkommen. Verständlich auch, daß die Repräsentanten der Normalität als Schwätzer erscheinen. Von Gemeinsamkeit kaum eine Spur; symmetrischer Dialog wird zur Fiktion, ihm fehlt die Basis.

3. Anregungen zu wechselseitiger Annäherung

Erst die Einsicht in diese Tatsache, daß bürgerliche Lehrerinnen und Lehrer auf der einen Seite und benachteiligte Kinder und Jugendliche als Schüler auf der anderen Seite sich mit prinzipiell unerfüllbaren Erwartungen gegenüberstehen, schafft die Voraussetzung dafür, daß man ernsthaft über Schritte-aufeinander-zu nachzudenken beginnt. Daß hier von der Lehrerseite die größeren Vorleistungen zu erbringen sind als dies von den Schülern erwartet werden kann, erklärt sich schlicht aus der Asymmetrie der Machtverhältnisse.

An anderer Stelle habe ich drei gleichwichtige, ineinander verschlungene Zugangswege skizziert, auf denen man sich als Lehrer, Schulverwaltungsbeamte und auch als Hochschullehrer an die Lebenswirklichkeit benachteiligter Kinder und Jugendlicher annähern kann (vgl. S. 26–32):

1. Durch eine kontinuierliche, über mehrere Jahre praktizierte nachgehende Betreuung einzelner Schüler;
2. durch die systematische Beschäftigung mit erzählender Literatur zum Leben von Kindern, Jugendlichen und Erwachsenen in erschwerten Lebenslagen;
3. durch die Auseinandersetzung mit der einschlägigen sozialwissenschaftlichen Literatur.

Ich gehe davon aus, daß auf diesem mühsamen und sehr beschwerlichen Weg auch die Dialogfähigkeit und -bereitschaft wächst, ohne die ein entsprechendes Lehren und Lernen unmöglich bleibt.

Im Horizont dieser Überlegungen möchte ich im folgenden in vier Punkten Hinweise und Konkretionen zur Beförderung und Kultivierung der Dialogfähigkeit mit benachteiligten Kinder und Jugendlichen zur Diskussion stellen.

Die Stummen reden lehren

Wichtig erscheint mir, daß Lehrer von sich aus ihren Schülern deutlich vernehmbar signalisieren, daß ihnen deren Lebensumstände, deren „Kultur", insbesondere die Formen, in denen sie ihre Erfahrungen deuten und verarbeiten, keineswegs gleichgültig sind. – Erzählungen, Videoaufzeichnungen entsprechender Reportagen und Spielfilmausschnitte, Fotos und Zeichnungen, die das Milieu der Schüler zum Gegenstand haben, können Medien der asymptotischen Annäherung an die Welt der Schüler werden und diese dazu anstiften, selbst zu formulieren, was sie da fasziniert und bedrängt.

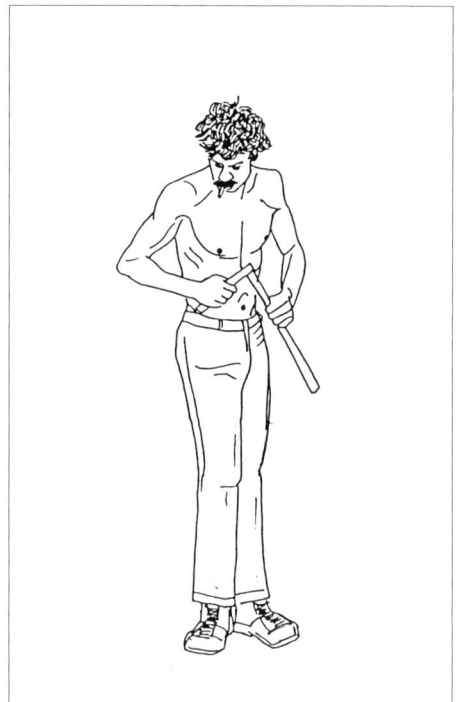

Das Foto eines aus Sizilien stammenden Bauarbeiters habe ich zu einer Linienzeichnung umgearbeitet und Schülern eines 9. Schuljahres in einer Reutlinger Schule für Lernbehinderte zur Bearbeitung vorgelegt.
– Was geht dem durch den Kopf?
– Was wird in fünf Jahren sein?
– Denkblasen.

Von Yavuz, einem 16jährigen Türken, erhielt ich dieses Blatt zurück:

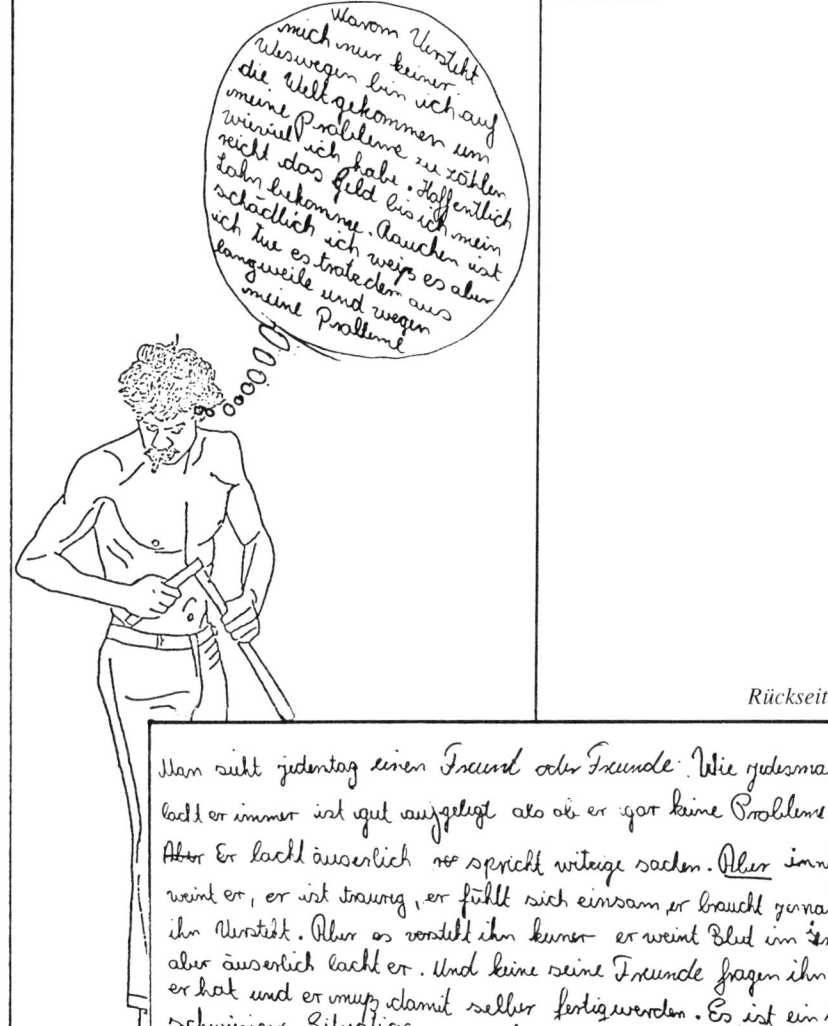

Vorderseite

Rückseite

Ich habe daraufhin ein Farbfoto, das einen anderen Arbeitsmigranten zeigt, der im Straßenbau beschäftigt ist, vergrößern lassen, die Figur freigestellt und auf schwarzen Plakatkarton aufgezogen. Den Text von Yavuz habe ich in der abgebildeten Fassung beigefügt. Im Klassenzimmer aufgehängt wurde daraus ein unumgänglicher Unterrichtsgegenstand.

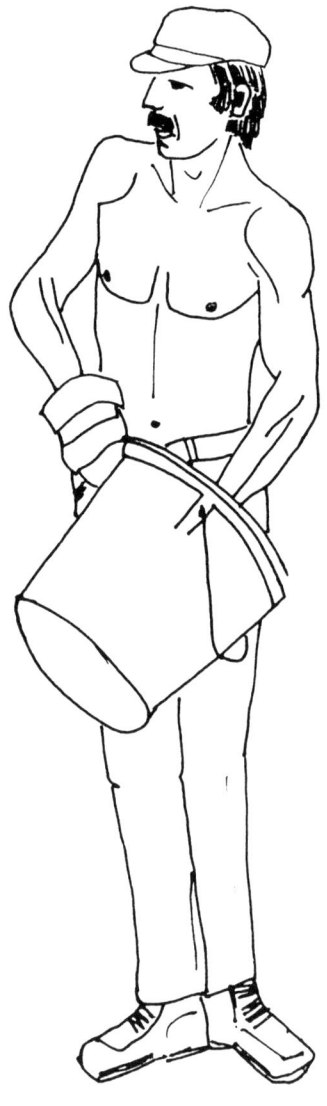

```
Man sieht jeden Tag einen...

Wie jedesmal
lacht er immer,
ist gut aufgelegt,
als ob er gar keine
Probleme hat.

Er lacht äußerlich,
spricht witzige Sachen.

Aber innerlich weint er.
Er ist traurig.
Er fühlt sich einsam.
Er braucht jemand,
der ihn versteht.

Aber es versteht ihn keiner.
Er weint Blut im Inneren.
Aber äußerlich lacht er.

Und keiner seiner Freunde
fragt ihn, was er hat.
Und er muß
damit selber fertig werden.

Es ist
eine sehr schwierige Situation,
wenn kein MENSCH
einen anderen MENSCHEN versteht.
Es ist sehr schwer,
damit alleine fertig zu werden.

Oder es quält einen
lebenslang.
Wahrscheinlich
ist das das Problem,
das einen Menschen zu
Selbstmord
oder auf etwas anderes führt.

Das kann vielleicht
mit der Umwelt zusammenhängen.

Es gibt ein Sprichwort:
WENN EIN MENSCH
EINEN ANDEREN MENSCHEN
LIEBEN WÜRDE,
GÄBE ES KEINEN HASS UND FEIND.

                Yavuz,
                (16 Jahre)
                Schüler der
                Bodelschwingh-
                Schule
                Reutlingen
```

Sobald über solche Formen der Wertschätzung von Schüleräußerungen – sie können auch darin bestehen, daß man mündliche Beiträge verschriftlicht und der Lerngruppe als Lesetexte zur Interpretation vorlegt – allen Beteiligten klar wird, daß im Unterricht für ihre „Kultur" Platz ist, kann man auch zu direkteren Formen der Provokation von Stellungnahmen übergehen.

So schreibt ein Mädchen, ebenfalls Schülerin einer 9. Klasse in einer Tübinger Lernbehindertenschule, zum Thema „1987 wird ein besonderes Jahr für mich. – Worauf ich mich freue. Was mir Sorgen macht" den folgenden Text:

Ich freue mich schon darauf, wenn ich aus der Schule komme. Und ich freue mich, wenn die Behandlung am Ende des Jahres fertig ist und ich ganz gesunde Zähne habe. Wenn ich 16 Jahre alt werde, freue ich mich ganz arg.

Auf den 28. Februar freue ich mich nicht so, denn da kommt mein Vater zu uns.

Ich mache mir Sorgen, ob ich die Lehrstelle im … bekomme. Sorgen mache ich mir auch, wie es weitergehen soll mit den vielen Fabriken und mit den vielen Atomkraftwerken. Jugendliche werden wahrscheinlich immer mehr kiffen. Viele werden arbeitslos. Immer mehr junge Mädchen werden auf der Straße arbeiten. Verbrecher werden auf der Lauer sein. Wenn wir nicht aufpassen, wird AIDS sich noch mehr ausbreiten. Smog werden wir auch kriegen, weil es immer mehr Autogase geben wird.

Ich mache mir Sorgen, weil meine Mutter keine Arbeitsstelle kriegt und weil wir nicht viel Geld haben.

Sorgen mache ich mir auch, weil die Menschen immer mehr Tierversuche machen. Angst habe ich auch, daß mal die Atombombe losgehen könnte.

Solche Aufsätze kann man nicht einfach korrigieren und zensieren. Sie fordern zum Dialog heraus. Ich habe mich aus solchen Anlässen wiederholt mit Schülern in eine Art Korrespondenz eingelassen, habe Rückfragen gestellt, Fakten gegen Meinungen gesetzt, die Umarbeitung einzelner Passagen angeregt, die Schüler mit Zitaten aus den Aufsätzen ihrer Mitschüler konfrontiert und erneut zu Stellungnahmen provoziert (vgl., S. 122–153).

Taktvoller Umgang mit unverständlichem Verhalten

Mit Studierenden bin ich zwei Wochen lang in einer 8. Klasse einer Schule für Lernbehinderte. Roberts Platz, ganz vorn, an einem separaten Tisch, bleibt jeden Morgen zu Beginn des Unterrichts leer. Und jeden Morgen passiert dasselbe: Nach einer Dreiviertelstunde geht die Tür auf, Robert schlurft herein, wirft die Schultasche unter die Bank, legt Arme und Kopf auf den Tisch und schläft ein. Nach einiger Zeit wird er wach und beteiligt sich am Unterricht. Seine Mitschüler scheinen von alledem keine besondere Notiz zu nehmen.

Wir sprechen den Klassenlehrer auf Robert an und erfahren folgendes: Seine Eltern betreiben eine Wirtschaft in der Obdachlosensiedlung. Dort muß er täglich mithelfen, oft bis weit nach Mitternacht. Mit seinem kleinen Bruder schläft er in einem Bett. Morgens wollen die Eltern ausschlafen. – Gelingt es Robert in der Frühe so aufzustehen, daß der Kleine dabei nicht wach wird, kann er pünktlich zur Schule kommen. Wird der Kleine aber wach, muß er ihn anziehen, ihm Frühstück machen und ihn zum Kindergarten bringen. Danach kann er dann zur Schule. Wollte er den

wachgewordenen Kleinen seinem Schicksal überlassen, muß er damit rechnen, daß
ihn der Vater verprügelt, wenn er am Nachmittag nach Hause kommt.

Bei einem Hausbesuch hat der Lehrer dies erfahren und zugleich einsehen müssen,
daß er die Eltern nicht dazu bewegen kann, ihre Lebensformen und die damit verbundenen Zwänge für Robert zu ändern. Er hat mit der Klasse in seiner Abwesenheit
über das Problem gesprochen und man hat sich darauf geeinigt, daß man Robert am
besten dadurch hilft, daß man ihn gewähren läßt, ohne ihn zu hänseln oder zu
verspotten.

Nader, ein 17jähriger Asylbewerber aus Afghanistan, fehlt im Berufsvorbereitungsjahr unentschuldigt. Am nächsten Tag zur Rede gestellt, erklärt er, er habe nach
Karlsruhe fahren müssen, um einen Afghanen zu sehen, der soeben in der Bundesrepublik angekommen sei. Der ältere Bruder habe nicht fahren können, so habe er eben
fahren müssen. Nein, der andere Afghane sei nicht mit ihm verwandt.

Aus früheren Gesprächen ist bekannt, daß Nader zusammen mit einem gleichaltrigen Freund auf der Flucht nach Pakistan aus einem Hubschrauber heraus be-
schossen worden war. Den Freund traf eine Kugel am Bein. Man habe ihn verbunden
und sei weitermarschiert. Bald habe sich gezeigt, daß der Freund nicht mehr gehen
konnte. Nader habe einen Esel beschafft, um ihn nicht zurücklassen zu müssen. Als
der Freund nach weiteren Stunden auch zu schwach wurde, um sich auf dem Reittier
zu halten, war er zum Risiko für die ganze Gruppe der Flüchtenden geworden. Die
Erwachsenen hätten ihn darum vor Naders Augen erschossen. Man habe keine andere
Wahl gehabt. Trotzdem lasse ihn dieses Erlebnis nicht mehr zur Ruhe kommen: Ich
kann nachts nicht schlafen. Immer wieder kommt dieser Film.

Warum mußte Nader nach Karlsruhe? Wir haben es nicht erfahren. Hätten wir ihm
erklären sollen, daß aus solchen Gründen nach unseren Gesetzen keine Unter-
richtsbefreiung möglich ist? Was wissen wir schon von den Problemen minderjähri-
ger Asylbewerber.

Solche Vorfälle bilanzieren bürgerliche Lehrer normalerweise anders und sie
reagieren dementsprechend. Wer zu spät kommt, fehlt oder aufsässig ist, wer seine
Hausaufgaben nicht macht oder sein Sportzeug nicht dabei hat, wer sich regelmäßig weigert, zum Schwimmen oder ins Schullandheim mitzugehen, fällt aus
dem Rahmen des Normalen und muß entsprechend bestraft oder doch zumindest
bloßgestellt werden. Wo kämen wir hin, wenn jeder machen könnte, was er wollte?
– Jedenfalls nicht zu einem ernsthaften Dialog zwischen Lehrer und Schüler.

Joseph aus Eritrea, 10 Jahre alt

Anläßlich eines Blockpraktikums sitzen drei Studierende, der Mentor, der zugleich Schulleiter ist, und ich während der großen Pause im Lehrerzimmer. Die Türe wird vehement
geöffnet: Eine Lehrerin, sichtlich erregt, schiebt Joseph vor sich her. Joseph hält einen Ball
mit verkrampften Fingern in beiden Händen. Man sieht ihm an, daß er aus irgendwelchen
Gründen dringend an dem Ball festhalten muß.

Die Lehrerin zum Schulleiter: „Herr L., nehmen Sie dem sofort den Ball weg. Meine
Kinder wollen im Schulhof Ball spielen, und er gibt den Ball nicht zurück." Herr L. steht
auf. Im ersten Moment – ich erschrecke – sieht es so aus, als wolle der Schulleiter auf das
an ihn gestellte Ansinnen eingehen, als oberste Instanz dem Jungen den Ball wegzunehmen.
– Hektisch war's gewesen im Lehrerzimmer: Versuch, eine Unterrichtsstunde zu bespre-
chen; Telefon; andere Lehrer, die Sekretärin – alle erwarteten eine schnelle Reaktion des
Schulleiters. Herr L., der gerade einen schnellen Schritt auf Joseph zu gemacht hatte, bleibt

einen Augenblick stehen, sieht Joseph an. Dann legt er den Arm um ihn und sagt leise: „Wir müssen miteinander reden, unter vier Augen." Sie gehen vor die Türe. Die Lehrerin bleibt verärgert im Lehrerzimmer, beklagt sich über Joseph und geht schließlich wieder in den Pausenhof.

Die Studenten und ich sind gespannt, wie Herr L. den Konflikt gelöst hat. Er ist noch einmal aufgehalten. Der Unterricht beginnt. Wir können ihn nicht mehr fragen. In der nächsten kurzen Pause kommt Josephs Lehrerin ins Klassenzimmer. Es geht um eine andere Angelegenheit. Aber uns wird deutlich, daß sie mit der Konfliktlösung des Schulleiters nicht einverstanden war.

Am Ende des Schulvormittags erfahren wir es. Herr L. hatte Joseph zwei Möglichkeiten eingeräumt: „Entweder du brauchst den Ball alleine. Dann setzt du dich mit ihm in den Gruppenraum und bleibst da sitzen. Oder du möchtest mit den anderen Kindern spielen. Dann gehst du zurück in den Pausenhof und wirfst den Ball einem der Kinder zu. Am Ende der Pause kommt der Ball wieder in die Spielkiste. – Was meinen Sie, wie sich Joseph entschieden hat?" fragt uns Herr L. Ich hatte inzwischen den Studentinnen von einer möglicherweise ähnlichen Erfahrung mit einem Jungen erzählt, der im Alter von elf Jahren aus Lateinamerika in die Bundesrepublik gekommen war. Er konnte lange Zeit seinen Ball nicht zum Spielen freigeben, sondern mußte an ihm festhalten.

Beim Mittagessen erzähle ich die Geschichte der Familie. Einige versuchen, das Problem auch aus der Sicht der betroffenen Lehrerin zu sehen. Der Jüngste meint: „Morgen nimmst du einen Sack von Bällen mit. Ich sorge dafür. Joseph sucht sich zuerst einen raus. Der Rest kommt in die Spielkiste."

Joseph wählt einen roten Ball, murmelt etwas in seiner Muttersprache. „Was hast du gesagt?" möchte ich wissen. „Rot war der Ball", sagt er. Drei Tage später komme ich abends an der Schule vorbei. Joseph sitzt mit zwei eritreischen Kindern auf dem Müll-Container vor der Schule, hat seinen Ball in der Hand. Er sieht mich. Ich winke ihm zu. Dann kommt er, begleitet mich ein Stück, will wissen, wohin ich gehe. Dann frage ich ihn, warum er in der Pause den Ball nicht zum Spielen weitergeben konnte. Jetzt erzählt er mir die Geschichte: Es war im Flüchtlingslager, wohl in Djibouti; vier oder fünf Jahre alt sei er gewesen. Seine Eltern hatte er da schon verloren. Jemand hatte ihm einen Ball geschenkt, den ersten und einzigen Ball in seinem Leben – vor diesem, den er mir jetzt in die Hand gibt. Und jemand hat ihm den Ball wieder weggenommen. Er nimmt mir den Ball aus der Hand, verabschiedet sich, wirft den Ball einmal in die Luft, um ihn gleich wieder festzuhalten.

Aus: Ingeborg Hiller-Ketterer: Schulepisoden.
Unveröffentlichtes Manuskript.

Kritische Distanz zu eigenen Wertvorstellungen

Dialogfähigkeit und -bereitschaft haben zur Voraussetzung, daß man in der Lage ist, die eigenen Wertvorstellungen und Überzeugungen in Frage stellen zu lassen. Lehrer, die von Berufs wegen mit der Definition und Durchsetzung von erwünschtem Verhalten befaßt sind, tun sich damit besonders schwer.

Wie anders läßt sich sonst erklären, daß sie zum Beispiel in der Konfrontation mit der Fixierung ausländischer Schülerinnen und Schüler auf traditionelle Geschlechtsrollenbilder zumindest mit Irritation, wenn nicht mit Aggressionen reagieren? – Lehrerinnen zumal kommen mit dem „Macho-Gehabe" junger Türken und Italiener schwer zurecht und fühlen sich angegriffen, wenn Schüler sie nicht so vollnehmen wie ihre Kollegen. Lehrer und Lehrerinnen sind oft verärgert über das vermeintliche Desinteresse an zentralen Unterrichtsfächern (AWT, Orientierung in Berufsfeldern) bei ausländischen Mädchen auf der Oberstufe. – Solche

Erfahrungen werden jedoch kaum zum Anlaß, unsere gängigen Idealvorstellungen von einer um fast jeden Preis durchzusetzenden Gleichheit der Geschlechter zu problematisieren. Wem wird in der Konfrontation mit Geschlechtsrollenbildern der Migrantenkultur bewußt, was U. Beck (1986, S. 199f.) so formuliert?:

> „Die Grundfigur der *durchgesetzten* Moderne ist – zu Ende gedacht – der oder die *Alleinstehende* ... In dem Single-Dasein wächst die Sehnsucht nach dem (der) anderen ebenso wie die Unmöglichkeit, diesen Menschen in den Bauplan des nun wirklich „eigenen Lebens" überhaupt noch aufnehmen zu können ... Die Konstruktionen der Selbständigkeit werden zu Gitterstäben der Einsamkeit."

Um Mißverständnisse auszuschließen: Ich möchte nicht behaupten, in den traditionellen Geschlechtsrollenbildern der Migranten sei die anthropologisch „bessere" Alternative hinterlegt. Ich wünsche mir nur eine ernsthafte, dialogische Auseinandersetzung mit der Herausforderung, die in der Konfrontation mit anderen kulturellen Konzepten angelegt ist; dies im Interesse der Migranten und der Eingesessenen.

In gleicher Weise müßte in einem ernsthaft dialogischen Unterricht zum Beispiel auch die Frage erörtert werden, ob die Mitsprache der Eltern in Fragen der Partnerwahl und ihre Einflußnahme wirklich soviel „rückständiger" ist als das auf Zufällen beruhende Zusammentreffen und Zusammenfinden unserer „Liebes-" paare, fernab jeglicher Rationalität. Wie erklären wir uns selbst die Tatsache, daß niemand sich in jenen Formen auf die Suche nach einem Geschäftspartner macht, in denen man sich ganz selbstverständlich und mit der Billigung aller auf Partnersuche fürs Zusammenleben begibt?

Ein letztes Beispiel: Lehrerinnen und Lehrer tun sich schwer, auf Skinheads und Punker in ihren Klassen angemessen zu reagieren. Manchmal genügen auch schon Ohrringe und Tätowierungen bei Jungen und extravagante Kostümierungen bei Mädchen, um deutlich spürbare Barrieren entstehen zu lassen. Wenn man sich jedoch klar macht, daß gerade benachteiligte Jugendliche zu solchen Formen der Selbstinszenierung greifen, um den Prozeß des Erwachsenwerdens für sich in einer sinnlich erfahrbaren Weise, in einer Art selbstverordneter Initiation, durchleben zu können (das heißt den Aufbau der Selbstkontrollapparatur bezüglich der Affekte, der Emotionen, der Bedürfnisse aber auch der Angst, die Umwandlung von Fremd- in Selbstzwänge, die Verdrängung des Kindlichen und damit auch der bisherigen, oft dramatischen Biographie), dann gewinnt man Ansatzpunkte für einen konstruktiven Dialog, indem man die Betreffenden eben gerade nicht ausgesprochenermaßen oder stillschweigend auf die eigene Normalität verpflichtet (vgl. dazu auch Wirth 1984, insbesondere S. 29–54).

Tatverständigung statt Geschwätz

Benachteiligte Kinder und Jugendliche haben andere Auffassungen von verläßlichen Beziehungen zwischen Erwachsenen untereinander und zwischen diesen und ihresgleichen. Ein guter Partner zeichnet sich aus durch Einfallsreichtum und Erfahrung im Lösen aktueller, meist materieller Probleme, wenn nötig auch mit unkonventionellen Mitteln, vielleicht gar am Rande der Legalität. Gefragt ist spontane, großzügige Solidarität, wenn man die Mittel dazu hat; im übrigen arrangiert man sich mit der Unzulänglichkeit und den Fehlern des anderen so gut es geht. Alltagskonflikte sind sofort, direkt und eindeutig wirksam zu lösen, wenn nötig mit Brutalität, ungeklärte Verhältnisse und komplexe, risikobelastete Problemlagen jedoch hat man mit Geduld und Gelassenheit auszuhalten. Tatverständigung ist wichtiger als endlose Versuche zur Versprachlichung von Beziehungen und Einstellungen zum Lebensalltag. Die Biographie älterer Geschwister und naher Verwandter sowie guter Freunde der Familie oder auch die Praxis selbstgewählter Vorbilder haben mehr Orientierungskraft für sie als die auf individuelle Selbstverwirklichung ausgelegten Erziehungs-, Beratungs- und Gesprächsbemühungen, denen wir selbst durch Familie und Schule ausgesetzt waren.

Benachteiligte Kinder und Jugendliche reagieren darum allergisch auf das ihnen lästig erscheinende „Gesülze", als das ihnen die Dialogversuche ihrer Lehrer oft genug erscheinen. Mehr als das auf Dauer gestellte Geschwätz überzeugt sie, wenn Schule und Lehrer sich für ihre Belange konkret einsetzen, sei es, daß in der Schule eine regelmäßige Hausaufgabenbetreuung oder daß Spielnachmittage eingerichtet werden; sei es, daß sich der Lehrer persönlich für ihre Aufenthaltsberechtigung einsetzt, ihnen Zugang zu einem Verein verschafft oder sie bei der Suche um einen Ausbildungsplatz mit seiner Fürsprache unterstützt.

Literatur

Beck, U.: Risikogesellschaft. Auf dem Weg in eine andere Moderne. Frankfurt 1986.
Hiller, G.G.: Realitätsnahe Schule. Impulse zur Öffnung der Schule für Lernbehinderte für eine bessere Vorbereitung ihrer Schüler auf die Lebenswirklichkeit. In diesem Band S.15–45.
Hiller, G.G.: Aufsätze ernst nehmen – korrigieren alleine reicht nicht. In diesem Band S. 122–129.

Ikonische Texte
Eine Chance für „Schulversager"

Seit Jahren werden in der Bundesrepublik vier von hundert Schülern vom Regel-schulsystem entweder von vornherein zurückgewiesen oder aber im Lauf ihrer Schulzeit ausgeschieden. Drei davon finden sich in Schulen für Lernbehinderte wieder (Sander 1984, S.18). Die Zahl der Kinder von ausländischen Arbeitsmi-granten, die dieses Schicksal erleiden, wächst ständig: Von allen Kindern und Jugendlichen, die im Oktober 1988 in Baden-Württemberg die Schule für Lernbe-hinderte besuchten, waren vier von zehn Ausländer. In den Industrie- und Bal-lungsgebieten steigt ihr Anteil auf 60 bis 70 Prozent (Storz 1990).

Für diese Tatsache gibt es viele Erklärungen. Nur allzu oft werden die Ursachen dafür ausschließlich in der Person der einzelnen Kinder und Jugendlichen, in de-ren Biographie, ihrem häuslichen Umfeld und im Milieu gesucht. Dabei gerät aus dem Blick, daß sie alle in ihrer *Rolle als Schüler* eines ganz bestimmten Schul-systems zu „Versagern" werden.

Für die Betroffenen ist es relativ belanglos, ob es überwiegend somatische oder psychische Schädigungen sind, an denen sie leiden, seitdem sie leben, oder ob es die materiellen Schwierigkeiten ihrer Eltern sind und die daraus resultierende man-gelhafte Fürsorge oder die nicht zu bewältigenden Familienkonflikte; es ist belang-los, ob es an den katastrophalen Wohnverhältnissen, an der großen Geschwister-zahl, an dem anregungsarmen Milieu liegt oder ob die mangelhaften Deutsch-kenntnisse im Ausländergetto dafür verantwortlich sind, daß diese Schüler an den Anforderungen und Zumutungen der Regelschule scheitern. An alledem kann weder die Schule, noch können die Eltern viel ändern. Und die Schüler selbst kön-nen sich erst recht nicht aus eigener Kraft aus diesem fatalen Bedingungsgefüge wirksam befreien.

Die einzig vernünftige Konsequenz aus alledem ist, daß die Schule diese Gege-benheiten nicht länger verdrängt und statt dessen ihre Ansprüche und Anfor-derungen kritisch überprüft und alsdann Formen der Vermittlung entwickelt, mit denen sie auch den Schulversagern das Recht auf eine qualifizierte Bildung garan-tiert, ihnen Basis und Perspektiven für ein hinreichend attraktives Auskommen in der Gesellschaft vermittelt. – So gesehen wird der Schulversager zur didaktischen Herausforderung der Schule par excellence. Benachteiligte Kinder und Jugendli-che brauchen eine inhaltlich und methodisch neu konzipierte Bildung (vgl. dazu auch Schmitt 1990). Dieser Beitrag will dazu für den Bereich eines bewußtseins-bildenden Sozial- und Sprachunterrichts einige Anregungen vermitteln.

Ikonische Texte

Benachteiligte Kinder und Jugendliche haben es mit der bürgerlichen Schule insbesondere deshalb so schwer, weil diese in einer geradezu bewußtlosen Weise der humanistischen Gelehrtentradition verpflichtet ist: Nahezu alle Unterrichtsinhalte von Belang werden im Medium von schriftlichen Texten präsentiert, die entziffert und interpretiert werden müssen. Auch die eigenen Erfahrungen und das Vorwissen der Schüler müssen in der Regel ebenfalls in der Form von Texten objektiviert werden. Unterricht, nicht nur in den historischen und sozialwissenschaftlichen Fächern, sondern auch in den naturwissenschaftlichen Disziplinen, ja sogar im Sachrechnen, ist letztlich Leseunterricht.

Schüler, die sich mit dem Entziffern von Texten und erst recht mit deren Produktion (aus welchen Gründen auch immer) sehr schwer tun, geraten zwangsläufig ins Aus. Da sich der Sinn eines Wortes erst dann erfassen läßt, wenn man alle dieses Wort konstituierenden Grapheme richtig dechiffriert und regelrecht zusammengelesen hat; da sich der Sinn eines Satzes nur dem erschließt, der bis zu dessen Ende sämtliche Wörter richtig erlesen hat und deren Bedeutung bis zum Satzende speichern kann; da sich schließlich ein Argument von Belang allemal nur als Gefüge von anspruchsvollen Sätzen darstellen läßt, potenzieren sich die Schwierigkeiten des schlechten Lesers geradezu unermeßlich.

In einer Schule, die das Wesentliche nicht anders anbietet als in Form von Büchern, Arbeitsheften, Arbeitsblättern und die ihren Schülern den Zugang zu den wichtigsten Fragestellungen fast ausschließlich über die Bearbeitung solcher Texte eröffnet (Worterklärungen, Begriffsdefinitionen, Zusammenfassen des Inhalts in einer lernbaren Formel, Prüfung der Schlüssigkeit der Gedankenführung, Anwendung auf tatsächliche und fingierte Fälle, Verknüpfung des Gelesenen mit der Alltagserfahrung, Aufdeckung der Widersprüche, Präsentation von Gegenargumenten, Kontroversen), wird ein nicht zu vernachlässigender Teil von Kindern und Jugendlichen von der Bildung ausgeschlossen, auf die sie ein Recht haben.

Diese Überlegungen haben uns dazu geführt, seit Jahren nach anderen Medien zur Präsentation, Interaktion und Objektivation von relevanten Unterrichtsinhalten zu suchen (Hiller 1971, Hiller, Klein, Krämer 1973–1975). Bezogen auf zentrale Fragestellungen einer bewußtseinsbildenden Gesellschaftslehre (Sach-, Geschichts-, Kunst- und Politikunterricht) haben wir das Repertoire ikonischer Präsentationsformen (Fotografie, Fotomontage, Collage, Zeichnungen, Karikaturen, Bildfolgen, Comics, Diagramme, Piktogramme usw.) auf deren didaktische Ergiebigkeit geprüft und entsprechende Unterrichtsversuche angestellt.

Die wichtigsten Resultate der Jahre 1971 bis 1976 wurden als Unterrichtsmaterialien der CIEL-Arbeitsgruppe Reutlingen unter dem Titel „Stücke zu einem mehrperspektivischen Unterricht" publiziert (CIEL-Arbeitsgruppe Reutlingen 1974–1977). Zum ersten Mal in der Geschichte der deutschen Didaktik nach 1945 legte diese Gruppe Unterrichtsmaterialien vor, die überwiegend ikonische Texte (didaktisch organisiertes Bildmaterial aller Art und wechselseitig aufeinander angewiesene Bild-Text-Gefüge) zur Basis sämtlicher unterrichtlicher Vermittlungsprozesse machten. Bildhafte Darstellungen waren nicht länger ästhetisches Beiwerk, nicht – wie in den meisten anderen Unterrichtswerken zumeist – motivationsfördernder Zuckerguß, nicht belanglose Zutat. Im Gegenteil: Das Hauptargument war als ein komplexes, vielfach aufeinander verweisendes ikonisches Material präsent.

Anhand eines Unterrichtsvorhabens, das wir in einem 7. Schuljahr in einer Reutlinger Schule für Lernbehinderte durchgeführt haben, wollen wir darstellen, was mit ikonischer Repräsentation gemeint ist und welche Argumente uns dazu bringen, diese Entwicklungen fortzuführen.

Das Lesen und Interpretieren ikonischer Texte

Die 18 Schüler waren zwischen 13 und 15 Jahre alt und kamen aus sechs verschiedenen Nationen. Wir wollten den Unterricht darauf anlegen, diesen Schülern ihre Gruppensituation als exemplarisch für die Tatsache einer multikulturellen Gesellschaft bewußt verfügbar zu machen, um mit ihnen gemeinsame Formen eines produktiven, Perspektiven eröffnenden Umgangs mit den daraus resultierenden Problemen zu erarbeiten.

Zunächst ging es uns darum, ein Medium zu entwickeln, das diese Schüler als multikulturelle Lerngruppe zeigt, wissend, daß sich die geringen Deutschkenntnisse als gravierendes Hindernis für präzises Verstehen und differenziertes Sich-Ausdrücken erweisen.

Wir entwickelten deshalb den unten wiedergegebenen ikonischen Text (siehe Abb. 1) und eröffneten den Unterricht so:

„Ihr seid eine siebte Klasse mit 18 Schülern. Aber ihr seid eine besondere Klasse. Wieso? Ich zeige euch das mit einer Skizze. Wenn ihr sie versteht, dann wißt ihr, wie ich das meine. Und ihr wißt auch, um was es in dieser Stunde gehen wird.“

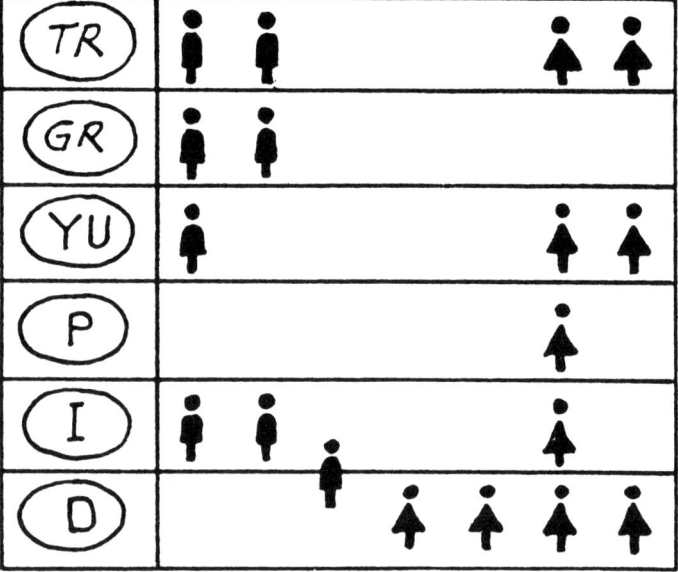

Abb. 1

Welche Vorteile haben solch ikonisch-symbolische Repräsentationen?

1.
Die ikonisch-symbolische Repräsentation formuliert das Problem mit international verständlichen Symbolen und Piktogrammen. Sie steht damit in der Tradition der Bemühungen, die internationale Verständigung über derartige Aussagesysteme zu sichern (Piktogramme als Leitsysteme für Menschen- und Verkehrsströme, Schaltbilder, Flußdiagramme, Karikaturen, Karten usw. für Gebrauchsanweisungen und Handlungsvorschriften usw.).

2.
Die ikonisch-symbolische Repräsentation vermeidet den Gebrauch einer Nationalsprache zur Formulierung eines Problems. Sie ist gleichwohl verständlich und kann in jeder Hochsprache, aber auch im Dialekt, expliziert und interpretiert werden. Die Schüler haben einen unmittelbaren Zugang zum Kern des dargestellten Problems, denn dessen Repräsentation ist stumm und polyglott zugleich.

3.
Die ikonisch-symbolische Repräsentation eines Problems in einem „topografischen Gefüge" von signifikanten Zeichen und Zeichenkomplexen legt den Schüler nicht auf eine verbindliche, komplizierte Lesetechnik fest. Er kann gleichzeitig in mehrere Richtungen und auf verschiedenen Bedeutungebenen lesen. Die offene, dennoch geordnete Komplexität eröffnet gleichzeitig mehrere Interpretationsdimensionen und gibt somit dem Leser die Chance – in mehreren Anläufen – den Sachverhalt differenziert zu erfassen. Ein schriftlicher Text, der den nämlichen Sachverhalt fassen wollte, den der ikonische Text präsentiert, bliebe schlechten Lesern seines Umfangs und seiner Komplexität wegen in aller Regel verschlossen; sie verfügen nicht über den universellen Code der jeweiligen Verkehrssprache in der erforderlichen Elaboriertheit.

4.
Wenn Schüler durch solches Material zuallererst den Kern des Problems erfaßt haben, ist es für sie leichter, dieses anschließend auch zu formulieren, selbst in einer Sprache, die sie nicht fließend sprechen. Zuerst das Problem zu erfassen und es dann zu verbalisieren, beansprucht benachteiligte Jugendliche als Schüler in einer ihnen angemessenen Abfolge: Weil die Schüler so einen unmittelbaren Zugang zur „Sache" erlangen, entlastet von den lesetechnischen Schwierigkeiten, kommt es von Anfang an zu einer Vielzahl inhaltlich treffender Beiträge. Mit wenigen Worten und in strukturell einfachen Sätzen werden in bezug auf solche Medien in der Alltagssprache komplexe Sachverhalte formulierbar; die prägnante Interpretation bedarf keiner komplizierten Syntax. Die Sprache (zunächst der mündliche Ausdruck, später die schriftliche Formulierung) ist Mittel der Verständigung über inhaltlich Begriffenes und nicht zunächst das Medium, in dem die „Sache" verborgen ist und das demzufolge darüber entscheidet, wer wieviel davon begreift.

5.
Aus der Interpretations- und Kommentarbedürftigkeit ikonischer Texte ergibt sich bereits, daß es nicht darum geht, gewissermaßen an schriftlich fixierten Texten vorbei, benachteiligten Kindern und Jugendlichen einen völlig andersartigen Zugang zu wichtigen Themen zu verschaffen. Ikonische Texte sind dennoch

eigenständige Aussageformen. Es hat keinen Sinn, sie im Rahmen einer auf Formalstufen des Unterrichtsaufbaus reduzierten Brunerschen Lerntheorie (Rumpf 1983, S.592f.) lediglich als Hilfsmittel auf dem Weg zu symbolischen, das heißt in unserem Zusammenhang schriftlichen Repräsentationsformen zu begreifen. Entdeckt man ihre spezifischen Aussagefähigkeiten, so läßt sich insbesonders in Kombinationsformen von „ikonischen" und „schriftlichen" Texten ein bislang kaum entwickeltes Aussagesystem schaffen, das sich nicht nur zur Formulierung unterrichtlicher „Einstiege" eignet, sondern ebenso als Basis für die Durchdringung der Sachverhalte (Erarbeitung) taugt. „Ikonische Texte" kann man Schülern ebenso abverlangen wie schriftliche Texte; sie eignen sich zur Sicherung von Unterrichtsergebnissen sowie zur Überprüfung von Lernfortschritten (Kenntnisse, Urteilsfähigkeit).

Darstellungen wie die Abbildung 1 fesseln von Anfang an die Aufmerksamkeit und das Interesse der Schüler: Jeder kann sich identifizieren und zugleich prüfen, ob *alle* Schüler *zutreffend* dargestellt sind. Diese Form eines „ikonischen Rätsels" (der bewußten verfremdeten Darstellung der allen bekannten Schülerkonstellation) macht zugleich klar, unter welchen Gesichtspunkten im folgenden Unterricht das alltäglich gewohnte Miteinander thematisiert werden soll. Es leuchtet unmittelbar ein, daß solche Medien ungleich präziser als schriftliche Texte benachteiligte Kinder und Jugendliche als Schüler für eine sachbezogene Auseinandersetzung motivieren und sie darin festhalten können.

Ikonische Texte erschöpfen sich keineswegs im bloßen Identifizieren ihrer Elemente. Von literarisch gebildeten und im Umgang mit schriftlichen Texten trainierten Lehrern hört man nicht selten die Meinung, man erreiche bei der Arbeit mit ikonischen Texten sehr schnell eine Grenze, hinter der man eben nur mit schriftlichen Texten weiterkomme, weil die Sprache eben eine viel differenziertere Kommunikation zulasse, als dies vermittels von Bildern je der Fall sein könne. Solche Meinungen sind Vorurteile von Leuten, die aufgrund ihrer einseitigen schulischen und universitären Bildung bezüglich ikonischer Texte Analphabeten geblieben sind oder bestenfalls Autodidakten werden konnten. Jeder Werbegrafiker ist ihnen überlegen. Die nachstehenden Fragen, die man Schülern zu diesem ikonischen Text stellen kann, belegen praktisch, daß dieser Text einer differenzierten Interpretation zugänglich ist:

1. Was denkt ihr, wird es in fünf bis zehn Jahren noch immer solche Klassen geben? (Zeichne auf, wie du dir dann Klassen in Deutschland vorstellst) – (Zukunftsaspekte).
2. Warum gibt es in Deutschland viele solcher Klassen? Welche Gründe hat das? Seit wann ist das so? – (Historischer Aspekt).
3. Welche Schwierigkeiten hat man als Ausländer mit Deutschen / als Deutscher mit Ausländern, wenn man tagtäglich so zusammen ist; hier in der Schule – und auch sonst? – (Interaktionsaspekt).
4. Was sollte/müßte im Unterricht dran sein, wenn man ernst nimmt, daß so viele Ausländer in der Klasse sind? – (Didaktischer Aspekt).
5. Was werden die Ausländer, die jahrelang in Deutschland zur Schule gehen: Deutsche, die in Italien, in der Türkei usw. geboren sind – oder Italiener/Türken mit deutscher Schulbildung? – (Identitätsaspekt).

Die Produktion ikonischer Texte mit benachteiligten Jugendlichen

In einem späteren Unterrichtsschritt setzten wir uns zum Ziel, den Schülern Möglichkeiten zuzuspielen, das Problem der Identitätsfindung im Zwiespalt zwischen Herkunftskultur und bundesrepublikanischer Zivilisation zu formulieren.

Wir setzten so an:
Die Eltern ausländischer Schüler sind als Arbeiter in die Bundesrepublik gekommen. Bei vielen war es zuerst der Vater, der dann die Familie nachgeholt hat. Die erste Zeit war hart: Wenn jemand in ein fremdes Land kommt und dort arbeiten und leben *muß*, dann ist das sehr schwer. Die ausländischen Schüler wissen es von ihren Eltern und Freunden; und sie haben das Problem selbst; die Deutschen haben sicher schon davon gehört:

Der Unterschied zwischen dem, was man sieht und erlebt, und dem, woran man sich erinnert und was man nicht vergißt (was man im Kopf und im Herz hat), läßt einen nicht zur Ruhe kommen.

Um „aufzuschreiben", welche Unterschiede das sind, habe ich eine Skizze vorbereitet. Sie zeigt das Gesicht eines Mannes oder einer Frau. Links und rechts davon ist freier Platz.
„Was man sieht und erlebt", kommt vor die Augen,
„woran man sich erinnert, was man nicht vergißt", kommt auf die andere Seite (siehe Abbildung 2).

Abb. 2

Um in die Aufgabe hineinzufinden, wird ein erstes Beispiel, das ein Schüler mündlich liefert, an der Tafel ikonisch fixiert. Danach arbeiten die Schüler jeder auf seinem Arbeitsblatt, auf dem drei solcher Rahmen vorgezeichnet sind.

Abb. 3: Diese Schülerdokumente spiegeln das Tableau des interkulturellen Konflikts.

Das Ergebnis, offensichtlich das komplette Tableau des interkulturellen Konflikts (siehe Abb. 3), bildet eine hervorragende Basis für weiteren Unterricht. Die Schüler selbst haben einen Text geschaffen, den zu bearbeiten sich lohnt.

Zu diesem Zweck kann man im Sinn einer bewußtseinsbildenden Alphabetisierung so vorgehen, daß man zu jedem der 18 Einzelbilder Schlüsselwörter sucht und dazusetzt, um die Verschriftlichung des Gemeinten zu ermöglichen (siehe Abb. 4).

Abb. 4

Einzelkind	*viele Geschwister*
kein Bruder	*nie allein*
keine Schwester	*immer etwas los*
Freunde?	
viel Spielzeug	*keine Ruhe*

Sie zeigen die Möglichkeiten der ikonischen Sprache für benachteiligte Schüler.

Bleibt man bei der Produktion ikonischer Texte, kann man solche Schülertexte durch weiteres Bildmaterial anreichern, konkretisieren und differenzieren: Den Schülertext in Abb. 5 zum Beispiel durch

Abb. 5

Fotos von
– Schweinemastfarmen
– Rinderboxen
– Hühnerbatterien
– Schlachthöfen
– Fleischabteilungen in Supermärkten;
Fotos von
– Nutztieren in Migrationsländern
– Schlachtszenen (Hammelfest)
– Marktszenen oder vom
– Hahnenkampf.

Schließlich kann man daran gehen, zu jedem der Bilder kontradiktorische Bild-
unterschriften zu erarbeiten oder diese vorzugeben und sie durch die Schüler
beurteilen lassen. Dies ist nicht ganz einfach, da grundsätzlich vier Kommentare
logisch möglich sind:
aus der Sicht eines Deutschen
a) pro BRD-Verhältnisse
b) kontra BRD-Verhältnisse;
aus der Sicht des Arbeitsmigranten
c) pro Migrationskultur
d) kontra Migrationskultur.

Süleyman, ein 15jähriger Türke mit großen Schwierigkeiten, auf Deutsch so
differenziert zu formulieren, wie er dachte, kam zu folgendem Ergebnis:

Abb. 6

Aus BRD-Sicht: Tierquäler sind das. Tiere müssen dort lange und hart arbeiten. Für
uns sind Tiere wie Kinder.
Aus türkischer Sicht: Tiere sind Tiere und für die Arbeit da. Nur wer sonst
niemanden hat, braucht Tiere zum Liebhaben.

Ikonische Texte als memorierbare Formel

Lehrer haben die Aufgabe, das, was ihre Schüler behalten sollen, in klare, leicht
lernbare Formen zu bringen. Dies gilt allgemein, besonders wichtig wird dies
jedoch im Blick auf benachteiligte Kinder und Jugendliche.
    Daß gerade dafür ikonische Texte sich besonders eignen, soll ein letztes Beispiel
illustrieren, das in bündiger Form das Problem der Arbeitsmigranten präsentiert:

Abb. 7

Zusammenfassung

Benachteiligte Kinder und Jugendliche, die in Regelschulen scheitern, sind als eine besondere Herausforderung an die Unterrichtswissenschaft zu begreifen. Die intellektuelle Schwäche, der sozioökonomisch geringe Status oder die Tatsache, daß diese Schüler Opfer einer erzwungenen Arbeitsmigration sind, mögen Erklärungen für ihre bisher negative Schulkarriere sein. Diese Fakten entschuldigen jedoch nicht den didaktisch-methodischen Starrsinn und die Borniertheit einer Schule, die außerstande ist, diesen Schülern einen Unterricht anzubieten, der ihnen zu angemessenen Erkenntnisprozessen verhilft. Ikonische Texte, bildhafte und symbolische Formen der Repräsentation und Formulierung lebensbedeutsamer Unterrichtsinhalte wurden als ein Ansatz dargestellt, dies künftig zu ändern.

Eine Schule für benachteiligte Kinder und Jugendliche muß die Kompetenz ihrer Schüler im Dechiffrieren und Interpretieren wie im Komponieren ikonischer Texte mit der gleichen Intensität entwickeln, wie dies die traditionelle Schule bezüglich schriftlicher Texte tut. Dies impliziert eine methodisch ebenso sorgfältige Ausarbeitung eines ikonischen „Erstlese-" und „Schreib"- Unterrichts, wie wir ihn für schriftliche Texte kennen.

Literatur

Begemann, E.: Schüler und Lern-Behinderungen. Bad Heilbrunn 1984.

Bildungsplan der Schule für Lernbehinderte (Sonderschule) Baden-Württemberg. In: Kultus und Unterricht, Lehrplanheft 14/1980. Villingen 1980.

Bochinger, E., Hiller, G. G., Hiller-Ketterer, I., Waldmann, E.: Weitersagen. Ein Arbeitsbuch für den evangelischen Religionsunterricht im 3. und 4. Schuljahr. Frankfurt 1978. Lehrerhandbuch Frankfurt 1982.

CIEL-Arbeitsgruppe Reutlingen: Stücke zu einem mehrperspektivischen Unterricht. Stuttgart 1974 bis 1976.

Criegern, A. v.: Ein didaktisches Modell für den Unterricht in der Kollegstufe: Pragmatische Ikonologie. In: Richter, Warnke (Hg.): Literatur und Kunst in der Sekundarstufe II. Düsseldorf 1977.

Criegern, A. v.: Bilder interpretieren. Düsseldorf 1981.

Freire, P.: Pädagogik der Unterdrückten. Stuttgart 1971.

Freire, P.: Erziehung als Praxis der Freiheit. Stuttgart 1974.

Freire, P.: Der Lehrer ist Politiker und Künstler. Reinbek 1981.

Giel, K.: Der Elementarunterricht in anthropologischer Sicht. In: Hemmer, K. P., Wudtke, H. (Hg.): Erziehung im Primarschulalter. (= Enzyklopädie Erziehungswissenschaft, Band 7). Stuttgart 1985, S. 21–50.

Gusky, R.: Wahrnehmung. Suttgart 1989.

Halbfas, H.: Religionsbuch für das 1. Schuljahr. Lehrerhandbuch 1. Düsseldorf, Zürich 1983.

Halbfas, H.: Religionsbuch für das 2. Schuljahr. Lehrerhandbuch 2. Düsseldorf, Zürich 1984.

Hiller, G. G.: Symbolische Formen im Curriculum der Grundschule. In: 9. Beiheft zur Zeitschrift für Pädagogik, Weinheim 1971, S. 61–84.

Hiller, G.G., Klein, G., Krämer, H. (Hg.): Sprechen und Handeln. Ein Sprachbuch. 4 Bände. Didaktischer Kommentar, 3 Bände. Düsseldorf 1973 bis 1975. Hier besonders Band 1.

Hiller, G. G., Schaible, H.: „Die in der Fremde arbeiten …" Unterricht mit Karikaturen von Arbeitsmigranten. In diesem Band, S. 109–121.

Klein, G.: Lernbehinderte Kinder und Jugendliche. Stuttgart 1985.

Krampen, M., Reiners, F.: Semiotik in Zeichenentwicklung. Bedeutungswandel, Handlungsmuster. München 1982.

Ludwig, G.: Einige spezifische Prinzipien des Förderunterrichts. In: Ministerium für Kultus und Sport Baden-Württemberg (Hg.): Förderunterricht für ausländische Hauptschüler (= Materialien zur Förderung ausländischer Kinder und Jugendlicher an allgemeinbildenden und beruflichen Schulen. Reihe B, Heft 2). Stuttgart o. J. (1982), S. 24–39.

Rumpf, H.: Die Schule, der Körper und das handgreifliche Tun. In: Neue Sammlung (23) 1983, S. 585f.

Sander, A.: Quantitative Entwicklungen im Sonderschulwesen. In: Baier, H., Klein, G. (Hg.): Spektrum der Lernbehindertenpädagogik. Donauwörth 1984, S. 16–31.

Schmitt, G.: Schüler mit fremden Sprachen und Kulturen im Klassenzimmer. Perspektiven für die moderne europäische Schule. In: Hiller, G.G., Kautter, H. (Hg.): Chancen stiften. Über Psychologie und Pädagogik auf den Hinterhöfen der Gesellschaft. Langenau -Ulm 1990.

Stiebner, E. D., Urban, D.: Zeichen und Signets, München 1982.

Storz, L.: Sind Schulen für Lernbehinderte Ausländerschulen? – Maschinell vervielfältigtes Manuskript. Reutlingen 1985.

Storz, L.: Förderung ausländischer Seiteneinsteiger. Zur Zusammenarbeit alter und junger Menschen. Maschinell vervielfältigtes Manuskript. Reutlingen 1990.

Weidenmann, B.: Psychische Prozesse beim Verstehen von Bildern. Bern 1988.

„Die in der Fremde arbeiten …"

Unterricht mit Karikaturen von Arbeitsmigranten*

(Mitautor: Herbert Schaible)

Karikaturen – ein Unterrichtsmedium für Lernbehinderte?

Reumann (1969, S. 72) referiert in seinem Artikel über „Die Karikatur" eine Befragung des Instituts für Demoskopie Allensbach, bei der vier Karikaturen vorgelegt wurden: „Etwa ein Viertel der Befragten lachten oder schmunzelten (Männer öfter als Frauen) über die Karikaturen, die in der Art pointierter Bildkommentare gezeichnet waren. Zwei der vier vorgelegten Karikaturen wurden aber nur von 6 beziehungsweise 8 Prozent der Befragten verstanden (wieder blieben die Frauen erheblich hinter den Männern zurück). Die Karikatur von N. N. erreichte den höchsten Verstehbarkeitsgrad: 40 Prozent."

Und zusammenfassend stellt er dann fest: „Satirische Beiträge werden von denen bevorzugt,

1. die intelligent sind … Der satirische Kommentar ist ohne vorausgehende wenn auch subjektive Information meist wertlos. (Anmerkung von R.: … das Verständnis (wächst) mit der Schulbildung und der sozialen Schicht. Besonders signifikant ist der Unterschied zwischen Volksschulbildung und Mittelschulbildung …),
2. die gut informiert sind …,
3. die ein festes Urteil besitzen,
4. die Spaß vertragen, das heißt nicht leicht gekränkt sind,
5. die jugendlichen Elan besitzen und selbst oft nicht an der Etablierung der herrschenden Ordnung beteiligt waren. Die Schlechtinformierten und Leichtkränkbaren sehen sich Karikaturen also meist gar nicht erst an" (S. 74).

Wir betrachten derlei Auskünfte als eine Provokation, jetzt erst recht lernbehinderten Schülern Karikaturen zur Auseinandersetzung im Unterricht vorzulegen, obwohl ihnen – bis auf Punkt 5 – alle Qualifikationen zum Genuß von Karikaturen in der Regel abgesprochen werden. Wir gehen dabei von dem Gedanken aus, daß es nur über unterrichtliche Anstrengung gelingen kann, an den beschriebenen Tatbeständen etwas zu ändern. Dafür aber braucht es überzeugende Experimente.

* Beim Fachbereich Sonderpädagogik der Pädagogischen Hochschule Ludwigsburg ist die Video-Kassette (U-matic/VHS, schwarz-weiß) ausleihbar, auf die im folgenden Bezug genommen wird. Anschrift: Fachbereich Sonderpädagogik der PH Reutlingen, c/o Herbert Schaible, Postfach 2344, 7410 Reutlingen 1.

Mit Absicht haben wir ein Thema gewählt, das aufgrund der Alltagskontakte (über 50 Prozent der Schüler der Bodelschwingh-Schule Reutlingen sind Ausländer, weit mehr noch haben Erfahrungen mit Ausländern aus Bekanntschaft und Nachbarschaft) zumindest oberflächlich bekannt ist. Wir rechnen damit, daß „subjektive Informationen“ in hinreichendem Umfang vorhanden sind, und wir wissen, daß durch Unterricht entsprechende Kenntnisse vermittelt wurden.

Anmerkungen zur didaktischen Funktion der Karikatur

Wenn es um eine kritische Darstellung (vgl. zum didaktischen Begriff: Rauschenberger 1967, S. 91ff.) von Zuständen in der Gesellschaft geht, übergreifend und sich nicht im Detail verlierend, – wenn kritische Hinsichten auf gesellschaftliche Probleme erarbeitet werden sollen, in die Schüler verstrickt sind, dann eignen sich dafür in besonderer Weise eine Folge von Karikaturen. Die Schüler werden damit von vornherein auf eine kritische Ebene der Reflexion gezwungen, sie haben es nicht mit bloßen Abbildern von Realität zu tun (wie so oft im Unterricht), auch nicht mit Erklärungen und Erläuterungen, sondern mit Urteilen.

Die unterrichtspraktischen Konsequenzen liegen auf der Hand: Im ersten Teil des Unterrichtsversuchs brauchen die Schüler genügend Zeit, um sich in die Karikaturen einzusehen. So wird man es darauf anlegen, unter verschiedenen Fragestellungen mehrmals und lange genug die Karikaturen zu zeigen. So kann man sich langsam und nachhaltig in Aussageformen und Darstellungsabsichten eindenken. – Für den Anfang eignen sich besonders Karikaturen, die „einfach“ sind: sparsam im Detail, stark in der Symbolik, einfach im Aufbau (wenig Elemente, keine Perspektive) und in den zeichnerischen Mitteln so, daß sie die Schüler unmittelbar einladen zur Nachahmung, zu Analogieversuchen und zur Weiterentwicklung.

Für die weitere gemeinsame Arbeit sind folgende Unterrichtsabschnitte vorzusehen:
– Den Schülern sollte die Differenz zwischen einer Realfotografie (die nur „Oberfläche“ zeigen kann) und einer Karikatur, die beide das gleiche Bildmotiv haben, deutlich gemacht werden;
– im Rahmen der Reproduktion der Karikaturen durch den Schüler sollte verständlich werden, wie in der Karikatur Symbole verwendet werden;
– ein kurzer, treffender Text über Inhalt und Absicht der Karikaturen ist zu entwickeln und bereitzuhalten.

Das Material

Gesthuisen und Jerman (1983) haben eine vorzügliche Sammlung von etwa 90, teils mehrfarbigen Blätter von Karikaturisten aus Griechenland, Italien, Jugoslawien, Spanien und der Türkei vorgelegt, die sich mit der Situation ihrer Landsleute in der Bundesrepublik beschäftigen. Wir haben daraus sieben Bilder ausgewählt, die wir in Form von Dias und Transparentfolien für den Unterricht präsentabel machten:

Entwurzelung
„Der will gar nicht weg. Der geht nicht
freiwillig. Der wird herausgerissen ..."
(Johannes)

Dorf im Rücken
„... seine Erinnerungen, die trägt er mit
sich rum ..."
(Mario)

1. Vangelis Pavlidis, GR, Entwurzelung (13)
2. Ibrahim Tuncay, TR, Dorf im Rücken (33)
3. Aleksandar Klas, YU, Wegweiser Brot (55)
4. Ivan Haramija, YU, DM im Kopf; YU im Herzen (46)
5. Hasan Fazlić, YU, Schwielenhände (77)
6. Suncica Bozmorska, YU, Fingerschnipsen (64)
7. Erdogan Karayel, TR, Raus! – ?!! (81)
8. Realfotografie eines Arbeiters im Straßenbau (vgl. Abb. S. 115). Aus: Kunstamt
Kreuzberg (Hg.): morgens Deutschland, abends Türkei. Berlin 1981, S. 194.

Zur künstlerischen Qualität dieser Karikaturen kommt hinzu, daß es sich ausschließlich um Produkte „aus der Sicht der Betroffenen" handelt. Interkultureller
Unterricht muß sich zum Ziel setzen, ausländischen wie deutschen Schülern die
kulturellen Leistungen (einschließlich der historischen Dimension) in den Her-
kunftsländern der Arbeitsmigranten deutlich zu machen.

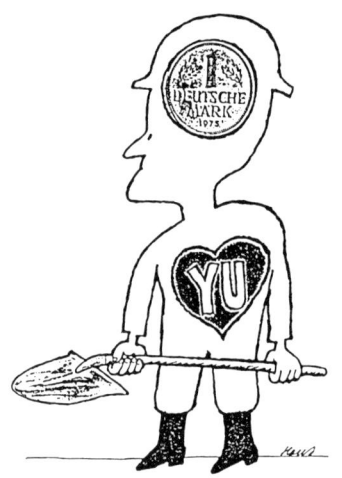

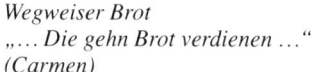

Wegweiser Brot
„... Die gehn Brot verdienen ..."
(Carmen)

DM / YU
„... Das soll zeigen, was er denkt: Im Kopf hat er Geld und im Herz hat er sein Land ..."
(Johannes)

Das Unterrichtsvorhaben

Vorarbeiten und Planung

Weil wir beabsichtigten, von diesem Unterrichtsversuch eine Video-Aufzeichnung anzufertigen, wurde das Vorhaben als Kooperationsveranstaltung zweier Seminare durchgeführt. Die eine Gruppe diskutierte und optimierte die Lehrplanung (Hiller), die andere kümmerte sich um die technische Durchführung der Unterrichtsaufnahme und die Herstellung des Videobandes (Schaible), wobei wir darauf achteten, daß dem Aufnahmeteam und der Regie die Lehrplanung im Detail bekannt war.

Die Schüler, 13 Jungen und Mädchen, eine Klasse mit hohem Ausländeranteil, waren auf den Versuch nicht vorbereitet und kannten den Lehrenden nur flüchtig. Sie hatten ohnehin am Aufnahmetag nachmittags Unterricht. Die Aufzeichnung erfolgte im Studioklassenzimmer einer Reutlinger Grundschule, in ungewohnter Umgebung also. Außerdem hospitierten etwa 20 Studierende im Aufnahmeraum. Der Unterrichtsversuch nahm etwa 70 Minuten in Anspruch.

Da aus organisatorischen Gründen keine Nachbesprechung möglich war, wurde die Klasse vier Monate später in einen gemütlich eingerichteten Vorführraum des AV-Zentrums an der Hochschule eingeladen, wo den Schülern bei Saft und Salzletten die geschnittene Fassung der Unterrichtsaufnahme präsentiert wurde. Im lockeren Rundgespräch äußerten sich Schüler, zunächst hätten ihnen die Kameras, die Mikrophone und der Regieraum Angst gemacht. Mehr noch irritierten offenbar die zahlreichen Zuschauer im Hintergrund des Klassenzimmers.

Schwielenhände
„…Er sagt mit den Händen: ‚Guck, da
überall war ich!'…"
(Kenan)

Fingerschnipser
„…ein Rausschmeißer …"
(Salvatore)

Lehrplanung und Kommentar zur Durchführung

Im folgenden wird die Lehrplanung vorgestellt (P1 bis P6), wie sie vor der Durchführung ausgearbeitet worden war. Das Unterrichtsgespräch (U1 bis U6) zwang dann jedoch zu Umstellungen: Die erste Präsentation der sieben Bilder machte deutlich, wie ungewohnt solche Angebote für Schüler sind. Um sie besser erinnern zu können, wurden sie daher gleich ein zweites Mal gezeigt. Aufgrund der Schülerbeiträge im Anschluß bot es sich an, die Punkte 4 und 5 der Planung in das zunehmend differenzierter werdende Unterrichtsgespräch einzubeziehen. Erst danach kam die grafische Reproduktion (Punkt 2); abschließend wurde am Text über die Karikaturen gearbeitet (Punkt 5).

U1 (P1)
Die Schüler werden mit Karikaturen vertraut gemacht
Lehrer: „Ich zeige euch sieben *ungewöhnliche* Bilder. Ihr seht sie euch an, ohne miteinander zu sprechen. Ihr sollt herausfinden, um *welches Thema* es in all diesen Bildern geht.

Es ist ein Thema, über das im Fernsehen, in den Zeitungen, auf der Straße, in der Schule, in den Familien geredet wird. Das Thema geht alle an."

Erste Repräsentation der Karikaturen.
Lehrer: „Trage dein ‚Thema' in die erste Zeile des Arbeitsblattes ein."

Ergebnis: Es geht um Gastarbeiter/Ausländer (in der Bundesrepublik).

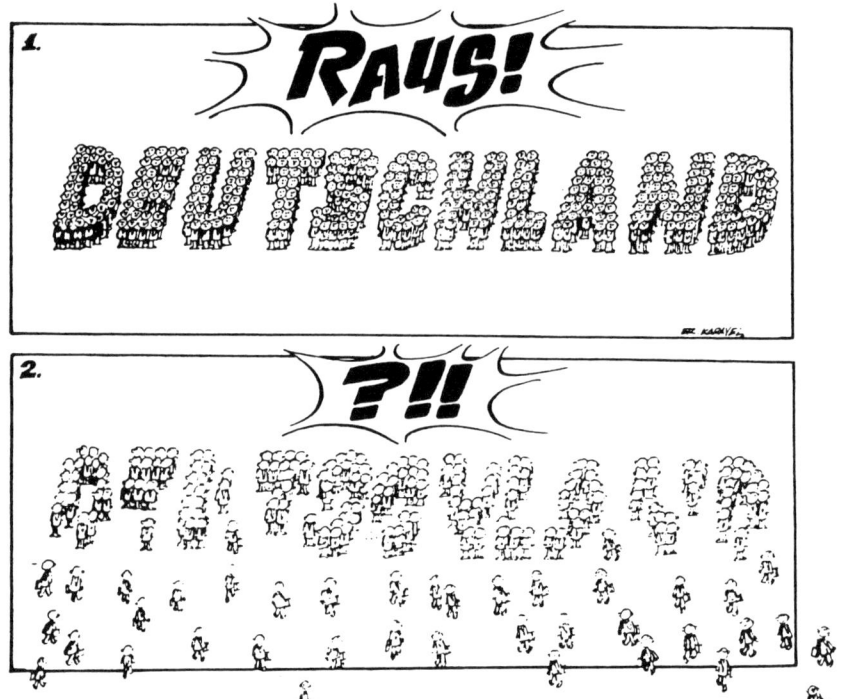

Raus!
„… wie Backsteine …" (Andreas)
„… wenn sie gehen, dann ist Deutschland kaputt" (Detlef)

Lehrer: „Solche Bilder sind ungewöhnlich. Sie graben sich ein in den Kopf. Sie versetzen manchmal so etwas wie einen Schlag. Sie sind Kopfnüsse."
   „Wenn das stimmt, dann versucht mal aus dem Kopf aufzuschreiben, welche Bilder ihr eben gesehen habt (Stichwörter oder kleine Skizze)."

Kommentar:
Die sieben Karikaturen wurden allein in den ersten 20 Minuten dreimal gezeigt. Der Unterricht zielte auf eine intensive Auseinandersetzung.
   Die erste Präsentation stand unter der Frage der Themenbestimmung: „Worum geht's bei all diesen ‚besonderen' Bildern?"
   Die zweite Präsentation galt der Frage der profilierten Erinnerung: „Schaut euch die Bilder noch einmal an; wir wollen sehen, ob ihr euch danach an alle erinnern könnt."
   Die dritte Präsentation galt schließlich der genauen Nachfrage, Ergänzung und Kontrolle der Antworten: „Was war zu sehen – ganz genau? – Gibt's sowas in Wirklichkeit?"
   Die ersten beiden Präsentationsrunden waren streng geregelt: Reihenfolge, Darbietungszeit, Aufgabenstellung waren für die gesamte Lerngruppe gleich. Die

Arbeiter im Straßenbau (Realfotografie)

äußere Situation und der strenge inhaltsbezogene Einstieg führte zu einer großen Anspannung auf seiten der Schüler wie des Lehrers. In hohem Maße riskant war schließlich die Prozedur, die für die Auswertung festgelegt war: Die Schüler hatten jeweils nach der Darbietung der Bilder individuell ihre Aufgaben auf einem Hektogramm einzutragen. Die vom Lehrer intendierte Botschaft: Strengt euch an, der Sache wegen, sonst läßt sich nicht zeigen, was in diesen Bildern steckt, interferierte mit bekannten schulischen Ansprüchen („schreibt richtig auf …, mal sehen, was du noch behalten hast …"). Typische Schulforderungen also eines „lehrerzentrierten" Unterrichts, an denen man oft scheitern mußte. Diese ambivalente Spannung wich erst während der dritten Präsentationsrunde.

U 2 (P 5)
Karikaturen bringen auf neue Gedanken (Inhaltlicher Interpretationsversuch):
Lehrer: „Worüber muß man nachdenken, wenn man diese Karikatur sieht?"
Überlegungen des Lehrers:
– Entwurzelung: Man kann zwar von zu Hause fortgehen, aber Vorsicht, man riskiert, daß man dabei sein Leben verliert. Ausgerissene Pflanzen wachsen nicht mehr leicht an.

– Wegweiser Brot: Dort, woher sie kommen, haben die wirklich nichts; keine Zukunft. Die wollen überleben.
– Schwielenhände: Die werden herumgeschoben. Und können nicht mal richtig den Namen der Städte schreiben lernen, in denen sie hart arbeiten müssen.
– Fingerschnipsen: Man behandelt sie wie lästige Fliegen.
– Raus – ?!! So deutsch, wie viele meinen, ist die Bundesrepublik schon längst nicht mehr. Gingen sie alle, könnte man die Bundesrepublik nicht wiedererkennen.

U3 (P4)
Realfoto/Oberflächenfoto im Vergleich zur Karikatur
Lehrer: „Ich möchte jetzt mit euch darüber nachdenken, was das Besondere an dieser Art von Bildern ist, worauf es ankommt. – Wie sind sie gemacht?
  Ich habe dazu zwei Bilder, die wir miteinander vergleichen müssen. Dann merken wir den Unterschied:
– Bild eines Gastarbeiters im Straßenbau
– Ivan Haramija: DM im Kopf / YU im Herzen.
Mögliche Fragen:
– Warum passen diese beiden Bilder zusammen?
– Warum könnte man sagen, die beiden Bilder zeigen das gleiche?
– Worin liegt der Unterschied?
– Was hat der Zeichner weggelassen, was ist ihm wichtig, was bleibt?
– Was kommt hinzu, und warum?
Gesprächselemente:
Helm + Schippe + Rohrstiefel = Bauarbeiter / Drecksarbeiter
Großer Kopf / große Hände / kleiner Körper = Untermensch, minderwertig, „nicht voll genommen".

Kommentar:
Die Stille und Anspannung der Eröffnungsphase führte nun nicht zur Gesprächsverweigerung. Sie wurde im Gegenteil zum Ausgangspunkt einer offenen und dynamischen Bildinterpretation im Rahmen eines Unterrichtsgesprächs. Die Schüler erinnerten sich an alle Bilder („Da war so ein Mann mit einer großen Hand ..."), das entsprechende Dia wurde noch einmal eingelegt, die Beschreibung ergänzt, präzisiert, gegenübergestellt. In dieser Phase wurde jeder Hinweis der Schüler aufgegriffen und auf das Material bezogen. Die Schüler riefen nacheinander die Bilder auf und boten ihre Interpretationen an: „Das soll heißen ...". Der Lehrer konzentrierte sich in dieser Phase auf die Unterstützung der Interpretationsversuche: Er legte das passende Dia ein, wiederholte ein Argument in neuer Formulierung, stellte widersprechende Beobachtungen gegeneinander. Interessant war, daß die Schüler, obgleich sie sich zunehmend freier gaben, die strenge methodische Einstellung auf den „ikonischen Text" (Karikaturen) beibehielten. Es gab keine beliebigen Assoziationen. Auch weitergehende Beiträge (Erfahrungen, Witzeleien) lagen in der Spur der Gesprächsintention: Was ist da gezeichnet, wie ist das zu verstehen? Eine wichtige Voraussetzung für die produktiven, auch für die Zuschauer sehr eindrücklichen Interpretationen lag im Vermitteln jener meditativen Grundeinstellung in der Anfangsphase.

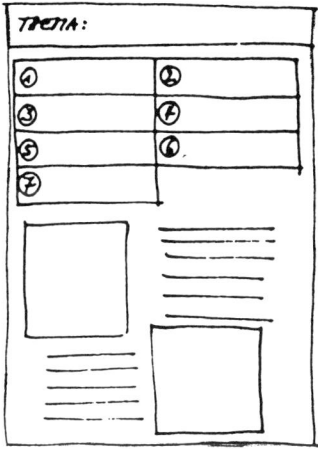

U4 (P2)
Interpretation II – Grafische Reproduktion der gezeigten Bilder
Lehrer: „Solche Bilder nennt man *Karikaturen.* Einige davon versteht man sofort. Einige findet man gut. Ich möchte jetzt von dir wissen, welche findest du besonders stark?" – „Hat jeder eine Karikatur gefunden? Dann versucht, sie in den Rahmen auf dem Arbeitsblatt zu zeichnen, so daß man sie nicht mit einer anderen verwechseln kann."

(Nach zwei bis drei Minuten Unterbrechung): „Welche Karikatur zeichnest du gerade? Ich will mal an der Tafel probieren, wie ich sie hinkriege. Wer zeichnet an einer anderen? Die probiere ich auch. (Alle Motive, die von den Schülern versucht werden, kommen an die Tafel.) – Schau, es kommt bei einer solchen Skizze nicht darauf an, daß man das ganz genau nachzeichnet. Nur das Wichtigste muß drauf!" – „Wer will, kann sich an den Skizzen an der Tafel orientieren. Wer noch einmal anfangen will, benützt dafür den zweiten Rahmen auf dem Arbeitsblatt."

(Ich lasse den Schülern die Zeit, bis die meisten zwei Zeichnungen fertig haben.) Skizzen zum Tafelbild, das während des Unterrichts entstehen soll:

Kommentar:
Die Zeichenhilfe, auch als Hilfe zur Wahrnehmung der wichtigsten Strukturen und Symbole gedacht, wurde von den Schülern so aufgenommen, wie sie gemeint war: Den einen waren die Skizzen willkommene Formulierungshilfen, die anderen ließen sie weitgehend unbeachtet und setzten ihre eigenen Arbeiten fort; einige unterhielten sich kritisch über Grad und Qualität der gewählten Abstraktion.

U5 (P3)
Strukturiertes Gespräch über einen Text zu diesen Karikaturen
Lehrer: „Über diese Bilder müssen wir miteinander sprechen. Ich schlage vor, daß wir dieses Gespräch ordnen durch ein paar Sätze über solche Bilder, die ich hier aufgeschrieben habe:"
Text auf Folie:
39 Wörter: 11 Verben, 4 Substantive, 1 Adjektiv, 15 Pronomina

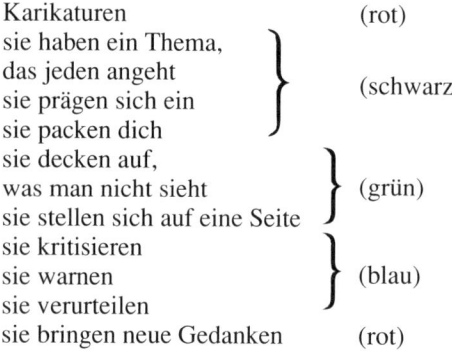

Karikaturen   (rot)
sie haben ein Thema,
das jeden angeht   (schwarz)
sie prägen sich ein
sie packen dich
sie decken auf,
was man nicht sieht   (grün)
sie stellen sich auf eine Seite
sie kritisieren
sie warnen   (blau)
sie verurteilen
sie bringen neue Gedanken   (rot)

Ziel des Gesprächs ist es, die Richtigkeit der Sätze an den Bildern zu verifizieren. Unter Umständen auch dadurch, daß wir an den Tafelskizzen / auf dem Arbeitsblatt mit *rot* einzeichnen, was man an der Oberfläche nicht sieht. Eventuell auch dadurch, daß wir mit der Farbe eines Satzes die betreffende Karikatur rahmen.

U6 (P6)
Schlußfrage:
„Was gibt mehr her: Farbfotos oder Karikaturen? Trotzdem gibt es überall (im Fernsehen, in den Zeitungen, in Schulbüchern) mehr Farbfotos als Karikaturen! Wie soll man sich das erklären?"

Kommentar:
Die Arbeit an den Sätzen war anfangs stark durch die Vorgaben des Lehrers geprägt. Nach bereits 40minütiger Unterrichtszeit ließ die Aufmerksamkeit der Schüler nach, gleichzeitig verlangten Prüfung und Beleg der Schlüsselsätze ein hohes Maß sprachlicher Ausdrucksfähigkeit.
   Trotz dieser eingeschränkten Bedingungen brachte diese Arbeitsphase wichtige Aufschlüsse. Der Satz: „Karikaturen zeigen, was man nicht sieht", brachte die größte Resonanz unter den Schülern. Er wurde als Schlüsselerfahrung der voraus-

gegangenen Unterrichtserfahrung begriffen und aufgegriffen. Die Schüler, zuvor auf die Differenz zwischen Foto (= Abbild) und Karikatur aufmerksam gemacht, hatten nun ein produktives Schema für ihre Interpretationsversuche. Die sprachliche Form dieser Schülerbeiträge war kennzeichnend. Die Sätze begannen meist mit der Wendung „Das ... soll zeigen ..." – „Das will sagen ...".

Eine zweite Gruppe von Sätzen gewann besondere Bedeutung: „Karikaturen stellen sich auf eine Seite; sie kritisieren, sie verurteilen ...". Der Inhalt geriet offenbar in Widerspruch zu eigenen Lebenserfahrungen. Dazu ein kurzer Ausschnitt:

L.: „Denkt mal gut nach; gegen wen richten sich die Bilder?

S.: Gegen Ausländer! ... Nein? ...

L.: Ich will mal anders fragen: Was meint ihr, wer hat wohl diese Karikaturen gezeichnet?

S.: Deutsche. – Ausländer. – Deutsche und Ausländer zusammen.

L.: Schön wär's."

Der Inhalt der Bilder war verstanden, die Botschaft aber macht Probleme: Die offene Parteinahme für Ausländer, die hier vermittelt wurde, konnten selbst Kinder ausländischer Arbeitnehmer in dieser Gruppe nur zögernd aufgreifen. „Ja, aber", so wurde mehrfach angemerkt, „es gibt viele Arbeitslose ..., es sind zu viele Ausländer da."

Die Macht der Fakten stand den Schülern ungleich näher als den Erwachsenen. Botschaft und Appell der vorgelegten Karikaturen verweisen auf unterschiedliche Beziehungen zur Lebenswirklichkeit bei Lehrern und Schülern. Diese Differenz wurde in einer Gesprächsepisode dramatisch sichtbar. Im Anschluß an die Karikatur Nr. 6 „Fingerschnipsen" und um die Angst vor dem Verlust des Arbeitsplatzes deutlich zu machen, fragte der Lehrer: „Kennt ihr Arbeitslose?" – Darauf der Zuruf eines Jungen: „Ja, mein Vater!" – Schallendes Gelächter auf seiten der Schüler, allgemeine Betroffenheit im Auditorium.

Hinweise zur Komposition der Unterrichtsdokumentation

Der Unterrichtsversuch hat gezeigt, daß das Medium Karikatur die Schüler nicht sprachlos macht. Im Gegenteil, er belegt, daß sie sich ausdrücken können. Die immer wieder konstatierte Schwäche von Schülern der Schule für Lernbehinderte bei Aufgaben differenzierter Sinn- und Bedeutungserfassung korreliert offenbar eng mit Medien und Formen der Spracharbeit. Den Schülern gelang eine Vielzahl inhaltlich treffender Beiträge. Dieses Urteil stützt sich weniger auf die quantitative Verteilung der Redeanteile von Lehrern und Schülern; es umfaßt vielmehr Kernsätze der Interpretation einzelner Bilder und Bildfolgen.

Vermutlich liegt ein wichtiger Grund für die Entwicklung sprachlicher Ausdrucksfähigkeit in der bildhaft-symbolischen Zeichenstruktur des Mediums Karikatur: Die Schüler sind entlastet von lesetechnischen Schwierigkeiten. Karikaturen kann man überblicken, in Aussagen fassen, ohne erst Wort für Wort mühsam Sätze erlesen zu müssen. Man kann auch immer wieder auf einzelne Bildelemente und -strukturen referieren und somit am „ikonischen Text" arbeiten.

So bleibt die Interpretation konsequent auf das Material bezogen und verlagert sich nicht unkontrolliert vom geschriebenen auf den gesprochenen Text.

„Ikonische Texte“, so vermuten wir bis auf weiteres, entlasten einerseits vom Zusammenlesen von Graphemen und eröffnen eben darum andererseits einen unmittelbaren Zugang zum inhaltlichen Dechiffrieren der Bildaussagen: Sobald die Schüler merken, daß und wie sich die Botschaften „ikonischer Texte“ in der eigenen Sprache fassen lassen, entstehen spannende Unterrichtsgespräche. Auch die Zuhörer machten in diesem Zusammenhang eine eindrückliche Erfahrung: Prägnante Interpretationen bedürfen keiner komplizierten Syntax. Man kann in der Alltagssprache mit wenigen Worten und in strukturell einfachen Sätzen einen komplexen Sachverhalt formulieren.

Um diese Erfahrung auch dem Betrachter der Unterrichtsdokumentation zu vermitteln, entschlossen wir uns, dem ersten Teil des Unterrichtsmitschnitts (Interpretation im Unterrichtsgespräch) einen Vorspann voranzustellen: Dem Betrachter werden zunächst die sieben Karikaturen vorgestellt. Lesekamera und Zoom erlauben dabei die Blickführung des Betrachters in einer Strenge, wie sie nur mit Mitteln des Fernsehens erreichbar ist. Unterbrochen wird die Präsentation, indem nach jeder Karikatur Kernsätze der Interpretation „aus Schülermund“ eingeblendet werden. Das nachfolgende Unterrichtsgespräch kann dann als Beleg und Erklärung dafür genommen werden, daß und wie solche Interpretationen zustande kommen.

Auch dem zweiten Teil „Interpretation II – Sinnerfassung durch Nachzeichnen“ haben wir einen Vorspann vorangestellt: Wieder erscheinen die sieben Originalkarikaturen, diesmal folgt einer jeden das Beispiel oder eine Beispielfolge von Schülerzeichnungen, wie sie im Verlauf der Unterrichtsstunden entstanden sind. Auch hier entdecken wir die Videotechnik als besonderes Mittel der Präsentation: Mit Lesekamera und Zoom lassen sich selbst bescheidene Schülerskizzen eindrücklich auf dem Bildschirm realisieren.

Das Nachgespräch mit den Schülern

Obwohl fast vier Monate vergangen waren, als die Schüler Gelegenheit hatten, das aus unserer Sicht „fertige“ Video-Band zu sehen, war für uns erstaunlich, daß sie sich an fast alle Karikaturen noch erinnerten, selbst Details beschreiben konnten, als wir einleitend danach fragten.

Von der Aufnahme selbst zeigten sich die Schüler recht beeindruckt. Aus den ersten Unterrichtsphasen mit Stillarbeit zeigt die Kamera einzelne Schüler in Großaufnahme und gibt somit Antwort auf die wichtige Frage: Wie komme ich im Fernsehen heraus? – Auf die Frage, ob sie den Film freigeben würden zum Einsatz in der Öffentlichkeit, gab es Widerspruch bezogen auf den Untertitel: „Unterricht mit einer 9. Klasse der Schule für Lernbehinderte.“ Die Schüler baten darum, dies zu ändern; sie fürchteten, der Streifen könne Hauptschülern zu Gesicht kommen. Ein Hinweis auf die Hochschulöffentlichkeit als Adressat besänftigte, davor hatte man keine Angst. Gleichwohl wurde die Titeländerung zugesagt.

Überraschend für uns war, daß es während der Vorführung immer wieder zu längeren Phasen höchster Aufmerksamkeit und zu zahlreichen inhaltsbezogenen

Reaktionen seitens der Schüler kam. Sie schienen zu vergessen, daß sie es mit einer „Unterrichtskonserve" zu tun hatten und verließen die Rolle des distanzierten Zuschauers. Sie fingen an, sich auf die Denkanstöße des Lehrers, auf die Appelle, genau hinzuschauen, noch einmal einzulassen. An Stellen sprachlich intensiver Auseinandersetzung mit dem Thema griffen sie erneut ein, kommentierten Äußerungen neu, problematisierten Antworten, sahen Interpretationsversuche in neuer Perspektive. Die gemeinsame unterrichtliche Interpretation wurde über den Film so intensiv vermittelt, daß die Schüler noch einmal von der Sache in Anspruch genommen wurden und einzelne Unterrichtsschritte nach- und weiterdachten.

Literatur

Geschichte lernen. 3 (1990) Heft 18: Politische Karikatur.

Gesthuisen, B., Jermann, T.: Die in der Fremde arbeiten. Karikaturisten aus Griechenland, Italien, Jugoslawien, Spanien und der Türkei zeichnen die Situation ihrer Landsleute in der Bundesrepublik. Duisburg 1983.

Grünewald, D.: Karikatur im Unterricht. Weinheim 1979.

Harris, P.: Cartoonzeichnen leicht gemacht. Köln 1989.

Heinrich, S.: Die Karikatur. Wien, Köln, Graz 1988.

Hiller, G.G.: „… also Herr Kohl als Gott"? Karikaturen zur Zeitgeschichte im Berufsvorbereitungsjahr. In: Dialoge. Heft 2, 1990, S. 44–47.

Hiller, G. G.: Blicke auf das europäische Haus. Vom Umgang mit einer politischen Metapher. In: Wege nach Europa – Spuren und Pläne (= Jahresheft IX. Friedrich Verlag Velber in Zusammenarbeit mit Klett). Seelze 1991, S. 103–112.

Koschatzky, W. u. a.: Karikatur und Satire. Fünf Jahrhunderte Zeitkritik. München 1992.

Krüger, W.: Die Karikatur als Medium der politischen Bildung. Opladen 1969.

Krüger, H., Krüger, W.: Geschichte in Karikaturen. Von 1848 bis zur Gegenwart. Freiburg 1978.

Kunst und Unterricht. Heft 43 (1977): Karikatur.

Langemeyer, G., u.a. (Hg.): Bild als Waffe: Mittel und Motive der Karikatur in fünf Jahrhunderten. München 1984.

Loch, W., Görres, K.: Politische Karikaturen und ihr Einsatz im Unterricht. Limburg 1985.

Lucie-Smith, E.: Die Kunst der Karikatur. Weingarten 1981.

Meilhammer, T.: Fast alles über Cartoons. Ravensburg 1989.

Rauschenberger, H.: Über das Lehren und seine Momente. In: Adorno, Th. W. u.a.: Zum Bildungsbegriff der Gegenwart. Frankfurt 1967, S. 64–110.

Reumann, K.: Die Karikatur. In: Dovifat, E.: Handbuch der Publizistik. Band 2. Praktische Publizistik 1. Teil. Berlin 1969, S. 65–9o.

Schneider, F.: Die politische Karikatur. München 1988.

Uppendahl, H.: Die Karikatur im historisch-politischen Unterricht. Freiburg 1978.

Aufsätze ernstnehmen –
korrigieren alleine reicht nicht

Ein Weg zum sozialen Lernen und Lehren im ganz alltäglichen Unterricht

Sonderschüler ohne Hauptschulabschluß, Abbrecher von Hauptschule und Lehre – 20 Jugendliche im Alter von 16 bis 18 Jahren: Zehn Deutsche, fünf Türken, vier Jugoslawen und ein Grieche, gescheitert bei der Suche nach einer Lehrstelle, zusammengefaßt im Berufsvorbereitungsjahr einer Berufsschule … und ein Lehrer, der versucht, mit ihnen über ihre Einstellungen und Meinungen zum Ausländerproblem ins Gespräch zu kommen – durch Aufsätze.

Diese Jungen brauchen nicht nur die Vermittlung von berufsfeldspezifischen Kenntnissen, sondern vor allem: erneute und wiederholte Hilfe und Beratung bei der Berufsfindung, bei der Suche nach Arbeitsplätzen, in Konfliktfällen mit der Familie oder im Freundeskreis beziehungsweise im Bereich persönlicher Beziehungen, Hilfe im Umgang mit Behörden und sozialen Einrichtungen sowie die Anleitung zu mehr Selbständigkeit in Fragen der elementaren Lebensführung, Hilfen beim Aufbau einer realistischen Zukunftsperspektive; also: konkrete Erfahrung praktischer Solidarität, um trotz aller schlechten Erfahrungen Selbstbewußtsein zurückzugewinnen.

Kann man den tagtäglichen Unterricht so anlegen, daß die Schüler zugleich mit den Inhalten und durch die Formen gemeinsamer Arbeit das Engagement des Lehrers für ihre Zukunft erfahren können?

Aufsatzerziehung und Aufklärung

Angeregt durch die Arbeiten von Kuhlmann und Wünsche wollte ich die Aufsatzerziehung nutzen, um mit diesen Schülern über ihre Einstellungen zum Ausländerproblem in der Bundesrepublik ins Gespräch zu kommen. Ich wollte dabei herausfinden, ob man den Schülern begreiflich machen kann, daß im Aufsatzschreiben die Chance liegt, eine Ausgangsbasis für eine konstruktiv-kritische Entwicklung ihrer Meinungen und Einstellungen zu schaffen. Als methodische Schritte auf diesem Weg hatte ich vorgesehen:
a) einen schriftlichen Dialog zwischen dem Lehrer und jedem Schüler aufgrund seines Textes,
b) den schriftlichen Dialog zwischen Schülern,
c) Einzelgespräche und ein Unterrichtsgespräch über Sinn und Zweck eines solchen Vorhabens (Unterricht über Unterricht).

Ein unvorbereiteter Aufsatz als Ausgangsbasis

Das Thema „So stelle ich mir einen typischen Deutschen (Griechen, Italiener, Jugoslawen, Türken) vor" war so formuliert, daß jeder frei wählen konnte, welche Nationalität er beschreiben wollte. Ergebnis: Mit der eigenen Nation setzten sich je zwei Deutsche und zwei Türken auseinander. Drei Deutsche beschrieben Türken und ebensoviele Türken die Deutschen. Zwei Jugoslawen schrieben ihre Meinung über den typischen Deutschen, ein Deutscher über Jugoslawen. Ein Deutscher und der Grieche äußerten sich über die je andere Nation; zwei Deutsche charakterisierten den Italiener, und zwei Jugoslawen befaßten sich je einmal mit Italienern und Griechen.

Redigieren statt korrigieren

Statt im üblichen Verfahren zu „korrigieren" und zu bewerten, fertigte ich zuerst von jeder Arbeit eine Abschrift, orthographisch auf Normalfassung gebracht und von den gröbsten stilistischen Unzulänglichkeiten befreit (im Zweifelsfall: Originalfassung in Klammern). Dieses Verfahren hat mehrere Vorzüge: Als Lehrer wird man beim Abschreiben bereits gezwungen, sich den Texten der Schüler mit einer ganz unüblichen Intensität zu widmen, die es erlaubt, einzelne Argumente in der Originalfassung aus dem Gedächtnis zu zitieren. Beschäftigt man sich als Lehrer anschließend mit der Interpretation, so konzentriert man sich auf Inhalt und Stil der Argumentation und wird nicht länger durch formale Mängel gestört. Zudem eröffnet man den Schülern die Chance, in einem weiteren Arbeitsschritt selbst noch einmal den eigenen Text gründlich vorzunehmen. Der Arbeitsauftrag zur Selbstkorrektur wurde so formuliert:

Ihren Aufsatz habe ich gründlich gelesen. Sie bekommen den Text, den Sie geschrieben haben, hier zurück. Dabei liegt eine Abschrift, die ich gemacht habe. Es ist Ihr Text, ohne Schreibfehler, mit der richtigen Zeichensetzung und mit kleineren Verbesserungen, die den Sinn nicht verändern.

Aufgabe 1:
Nehmen Sie einen Bleistift und korrigieren Sie, was Sie selbst geschrieben haben, so, daß Ihr Text genau mit der Abschrift übereinstimmt.
Wenn Ihnen eine Korrektur nicht einleuchtet, reden Sie bitte mit mir darüber. Geben Sie das korrigierte Blatt ab.

Aufgabe 2:
Schreiben Sie meine Abschrift mit Tinte als Reinschrift ab. Auch diesen Text bekommt der Klassenlehrer.

Schüler, für die jahrelang Deutsch ein sogenanntes Versagensfach war, erfahren durch dieses Verfahren, daß es dem Lehrer in erster Linie auf die Argumente ankommt. Die redigierte Abschrift zeigt dem einzelnen, daß er tatsächlich einen Text zu formulieren vermag, den zumindest der Lehrer ernstnimmt. Diese Rückmeldung zeigte Wirkung: Beide Arbeitsaufträge wurden von allen mit bemerkenswerter Sorgfalt erledigt.

Der schriftliche Dialog

Zu jedem Aufsatz habe ich sodann eine schriftliche Stellungnahme formuliert und daran individuelle Aufgaben angeschlossen.

Ein Teil der Aufgaben ist so gestellt, daß durch Rückfragen die weitere Entfaltung eines Arguments verlangt wird. Andere Schüler werden mit Informationen konfrontiert, die zur Revision und Neuformulierung der eigenen Auffassung zwingen. Zum ersten Mal versuche ich hier, Schüler im Anschluß an eigene Aufsätze mit Aufsätzen ihrer Mitschüler zu konfrontieren. Die Namen der Verfasser wurden geändert. Mal sind es Auszüge, mal ganze Arbeiten von Mitschülern, die zu neuen Texten anstiften sollen.

Erstes Beispiel und Interpretation

Wolfgangs Text lautet so:

1 Deutsche sind von Natur aus hilfsbereit, nett und freundlich. Aber das harte Leben und die schlechte Arbeitslage haben sie verändert.
5 Wir dulden widerwillig andere Nationen wie Türken usw. bei uns. Natürlich gibt es unter uns auch schlechte, gemeine Menschen. Das gibt es aber überall.
10 Bei unserer heutigen Arbeitslage kann man eben nicht mehr ganz so freundlich sein und jeden einstellen, sondern Leute, die für den Beruf, den sie lernen wollen, schon
15 etwas Geschick und Können mitbringen. Vor allem müssen sie bereit sein, etwas zu lernen. Ausländer sind selber schuld, wenn wir Deutsche, was typisch
20 für viele von uns ist, einen Ausländerhaß entwickeln gegen Türken, Italiener usw. Erstens sind viele von ihnen arbeitsfaul und wollen nichts lernen, leisten. Dann bekommen
25 sie keine Arbeit. Wenn sie aber zum Arbeitsamt gehen, bekommen sie zuviel Arbeitslosengeld. Und wie sie unsere Krankenkassen betrogen haben, das ist
30 auch schon unverschämt. Heute gibt es kaum noch Arbeit für Deutsche. Da können wir nicht auch noch so viele Ausländer mit Arbeit versorgen. Ausländer blockieren
35 unsere Arbeitsplätze. Sie bekommen schneller eine Wohnung als Deutsche. Deutsche brauchen den Luxus und wollen Deutschland deutsch lassen und nicht lauter
40 Ausländer aufnehmen, solange die Arbeit, der Lebensraum kaum für uns selber reicht.

Als ich an einer Stellungnahme arbeitete, mußte ich gegen meine Betroffenheit angehen. Wer und was haben diese Meinung eines unauffälligen 16jährigen geformt? Da ist am Anfang die beinahe Rousseausche Formulierung (1–4). Wie ernst muß man sie nehmen, nach allem, was dann folgt? Dann die flüchtige Einsicht, daß Ausländer nicht alleine an ihrer Lage schuldig sind (7). Doch er verdrängt diesen Gedanken mit einer Pauschalphrase (8/9). Wenige Zeilen später sind die Verhältnisse klar (18); doch Vorsicht, was meint der eingeschobene Relativsatz (19/20)? Will er sich ausnehmen? Dann aber überkommen ihn die Vorurteile; in unüberbietbarer Plattheit schreibt er sie hin (22–39). Schließlich unverhohlen Nazivokabular (37–42). Ich kontere mit Informationen und habe für Wolfgang folgenden Kommentar geschrieben:

Sie verteidigen die harte Haltung der Deutschen, die im Grunde nicht ihrem Wesen entspricht, mit der schlechten Arbeitslage.
Sie sagen auch, die Ausländer seien selbst schuld, wenn die Deutschen sie hassen, viele seien faul, bekämen zuviel Arbeitslosengeld und betrügen die Krankenkassen.

Aufgabe 1:
Arbeitslosengeld bekommt in der Bundesrepublik jeder, der ohne eigene Schuld seinen Arbeitsplatz verliert. Er muß aber vorher in den letzten drei Jahren mindestens zwölf Monate Arbeit gehabt haben und Beiträge zur Arbeitslosenversicherung bezahlt haben.
Soll man das Ihrer Meinung nach ändern? Und wie?

Aufgabe 2:
Ausländer sind nicht häufiger krank als die Deutschen. Sie beanspruchen die Krankenkassen nicht stärker als die Deutschen. Das sagen die Krankenkassen. –
Was meinen Sie mit Ihrem Satz?

Aufgabe 3:
Erklären Sie mir bitte mit mindestens fünf Sätzen, was Sie meinen mit dem Satz: „Deutsche brauchen den Luxus."

Aufgabe 4:
Lesen Sie bitte den folgenden Text, den ein junger Ausländer geschrieben hat:

1 „Ich wurde im dritten Lebensjahr nach Deutschland gebracht. Ich wohne seit 13 Jahren in S. Der Besitzer der Wohnung, in der wir
5 wohnen, ist ein Deutscher, der uns sehr gut behandelt, und unsere Nachbarn sind auch nicht schlecht. Man kann mit ihnen sehr gut auskommen.
10 Als ich meine Grundschulzeit fertig hatte, ging ich in die Hauptschule G., vier Jahre lang. Die fünfte Klasse mußte ich wiederholen und noch zwei weitere Türken ebenfalls, weil
15 der Klassenlehrer keine Ausländer mochte. Der Direktor der Schule behauptete, daß ich und noch zwei weitere Türken zu alt für die Klasse wären, und wies uns aus der achten
20 Klasse aus.
Als ich aus der Schule ausgewiesen wurde, fing ich bei der Stadt-
verwaltung an zu arbeiten. Wo ich
25 und noch weitere sechs Türken arbeiteten, mußten wir die Drecksarbeit machen, zum Beispiel Schächte putzen. Und die Deutschen setzten sich hin und lachten uns aus, obwohl wir auch Menschen sind.
30 Ich arbeitete dort bis zum 31. Oktober 1984. Und deswegen landete ich im Berufsvorbereitungsjahr. Ich weiß noch nicht, was ich später mal machen werde, wenn es so weiter
35 geht.
Ich selbst hatte noch niemals mit einem Deutschen Streit. Ich weiß nicht, wieso die Deutschen uns so behandeln, denn wir sind auch nicht
40 schuld, daß wir eine andere Nationalität haben. Ich selbst habe nichts gegen Deutsche. Aber wieso haben die was gegen uns? Wir haben ihnen doch nichts getan, oder?"

Meinen Sie, dieser junge Mann sei faul? Macht er falsche Angaben? Was würden Sie ihm raten? – Schreiben Sie ihm einen kleinen Brief.

Zur Methodik eines „schülerzentrierten" Unterrichts

Im Zuge einer erzwungenen Beschäftigung ist sicher kein völliger Sinneswandel erreichbar, wohl aber werden Anstöße vermittelt zur Korrektur des eigenen Standpunktes. Daß dies in der strengen Form einer Reihe von schriftlich zu bewältigenden Interpretationsaufgaben zu einem eigenen Text geschieht, darin sehe ich eine angemessene Methodisierung des Interesses an der Meinungsbildung des Betroffenen. „Schülerzentrierter" Unterricht gelingt dann, wenn die Schule ihre Methoden und Verfahren so einsetzt, daß Schüler im normalen Unterricht erfahren können, daß das von ihnen Vorgebrachte als ernsthaft bedeutsam verhandelt wird. Was hier als Schulaufgaben erscheint, ist zugleich weit mehr: Indem Wolfgang an diesen Aufgaben arbeitet, setzt er sich mit sich selbst auseinander: Die gewöhnliche Aufgabenstellung wird zur ungewöhnlichen Herausforderung. Der Zwang zur genauen Arbeit am eigenen Gedanken, später am kontrapunktisch beigefügten Text eines Mitschülers, ermöglicht soziales Lernen insofern, als hier die Auseinandersetzung mit Erfahrungen, Meinungen, Einstellungen und Erwartungen konkret und explizit geleistet wird.

Bewußtseinsbildung als praktisches Lernen

So wichtig es ist, daß die Schule vielfältige Möglichkeiten zu praktischem Tun und zum Sammeln konkreter Erfahrungen verstärkt anbietet, so sehr ist die Kultivierung des inneren Handelns, die Unterstützung und Hilfe beim Verarbeiten der schulischen wie der außerschulischen Erlebnisse und Erfahrungen und deren Weiterentwicklung zu Standpunkten, Einstellungen und Haltungen eine zentrale Aufgabe der Schule. Es gibt keine andere Institution, in der Kinder und Jugendliche daraufhin so gezielt gefordert werden könnten wie in der Schule. Dies gilt noch mehr für Jugendliche aus benachteiligten Verhältnissen. Wer, wenn nicht der Lehrer, setzt sich mit ihren Ansichten, Einstellungen auseinander; wer kann ihnen zu diskutablen Positionen im Pluralismus der Meinungen und Lebensauffassungen verhelfen? Daß es dabei nicht um „Gesinnungsbildung" im Sinne eines Bekehrenwollens, sondern vielmehr um einen reziproken Lehr-Lern-Prozeß geht, soll die weitere Darstellung des Beispiels verdeutlichen.

Wolfgang las Kommentar und Aufgabenstellung sehr genau durch. Dann meinte er: „Wissen Sie, dazu müßte ich Ihnen jetzt eine ganze Menge sagen, – aber aufschreiben kann ich das nicht." Ich ließ ihn zunächst reden; dann sagte ich: „Jetzt schreiben Sie das hin, was Sie mir eben erklärt haben." Er: „Genauso? – Aber das ist doch kein Aufsatz!" – Schließlich gab er einen Text ab, aus dem ich im folgenden zitiere, was er zu den Aufgaben 1 und 4 ausgeführt hat:

Zu Aufgabe 1:
Nein, denn meine eigene Meinung entspricht nicht meinem Aufsatz. Ich wollte die allgemeine Meinung der Deutschen darstellen, da das Thema ja heißt: „So stelle ich mir einen typischen Deutschen vor." Und die Mehrheit der Deutschen ist gegen Ausländer.

Das Arbeitslosengesetz finde ich so gerecht, weil Ausländer ja auch arbeiten müssen, und zwar ziemlich hart, hauptsächlich die Drecksarbeit. Sie sollen weiterhin gleich viel Arbeitslosengeld bekommen wie die Deutschen. Aber die Deutschen allgemein meinen, die bekämen zuviel Arbeitslosengeld, obwohl sie auch nicht mehr bekommen und auch dafür arbeiten mußten.

Zu Aufgabe 4:
Nein, denn er hat eine schlechte Lebenserfahrung gemacht, die sehr tragisch ist. Er tut mir leid; er ist ein Opfer jener Deutschen, die ich in meinem Aufsatz dargestellt habe.

Ich möchte es einmal ganz deutlich darstellen, daß ich selber nichts gegen Ausländer habe (jedenfalls keinen Haß). Sie sind auch Menschen; und es ist schade, daß sie gerade jetzt in einer so schlechten Zeit bei uns leben.

Im Spannungsfeld zwischen Kollektivmeinung und persönlichem Standpunkt

Schon im Gespräch hatte Wolfgang mir klarzumachen versucht, was er auch im Text nachdrücklich betont: Er nimmt für sich in Anspruch, daß er nicht seine Meinung geschrieben hat. Auf Befragen, woher denn die dargestellte Meinung stamme: „Daß die Mehrheit der Deutschen gegen die Ausländer sind, das können Sie wohl nicht bestreiten." Ich sagte, das sei richtig; nur brauche man für einen solchen Standpunkt dann auch haltbare Argumente. Was er vorgebracht habe, sei in den von mir angesprochenen Punkten nicht überzeugend. Er darauf: „Das ist das, was ich von meinem Vater höre; das hört man überall." –

Aus dieser Unterhaltung und aus seinen Texten wird mir folgendes deutlich: Dieser Junge aus sogenannten „einfachen" Verhältnissen hat zunächst nichts anderes aufs Papier gebracht als die Kollektivmeinung seiner Umgebung („wir [Deutsche]" – neunmal). Erst im zweiten Text kann er „ich" sagen (elfmal); und dies ist in deutlicher Abgrenzung gegen „jene Deutsche, die ich in meinem Aufsatz dargestellt habe". – Wie oft werden Schüler mit dem identifiziert, was sie von sich geben? Wie selten bemerken Lehrer, daß Schüler Positionen formulieren, um ihre Überzeugungskraft zu prüfen. Auch wenn stilistisch kaum feststellbar, identifizieren sie sich – wie das Beispiel zeigt – nicht mit dem, was sie äußern. Wolfgang ist mitten in einem Prozeß der Meinungsfindung. Ich denke, er hat ein Recht darauf, daß er auf Lehrer trifft, die ihn dabei ernstnehmen.

Ein Gegenbeispiel?

Andreas hat folgenden Aufsatz abgegeben:

1 Es ist mir egal, was ich für eine Note bekomme. Aber mir fällt zu diesem Aufsatz nichts ein, weil sie für mich alle gleich sind. In jedem Land gibt 5 es solche und solche. Vielleicht fällt anderen etwas mehr ein als mir. Aber meine Einstellung ist nun einmal so. Und ich hoffe, daß ich sie 10 immer beibehalten werde. Mag sein, daß ich nicht die richtige Einstellung habe. Aber ich finde sie gut. Und das ist die Hauptsache. P. S.: Dieses Blatt gebe ich ohne schlechtes Gewissen ab.

Ein 17jähriger, der sich nicht zur Produktion eines Klischees anstiften läßt? Dies scheint er nicht mehr nötig zu haben, weil ihm klar ist, daß man derlei zugunsten einer differenzierten Sichtweise überwinden muß. Konsequenterweise weigert er sich also. Daran ändert auch die Schulaufgabe „Aufsatz" nichts, selbst wenn er eine schlechte Note riskiert. Weder Notendruck noch Gewissensängste bringen ihn dazu, seine Einstellung preiszugeben. Zweimal muß er das betonen, im Einleitungssatz und im „P. S.".

Meldet Andreas damit auch grundsätzliche Kritik am Unterricht an? Ist er tatsächlich so weit, daß er die Gefährlichkeit von (Negativ-)Klischees durchschaut? Ich schrieb ihm folgenden Kommentar und bat ihn, zu Wolfgangs Aufsatz Stellung zu nehmen:

Sie wollen ohne Vorurteile den Menschen aus anderen Ländern begegnen. Deshalb wehren Sie sich gegen positive oder negative Klischees. Vor dieser Einstellung habe ich großen Respekt. – Sie brauchen deswegen keine schlechte Note zu fürchten, im Gegenteil! Aber Sie wissen, daß viele, auch junge Leute, mit ganz anderen Einstellungen herumlaufen.

Aufgabe:
Jörg zum Beispiel ist so alt wie Sie; er schreibt folgendes über Deutsche und Türken: (Wolfgangs Aufsatz im vollen Umfang).

Versuchen Sie, ihm einen Brief zu schreiben, in dem Sie ihm Ihre Einstellung erklären. Machen Sie ihm deutlich, wie Sie zu Ihrer Einstellung gekommen sind. Setzen Sie sich mit seinen Argumenten und Meinungen sorgfältig auseinander. Sie können das.

Als Andreas an seinem Brief für Wolfgang arbeitete und ich in seine Nähe kam, meinte er: „Das ist das erste Mal, daß ich für so was keine Fünf bekomme. Das war doch ‚Thema verfehlt', geben Sie's doch zu!" Ich: „Wieso?" Er: „Hätte doch schreiben müssen, warum das meine Einstellung ist." Ich: „Darum geht es ja jetzt!" Er: „Als Brief zu so einem Mist?" Er gab dann den folgenden Text ab:

… ich finde, daß Du mit der Meinung über die Deutschen etwas stark übertrieben hast. Denn so hilfsbereit, nett und freundlich sind sie meiner Meinung nach überhaupt nicht, eher das Gegenteil. „Das harte Leben", von dem Du da sprichst, ist gar nicht so hart, wenn man alles nicht so eng sieht.

Außerdem würde ich Deine Meinung nicht so verallgemeinern, denn das, was Du da schreibst, ist Deine Meinung und nicht allen ihre Meinung.

Was ich noch fragen wollte, ist, was Du da meinst, wenn Du schreibst, „bei unserer heutigen Arbeitslage kann man eben nicht mehr ganz so freundlich sein …".

Es gibt Ausländer, die sind zwar arbeitsfaul, wollen nichts lernen und leisten; aber es gibt genauso viele, wenn nicht noch mehr Deutsche, die arbeitsfaul sind und weder etwas lernen noch etwas leisten wollen und tun.

Da sind noch zwei Fragen: Erstens, woher weißt Du, daß die Ausländer die Krankenkassen betrogen haben? Und wie kommst Du darauf, daß Ausländer schneller Wohnung (finden) als Deutsche?

P. S.: Ausländer blockieren keine Arbeitsplätze.

Erziehung zur Gesprächsfähigkeit als praktisches Lernen

Die Forderung, Schüler dazu zu erziehen, daß sie auf Beiträge ihrer Mitschüler eingehen können, daß sie gesprächsbereit und diskussionsfähig werden, ist berechtigt. Wieder wird hier eine schulübliche, schriftliche Aufgabenstellung als Methode benützt, um diese Fähigkeit zu verbessern. Zur schriftlichen Auseinandersetzung gezwungen, erarbeitet sich Andreas eine tragfähige Basis für ein ernsthaftes

Gespräch mit seinem Mitschüler: Er wehrt sich gegen Übertreibungen und Verallgemeinerungen. Viermal entwickelt er klare Gegenthesen. Dazu kommen drei Fragen, mit denen er die von Wolfgang vorgetragenen Argumente in zwei zentralen Punkten attackiert: Kann Menschlichkeit sich nur der leisten, dem es wirtschaftlich gut geht? Wie seriös sind die Informationen, auf die sich Wolfgangs Argumentation stützt? – Andreas belegt damit, daß er durchaus das Zeug hat, sich auf eine ernsthafte Diskussion einzulassen. Er provoziert seinen Kontrahenten und gibt ihm zugleich die Möglichkeit, seinen Standpunkt präziser zu erläutern. Wolfgang erfährt durch diesen Text: Da ist ein Mitschüler, der seine Argumente ernstnimmt, auch wenn er seinen Standpunkt nicht teilt.

Praktische Konsequenzen?

Daß solche Unterrichtsvorhaben über bloße Aufsatzerziehung hinaus wirksam sind und Einstellungen so verändern, daß neue Praxis entsteht, dies ist schwer nachzuweisen. Spuren von Veränderungen im Umgang der Schüler untereinander und mit mir ließen sich allerdings ausmachen:

Im Juli 1985 wurden die Schüler aus dem Berufsvorbereitungsjahr entlassen. Im September ruft mich einer an: „Der N.N. (ein Türke) hat noch keinen Arbeitsplatz; der wird bald 18 und kriegt Probleme. Nur damit Sie's wissen; kümmern Sie sich mal darum!"

Ein anderer erzählt mir aus seiner Malerlehre: „Wenn dann in einer fertigen Wand Juden drin sind, dann muß ich die halt nochmal streichen." – Ich: „Was ist da drin?" – Er: „Juden – so sagen die für Stellen, die schlecht gestrichen sind." Und nach einer Weile fügt er hinzu: „Saublöd, nicht wahr?"

Literatur

Kuhlmann, H.: Klassengemeinschaft. Berlin 1976.
Wünsche, K.: Die Wirklichkeit des Hauptschülers. Köln 1977.
Wünsche, K.: Was Schüler zu verstehen geben. In: Rumpf, H., Messner, R. (Hg.): Schuldeutsch? Frankfurt 1977, S. 26–50.

Förderlicher Aufsatzunterricht

1. Das Problem

Fatamorgana – Förderunterricht

Wenn Schule wäre, wie sie sein sollte, wäre der reguläre Unterricht nichts anderes als Förderunterricht (vgl. Sandfuchs 1987, S. 16). Man könnte meinen, in der Schule für Lernbehinderte seien die Voraussetzungen für einen förderlichen Regelunterricht besser als in jeder anderen Schulart: Gut ausgebildete und besser bezahlte Lehrer als in Grund- und Hauptschulen unterrichten in der Regel als Klassenlehrer deutlich kleinere Lerngruppen nach offeneren, stofflich weniger überfrachteten Lehrplänen. In den gut ausgestatteten Schulen gibt es wohnliche Klassenzimmer und man achtet darauf, daß genügend Zeit zur Aneignung des Pensums bleibt. Seit eh und je sind Anschauung, kleine Lernschritte, kurze Problemphasen, realistische Zielsetzungen, Übung und Wiederholung nachgewiesenermaßen Grundsätze sonderschulspezifischer Methodik. (Daß derlei, im Übermaß angewandt, auch kontraproduktiv sein kann, wissen die Sonderschullehrer auch!) Aufs Ermutigen und aufs Verschaffen von Erfolgen (oder auch nur von Erfolgserlebnissen) verstehen sie sich nicht erst, seitdem Interaktions- und Kommunikationstheorien ihren Siegeszug durch die Stätten der Lehrerbildung angetreten haben. Und trotz alledem: Förderunterricht ist ausgerechnet auch in diesen „besonderen Grund- und Hauptschulen" zum faszinierenden Thema geworden. Häufig genug wird er auch dort praktiziert als konkurrierende Parallelaktion zum Regelunterricht; nicht selten kontraproduktiv.

Wie erklärt man diesen paradoxen Zustand? Vermutlich wächst die Faszination von Förderkonzepten im gleichen Maße, in dem das Geschäft des Lehrens und Unterrichtens für den Lehrer allgemein an Attraktivität verliert. Zugespitzt formuliert: Wenn der Lehrer seinen Unterricht nicht als eine für ihn selbst förderliche Tätigkeit erleben und bilanzieren kann, ist er auch für seine Schüler zunehmend fruchtlos. Mit innerer Notwendigkeit gewinnen dann Förderkonzepte Bedeutung. Das Fatale ist nur, daß solche Maßnahmen über kurz oder lang erneut ihre eigenen Stütz- und Förderprogramme ad infinitum erzwingen.

Einen Ausweg aus dem trostlosen Zirkel gibt es dort, wo Lehren und Unterrichten für den Lehrer selbst wieder faszinierend wird. Dann profitieren davon auch seine Schüler ganz unmittelbar. Wie aber ist dies möglich?

Der folgende Bericht über ein Stück Deutschunterricht (Schwerpunkt Aufsatzerziehung) ist als Antwort auf diese Frage gemeint. Ich habe ihn als „Regelunterricht" mit zwölf Schülerinnen und Schülern des 9. Schuljahres der Pestalozzischule Tübingen (Schule für Lernbehinderte) im Schuljahr 1987/88 durchgeführt.

Kriterien für einen förderlichen Regelunterricht –
Perspektiven für den Unterrichtsbericht

Im Anschluß an Rutter und andere (1980) referiert Sandfuchs im bereits zitierten Zusammenhang (1987, S.14) acht zentrale Voraussetzungen, schulische Bedingungen eines förderlichen Unterrichts. Ich habe den folgenden Bericht so angelegt, daß er die wichtigsten Punkte für den Bereich der Aufsatzerziehung beispielhaft konkretisiert:

1. Eine „gute Vorbereitung des Unterrichts" bedeutet zunächst, daß man nach einer anspruchsvollen Thematik sucht und die darin angelegte Topografie der Sinnbezüge beschreibt. Basis meines Unterrichts sind die Schulopern von Brecht „Der Jasager und Der Neinsager" in ihrer endgültigen Fassung (Brecht 1966). Die darin entwickelte Problematik ist am besten durch eine Beschreibung der Genese des Werks zu leisten; sie ist daher unverzichtbar.
Gleichzeitig möchte ich exemplarisch zeigen, daß eine gute Unterrichtsvorbereitung die Auseinandersetzung mit gut dokumentierten, interpretierten und kritisch reflektierten Unterrichtsberichten einschließt. Deshalb erörtere ich ausführlich, wie Konrad Wünsche vor mehr als zwölf Jahren diesen Stoff mit seinen Hauptschülern bearbeitet hat (Wünsche in Messner, Rumpf (Hg.) 1976, S. 26–50).

2. Wie ich diesen Anspruch einer „bruchlose(n) Unterrichtsgestaltung, die das Wesentliche nie aus dem Auge verliert" einzulösen versuche, ergibt sich aus der Beschreibung der einzelnen Phasen eines mehrwöchigen Vorhabens: Nacherzählungen des Ja-Sagers (zweite Fassung) – Schriftlicher Dialog mit den Schülern und deren Stellungnahmen – Schriftlicher Vergleich: Ja-Sager/Nein-Sager – Schülererzählungen zum „neuen" Brauch – Schüleraufsatz als Gegenstand von Leseunterricht.

3. Der „hohe Leistungsanspruch" wird aus den Aufgabenstellungen, die „Anerkennung der erbrachten Leistungen" aus den je individuellen Kommentaren ersichtlich: Sie sind das Resultat gründlicher Interpretation und werden als solche von den Schülern deutlich wahrgenommen. Nicht zuletzt äußert sich Anerkennung für alle Schüler darin, daß einer der Aufsätze schließlich zum Gegenstand gemeinsamer Beschäftigung im Leseunterricht wird. Sie erfahren so in ganz alltäglichen Arbeitsformen, wie „dem Schüler Mitverantwortung im Schulleben" ermöglicht und zugemutet wird.

4. In der zeitaufwendigen Beschäftigung des Lehrers mit den Texten seiner Schüler in jeder Unterrichtsphase, im Dialogangebot vor allem, wird den Schülern die „Arbeitshaltung des Lehrers" begreiflich; sie merken, daß er „Zeit für (sie hat), sie ernst (nimmt) und für persönliche Gespräche zur Verfügung (steht)."

Sandfuchs betont außerdem die Bedeutung personaler Lernbedingungen als wichtige Voraussetzungen für gute Schulleistungen. Und er weist darauf hin, daß eben diese nicht nur in dem zu suchen sind, „was einer ‚mitbringt', sie sind zugleich Ergebnisse schulischen Lernens, sie zu entwickeln und zu fördern ist die Aufgabe der Schule" (1987, S. 14).

Förderlicher Unterricht, so hoffe ich, zeigen zu können, ist detektorisch: Er will – durch gezielte Herausforderungen – Qualität und Umfang solch personaler

Potenzen entdecken, eben nicht nur die Mängel, Minderleistungen und Defizite. Und er will sie nützen, für alle am Lehr- und Lernprozeß Beteiligten. Förderlicher Unterricht hat zuerst die Aufgabe, die Stärken der Schüler hervorzukehren, sie ihnen selbst sicht- und verfügbar und für andere nutzbar zu machen. Das stärkt das Selbstvertrauen und macht Mut, sich auch der Beseitigung von Schwächen durch ein entsprechendes Training zu stellen. Zielt der Förderunterricht ausschließlich und unmittelbar auf letzteres ab, hat er kaum eine Chance.

2. Der Unterrichtsbericht

Vorbereitung I –
Zur Genese der Brechtschen Schulopern:
Der Jasager und Der Neinsager

Wie Szondi in seinem Nachwort zur oben zitierten Ausgabe der Vorlagen, Fassungen und Materialien zu diesen Stücken ausführt (Szondi in Brecht 1966, S. 103–112), ging „die erste Version des Ja-Sagers ... aus Elisabeth Hauptmanns Übersetzung von Arthur Waleys englischer Tanikô-Fassung hervor" (ebd., S. 106). Ein Vergleich jedoch dieser Vorlage mit dem japanischen Original (ebenfalls in deutscher Übersetzung abgedruckt in Brecht 1966, S. 83–102) aus dem 15. Jahrhundert zeigt, daß

„Waleys Übertragung, die Elisabeth Hauptmann in vorbildlicher Treue wiedergibt, ... selber schon eine Bearbeitung (ist). Waley hat darauf hingewiesen, daß er den Schluß des Stücks, die Auferstehung des Knaben, nicht übersetzt hat ... Die Eingriffe Waleys sind aber nicht auf den Schluß beschränkt, seine Bearbeitung gibt auch von dem Brauch kein zureichendes Bild. Das Gesetz, das einen Pilger, der auf der Reise krank wird, ins Tal hinabzuwerfen befiehlt, ist in seiner Grausamkeit weder sinnlos, noch beschränkt sich sein Sinn, wie dann im Jasager (in der zweiten, endgültigen Fassung, G. G. H.), auf die praktische Erwägung, daß die Reise fortgesetzt werden muß. Den Knaben nennt das Original nicht „krank", vielmehr „von Krankheit gezeichnet". Seine Krankheit ist nicht der Grund, aus dem er die Reise nicht fortsetzen kann, sondern das Zeichen seiner Unreinheit, derentwegen er die Pilgerfahrt nicht fortsetzen darf. Diese Motivation des buddhistischen Brauchs macht ihn für den heutigen Leser verständlicher und fremder in einem" (S. 110f.).

Szondi folgert daraus, daß „ein Einverständnis mit dem mythisch-autoritären Gehalt des japanischen Stücks" – auch eine „Wirkung von Waleys Tanikô auf Brecht –

„nicht möglich gewesen (wäre), hätte das Gesetz seine präzise Motivation in der Waleyschen Fassung nicht eingebüßt. Indem der Bearbeiter seine Leser über den Sinn des Brauches im unklaren ließ ... konnte sich dessen scheinbare Sinnlosigkeit metaphysische Würde erschleichen und fand die Zustimmung derer, für die Härte und Opfer der Frage nach ihrem Sinn ohnehin nicht bedürfen" (ebd., S. 111f.).

Brecht hat in seine erste Fassung des Jasagers das Motiv des großen Brauchs in der von Waley bereits des religiösen Kontexts beraubten Form übernommen und dessen Sinnlosigkeit durch die weitere, säkularisierende Bearbeitung der Vorlage wohl noch verschärft.

„Brechts Schule liegt nicht im Tempel, sondern in der Stadt; die Reise wird nicht als Pilgerfahrt, sondern als Forschungsreise … unternommen; der Knabe schließt sich … an, nicht um für seine kranke Mutter zu beten, sondern um für sie Medizin zu holen. Und nicht schon die Erkrankung des Knaben, sondern erst die Beschaffenheit des Gebirges, die keinen über den schmalen Grat tragen läßt, schafft den Fall, auf den der große Brauch Anwendung finden soll" (ebd., S. 106).

Die schärfste Provokation an den aufgeklärten Verstand ist in der ersten Fassung des Jasagers jedoch darin angelegt, daß Brecht den sinnlos und unmenschlich erscheinenden Brauch nicht nur exekutieren läßt, sondern ihn auch noch – entgegen allen Vorlagen – um eine rituelle Befragung des Knaben und dessen diktierte Einverständniserklärung erweitert. „Der Mythos selber (führt) die Freiheit im Munde …, wenn auch nur, um ihren Gebrauch zu verbieten" (ebd., S. 108).

Diese Erstfassung wurde am 23. Januar 1930 im Zentralinstitut für Erziehung und Unterricht in Berlin als Schuloper aufgeführt. Auf Bitten Brechts wurde mit Schülern der Karl-Marx-Schule in Neukölln über dieses Stück diskutiert; die Diskussionsprotokolle liegen vor (Auszüge in Brecht 1966, S. 59–63). Die Einwände und Vorschläge der Schüler führten zur Neubearbeitung: 1931 erschienen nebeneinander „Der Jasager und Der Neinsager" mit der Vorbemerkung von Brecht: „Die zwei kleinen Stücke sollten womöglich nicht eins ohne das andere aufgeführt werden." Kritik und Anregung der Schüler waren erkennbar aufgenommen. Was dabei zustande gekommen war, charakterisiert Szondi so:

„Der Unterschied zwischen den beiden Stücken … geht nicht bloß auf eine Verschiedenheit der Schlüsse, also der Entscheidung des Knaben zurück, sondern auch auf die Differenz im Ausgangspunkt, der diese Entscheidung bedingt … Wenn der Knabe das eine Mal ja sagt, so nicht, weil er in dem einen Stück ein Jasager, in dem anderen ein Neinsager ist. Sondern es sind die Verhältnisse, die Seuche in der endgültigen Fassung des *Jasagers,* die ihn bestimmen, seinen Tod zu bejahen, während er, sobald die Reise nur dem Lernen dient und sein Tod von einem ‚großen Brauch' diktiert erscheint, sich dagegen auflehnt und nein sagt. Wegen der Ablehnung, auf die dieses Einverständnis bei den Schülern der Karl-Marx-Schule, und nicht nur bei ihnen, stieß, ließ Brecht den Knaben nein sagen und einen neuen Brauch einführen. Zugleich muß er sich aber gefragt haben, welche Umstände das Einverständnis des Knaben dennoch rechtfertigen könnten: so entstand die zweite Fassung des *Jasagers*" (ebd., S. 105).

Die „zwei kleinen Stücke" schließen einander also nicht aus, „wie man aus den Überschriften folgern könnte, … sondern in Wahrheit ergänzen" (S. 105) sie sich.

Für den unterrichtlichen Gebrauch notiere ich mir die folgenden Stichwort-Übersichten:

Abfolge der Vorlagen / Fassungen	Übersetzung von Elisabeth Hauptmann: Tanikô oder Der Wurf ins Tal. Essen 1929/30.
Zenchiku (1405 bis 1468) ?: Tanikô – Der Wurf ins Tal.	↓
↓	Lehrstück vom Jasager (erste Fassung). Schuloper von Kurt Weill nach einem japanischen Märchen von B. Brecht. Berlin 1930.
Bearbeitung von Arthur Waley: Tanikô (The Valley-Hurling) – London 1921.	
↓	↓ ↘ Der Jasager (zweite Fassung) und Der Neinsager. Berlin 1931.

Inhaltliche Transformationen / Ergänzungen

Kriterium	Waley/ Hauptmann	Jasager erste Fassung	Jasager zweite Fassung	Neinsager
Zweck der Reise für die Gruppe / für den Knaben	Pilgerfahrt für Mutter beten	Forschungsreise Medizin holen	Hilfsexpedition Medizin holen	Forschungsreise Medizin holen
Zustand der Mutter	Genesung	Genesung	ohne Aussicht auf Genesung	Genesung
Begründung für die Anwendung des Brauchs	Erkrankung	Beschaffenheit des Gebirges	Beschaffenheit des Gebirges	Eindrückliche Warnung Beschaffenheit des Gebirges
Brauch	Sturz ins Tal	Sturz ins Tal	Notwendigkeit: Liegenlassen	Sturz ins Tal
Ankündigung des Brauchs	Pilger/Führer	Studenten	entfällt – Trageversuch	Studenten
Befragung	entfällt	zum Brauch und zum diktierten Einverständnis	Scheitern aus Einsicht in die Notwendigkeit	zum Brauch: direkte Frage, für welche Alternative er optiert
Einverständnis	entfällt	sofort, dem Brauch gemäß	zögernd, aus Einsicht	Weigerung
Reaktion des Knaben	Klage	Klage Bitte (Krug)	Bitte um Sturz ins Tal Weigerung Knabe insistiert	entfällt – Disput: Vorwurf der Studenten Rechtfertigung des Knaben
Reaktion der Gruppe	Klage	Klage	Lehrer will Entscheidung Klage des Knaben Bitte (Krug) Klage der Gruppe	„neuer" Brauch Einsicht der Studenten Warnung vor den Konsequenzen
Ergebnis	Sturz ins Tal	Vorbereitung und Sturz ins Tal	Vorbereitung und Sturz ins Tal	Umkehr / Rückführung

Vorbereitung II –
Konrad Wünsches „Ja- und Nein-Varianten" –
Eine mißglückte Probe auf Emanzipation?

„Eines Tages rückte ich ohne nähere Ankündigung mit dem ,Jasager' von Brecht (in der ersten Fassung, G.G.H.) an und las ihn vor …" So beginnt Wünsche seine Beschreibung „über die Entwicklung eines Aufsatzes, wie er zustande kam, (ich) möchte einen Querschnitt der Ereignisse zeigen und resümieren, was die Kinder und ich vielleicht aus diesem ganzen Prozeß gelernt haben" (Wünsche 1976, S. 26–50, hier S. 34).

Dieser ungewöhnlich eindrucksvolle und sehr selbstkritische Bericht weckte gleich bei der ersten Lektüre meinen Wunsch, diese Sache noch einmal mit Schülern der Schule für Lernbehinderte aufzugreifen. Es hat mehr als zehn Jahre gedauert, bis es soweit kam. Ich erwähne den vor langer Zeit gesetzten Stachel, um deutlich zu machen, daß förderliche Unterrichtsarbeit weitgespannte Horizonte braucht, in denen sie konzipiert, realisiert, gedeutet und verarbeitet wird. Sorgfältig dokumentierte und interpretierte Unterrichtsvorhaben anderer sind geradezu ideale Vorgaben, wenn man sie als Partituren gebraucht, die man unter neuen Voraussetzungen mit Phantasie teils neu komponieren, immer neu instrumentieren und dennoch in einer wiedererkennbaren Form zur Aufführung bringen kann. Die Selbstkritik des Autors macht eine sklavische Bindung an die Vorlage unmöglich: Pures Nachmachen scheidet also aus. Andererseits verbietet die Qualität der Erstinszenierung deren Mißbrauch: Es geht nicht an, lediglich einige unverbindlich unausgewiesene „Anregungen" aufzugreifen. Zwischen diesen Fehlformen eines möglichen Rückgriffs liegt ein produktives Feld für neue Vorhaben. In jeder Phase (Konzeption / Durchführung / Evaluation) bleibt man auf das gründliche Studium der ursprünglichen didaktischen Komposition verwiesen und muß zugleich offen bleiben für die spezifischen Formen des Zugriffs und der Auseinandersetzung, die sich daraus ergeben, daß andere Schüler und ein anderer Lehrer sich jetzt auf Ähnliches einlassen werden. Für den Lehrer stellt sich damit eine doppelt gerichtete Neugier auf seinen Unterricht ein: Was immer sich ergeben wird, es erscheint auf einer produktiv komplexen Folie. Eine solche Neugier ist für einen förderlichen Unterricht unabdingbar.

Nachdem die Schüler die Erstfassung gehört haben, stellt Wünsche ihnen die folgende Aufgabe: „Diese Jasager-Geschichte (ist) nachzuerzählen, und zwar der Teil I ... möglichst genau. Danach der Teil II, die Wanderung ... übers Gebirge, wobei er in den Abgrund geworfen werden soll – das dürfe im Handlungsablauf verändert werden, wenn und wie es einer für richtig hielt. Und wer veränderte, durfte eine neue Überschrift wählen ..." (ebd., S. 36). Wünsche tut dies mit einer „festen Erwartung". Er schreibt:

> „Ich ging davon aus, daß die Schüler sich mit dem Knaben identifizierten: Man bedroht mich, will mich umbringen, ich muß mich wehren, ich muß nein sagen zu diesem entsetzlichen Brauch. Das erwartete ich als natürliche Reaktion auf die Vorgänge. Der Jasager erscheint leicht als Teil eines Modells, als die Ja-Hälfte, die die Nein-Hälfte notwendig haben muß. Und das ist in dem Jasager so stark angelegt, daß man scheinbar (sic!) gezwungen ist, die Sache fertigzudenken im Sinne des Modells. Damit war nun ein Lernziel vorgegeben, war sozusagen ein Ist-Wert zu finden, der inhaltlich ganz der Lösung Brechts entsprach: Der alte Brauch ist durch einen neuen zu ersetzen" (ebd., S. 35f.).

Damit bemächtigt sich Wünsche in einer nicht unproblematischen Weise der oben skizzierten Entstehungsgeschichte der Brechtschen Texte: In Kenntnis der Tatsache, daß der Neinsager aufgrund jener kritischen Diskussionen mit Schülern der Karl-Marx-Schule aus der Erstfassung des Jasagers entstanden ist, inszeniert Wünsche mit spezifisch unterrichtsmethodischen Mitteln diesen Strang der Entstehungsgeschichte als originale Begegnung (Lessing/Roth) und als Prozeß des genetischen Lehrens und Lernens (Wagenschein) nach.

Was Wünsche (absichtlich?) unterschlägt, ist die Tatsache, daß jene Diskussionsprotokolle Brecht nicht nur als Anregung zur Erarbeitung des Neinsagers dienten. Er hat auch eine zweite Fassung des Jasagers entwickelt, nach Szondi als Antwort auf die Frage, „welche Umstände das Einverständnis des Knaben den-

noch rechtfertigen könnten ..." (Szondi, S.105). Möglicherweise liegt in dieser
Engführung der unterrichtlichen Thematisierung eine Erklärung für die Schwierigkeiten der Schüler mit dem Stoff. Brecht selbst hatte sie offenbar auch; er schrieb
das Doppelstück „Der Jasager und Der Neinsager" und eben gerade nicht nur
letzteren.

Wünsche stellt sodann die höchst unterschiedlichen Resultate vor. Man liest
diese Aufsätze mit der gleichen Faszination wie die feinsinnigen Interpretationen,
die der Lehrer dazu liefert. So dokumentiert Wünsche, ohne dies eigens zu erwähnen, eine zentrale Bedingung jeden Förderunterrichts: Die einlässliche Beschäftigung des Lehrers mit den durch Unterricht evozierten Äußerungen seiner Schüler.

Die Nacherzählung des ersten Teils, schreibt Wünsche, „war nicht schwierig
und gelang allen ungefähr gleich gut" (ebd., S. 36) – ob das bei meinen Schülern
auch so sein wird? – und er fährt fort:

> „Die Überraschung kam beim zweiten Teil ... Ein Fünftel der Klasse hatte keine
> Variante, keine Alternative gefunden, sondern den Vorgang laufen lassen, wie er
> geboten wurde" (36). Dann gab es etliche, „die Varianten des Jasagers anzubieten
> hatten. Sie waren darum noch lange keine Neinsager". Paul zum Beispiel läßt den
> Schüler sich selbst zu Tode stürzen (37). „Die überwiegende Mehrzahl widersprach
> dem Brauch" (38) entweder dadurch, daß er in der Nacherzählung gar nicht vorkam
> oder durch etwas anderes ersetzt wurde oder aber „durch ausdrücklichen Wider-
> spruch einer der Personen in der Geschichte" (38). Bei Irene rettet der Lehrer kraft
> seiner Autorität das Leben des Jungen und bringt ihn alleine zurück. Bei anderen sind
> es „Unwetter, Lawinen, sogar Geisterstimmen ... die die Tötung des Jungen verhin-
> dern" (39). Einer verändert den Brauch so, daß der Junge überleben kann. Bei Aloys
> ist der Knabe wirklich nur müde, nicht wirklich krank, bei Gerd schickt ihn der Lehrer
> zusammen mit einem Studenten nach Hause. Für die Hälfte der Klasse gibt's „ein
> Happy-End, zu dem meistens auch die Genesung der Mutter gehört ..." (40). Bei
> Klaus-Dieter kommt es zum dramatischen Show-down: Der Junge will zurückge-
> bracht werden, aber die Studenten schleudern ihn ins Tal. Doch am Felsvorsprung
> gewinnt er Halt, klettert zur sich entfernenden Gruppe zurück, springt zwei Studenten
> an, reißt sie mit sich in die Tiefe, der dritte krallt sich am Lehrer fest, beide verlieren
> das Gleichgewicht, fallen hinterher: „Alle fünf waren tot."

Nach der ersten Lektüre ist Wünsche enttäuscht: „Ich sah nur mehr Drücke-
bergerei, Dummheit oder ein feiges Sich-Aufspielen. Keiner hatte offenbar das
Zeug, den vorgezeichneten Neinsager darzustellen" (41). Auch die anschließende
Analyse der Aufsätze im Rahmen seiner vorgefaßten drei Kategorien: Jasager (Lösung durch Einverständnis), Neinsager (Lösung durch Widerspruch), Ausweicher
(Schicksal und Zufall walten) bringt ihn nicht weiter. Er versucht es mit neuen
Kategorien: „Nacherzähler, flüchtende Dramatisierer, heroische Dramatisierer,
stillschweigende Veränderer, ausdrückliche Veränderer" (41), überlegt sich dann,
ob er „der Klasse jetzt nicht den Neinsager vorlesen müßte und sie auffordern,
(ihm) die Frage zu beantworten: ‚Warum hast du diese Lösung nicht versucht?‘"
Wünsche verzichtet darauf, weil er einsieht, daß „Aufsätze, die mehr oder weniger
bewußt als Probe auf Emanzipation geschrieben werden sollen, ... den Lehrern
zum eigenen Befremden und Entsetzen leicht daneben (geraten)" (42). Er liest und
überdenkt ein weiteres Mal die Arbeiten seiner Schüler und bemerkt, daß gerade
die „stillen Veränderer" sehr realistische Strategien ersinnen, um die offene
Herausforderung an die Macht zu vermeiden, die im klaren „Nein" liegt. Ganz

deutlich wird dies, als Wünsche seine Schüler dann doch mit dem Neinsager konfrontiert; „aber nicht … als wäre ihnen ein Fehler unterlaufen, sondern als eine weitere, denkbare Variante" (43).

Etliche weisen diese Lösung zurück, weil ihnen klar ist, daß solches Aufbegehren in die Katastrophe führen muß; andere glauben, daß Diskussionen in solcher Lage sinnlos sind. Nur wenige akzeptieren diese Möglichkeit, beurteilen jedoch die späteren Konsequenzen für die Zurückgekehrten skeptisch: „… der Junge wäre aus der Gemeinschaft ausgestoßen worden. Die Leute aus dem Dorf hätten getan, als wäre er tot …" (46). Nur Gerd glaubt an den Erfolg der rationalen Argumentation: „‚Du hast Recht', sagen die Studenten, ‚der Brauch ist Unsinn und nützt keinem was.'" Wünsche kommentiert dies fast ärgerlich: „Wenn man sich die Dinge vernünftig überlegt, sind sie kein Problem mehr" (45) und er mokiert sich: „… einige … stets auf Anpassung bedachte kleine Mädchen … gehen ganz naiv auf mich ein, wohl in dem Gefühl, daß das, was der Lehrer ihnen nahelegt, am ehesten auch eine gute Lösung verheißt: Nein sagen, dann bekommt man schon Recht" (44).

Wie kann vor diesem Hintergrund ein didaktisches „Wiederaufnahmeverfahren" aussehen.

Umriß der Grobplanung

Die zweite Fassung des Jasagers beansprucht die gleiche Plausibilität, dieselbe Zustimmung wie der Neinsager: „In jeder neuen Lage neu nachzudenken" (Brecht) führt dann dazu, daß auf eine scheinbar gleiche Frage in scheinbar gleicher Situation geradezu gegensätzliche Antworten und dann auch gegensätzliche praktische Konsequenzen als zwingend erscheinen.

Wenn das die „Botschaft" der beiden komplementären Stücke ist, dann hat es Sinn, die Schüler nicht mit der Erstfassung, sondern mit der Zweitfassung des Jasagers zu konfrontieren.

Die Aufgabenstellung Wünsches im Anschluß ans Vorlesen kann übernommen werden. Deren Lernziel ist dann allerdings nicht mehr, einen „Ist-Wert zu finden", sondern sich der Provokation dieser „postkonventionellen" Lösung (Kohlberg) des Dilemmas zu stellen.

Vorgewarnt durch die von Wünsche referierten Resultate beschloß ich, mit jedem meiner Schüler auf der Basis seiner Nacherzählung eine schriftliche Diskussion anzufangen, um mit ihnen so ernsthaft wie möglich die brutale Konsequenz eines solchermaßen „einsichtigen" Handelns zu problematisieren.

Den Neinsager bot ich meinen Schülern dann aber nicht als das streng komplementär gearbeitete Gegenstück an, etwa mit dem Ziel, mit ihnen die Differenz zwischen Oberfläche und Tiefenstruktur der gezeigten, scheinbar identischen Szenen zu erarbeiten, sondern als eine Parabel, die den „Lehrsatz" illustriert: „Wer a sagt, der muß nicht b sagen. Er kann auch erkennen, daß a falsch war." Denn wichtiger als die Stellungnahme (Jasager / Neinsager) war mir eine einläßliche Auseinandersetzung meiner Schüler mit dieser Argumentations- und Handlungsmaxime des Widerstands gegen selbstverständlich-zwingende, jegliche Alternative ausschließende Gesetze und Traditionen, denen Menschen „am Rande der Normalität" häufiger als andere ausgeliefert sind.

In den eng gezogenen Grenzen unterrichtlicher Spielräume schien mir dafür die Aufgabe geeignet, die Schüler zu diesem Lehrsatz eine dem Neinsager vergleichbare Erzählung schreiben zu lassen. Die gemeinsame Beschäftigung mit einer besonders überraschenden Lösung, inszeniert als Leseunterricht, bildete den vorläufigen Abschluß.

Die Nacherzählungen

Anfang Dezember 1987 rückte auch ich „ohne nähere Ankündigung mit dem ‚Jasager' von Brecht an und las ihn vor" (Wünsche, S. 34). Ich wollte wissen, wie sich die zwölf Schüler, fünfzehn- bis sechzehnjährige Mädchen und Jungen, zu dieser unerhörten Geschichte, Bejahung des eigenen Todes angesichts zwingender Verhältnisse, stellen würden, die Brecht in der endgültigen Fassung erzählt. – Die sich anschließende Aufgabenstellung wurde – wie gesagt – wörtlich von Wünsche übernommen.

Wie bereits angedeutet hatte ich Zweifel, ob das auch für Sonderschüler zutrifft, was Wünsche für seine Hauptschüler aus dem Jahre 1976 berichten konnte. Ich hielt diese Nacherzählung für schwierig, zum einen, weil in der Zweitfassung die Unausweichlichkeit der kritischen Situation konsequenter als in der Urfassung angelegt ist. (Durch eine *Hilfsexpedition* muß die Stadt von einer Seuche befreit werden, deren hilfloses Opfer unter anderem *auch* die Mutter des Knaben geworden ist.) Weil damit aber das Motiv des Jungen für dessen Teilnahme identisch geworden ist mit dem Interesse aller, mit dem Zweck der gefährlichen Reise selbst, erscheint zum anderen die Teilnahme des Jungen daran zumindest ebenso wenig notwendig wie in der Urfassung, wo er immerhin als einziger Medizin für seine Mutter beschaffen will, die ihrerseits freilich bekundet, bereits weitgehend von ihrer Krankheit genesen zu sein. Wenn der Knabe später im Gebirge nicht mehr weiterkann und liegengelassen werden soll, dann liegt die Tragik der Situation darin, daß zwar der Junge zugrunde geht, der Zweck seiner Teilnahme aber, die rechtzeitige Beschaffung der Heilmittel für alle, also auch für die Mutter, nur so realisiert werden kann.

Wie in anderem Zusammenhang bereits ausführlich dargestellt (vgl. S. 122 bis 129), fertigte ich zuerst von jeder Schülerarbeit eine Abschrift, orthographisch auf Normalfassung gebracht, lediglich von den gröbsten stilistischen Unzulänglichkeiten befreit. Die Vorzüge dieses Verfahrens liegen auf der Hand:

– Beim Abschreiben der Texte widmet man sich jeder Arbeit mit besonderer Intensität, prägt sich Formulierungen ein, kann später im Unterrichtsgespräch Textstellen frei zitieren und erbringt damit den Beweis, daß man ernst nimmt, was Schüler aufgeschrieben haben.

– Legt man diese Typoskripte der weiteren Analyse und Interpretation zugrunde, wird man nicht länger durch äußere Mängel gestört. Man konzentriert sich auf das, was Schüler „zu verstehen geben" und verhindert somit, daß Aufsatzerziehung zur bloßen Verlängerung des Rechtschreibunterrichts verkommt.

– Schüler, die ihre Arbeit als „druckreifes Typoskript" zurückbekommen, erleben konkret, daß sie in der Lage sind, Texte zu erzeugen, mit denen sich – zumindest für ihren Lehrer – die Auseinandersetzung lohnt. Jahrelang haben sie Deutsch als Versagensfach erlebt. Hier erfahren sie, daß ihnen nicht nur – wie in der üblichen Korrektur – ständig ihre Unfähigkeit vorgehalten wird, sondern daß ihre schriftliche Äußerung – so unvollkommen sie äußerlich auch sein mag –

Wert hat: Es geht um Verständigung, verbindliches Sich-einlassen auf Argumente. Das Selbstwertgefühl, das aus solcher Erfahrung erwächst, ist nicht zu unterschätzen: Nicht nur die Aufforderung, das eigene Manuskript nach der Vorlage zu korrigieren, wird sorgfältig erfüllt, es wächst auch die Bereitschaft, in separaten Trainingseinheiten offenkundig gewordenes Nichtwissen und mangelnde Routine zu beseitigen. Noch wichtiger aber ist: Die Bereitschaft, sich schriftlich zu äußern, nimmt zu. Die inhaltliche Qualität der Texte steigt, die Schüler offenbaren eine bislang vom Lehrer kaum wahrnehmbare Reflexions- und Formulierungsfähigkeit.

Lediglich drei Schüler veränderten die Geschichte, allerdings in bemerkenswerter Weise. Bekim, ein junger Türke, der seit der frühen Kindheit in der Bundesrepublik lebt, brauchte für seine Nacherzählung länger als alle anderen. Er schrieb noch, als die übrigen schon in der Pause auf dem Schulhof waren und gab dann diesen Text ab:

Der Jasager
(1) Eines Tages sagte der Lehrer: Ich habe einen Jungen in der Klasse, der hat keinen Vater. Ich habe beschlossen, ihn zu besuchen. Er geht hin und fragt, warum er nicht in die Schule kommt.
Meine Mutter ist krank. – Das habe ich nicht gewußt. Sage deiner Mutter, daß ich da bin. – Mutter, der Lehrer ist da. – Bitte ihn herein. Der Lehrer erklärt der Mutter, daß sie unbedingt gegen diese Krankheit etwas tun müsse und daß er eine Wanderung unternehmen will, um eine Medizin zu holen. Die gebe es in den Bergen, bei den großen Ärzten. Er sagte, der Weg sei nicht ungefährlich. Die Mutter antwortet: Sie wollen doch nicht meinen Sohn mitnehmen? – Nein. Es ist viel zu gefährlich, ihn mitzunehmen. Als der Lehrer gehen wollte, sagte der Sohn: Warten Sie, ich muß mit Ihnen was reden. Ich möchte auch in die Berge. Die Mutter lauschte an der Tür. Der Lehrer sagt zu dem Jungen: Nein, es geht nicht, es ist viel zu gefährlich, und deine Mutter ist krank. Du kannst sie nicht alleine lassen. Der Junge antwortet: Aber ich muß mit, denn meine Mutter ist krank, und ich muß für sie Medizin holen. Der Lehrer sagte: Ich muß mit deiner Mutter reden. Er ging zur Mutter rein, und sagte es der Mutter. Sie sagt: Ich habe die Worte meines Sohnes gehört. Es ist seine Entscheidung.

(2) Am nächsten Tag gingen sie los. Es waren auch noch drei Studenten dabei. Als sie ziemlich lange unterwegs waren, kamen sie an einer Hütte vorbei. Die drei Studenten gingen rein und setzten sich hin. Der Junge sagte zum Lehrer: Ich fühle mich nicht wohl. Aber der Lehrer sagte: Das kommt vielleicht von der langen Reise und weil du das Steigen nicht gewohnt bist. Steh ein bißchen; dann vergeht es wieder.

(3) Die drei Studenten sprachen mit dem Lehrer, was der Junge habe. Der Lehrer sagte: Er ist nur müde von der langen Reise. Nach einer Weile sprachen sie wieder miteinander: Der liegt ja. Er steht nicht mehr. Er ist krank, und wir können ihm nicht helfen. Wir müssen ihn dalassen, denn der Weg ist zu schmal, um ihn zu tragen. Der Lehrer aber sagte: Es ist der Brauch, ihn selber entscheiden zu lassen. Ich werde ihn fragen. – Hör mal Junge, wir können dich nicht mitnehmen, weil der Weg zu schmal ist. Und du mußt dich entscheiden, ob wir dich zurücklassen oder mit dir zurückgehen. – Ich muß es mir überlegen. Nach einer Gedenkpause sagte er, sagt er: Müßt mich den Abgrund hinunterwerfen. Der Lehrer sagte: Seid ihr dazu bereit? – Nein, das können wir nicht tun. Da antwortete der Junge: Ihr müßt es tun. Ich verlange es, denn ich habe Angst allein zu sterben.

Wenn man bedenkt, daß Bekim – wie alle anderen – das Original nur einmal hörte, dann offenbart die Nacherzählung, daß dieser Schüler „persönliche Lernbedingungen" mitbringt, die man kaum erwartet. Sie werden auch nur aufgrund einer entsprechend provozierenden Aufgabenstellung sichtbar. Sind im „normalen" Unterricht die Aufgabenstellungen und mehr noch die Art des Umgangs mit den entsprechenden Lösungen der Schüler nicht leider allzuhäufig so angelegt, deren Nochnicht-Können, ihr aktuelles Unvermögen, ihre Mängel und Fehler offenzulegen? Für die Stärken, die Talente der Schüler dagegen hat die Schule, wenn sie deren überhaupt gewahr wird, oft nur dürftige, dumpfe Formen des Lobs; meistens werden sie ohnehin nur benotet, höchst selten kultiviert oder gar dem Genuß dritter im schulischen oder außerschulischen Rahmen zugeführt. Fördernder Unterricht hat dagegen viel damit zu tun, die Stärken der Schüler sichtbar zu machen und sie zu steigern.

Ich habe Bekims Arbeit sofort überflogen. Klar, es wäre für ihn ohne weiteres möglich gewesen, „zu Ende" zu erzählen. Ich wollte daher von ihm wissen, ob er aus Zeitdruck abgebrochen oder absichtlich aufgehört hatte. – „Nein, das bleibt so. Ist doch so viel spannender, wenn man nicht weiß, was kommt, wenn sich das jeder selbst überlegen muß."

Die beiden anderen, Maria und Doris, greifen eine Lösung auf, die in der Zweitfassung zumindest einen Moment lang aufblitzt: Bei Brecht steht:
> „Der Lehrer: Geht jetzt weiter, bleibt nicht stehen …"

Vermutlich nimmt Maria diesen Gedanken auf, wenn sie ihre Nacherzählung wie folgt beendet:
> „Die Studenten sagten: Lassen wir ihn hier. Wir müssen Medizin holen. Der Lehrer sagte: Ihr könnt loslaufen. Aber sie blieben stehen. Der Lehrer sagte es nochmal. Sie waren einverstanden."

Der Lehrer bleibt mit seinem Schüler zurück. Offen ist, was weiter wird. Bringt er ihn alleine zurück, gehen beide zugrunde, kommt es zum Konflikt, wenn die Studenten weg sind? Ein offener Schluß, nur scheinbar ohne Dramatik.

Für Doris bleibt ein hysterisch gewordener Junge zurück, über dessen dramatisches Gezeter sich die anderen hinwegsetzen. Sie schreibt:
> „Der Schüler wird schlaff. Er kann nicht weiter. Die anderen sagen: Dann bleibt er hier, und wir gehen weiter. Aber er sagt: Ich will nicht alleine sterben. Ihr sollt mich von den Klippen stürzen. Die drei Studenten sagen: Das können wir nicht! Der Lehrer sagt: Geht. Ich bleibe hier. Ihr sollt die Arznei holen. Der Schüler: Ich habe vorher gewußt, daß ich sterbe. Ihr sollt mich von den Klippen stürzen. Aber die sagen noch: Gut, wir gehen, und ihr wartet, ihr, mit dem Jungen hier, bis wir wiederkommen."

Lehrer und Studenten verhalten sich so, wie man das von vernünftigen Leuten erwartet. Dann ist's auch nicht schlimm, wenn da einer mal ausflippt.

Neun von zwölf Schülern halten sich an die Vorlage: Der Junge wird auf seine Bitte hin ins Tal gestürzt. Doch jeder akzentuiert seine Geschichte anders.

Allgemein fällt auf, wie präzise sich auch diese Schüler in ihren Nacherzählungen an das sprachliche Vorbild des Textes halten. Insbesondere ausländische Schüler begreifen das Original als wichtige Stütze ihrer sprachlichen Kompetenz.

Nicos, ein Grieche, der von allen die größten Schwierigkeiten hat, schriftlich auf deutsch zu erzählen, gebraucht zum Beispiel den Satz des Knaben „Ich will mit Ihnen in die Berge gehen" als Formel, mit der er den ersten Abschnitt seiner Erzählung strukturiert. Das liest sich dann so:

> … Der Lehrer sagte: Wir müssen in die Berge gehen und Medizin für deine Mutter holen. Der Junge sagte: Ich will mit in die Berge. Der Lehrer sagte zu dem Jungen: Du kannst nicht mit. Es ist zu gefährlich in den Bergen. Der Lehrer sagte zu seiner Mutter: Ihr Junge will mit in die Berge. – Ich kann nichts machen, wenn mein Junge in die Berge geht. Der Lehrer fragte den Jungen: Weißt du, das ist schwer. In die Berge. Der Junge sagte: Ich weiß, wie schwer In-die-Berge ist. Ich muß aber Medizin holen für meine Mutter. Der Lehrer sagte: Du kannst mit.
> (2) Sie gingen in die Berge. Dann kamen sie in eine Berghütte, um sich auszuruhen. Der Junge war müde. Die Studenten sagten zu dem Lehrer: Was ist mit dem Jungen los? Der Lehrer sagte: Er ist ein bißchen müde. Die Studenten und der Lehrer wollten los, aber der Junge war krank. Die Studenten sagten zum Lehrer: Was ist mit dem Jungen los? Er sagte: Er ist krank. Die Studenten sagten: Wir müssen los. Wir müssen Medizin für die Stadt holen, für die Kranken. Der Lehrer hat gesagt: Wir müssen ihn tragen. Die Studenten sagten: Wir können den Jungen nicht tragen. Es ist zu gefährlich für uns. Dann schmeißen wir ihn runter. Und sie haben den Jungen runtergeschmissen.

Nicos gelingt es die Entschlossenheit des Jungen mit der siebenfachen Wiederholung „in-die-Berge", mit seinen spärlichen Mitteln also, ebenso eindrücklich darzustellen wie später den spannungsgeladenen Gegensatz zwischen den auf Fortsetzung der Hilfsexpedition drängenden Studenten und dem erschöpften, kranken Knaben durch das wiederholte Wortspiel mit „los". Was Nicos nicht nacherzählt (nicht nacherzählen kann?): Weder die Befragung des Knaben, noch dessen Einsicht in die ausweglose Lage und die daraus folgende Einwilligung, auch nicht seine Angst vor einem einsamen Tod und die daraus resultierende Bitte um Tötung, ebensowenig die anfängliche Weigerung der Studenten, die bittere Konsequenz ihrer Entscheidung zu ziehen und mitzuverantworten. All das – das Wesentliche? – überspringt er und referiert nur das Faktum.

Für Cordula bleibt fraglich, was sie von dem erschöpften Jungen halten soll. Sie distanziert sich von dem, was er sagt, indem sie ihn in Anführungszeichen setzt:

> „… Da antwortete der ‚Kranke', sie sollten wegen ihm nicht zurückkehren und ihn ins Tal werfen. Sie nahmen den Jungen, hielten ihn an Armen und Beinen und machten die Augen ganz fest zu. Da schmissen sie ihn ins Tal und warfen noch Steine hinter ihm her."

Für Bernd ist klar, daß die Mutter des Knaben zu den von der Seuche Betroffenen gehört. Deswegen läßt er den Lehrer fragen: „Sind Sie *auch* krank? Ich gehe über den Berg, um Medizin zu holen." Und auch der Junge begründet seinen Wunsch, die Expedition mitmachen zu dürfen, nicht wie bei Brecht mit der partikularen Sorge um seine Mutter, sondern sagt: „Ich will mit, um die Medizin zu holen." Die Wortwechsel am schmalen Grat sind für Bernd – wie für Nicos – offenbar nicht von Belang, auch nicht die Motive, die hinter dem Handeln der einzelnen stehen. Er bringt die Dinge und damit die Personen auf den Punkt:

„Da sagte der Junge, daß es ihm nicht gut geht. Der Lehrer sagte: Dann mußt du leider hier bleiben. Und der Junge sagt: Schmeißt mich die Schlucht runter und gebt den Krug meiner Mutter. Und sie schmeißen den Jungen in die Schlucht."

Vier Sätze: Indirekte Rede, Imperfekt – direkte Rede, Imperfekt – direkte Rede, Präsens – Präsens: Unmittelbare Gegenwart des unfaßbar Entsetzlichen. Zufall?

Jürgen erzählt wieder anders: Zunächst akzentuiert er die Mutter-Sohn-Problematik und legt seine Erzählung konsequent unter dieser Perspektive an. Gleich zu Beginn heißt es bei ihm: „Ich und meine Mutter waren in Raum 2." Er gibt dann – äußerlich? – die Ich-Erzählerrolle auf, legt aber – wie nur wenige seiner Mitschüler – Wert darauf, die Vorhaltungen zu referieren, die die Mutter ihrem Sohn macht: „Seit dein Vater von uns gegangen ist, habe ich jetzt nur noch dich, und wie soll ich zurecht kommen?" Seine Formulierungen lassen außerdem erkennen, daß er sich ständig darum bemüht, die Beweggründe zu deuten, aus denen heraus sich die verschiedenen Personen äußern und aus denen heraus sie handeln: Wenn er zum Beispiel den Lehrer am Anfang sagen läßt: „Die Reise ist gefährlich und nichts für kleine Jungs", dann schwingt im provozierend-spöttischen Unterton einer solchen Formulierung auch die Bewunderung des Lehrers für den Mut seines Schülers mit. Weckt er damit (absichtlich?) den Widerspruch, die Beharrlichkeit eines Fünfzehnjährigen? Die Studenten erscheinen als mitfühlende, große Brüder, wenn er sie den Lehrer fragen läßt: „Was hat der Kleine?" und wenn sie später zueinander sagen: „Au Mist, er ist wirklich krank." Bemerkenswert noch, wie Jürgen die letzten Sätze der Studenten zum Knaben in seiner Sprache faßt. Bei Brecht steht: „Lehne deinen Kopf an unsern Arm. Strenge dich nicht an. Wir tragen dich vorsichtig." Bei Jürgen: „Okay, wir machens, wir tragen dich hinüber." Locker und grausam zweideutig zugleich. Schließlich gehört Jürgen zu denen, die weitererzählen, über die Vorlage hinaus; aber ein Happy-End sieht er nicht: „Dann holten sie die Medizin und retteten vielen das Leben. Aber die Mutter war so traurig, daß sie vor Kummer starb."

Martins Nacherzählung zitiere ich vollständig. Sie belegt – wie die Arbeit von Bekim – zu welchen Ergebnissen ein Sonderschüler mithilfe einer produktiven Vorlage kommen kann:

(1) Der Lehrer war in Raum 1 und die Mutter und der Sohn in Raum 2. Der Lehrer sprach: Ich bin ein Lehrer, ich habe eine Schule in der Stadt. Ich hab einen Schüler, der keinen Vater hat, der nur eine Mutter hat. Ich war lange nicht bei ihm. Ich muß ihn besuchen.
Der Lehrer klopfte an Raum 2. Der Junge sprach: Wer ist da? – Ich bin's, der Lehrer, ich war lange nicht bei dir. Du warst lange nicht in der Schule. – Meine Mutter ist krank. – Ach so, das wußte ich nicht. Sag deiner Mutter, daß der Lehrer da ist. – Mutter, der Lehrer kommt uns besuchen.
Die Mutter sprach: Der Lehrer soll eintreten. Der Lehrer trat in Raum 2 ein. – Ihr Sohn war lange nicht in der Schule. In der Stadt ist eine Pest. Hat's Sie auch erwischt. Hoffentlich geht es Ihnen beser. – Nein, leider nicht. – Ich will zu den Bergen. Dort oben sind die großen Ärzte. Ich bin gekommen, um mich zu verabschieden.
Der Lehrer ging in Raum 1. Der Junge begleitete den Lehrer hinaus. – Ich muß Ihnen was sagen. Die Mutter horcht an der Tür. – Sprich, Junge. – Ich will mit auf die

gefährliche Reise. – Das geht nicht. Kleine Jungs können nicht auf eine gefährliche Reise. Ich hab deiner Mutter schon gesagt, daß kleine Jungs nicht auf eine gefährliche Reise können. Willst du deine kranke Mutter allein lassen? – Aber ich muß mit, daß ich Medizin für meine Mutter hole. – Ich muß mit deiner Mutter reden. Der Lehrer trat in Raum 2 ein. – Ihr Sohn sagte, er müsse mit, weil er Medizin holen will. Der Junge lauschte an der Tür. – Ich sagte ihm, daß es eine gefährliche Reise sei. Die Mutter sprach: Komm rein, mein Sohn. Der Sohn trat in Raum 2 ein. – Seit mein Mann uns verlassen hat, habe ich viel Hoffnung auf meinen Sohn. Ich bin schwach. Geh und komm schnell heim. Der Lehrer und der Sohn treten in Raum 1 ein. Der Lehrer sprach: Auf geht's, auf die Reise.

(2) Der Lehrer und drei Studenten und der Junge machten sich auf die Reise. Nach einiger Zeit sagte der Junge: Ich muß etwas sagen. Ich kann nicht mehr. Der Lehrer sprach: Du bist sicher nur vom vielen Bergsteigen müde. Die Studenten fragten den Lehrer: Ist er krank? Der Lehrer antwortete: Nein, er ist nur vom vielen Bergsteigen müde. Die Studenten sagten sich, das stimmt nicht, er sieht so komisch aus. Die Studenten fragten den Jungen: Bist du krank? Der Junge antwortete nicht. – Wir müssen ihn da lassen. Wir können ihn nicht über den schmalen Weg tragen. Was sollen wir machen? – Wir müssen ihn fragen, was wir machen sollen. Sie fragten ihn. Der Junge sprach: Werft mich hinunter. Nein, antworteten die anderen. – Doch, ich will es so haben. Und sie warfen den Jungen hinunter. Was sollen wir jetzt machen?

(3) Wir haben jetzt die Medizin und wir gehen zurück in die Stadt. Und sie heilten alle, die in der Stadt waren.
So war das mit dem Jasager.

Ihm ist wichtig, daß die Mutter als ein Opfer der Pest erscheint, die in der Stadt wütet. Auch für ihn provoziert der Lehrer gleichermaßen seinen Schüler, die Reise mitzumachen, wie er ihn davon abzuhalten sucht. Später muß er feststellen, daß „die anderen" sich weigern, der Bitte des Jungen um Tötung zu entsprechen und er sieht die Rat- und AuswegIosigkeit, die die Gruppe nach der Tat erfaßt. Die Schlußsätze machen deutlich, daß Martin die Brechtsche Intention begriffen hat: Der Tod des Jungen war Bedingung für die Heilung aller Bürger der Stadt. So war das – für Martin – mit dem Jasager.

Sabine legt Wert auf die Feststellung, daß die Mutter es ist, die den Lehrer direkt fragt, ob er den Jungen mitnehmen möchte. Hat sie den Lehrer, mehr noch ihren an der Tür lauschenden Sohn damit allererst auf die verhängnisvolle Idee gebracht? Im Gebirge ist Sabine zunächst ganz auf seiten der Gruppe:

> „… *Wir* waren schon im Gebirge … der Junge solle doch entscheiden, ob *wir* wegen ihm zurückkehren oder nicht. Aber wenn er sagt, wir gehen zurück, dann gehen *wir* trotzdem. Der Lehrer sagt: Trotzdem, wir wollen ihn trotzdem fragen. Der Lehrer ging zu dem Jungen und fragte ihn: Wir wollen weitergehen, aber du schaffst es nicht. Was würdest du sagen?"

Sabine hat begriffen, mit welcher Anstrengung der Lehrer seine Einsicht gegen das berechtigte Interesse der anderen durchsetzen muß. Wie Nicos greift sie zum Mittel der Wiederholung von Wörtern („trotzdem"), deren Sinn sie jedoch in ihr Gegenteil verkehrt. Unvermögen oder Kompetenz? Ganz auffällig dann die Fortsetzung: Plötzlich wechselt Sabine die Fronten:

„Der Junge sagt (Präsens!), *wir* sollen weiter wegen *meiner* Mutter, daß sie die Medizin bekommt. Ja *ich* bin einverstanden. Der Lehrer ging zu den anderen und sagte: Er ist einverstanden, aber unter einer Bedingung: Daß ihr *mich* runterschmeißt, denn *ich* will nicht alleine bleiben. *Ich* habe Angst …"

Ich denke, es wäre sinnlos, eine solche Passage einfach „irgendwie" zu korrigieren, in „normales" Deutsch zu pressen, ohne zuvor mit der Schülerin darüber gesprochen zu haben.

Für Iris ist wichtig, daß es sich um eine Hilfsexpedition handelt. Allerdings erzählt sie so, als werde diese ausschließlich veranstaltet, um die Mutter des Knaben zu retten:

„… Der Lehrer fragte die Mutter: Geht es Ihnen besser? Nein, meinte die Mutter. Ich habe eine Krankheit, gegen die es keine Medizin gibt. Doch, meinte der Lehrer, in den Bergen, wo die großen Ärzte sind. Ich werde in die Berge gehen und die Medizin holen."

Interessant ist ferner, daß Iris daran liegt, die Studenten ebenso als Opfer der Verhältnisse erscheinen zu lassen, nicht als Täter. So bieten sie – entgegen der Vorlage – zunächst von sich aus an, den Jungen über den schmalen Grat zu tragen:

„… So kommen wir aber nicht weiter. Studenten: Vielleicht sollten wir ihn tragen? Lehrer: Nein, das geht nicht. Der Schüler: Schmeißt mich in die Schlucht hinunter. Studenten: Nein, das können wir nicht. Schüler: Doch. Macht es für mich, ich will nicht alleine sterben. – Ja wir machen es. Sie nahmen ihn und schmissen ihn mit geschlossenen Augen runter. Aus."

Rolf liefert von allen Schülern die knappste Nacherzählung. Sie lautet:

„Der Lehrer verabschiedet sich von der Mutter, nachdem er sie in seinen Plan eingeweiht hat, daß er Medizin jenseits der Berge holen will. Der Junge will mit, da er Medizin für seine Mutter holen will.
Am nächsten Tag gehen der Lehrer, der Junge und drei Studenten. Am nächsten Morgen ist der Junge müde und schwach. Nach einer Weile kann er nicht mehr. Die Studenten fragen den Lehrer: Ist der Junge krank? – Er ist müde und schwach. Die Studenten rufen zurück, ob er krank sei. Er antwortet nicht. Der Lehrer sagt: Ich gehe zurück und frage, ob wir zurück sollen. Der Junge: Geht weiter. Werft mich aber ins Tal hinab. Ich habe Angst allein zu sterben. Die drei Studenten werfen ihn mit geschlossenen Augen ins Tal. Und keiner hat mehr Schuld als der andere."

Bemerkenswert präzise werden die Akzente ganz im Sinne der Vorlage gesetzt. Rolf ist der einzige, der für wichtig erachtet, die Brechtsche These zur Schuldfrage zu zitieren. Offensichtlich treibt ihn das um.

Sonja, eine sehr schwache Schülerin, erzählt die Geschichte in großen Zügen. Sie ist die einzige, die bis zum Schluß von einer „Wanderung" schreibt, weder von der Seuche noch von der Hilfsexpedition steht etwas in ihrem Text. Auffällig auch, daß sie nichts über die Auseinandersetzungen im Gebirge schreibt. Bei ihr liest sich das so:

„… Der Junge legte sich hin und wollte dann nicht mehr aufstehen. Der Junge sagte dann zu dem Lehrer: Wenn Sie zu den Ärzten kommen, bringen Sie meiner Mutter auch Medizin mit, damit sie wieder gesund wird. Die Studenten waren dann einverstanden und warfen den Jungen den Berg hinunter."

Aber dann wird es doch noch spannend; Sonja fährt fort:

„Der Lehrer und die Studenten gingen weiter. Sie kamen dann zu der Stadt hinter den Bergen. Und sie nahmen auch etwas Medizin mit für die Mutter des Jungen. Und sie gingen dann wieder nach Hause zurück und gaben die Medizin der Frau und sagten, daß ihr Sohn gestorben ist."

Damit erzeugt sie einen offenen Schluß, über den zu diskutieren sich lohnen könnte.

Schriftliche Dialoge

Jedem Schüler habe ich dann – wie erwähnt – zu seinem Aufsatz weiterführende Fragen gestellt und dabei die für mich erkennbaren Intentionen aufzunehmen versucht. Für Bekim, Maria und Doris setzte ich noch einmal bei der Figur des Knaben an und bat um weitere Auskünfte und Stellungnahmen. Von den übrigen neun wollte ich noch präziser wissen, ob sie begriffen hatten, daß „es die Verhältnisse, die Seuche … (sind), die ihn (den Knaben) bestimmen, seinen Tod zu bejahen" (Szondi, S.105) und die letztlich auch die Studenten und den Lehrer dazu zwingen, sich des Kranken zu entledigen. Ich stiftete daher die Schüler auf verschiedene Weise dazu an, sich Gedanken darüber zu machen, wie wohl die Presse und die Strafverfolgungsbehörden in der Stadt reagierten, als die Expedition zwar erfolgreich zurückgekommen, der Junge aber nicht mehr dabei war.

Ohne weiteren Kommentar hier einige meiner Fragen mit den Antworten der Schüler:

Warum will der Junge, daß man ihn in die Schlucht stürzen soll – oder sagt er das nur? Schreib mir auf, was du denkst.

Ich denke, daß der Junge wirklich so krank war, daß er zurückgelassen werden mußte. Denn sie müssen ja den engen Weg steigen. Und er ist ja so krank, daß sie ihn tragen müßten. Sie versuchten es, aber es ging nicht. Sie beschlossen, ihn zurückzulassen. Aber er weiß, wenn er zurückgelassen wird, wird er sterben, denn keiner kann sich um ihn kümmern. Daher beschließt er, daß sie ihn in die Schlucht hinunterwerfen, denn er hat wahrscheinlich Angst, langsam, schmerzhaft und allein zu sterben. Daher bleibt dem Lehrer und den Studenten nichts anderes übrig als ihn runterzustürzen. Sie tun, was sie tun müssen.

Bekim

Stell dir noch einmal die Sache im Gebirge vor: Da ist der kranke Junge – soll man ihn liegenlassen (das bedeutet seinen Tod), um Medizin für alle in der Stadt zu holen? Oder soll man umkehren und das Leben des Jungen retten. Was denkst du, was geht vor: Das Leben des Jungen oder die Heilung der Kranken in der Stadt? Schreib bitte auf, was du denkst!

Der Lehrer half dem Jungen nach Hause. Ich denke, daß das richtig ist, weil das Leben des Jungen wichtig ist. Ich denke auch so, daß man die Medizin auch später holen könnte oder die drei Studenten könnten die Medizin alleine holen.

Maria

Stell dir noch einmal den Schüler vor und beantworte mir schriftlich die folgenden Fragen:
a) Wie alt ist der deiner Meinung nach und wie begründest du deine Vermutung?
b) Was hältst du von dem Jungen – ist er ein Feigling, ein Held, einer der sich überschätzt oder einer, der weiß, was er will?
Schreib mir auf, was du von solch einem Typ hältst.

Er ist nach meiner Meinung 14 Jahre alt. Ein jüngerer dürfte gar nicht mit.
Der Junge ist kein Feigling, aber auch kein Held. Er weiß nur, was er will. So einen Typen finde ich gut.

Doris

Beantworte die folgende Frage schriftlich:
Sind die Studenten Mörder?

Nein, sie sind keine Mörder. Sie konnten nur den Jungen nicht tragen.

Nicos

Stell dir vor, es kommt nach der Rückkehr des Lehrers und der Studenten zu einer Gerichtsverhandlung. Anklage wegen Mord. Wie könnte sich der Lehrer verteidigen?
Schreibe auf, was dir dazu einfällt.

Der Richter spricht den Lehrer an: Sie sind verurteilt wegen Mord.
Der Lehrer spricht den Richter an: Er wollte es so.
Der Richter: Trotzdem. Er ist ja noch ein Kind und nicht volljährig.
Der Lehrer: Hätte ich den Jungen zurückgebracht, so wäre die Pest größer geworden, und die Leute wären in der Stadt gestorben.
Richter: Sie hätten es ja so machen können, daß der Stärkste den Jungen zurück ins Dorf bringt. Und die anderen können die Medizin holen.
Lehrer: Ich wußte nicht, was ich machen sollte, denn keiner hatte die Kraft, den Jungen zurück ins Dorf zu tragen.
Richter: Trotzdem sind Sie schuld, Sie hätten den Jungen nicht mitnehmen dürfen. Sie hatten die Verantwortung des Kindes. Und Sie hätten mehrere Leute mitnehmen müssen auf eine so lange Reise. Darum sind Sie selber schuld.
Das Urteil: Gefängnis.

Martin

Stell dir vor, die Studenten und der Lehrer kommen in die Stadt zurück, mit Medizin, aber ohne den Jungen. Irgendwie kommt heraus, wie das mit dem Tod des Jungen war. Der Staatsanwalt fängt zu ermitteln an. Was denkst du, muß er anklagen? Wen, warum? Wie werden die sich verteidigen? Wie geht der Prozeß aus?

Der Staatsanwalt muß die Unüberlegtheit der vier anklagen, weil sie den Jungen auf eine so schwere Reise mitgenommen haben. Daß sie den Jungen ins Tal geworfen haben, ist nicht Mord, sondern Sterbehilfe und wird meiner Meinung nach nicht angeklagt. Aber daß sie den Jungen mitgenommen haben, ist unverzeihlich.
Der Richter fragt die Angeklagten: Was habt Ihr Euch dabei gedacht, als Ihr den Jungen mitgenommen habt?

Schreib mir auf, was dir dazu einfällt.

Der Lehrer: Der Junge hat gebeten, ob er mit darf, um seiner Mutter die Medizin zu holen.
Die drei Studenten sagten: Wir konnten den Jungen nicht mitnehmen. Zurücklassen konnten wir ihn auch nicht, weil er Angst hatte. Und er hat darum gebeten, daß wir ihn ins Tal werfen.
Der Richter: So wie die Sache liegt, verurteile ich Euch, weil Ihr den Jungen mitgenommen habt, zu einer Haftstrafe von einem halben Jahr.

Rolf

Als die Studenten und der Lehrer zurückkommen, erfahren die Leute und die Zeitungen von der Sache. Wie würde die Bild-Zeitung darüber schreiben? Versuch das mal!

Das Verbrechen
Als die Studenten mit dem Lehrer zurückkamen, ist das Verbrechen rausgekommen.
Die Bild-Zeitung schreibt:
Ein Lehrer und drei Studenten warfen einen Jungen auf Wunsch ins Tal
Tübingen, den 14.12.1987.
Ein Junge, der in Begleitung seines Lehrers und dreier Studenten war, ist, wie wir erfahren haben, tot. Er wurde auf Wunsch von den Begleitern ins Tal geworfen. Warum das so kam, ist noch nicht bekannt geworden. Wir berichten weiter.
(Ein paar Tage später)
So wie die Kripo uns berichtete, muß der Junge krank gewesen sein. Der Lehrer befragte den Jungen um eine Rückkehr. Dann antwortete er, sie müßten seinetwegen nicht umkehren, sie sollten ihn ins Tal werfen. Es soll eine Verhandlung bis in etwa 14 Tagen geben. Was dabei rauskommt, berichten wir.
(Etwa 14 Tage später)
Bei der Verhandlung ist rausgekommen, daß alle drei 2 Jahre auf Bewährung bekommen haben sollen.

Cordula

Mutter und Sohn treffen sich nach ihrem Tod wieder. Wie wird der Sohn seiner Mutter seine Entscheidung erklären? Ist die Mutter damit einverstanden? Schreib das Gespräch auf.

Die Menschen waren alle geheilt. Aber als die Mutter erfahren hat, was geschehen war, da ist sie vor Trauer so krank geworden, daß sie gestorben ist. Dreiundzwanzig Jahre später trafen sich Mutter und Sohn.
Die Mutter fragte den Sohn: Warum hast du dich herunterschmeißen lassen? – Weil ich schwer krank war. Ich hatte Angst, erfrieren zu müssen.
Die Mutter sagt: Warum hast du nicht gesagt, daß sie dich heimbringen sollen. – Das wäre nicht gegangen, weil sie mit der Medizin zu spät gekommen wären. Und viele wären gestorben.
Die Mutter sagt: Du bist doch mein Bester.

Jürgen

Stellungnahmen zum Neinsager

Nach den Winterferien, einen Monat später also, erinnerte ich die Klasse an die gemeinsame Arbeit am Jasager und kündigte an, ihnen jetzt eine ähnliche Geschichte vorzulesen. Sie gehe anders aus, sei aber von Anfang an in wichtigen Punkten auch schon ganz anders gemacht als die erste. Beim Zuhören sei das nicht leicht zu merken. Die Schüler bekommen die Aufgabe, die Unterschiede und das Wesentliche der neuen Geschichte festzuhalten.

Damit verzichtete ich darauf, den Schülern den Neinsager als ebenso zwingend folgerichtig komponiertes Gegenstück zum Jasager plausibel zu machen. Ich wollte ihnen vielmehr eine offene Auseinandersetzung mit der Kernthese zumuten: „Wer a sagt, der muß nicht b sagen. Er kann auch erkennen, daß a falsch war."

Folgende Überlegungen waren dabei für mich handlungsleitend: Schüler im 9. Schuljahr einer Schule für Lernbehinderte sind überwiegend Jugendliche, die aufgrund ihrer Lebensumstände bereits über vielfältige Erlebnisse und Erfahrungen verfügen, die belegen, daß wer a sagt, in aller Regel dann auch b sagen muß. Der Zwang der Verhältnisse, in denen sie groß werden, erzeugt jene Rigidität im Handeln und Denken, der ein solcher Satz als fraglos richtig erscheint. Förderunterricht, der neue Horizonte eröffnen, Urteilskräfte stärken, aus unbefragt hingenommenen Zwängen befreien will, kann im Rahmen der eng gezogenen Grenzen neue Denkspuren legen, sie erproben, und auf Handlungsmöglichkeiten hin konkretisieren lassen. „… in jeder Lage neu nachzudenken" und zu wissen, daß b nicht zwangsläufig folgen muß, wenn man erkennen kann, daß a falsch war: damit wollte ich meine Schüler vor dem Hintergrund des bisher Erarbeiteten provozieren. In zwei Stufen sollten sie sich weiter auf diesen Gedanken einlassen:

Stufe 1 : Schriftliche Darstellung der wesentlich unterschiedlichen Momente im Neinsager.

Stufe 2 : Niederschrift einer neuen, eigenen Erzählung zur Regel, die dem neuen Brauch zugrundeliegt.

Die meisten Schüler konzentrierten sich auf eine knappe Nacherzählung des veränderten Ausgangs und betonten, diese Geschichte gefalle ihnen besser als die erste.

Zwei Schüler, Jürgen und Bekim, thematisieren immerhin die unliebsamen Konsequenzen des Bruchs mit der Tradition.

> Jürgen:
> „Der Lehrer ging zu dem Jungen und sagt (Präsens!): Da gibt es einen alten Brauch. Hör genau zu. Die Menschen, die auf so einer Reise krank werden, schmeißt man das Tal hinunter. Der Junge sagt: Ich überlege mir das. Nach einiger Zeit sagt der Junge: Ich möchte, daß ihr mich heimtragt.
> Sie sagen: Der Brauch lautet anders. Er sagt: Lieber blamier ich mich als daß ich sterb, und meine Mutter braucht mich auch noch. – Okay, wir tragen dich heim."

> Bekim:
> „… Sie gingen dem Gelächter und der Schande entgegen, denn sie wußten, daß sie das Richtige tun."

In den Stellungnahmen von Bernd, Iris, Sabine und Rolf findet sich das Zitat der Regel und erste Ansätze einer Auseinandersetzung damit:

Bernd beschließt seine Stellungnahme mit dem Zitat, schreibt die alte Regel jedoch – abweichend von Brecht – dem Lehrer zu. Ob sich darin seine Erfahrungen mit der Schule spiegeln? „Der Lehrer sagt, wer a sagt, sagt auch b. Das stimmt aber nicht. Wer a sagt, muß nicht b sagen, weil a auch falsch sein kann."

Iris macht sich Gedanken darüber, was in der Geschichte als „falsches a" gelten muß, wenn sie schreibt:
„Der Spruch ‚Wer a sagt, muß auch b sagen', muß nicht immer stimmen, weil es ja sein kann, daß a falsch ist. Denn der Junge wurde ja gar nicht über die gefährliche Reise aufgeklärt."

Sabine erzählt von allen am präzisesten die dramatische Episode. Bemerkenswert an ihrem Text ist zum einen, daß bei ihr der Lehrer je etwas anderes meint, wenn er sich den Studenten, dann dem Knaben gegenüber auf den Brauch beruft. Zum anderen ersetzt sie in der alten Regel das „muß" des Originals durch ein „kann". In ihrem Kontext wird so aus dem logischen noch eindeutiger ein moralisches Problem. Schließlich ist auch für sie wichtig, daß der neue Brauch keineswegs von den anderen verstanden und gebilligt werden muß. Sie schreibt:
„Der Junge sagt: Nein, ich bin nicht einverstanden. Die Studenten haben es gehört. Dann sagten sie: Du hast am Anfang ja gesagt, (komme) was wolle. Die Studenten sagen: Wer a sagt, kann auch b sagen. – Nein, man muß nicht b sagen. Und der Junge sagte: Bringt mich nach Hause. Die Studenten sagen: Ja, wir bringen dich nach Hause. Der Lehrer sagt: Die lachen uns aus. – Das kann uns egal sein. Und die Studenten brachten ihn nach Hause und die Leute lachen."

Rolf begrenzt seine Stellungnahme auf ganze drei Zeilen:
Der Neinsager
Vergleich
Der Anfang war fast genau wie beim Jasager. Wer a sagt, muß auch b. Wer a sagt, kann auch sagen, daß a falsch war. Ich meine, daß man, was falsch war, zugeben kann und müssen sollte.

Mir fällt der Gegensatz auf zwischen der äußerst knappen, elliptischen Formulierung im zweiten und dritten Satz und dem sehr kompliziert gebauten vierten: So vorsichtig wird man, wenn man Brechts neue Regel nachbuchstabiert und dabei die eigene Praxis und die der anderen im Blick behält.

Die Neinsager-Geschichten der Schüler

Anschließend bat ich die Schüler, eine eigene Erzählung zu versuchen, die für den Bereich des Alltags die Anwendung der neuen Regel illustriert.

Mich erstaunte zunächst das breite Spektrum von Situationen, das in den zwölf Geschichten zum Vorschein kommt. Nicht weniger wunderte ich mich darüber, wie konsequent einige selbst die mögliche Mißbilligung im Auge behielten, die unkonventionelles, aus erneutem Nachdenken resultierendes Handeln provoziert. Das gelang freilich nicht allen.

So erzählt Cordula, wie der Großvater ein sorgsam gehütetes Geheimnis seiner Tochter ausplappert, weil er sich der alten Regel beugt.

Doris erzählt breit von einem jung verheirateten Mann, der sich hoch verschuldet, um Hausrat zu beschaffen. Er wird arbeitslos und damit zahlungsunfähig.

Durch einen Einbruch verschafft er sich das Geld zur Tilgung seiner Kredite. Er wird gefaßt, sieht ein, daß er falsch gehandelt hat und versucht, die Dinge wieder in Ordnung zu bringen.

Martins Story handelt von drei Bankräubern, die sich darüber streiten, was mit der Beute geschehen soll. Einer will aussteigen und stellt seinen Anteil zur Disposition. Darauf die anderen: „Wer b sagt, muß auch c sagen. Das stimmt, sagt der eine Gauner. Aber Ausnahmen bestätigen die Regel. Wer b sagt, kann erkennen, daß b falsch war, der kann auch a sagen ...“

Sabine verlegt ihre Geschichte auf die Intensivstation einer Klinik. Der Arzt eröffnet dem Vater eines jungen Mädchens, Opfer eines Unfalls, die Hoffnungslosigkeit der Lage. Zunächst willigt der Vater ein, die Geräte abzuschalten, entschließt sich aber wenige Augenblicke später, seine Entscheidung zu widerrufen. Nach Tagen ist seine Tochter über dem Berg.

Maria und Iris erzählen eine Liebesgeschichte: Zwei junge Leute finden zusammen, doch nach kurzer Zeit geht die Sache auseinander. In beiden Fällen macht der Junge „Schluß“. Als er bei Iris vom Mädchen deswegen zur Rede gestellt wird, zitiert er auf eigenwillige Weise Brecht: „Ich sag nur a, denn b muß ich nicht sagen.“ Iris fährt fort: „Das Mädchen weinte und dachte, daß wahrscheinlich a auch falsch war. Aber es gibt noch mehr Jungs, sagte meine Freundin; dann habe ich aufgehört zu weinen.“ – Bei Maria hingegen kommen die beiden wieder zusammen, heiraten, kriegen Kinder, lassen sich scheiden, und verlieren sich trotzdem nicht aus den Augen. Wird mit Brechts neuer Regel das komplizierte Management der privaten Beziehungen und Bindungen in der Risikogesellschaft besser lebbar?

Die Erzählung von Bernd spricht für sich; sie braucht keinen Kommentar:

> Ein Mann suchte einen Arbeitsplatz als Maurer. Er ging jeden Tag zum Arbeitsamt und fragte nach einem Arbeitsplatz; es war aber nichts frei. Da sagte der Mann: „Es ist mir egal, was ich mache. Hauptsache ist, daß ich Geld verdiene.“ Er ging zum Arbeitsamt und sagte: „Ich will irgend eine Arbeit.“ – Wir haben noch eine Stelle als Hilfsarbeiter.“ Er willigte ein.
> Und er ging am nächsten Tag zu der Arbeitsstelle und fragte, ob er hier Arbeit haben könne. Und sie sagten: Ja.
> Am nächsten Tag kam der Mann nicht zur Arbeitsstelle. Da rief der Chef bei dem Mann an und fragte, warum er nicht zur Arbeit kommt. Da sagte der Mann: „Ich habe es mir anders überlegt. Ich will nicht mehr als Hilfsarbeiter arbeiten.“ Da sagte der Chef: „Wer a sagt, muß auch b sagen.“ Da sagte der Mann: „Das stimmt nicht. Wer a sagt, muß nicht b sagen. Er kann auch erkennen, daß a falsch ist.“
> Der Mann suchte wieder eine Arbeitsstelle.

Mit dem, was Nicos abgeliefert hatte, konnte ich zuerst nichts anfangen:

> Es waren fünf Schafe und ein Schäfer. Sie gingen auf die Weide, um Gras zu essen. Und danach, am Abend, ging der Schäfer nach Hause, und molk seine fünf Schafe. Die Schafe wollten nicht, daß der Schäfer sie verkauft. Aber der Schäfer sagte: Wer a sagt, muß auch b sagen. Also muß ich euch verkaufen, um Geld zu kriegen.

Hat er das Thema nicht bewältigt, war er überfordert? – Viel später erst merkte ich, daß sich dieser Text auch ganz anders deuten läßt:

Nicos beginnt mit einem fast biblischen Bild. Dagegen kontrastiert er im zweiten Teil die moderne, vermeintlich selbstverständliche Logik der Schlachtviehproduktion. Er formuliert den Widerspruch nicht, den er seinen Schafen als die neue Regel in den Mund legen müßte. Täte er das, müßte er mit dem Gelächter der meisten Zeitgenossen rechnen. Bloß, wie erklärt man dann die Faszination, die das alte biblische Bild immer noch hat? Welche Vorstellung vom Verhältnis zwischen Mensch und Tier ist die angemessenere? Ist Nicos damit überinterpretiert? – Förderlicher Unterricht muß das riskieren, denke ich.

Rolf hat begriffen, daß er die neue Regel auf eine Situation anwenden kann, die nicht nur ihn, sondern eine ganze Gruppe seiner Mitschüler aktuell bedrängt. Er macht sich Mut, wenn er schreibt:

> Michael will die Schulfremdenprüfung machen. Er geht sieben Stunden in der Woche in den Förderunterricht. Nach vier Monaten merkt er, daß er das nicht schaffen kann. Er redet mit seinem Lehrer. Der Lehrer sagt: Wer a sagt, der muß b sagen. Michael sagt: Das stimmt nicht. Wer a sagt, der muß nicht b sagen. Er kann auch erkennen, daß a falsch war. Der Lehrer sagt: Du hast recht. Mache bei uns den Abschluß. Michael hat dann seinen Sonderschulabschluß erster Klasse gemacht.

Bekims Aufsatz gefällt mir so gut, daß ich beschließe, ihn der Klasse als Lesestück zu präsentieren, ohne den Verfasser zu nennen. In einer leichten, spielerischen, geradezu ironischen Form nimmt dieser Schüler die neue Regel in sein Repertoire auf. So, als wollte er sagen: Gut, daß ich diese Möglichkeit zu denken und zu handeln kenne. Aber ob ich mich daran halte, das kann offen bleiben.

Mehr sollte man nicht erreichen wollen. Auch Förderunterricht hat mit einer Kolonisierung des Denkens und Handelns nichts zu tun.

Ein Schüleraufsatz: Gegenstand des Leseunterrichts

Zur nächsten Deutschstunde bringe ich Bekims Aufsatz auf einem Arbeitsblatt mit. Der Verfasser wird in den Plan eingeweiht, seinen Text als ganz normales Lesestück zu behandeln. Ich bitte ihn, die Sache mitzuspielen. Der Klasse erkläre ich:

Durch Zufall bin ich auf eine weitere Geschichte gestoßen, die zu den beiden paßt, an denen wir in den letzten Wochen gearbeitet haben. Ich habe sie auf dieses Blatt abgeschrieben und Zeilenzählung dazugefügt, damit wir uns besser darüber unterhalten können.

```
    Im Freibad

1   Es war ein schöner Sommertag, als Frank sagte:
    Gehen wir heute ins Freibad?
    Tanja, Tina, Susi, Marco und Ralf waren einverstanden.
    Sie gingen nach Hause und packten ihre Sachen zusammen.
5   Dann trafen sie sich am Eingang vom Freibad.
    Ralf sagte: Gehn wir jetzt rein? Oder wollt ihr Wurzeln schlagen?
    Sie gingen rein, zogen sich um und suchten einen Liegeplatz.
    Tina fragte: Wer kommt ins Wasser, um ein Wettschwimmen zu machen?
    Wer Sieger ist, bekommt ein Eis bezahlt.
10  Und alle machten mit.
    Ralf gewann die Wette und bekam ein großes Eis.
    Marco guckte nach oben und sah,
    wie gerade einer vom Siebenmeter-Sprungbrett sprang.
    Er überlegte. Und wer macht mit mir ein Wettspringen?
15  Frank, Tina und Tanja sagten: Ohne mich.
    Susi ging rauf und sprang einen Köpfer. Unten tauchte sie wieder auf.
    Ralf staunte.
    Dann ging Marco rauf, sah nach unten, nahm Anlauf
    und sprang einen Salto und tauchte unten wieder auf.
20  Jetzt bist du dran, Ralf, meinte Marco.
    Ralf: Ich weiß nicht so recht, ich bin noch nie runtergesprungen.
    Auf, sagten sie, es ist ganz leicht.
    Ralf ging hoch; und oben stand er, sah runter.
    Ihm wurde ganz schlecht.
25  Marco rief: Los Ralf, spring! Wer a sagt, muß auch b sagen!
    Ralf rief runter: Das stimmt nicht.
    Wer a sagt, muß nicht b sagen; er kann erkennen, daß a falsch war.
    Er schloß die Augen, faßte Mut und sprang einen Köpfer runter.
    Er tauchte auf und lachte: Das wollte ich dir sagen.
```

Die weiteren Schritte:

- Jeder liest den Text still für sich.

- Einübung in den Gebrauch der Zeilenzählung:
  Man stellt Fragen zum Text; die Antwort muß belegt werden, indem man die
  Zeile angibt, der man sie entnimmt.

  Beispiele (mit steigendem Schwierigkeitsgrad):
  Wieviele Personen kommen vor? (Zeile 1/3)
  Wer ist Hauptfigur? Wie oft wird sie genannt? (Zeilen 3/6/11/17/20/21/23/25/26
  = neunmal!)
  Wo kündigt der Erzähler an, daß Ralf Bücher liest? (Zeile 6)
  Welches Mädchen bringt Stimmung in die Gruppe?
  Welches Mädchen wird von Ralf bewundert und weswegen?
  In welcher Zeile steht das Brecht-Zitat? Warum erst so spät?
  Warum ist die Erzählung nach Zeile 11 nicht zu Ende?
  Wer ist Ralfs Gegenspieler und was ist das für ein Typ?
  Wie müßte die Geschichte nach Zeile 27 weitergehen , wenn sich der Erzähler
  konsequent an die Vorlage des Neinsagers halten wollte?
  Was denkt ihr, warum wird hier ein anderer Schluß bevorzugt?

Im Verlauf des Unterrichtsgesprächs wird deutlich, wie gut diese Erzählung gebaut ist: Sechs Personen, drei Jungen, drei Mädchen. Die Anzahl der jeweiligen Namensnennungen entspricht genau der Bedeutung der Figuren in der Geschichte. Erster Höhepunkt in Zeile 11. Ralf ist Sieger. Dann die dramatische Entwicklung. Allmählicher Spannungsaufbau: Die Gruppe spaltet sich in Akteure und Zuschauer. Susi statuiert das Exempel. Ralf staunt. Marco provoziert. Ralf wird aufgefordert; er zögert, man macht ihm Mut, er willigt ein, ihm wird schlecht. Erneute Aufforderung, gekoppelt mit der alten Regel. Ralf wehrt sich mit der neuen Regel und – Schlußpointe – handelt dann doch nach der alten.

Schlußfrage an die Klasse: Hat diese Erzählung ein Mann oder eine Frau geschrieben? – Könnt ihr euch denken, wer der Verfasser ist? Nein, Brecht ist es nicht, auch weder ich selbst noch der Klassenlehrer. Bekim ist es. Allgemeines Erstaunen. Das hätte keiner erwartet. Bekim grinst. Förderlicher Aufsatzunterricht.

Literatur

Brecht, B.: Der Jasager und Der Neinsager. Vorlagen, Fassungen, Materialien. Herausgegeben und mit einem Nachwort versehen von P. Szondi. Frankfurt 1966 (edition Suhrkamp 171).

Hiller, G.G.: Aufsätze ernst nehmen – korrigieren alleine reicht nicht. Ein Weg zum sozialen Lernen und Lehren im ganz alltäglichen Unterricht. In diesem Band, S.122–129.

Rutter, M. u.a.: Fünfzehntausend Stunden. Schulen und ihre Wirkung auf die Kinder. Weinheim 1980.

Sandfuchs, U.: Förderunterricht: Systemkosmetik oder wirksame Hilfe? In: Praxis Deutsch (14), 1987, Heft 82, S.12–16.

Wünsche, K.: Was Schüler zu verstehen geben. In: Messner, R., Rumpf, H. (Hg.): Schuldeutsch? Wien 1976, S.26–50.

Texte befragen

Methodische Anregungen zu einem kritischen Leseunterricht

Das Fundstück

Vermutlich im Jahr 1983 erschien in der „Berliner Zeitung" dieser Leserbrief:

Mein Junge wurde für ein unbedachtes Wort von der Lehrerin an den Pranger gestellt

Ich bin Fahrlehrerin und habe einen neunjährigen Sohn, der nach irgendeiner Rangelei mit einem türkischen Kind das Wort „Scheiß-Türke" gebrauchte. Die Klassenlehrerin hörte das Wort, und sie drohte meinem Sohn sinngemäß mit den Worten: „Na warte, das zahlt dir die Klasse morgen heim."

Als mir das mein Sohn abends erzählte, schrieb ich einen Brief an die Lehrerin mit der Frage, was sie wohl mit ihrer drohenden Bemerkung andeuten wolle.

Mein Sohn hat diesen Brief aus Angst vor der Lehrerin nicht abgegeben.

Einen Tag später mußte sich dann mein Sohn vor die Klasse stellen und eine Stunde lang den Kindern Frage und Antwort stehen. Die Fragen waren so, daß mein Sohn weinen mußte. Bei der Frage- und Antwort-Strafexpedition waren zwei Lehrerinnen anwesend, die

die Kinder ausgiebig für ihre guten Fragen lobten.

Ich wußte in meiner Empörung nicht, was ich tun sollte – zumal ich es mir nicht gefallen lassen wollte, daß mein Kind auf solche Art und Weise regelrecht angeprangert wurde.

Warum hat die Lehrerin nicht das Selbstverständlichste der Welt getan? Warum hat sie nicht beide Kinder zur Seite genommen und verlangt, daß sich mein Sohn für diese Bemerkung bei dem Türkenjungen entschuldigt? So aber hat sie es vorgezogen, meinen Sohn in solch entwürdigender Weise zu demütigen. Die Rektorin der Schule sagte mir, daß die Klassenlehrerin es ablehnt, mit mir über diese Angelegenheit zu sprechen.

Die Rektorin erklärte mir, daß sie mit der Art der Klassen-Befragung einverstanden wäre. Diese Erziehung diene dem Schutz der Kinder, und sie sei nicht bereit, meine

Beschwerde anzuhören. Sie hätte es auch nicht nötig, mir Einzelheiten über diese Sache zu schildern.

Erst nach einer lauten Debatte konnte ich brockenweise erreichen, daß wenigstens etwas von meiner Beschwerde angehört wurde.

Das Resultat dieser Anprangerung ist, daß die Kinder meinem Sohn „Scheiß-Deutscher" hinterherrufen, daß seine Wildlederjacke „verschwunden" war, so daß mein Sohn nur mit einem Pullover bekleidet nach Hause gehen mußte.

Und wenn jetzt mein Sohn etwas im Unterricht nicht verstanden hat, heißt es: Such dir einen anderen, der dir hilft.

Ich möchte meinen Sohn sofort aus dieser Ganztags-Schule nehmen – aber ich bin als Berufstätige sehr darauf angewiesen.

Eva Hans,
Birkenstr.,
Berlin 21

Welche Vorarbeiten sind nötig, um damit Leseunterricht für Schüler der Sekundarstufe zu machen, der ihren Horizont erweitert, ihre Urteilskraft bildet und ihnen neue Handlungsräume eröffnet?

Vorarbeiten

Die Fallstricke der methodischen Tradition

Leserbriefe sind weder Lesestücke noch Lehrtexte. Bedient man sich dennoch der landläufigen Methoden des Leseunterrichts (Im Plenum fürs Plenum laut vorlesen (lassen) – unbekannte Wörter „klären" – in Abschnitte gliedern – pro Abschnitt die zentralen Begriffe und die Hauptargumente aufspüren – für jeden Abschnitt eine Überschrift suchen – eine Gesamtüberschrift erfinden beziehungsweise die vorhandene problematisieren – vom Ganzen eine leicht memorierbare Kurzfassung (Inhaltsangabe / grafisches Schema) herstellen – über Möglichkeiten einer Nutzanwendung verhandeln), dann werden Lehrer und Schüler zum Opfer dieser methodischen Tradition: Was zuvor ein engagierter, parteilicher Protest gegen erlittenes Unrecht, ein Angriff auf den raffiniert inszenierten Psychoterror einer wohlmeinenden Lehrerin, ein Aufbegehren gegen die fragwürdige Solidarität der Vorgesetzten war, wird im methodischen Würgegriff eines solchen Unterrichts zum Bericht über einen Schulhofkonflikt und dessen Folgen, dessen Verlauf man nacherzählen muß. Der Anspruch auf Erziehung zu kritischem Bewußtsein, auf Anstiftung zu couragiertem Handeln löst sich in einem so inszenierten Unterricht auf in Histörleinwissen. Bestenfalls hat man eine Story mehr, die man auf der nächsten Party zum besten geben kann. Dabei ist es ziemlich unerheblich, ob solcher Unterricht frontal, in Gruppenarbeit oder als Lernprogramm durchgeführt wird. – Wie aber sehen Alternativen aus.

Textbearbeitung – Textentlastung

Die vorliegende Fassung wäre zumindest für leseschwache Schüler eine Zumutung: Der Schriftgrad ist viel zu klein, der Text ist zu lang, die Satzgefüge sind zu komplex, die indirekte Rede steht in grammatisch falschen Formen: Eine schlichte Vergrößerung schafft also keine Abhilfe. Ich entschließe mich daher zu einer Neufassung, möglichst eng am Original; außerdem füge ich Zeilenzählung dazu: So wird später für die Schüler jede Textstelle präzise ansprechbar, sei es um Verständnisfragen zu erörtern, um Fundstellen für Informationen angeben oder um Behauptungen und Deutungen belegen zu können. Schließlich bekommt der Sohn einen Namen, das erleichtert die Verhandlung des Falles.

Ohne weitere Rechtfertigung hier das Ergebnis:

1 Mein Sohn wurde für ein unbedachtes Wort
2 an den Pranger gestellt

3 Ich bin Fahrlehrerin und habe einen neunjährigen Sohn.
4 Nach einer Rauferei mit einem türkischen Kind gebrauchte
5 er das Wort „Scheiß-Türke".
6 Die Klassenlehrerin hörte das Wort, und sie drohte meinem
7 Sohn etwa so: „Na warte, das zahlt dir die Klasse morgen heim."
8 Thomas erzählte mir das abends. Ich schrieb einen Brief
9 an die Lehrerin und fragte, was sie mit ihrer drohenden
10 Bemerkung andeuten wolle.
11 Mein Sohn hat diesen Brief aus Angst vor der Lehrerin
12 nicht abgegeben.
13 Am Tag darauf mußte sich Thomas vor die Klasse stellen.
14 Eine Stunde mußte er den Kindern Antwort auf ihre Fragen
15 geben. Die Fragen waren so, daß mein Sohn weinen mußte.
16 Bei dieser Straf-Befragung waren zwei Lehrerinnen dabei.
17 Sie lobten die Kinder viel für ihre guten Fragen.
18 Ich war darüber sehr empört. Ich wollte es mir nicht gefallen
19 lassen, daß mein Kind auf eine solche Art und Weise angeprangert
20 wurde.
21 Warum hat die Lehrerin nicht beide Kinder zur Seite genommen?
22 Warum hat sie nicht verlangt, daß sich Thomas für dieses
23 Wort bei dem Türkenjungen entschuldigt? Sie fand es besser,
24 meinen Sohn zu demütigen.
25 Die Rektorin der Schule sagt mir: „Die Klassenlehrerin will
26 nicht mit Ihnen über diese Sache sprechen." Die Rektorin
27 erklärte auch: „Ich bin damit einverstanden, was die Klassen-
28 lehrerin getan hat." Es gab einen lauten Streit. So mußte sie
29 doch noch einen Teil meiner Beschwerde anhören.
30 Was ist das Ergebnis? Andere Kinder rufen meinem Sohn nach:
31 „Scheiß-Deutscher". Seine Lederjacke war weg. Er kam nur im
32 Pullover nach Hause. Wenn Thomas jetzt im Unterricht etwas
33 nicht versteht, heißt es: „Such dir einen anderen, der dir hilft!"
34 Ich möchte, daß mein Sohn nicht mehr in diese Schule muß.
35   Eva Hans, Birkenstr., Berlin 21

Analyse der Textstruktur

In meiner Neufassung entspricht die Untergliederung des Textes der Analyse, die ich mir wie folgt zurechtgelegt habe:

Zeile	Inhalt	Stichworte
1/2	Überschrift	Definition Pranger: Schandpfahl, an dem Verbrecher öffentlich zur Schau gestellt und von den Leuten verspottet und gedemütigt werden. Im Unterricht durch Tafelskizze klarmachen. Entwurf:
3	Vorstellung	Fahrlehrerin, neunjähriger Sohn
4/5	Vorfall	Rauferei, „Scheiß-Türke"
6/7	Drohung	keine Nachforschungen!
8 bis 10	(Einspruch)	Brief, aus Angst erfolglos
12 bis 16	Demütigung	einstündiges (!) Verhör zweite Lehrerin: Zeugin
17 bis 19	Empörung	
20 bis 23	Alternativen	Schülerwürde gegen Schulräson
24 bis 28	Protest	Verweigerung des Dialogs Rektorin deckt Lehrerin Streit
29 bis 33	Folgen	Beschimpfung, Eskalation, Isolation, Schulwechsel?

Annäherung an die Hauptakteure
Erster Versuch

Eva Hans: Mitte 30, etwa 1950 geboren, also 1968 volljährig; die studentische Revolution und die Folgezeit hat sie in Berlin bewußt miterlebt; möglicherweise alleinerziehende Mutter, die gelernt hat, sich gegen Autoritäten zu wehren.

Rede- und schreibgewandte, berufstätige Frau, die mit Schullehrerinnen durchaus konkurrieren kann: Auch von ihr werden pädagogische Qualifikationen verlangt.

Zu ihrem Sohn hat sie ein gutes Verhältnis: Er erzählt ihr offen den Vorfall, die Reaktion der Lehrerin, die Strafbefragung und deren Folgen.

Frau Hans akzeptiert Rangeleien unter Neunjährigen, hält Verbalaggressionen zwar nicht für wünschenswert, jedoch für unvermeidlich. Kommt es dazu, dann geht es um rasche Beilegung ohne Aufhebens nach Maßgabe des gesunden Menschenverstandes. Wenn Lehrer sich überhaupt in derlei einmischen, dann ist deren Takt gefragt.

Klassenlehrerin: Das Schimpfwort „Scheiß-Türke" bringt sie aus der Fassung. Eine Frau, die Ausländerfeindlichkeit, Beleidigung in jeder Form, im Keim ersticken will. Sie forscht nicht nach, weswegen es zur Beschimpfung kam; das Faktum genügt.

Auf grobe Klötze gehören grobe Keile. Strafe muß sein, vergeltend, öffentlich, abschreckend auf für andere. Weil es immer wieder zu solchen Verfehlungen kommt, hat sie das „Feuerstuhl-Ritual" mit der Klasse längst trainiert; die Schüler haben schon soviel Routine, daß sie es – mit lobender Unterstützung – immerhin 45 Minuten lang durchhalten können, erfolgreich wie man erfährt.

Das Strafritual wird sorgfältig inszeniert. Eine Kollegin muß sekundieren, außerdem wird sie als Zeugin gebraucht, für den Fall, daß es später Legitimationsprobleme geben sollte.

Aber nicht nur die Schüler und die Kollegin hat man im Griff, man ist sich auch der Solidarität der Vorgesetzten sicher. So kann man es sich leisten, den Dialog mit der aufgebrachten Mutter schlicht zu verweigern.

Rektorin: Die Praktiken der Lehrerin sind ihr durchaus bekannt; sie teilt offenbar deren Erziehungsgrundsätze. Sie nimmt eindeutig Partei, verstärkt somit die Distanz zur Mutter und provoziert deren Ausbruch, schließlich den Leserbrief.

Der türkische Junge bietet lediglich den Anlaß, die fraglos gültigen Normen in Klasse und Schule eindrücklich zu bekräftigen. Thomas ist selbstverschuldet das Opfer.

Zweiter Versuch

– Angenommen, Thomas provoziert schon seit langem die türkischen Mitschüler, bis sie zuschlagen, um sie dann unflätig zu beschimpfen; ein Einzelkind, ohne Vater, das meint, sich durchsetzen, bewähren zu müssen, und folglich die Rangeleien geradezu sucht.

– Angenommen, Thomas gehört zu einer Clique von meist älteren Jungen, von denen bekannt ist, daß sie gegen türkische Kinder Front machen. Angenommen, er hat dieses Verhalten auch in der Schule wiederholt gezeigt. Was, wenn es einschlägige Vorfälle gab und sämtliche Formen mäßigender Einwirkung erfolglos blieben? Woher rührt seine Angst vor der Lehrerin? Ist er wirklich nur ein sensibles Kind, oder hat er angesichts seiner Vorgeschichte nicht allen Grund zu befürchten, daß er diesmal nicht so glimpflich wie bisher davon kommen wird?

– Angenommen, während Thomas vor seiner ahnungslosen Mutter den zu unrecht Bedrängten spielt und diese ihren Brief abfaßt, telefoniert die Lehrerin mit der Rektorin. Sie beraten, wie man aufgrund des neuerlichen Vorfalls mit dem kollegiumsbekannten Früchtchen am morgigen Tag verfahren soll. Was, wenn die Rektorin anregt, Frau N.N. hinzuzuziehen und diese sich nach einem zweiten, langen Telefonat dazu schließlich bereit gefunden hat?

– Angenommen, die wortgewandte, schreibfreudige Frau Hans ist dem Kollegium bereits seit dem ersten Schuljahr als streitsüchtig und aufsässig bekannt. Hat man sich deswegen darauf geeinigt, daß die Lehrerin sich am besten überhaupt nicht auf eine Auseinandersetzung einläßt und sie, falls sie vorstellig werden sollte, gleich an die Schulleitung verweist?

Skizze zum Konfliktfeld, in das der Leserbrief stößt
Eine solche Skizze kann Grundlage für eine das Unterrichtsgespräch begleitende, wachsende Tafelzeichnung werden. Sie verdeutlicht, wie komplex das Interaktionsfeld ist, in das die Verfasserin des Leserbriefes sukzessive vorstößt:

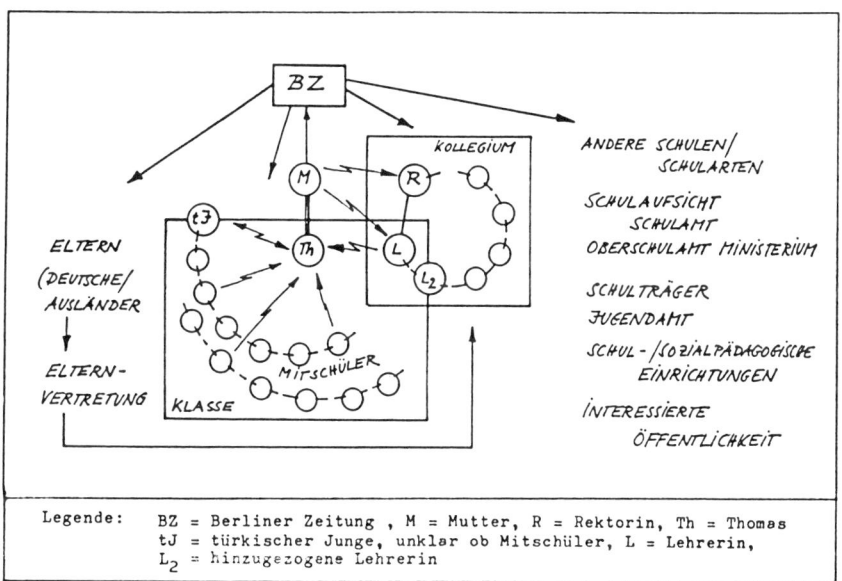

Legende: BZ = Berliner Zeitung , M = Mutter, R = Rektorin, Th = Thomas
tJ = türkischer Junge, unklar ob Mitschüler, L = Lehrerin,
L_2 = hinzugezogene Lehrerin

Mit einer solchen Skizze kann man klar machen,
– daß die Verfasserin des Leserbriefes weitere Schulinstanzen nicht eingeschaltet hat, zum Beispiel weder die Elternvertretung noch die Schulaufsicht;
– daß sie mit ihrem Leserbrief offensichtlich breite Aufmerksamkeit erzielen will;
– daß die „Berliner Zeitung" mit der Publikation auf öffentliche Ressonanz spekuliert;
– daß Leserbriefe die Waffe der Ohnmächtigen gegen Mächtige sind; Instrumente, um öffentlich Kritik zu üben: Leserbriefe hängen Mißstände an die große Glocke.

Was soll in diesem Fall öffentlich diskutiert werden?
– Die Strafproblematik?
– Die Dialogunfähigkeit der Institution Schule?
– Die pädagogische Taktlosigkeit von Lehrern und Schulleitungen und deren
  Arroganz?

Wozu sind so ausführliche Vorarbeiten erforderlich? Wolfgang Langer gibt darauf
in seinem sehr anregenden, neuen Buch: „Zwischen Biographie und Kultur.
Anstiftung zu einem persönlichen Umgang mit Texten und Bildern durch Unterricht", Langenau-Ulm 1988, eine sehr plausible Antwort:

> „Sie sollte(n) zur Klärung der Topographie von Sinnbezügen, Interessenlagen,
> Affektpotentialen und identitätsrelevanten Aspekten dienen, die im (Text) angelegt
> sind und möglicherweise durch die Beschäftigung mit ihm angesprochen, gedeutet
> und kultiviert werden können. Insofern dient die Erstellung dieser Topographie zur
> Bestimmung möglicher Ausgangs- und Ansatzpunkte, Strukturen und Grenzen einer
> Sinnlandschaft der Schüler. Der Lehrer, der (einen Text) im Blick auf Unterricht
> interpretiert, verfertigt gewissermaßen eine Landkarte, auf der zahlreiche Wege
> erkennbar werden, auf welchen sich das Unterrichtsgespräch fortbewegen kann.
> Welchen Gang der konkrete Unterrichtsverlauf jeweils nimmt, wird durch die Punkte
> bestimmt, an denen Schüler sich vorfinden, und durch die Kräfte und Interessen, die
> sie dazu bringen, bestimmte Wege einzuschlagen, sie zu verfolgen, anzuhalten,
> zurückzugehen oder auch sie zu verlassen. So wie eine Wanderkarte nur die Möglich-
> keiten von Wanderwegen zur Erschließung einer Landschaft aufweist, selbst aber nie
> den Verlauf einer Wanderung bestimmen kann, hat die vorgängige Interpretation des
> Lehrers … keine bindende, sondern nur orientierende Funktion. Sie hilft ihm, die
> Gedankengänge, Frage- und Problemstellungen der Schüler und deren Determina-
> tion erfolgreicher zu erkennen und auf (den Text) zu beziehen, auf sie vorbereitet zu
> sein, sie aufzunehmen, zu unterstützen und weiterzuentwickeln" (S. 30).

Unterrichtliche Zielsetzungen

Mit welchen Intentionen kann man diesen Leserbrief mit dreizehn- bis fünfzehnjährigen Schülern behandeln? Geht es darum, ihnen an diesem Beispiel zu
zeigen, wie sich engagierte Eltern mit Lehrern und Schulleitungen auseinandersetzen können? Sollen sie an diesem Beispiel erfahren, in welchem Kräftefeld und
unter welch divergierenden, ja konfligierenden Interessen sie erzogen werden?
Oder sollen sie lernen, ihre Mitschüler und Lehrer mit kritischeren Augen zu sehen,
sich selbst einen Spiegel vorhalten und aufgrund des Beispiels im Umgang
miteinander, auch mit den Eltern kompetenter werden. Geht es um Distanz zu
Ritualen?
    Die letzten Intentionen leuchten mir im Blick auf die Sekundarstufe am meisten
ein; deshalb probiere ich „Eingriffe" in den vorgegebenen Text an den Stellen, wo
von seiten beteiligter Schüler entscheidende Veränderungen des Ablaufs möglich
erscheinen.

Nach Zeile 7:

> Darauf Thomas: „Moment mal, das geht die Klasse gar nichts an. Das ist'ne Sache zwischen Mehmet und mir. Fragen Sie ihn, was los war, wer angefangen hat; was er mir an den Kopf geworfen hat …"
>
> Oder: „Okay, ist ja schon gut. Ich entschuldige mich bei ihm. – Hey, Mehmet, komm mal her …"

Nach Zeile 10:

> Thomas grinste: „Reg' dich doch nicht so auf! Du glaubst doch wohl nicht im Ernst, daß ich so'nen Brief morgen abgebe …"
>
> Oder: „Laß man, Mami, so'nen Brief is' nich' gut. Hab' doch Freunde: Chris, Martin, Sonja, Tina, aber auch Ismail, Yavuz und Rocky. Da wird nichts aus dem Verhör …"

Nach Zeile 13:

> Die Mitschüler sollten meinem Sohn peinliche Fragen stellen. Aber dann kam alles anders.
>
> Sabine stand auf und meinte: „Thomas sagt so'was doch nicht ohne Grund. Bis der ausrastet, dauert's 'ne ganze Weile. Und Mehmet, den kennt jeder: Der kann ganz schön fies sein. Der legt's doch auf Schlägereien an, muß beweisen, das er der Stärkere ist. Fragen Sie den doch mal, wie er Thomas auf die Palme gebracht hat."
>
> Ismail: „Mehmet hat schon längst vergessen. Nicht drüber reden. Ist besser so."
>
> Yavuz: „Wir schimpfen die auch. Aber türkisch. Gut, daß Sie das nicht verstehen."
>
> Chris: „Warum muß Frau N.N. dabei sein und sich das alles anhören? Gerichtsverhandlung mit Zeugen, oder was? War doch auf'm Schulhof; was geht's die Lehrer an."
>
> Rocky: „Wir haben doch mal 'ne Geschichte gelesen: Die anderen Kinder (U. Wölfel). Die haben sich doch bis zum Schluß beschimpft."
>
> Martin: „Kaninchenfurzfänger!"
>
> Rocky: „Genau. War bei denen aber gar nicht ernst gemeint. Sind doch Freunde geworden. Wir sagen auch so Zeug zueinander. Aber böse sind wir darum noch lange nicht aufeinander."
>
> Sonja: „Können wir damit nicht aufhören und endlich was Vernünftiges tun, richtigen Unterricht?" …

Methodische Anregungen

Eröffnungsschritt

In einer Zeitung habe ich einen Leserbrief gefunden, über den ich mich mit euch sprechen möchte. Der Text steht auf diesem Arbeitsblatt. Ihr seht, ich habe vor jede Zeile eine Ziffer gesetzt. Ich muß euch erklären, was das soll. Aber lest erst mal den Text durch, jeder still für sich.

Einübung in den Gebrauch der Zeilenzählung

Daß die Schüler mit den Ziffern vor den Zeilen selbstverständlich umgehen können, darf man insbesondere bei den Schwächeren nicht voraussetzen. Hierzu bedarf es eigens zu veranstaltender, wiederholter Übungen.

– Zu diesem Text bekommt ihr nachher Fragen, die ihr schriftlich beantworten müßt. Damit jeder weiß, wie es gehen kann, habe ich auf dem Tageslichtprojektor einen Ausschnit aus dem Textblatt aufgelegt. (Zeile 13 bis 16)

– Die Fragen, die ihr bekommt, sehen dann etwa so aus:
 Wann mußte der Junge vor die Klasse? (13)
– Was bedeutet die (13)? – Ein zweites Beispiel:
 Warum hat der Junge geweint? (15)
Solche Fragen nennt man Verständnisfragen. Ich will wissen, ob ihr genau gelesen
habt.

Zwischenschritt für schwächere Schüler
 Zur Einübung in den Gebrauch der Zeilenzählung lassen sich einfache Frage-
Antwort-Spiele mit der Lerngruppe veranstalten:
 Wie heißt das dritte Wort in Zeile 3, in Zeile 4, das letzte in Zeile 8,usf.? Schüler
befragen Mitschüler. Wer die richtige Lösung gefunden hat, stellt die nächste
Frage. Stellt der Lehrer die Fragen, wird er darauf achten, daß er je nach Intention
die sinntragenden Begriffe des Textes oder aber gleich die diskussionswürdigsten
Stellen erfragt.

Behauptungen be- oder widerlegen
 Die Zeilenzählung ist dafür gut zu gebrauchen. Einfaches Beispiel: Wo steht,
daß Thomas sich mit einem Ausländer geprügelt hat? (4)

Komplizierter:
 Wie beurteilt die Mutter, was die Lehrerinnen und die Klasse mit Thomas eine
 Stunde lang machten?
 (Strafbefragung / 16 – Anprangerung / 19 – Demütigung / 20)

Noch schwieriger: Was für eine Person ist Frau Eva Hans? Was steht über sie an
welcher Stelle?
 (wohnt in Berlin / 35 – ist Fahrlehrerin / 3 – hat einen neunjährigen Sohn Thomas
 3/8 – kommt mit ihm ganz gut aus 8 bis 10 / 18 bis 20 / 32 bis 34 – sie weiß sich
 zu wehren 28/29…)

Wo steht im Text,
 – daß der türkische Junge ein Klassenkamerad von Thomas ist?
 – daß die Klassenlehrerin beide Kinder zur Seite genommen hat?

Kann man aus dem Text erschließen, also zwischen den Zeilen lesen;
– daß Thomas und seine Klassenlehrerin schon länger nicht mehr gut miteinander auskommen?
 (Zeilen 6/7 – 11 – 16 – 25/26).
– daß die Klassenlehrerin eine solche Strafbefragung hier nicht zum erstenmal
 durchführt?
 (Zeilen 14/15 – 16 – 17 – 27/28).
– daß Frau Hans mit dem Verhalten ihres Sohnes auch nicht einverstanden ist?
 (Zeilen 22/23).

Fragen zum Text

Zu diesem Leserbrief habe ich mehrere Arbeitsblätter mit Fragen vorbereitet. Ihr sollt diese Blätter entweder in Einzelarbeit, zu zweit oder in Dreiergruppen bearbeiten.

Auf jedem Blatt stehen drei Gruppen von Fragen. Die Verständnisfragen stehen in der ersten Gruppe beieinander. Man beantwortet sie so, daß man die angegebenc(n) Zeile(n) genau durchliest und dann die Lösung aufschreibt.

In der zweiten Gruppe stehen Beurteilungs- und Bewertungsfragen. Sie beziehen sich auf die gleichen Zeilen wie die Verständnisfragen. Aber da muß jeder selbst nachdenken, bis er eine Antwort findet, die einleuchtet.

In der dritten Gruppe stehen Fragen, die euch selbst angehen. Der Text hat mich dazu gebracht, sie euch zu stellen.

Arbeitsblatt 1

Wer erzählt, wer ist „ich"? (3 und 35)
Wie alt ist der Sohn? (3)
Was ist passiert? (4/5)
Wer hörte was? (6)
Was tat diese Person? (6/7)
Was soll die Klasse tun? (7)
Wann soll die Klasse das tun? (7)

Warum fängt die Mutter ihren Brief damit an, daß sie schreibt, daß sie Fahrlehrerin ist? Auf wen soll dies Eindruck machen?
Hat die Lehrerin einen Fehler gemacht?
War es richtig, daß die Lehrerin sich eingemischt hat? Oder wäre es besser gewesen, sie hätte das einfach überhört?

Welche Schimpfwörter sagen andere zu dir und welche sagst du zu deinen Mitschülern?
Was sagen deine Lehrer(innen) dazu, wenn sie das hören? Was tun sie?
Was denkst du, wann müssen Lehrer eingreifen, wenn Schüler sich beschimpfen, und wann nicht?
Stell dir vor, in Zeile 8 ginge es so weiter:
8 Thomas dachte: Bloß keinen Ärger und .. (Schreibe den Leserbrief fertig)

Arbeitsblatt 2

Wer erzählt da was und wem? (8)
Was tut die Mutter? (8/9)
Was steht in dem Brief? (9/10)
Wann kam der Brief an? (11/12)
Was sagte die Lehrerin zum Brief der Mutter?

Stell dir vor, ab Zeile 11 ginge der Text so weiter:
11   Als ich Thomas den Brief in die Tasche stecken wollte, damit
12   er ihn am anderen Morgen seiner Lehrerin abgibt, sah er mich
13   mit großen Augen an und meinte: Laß man, ich habe gute Freunde,
14   Chris, Martin, Tina, Ismail, Yavuz und Rocky. Da läuft nichts
15   mit Verhör, auch wenn sie es versuchen wird …
Wie geht der Leserbrief weiter?
Stell dir vor, Thomas gibt den Brief am anderen Morgen seiner Lehrerin ab. Wie geht's
dann weiter?

Erzählst du zu Hause, wenn es mit dem Lehrer Probleme gab?
Wie reagiert deine Mutter / dein Vater?
Was meinst du, hat es die Mutter von Thomas richtig gemacht?

Arbeitsblatt 3

Wann mußte Thomas vor die Klasse? (13)
Wie lange hat das gedauert? (14)
Warum hat der Junge geweint? (15)
Wieviele Lehrerinnen waren dabei? (16)

Geht das überhaupt, mit Fragen einen Neunjährigen zum Weinen zu bringen? Was für
Fragen müssen das gewesen sein?
Wozu mußte die zweite Lehrerin dabei sein?
Die Befragung dauerte eine Stunde lang. Wo hat die Klasse es gelernt, so lange
Verhöre anzustellen?

Stell dir vor, Thomas hat in seiner Klasse gute Freunde. Was hätten sie fragen, was
sagen können, um das Verhör platzen zu lassen.
Schreib das bitte auf!

Arbeitsblatt 4

Wie hat die Mutter reagiert? (18)
Was meint die Mutter: Was hätte die Lehrerin tun sollen? (21 bis 23)
Was ärgert die Mutter? (23/24)

Woher weiß die Mutter, was passiert ist?
Was heißt „anprangern"? Schlag im Lexikon nach: Wie wird dort das Wort *Pranger* erklärt?
Die Mutter geht jetzt in die Schule. Was hätte sie sonst tun können?

Es gibt nur wenige Eltern, die in die Schule gehen, wenn sie meinen, ihr Kind sei dort nicht richtig behandelt worden. Was meinst du, warum das so ist?
Stell dir vor, das war nicht das erste Mal, daß Thomas türkische Mitschüler beschimpft. Die Klassenlehrerin hat schon oft mit ihm darüber geredet. Er entschuldigt sich dann auch. Aber trotzdem macht er dann mit den anderen so weiter. – Wenn man das weiß, was ist dann von den Vorschlägen der Mutter (Zeilen 21 bis 23) zu halten?

Arbeitsblatt 5

Mit wem redet die Mutter in der Schule zuerst? (25)
Wer ist womit einverstanden? (27/28)
Wer streitet mit wem und wozu? (28/29)

Auf welcher Seite steht die Rektorin: Auf der Seite der Mutter oder der Lehrerin? – Ist das immer so?
Könnte es wichtige Gründe geben, warum die Klassenlehrerin nicht mit der Mutter von Thomas sprechen will?
Warum denken die Lehrerin und die Rektorin: So etwas muß vor der Klasse bereinigt werden? Warum ist die Mutter von Thomas anderer Meinung?

Stell dir vor, ab Zeile 25 geht der Text so weiter:
25 Die Rektorin der Schule sagte zu mir: „Frau Hans, Sie sind
26 Fahrlehrerin. Sie sagen Ihren Schülern doch auch, daß sie
27 die anderen Verkehrsteilnehmer auf keinen Fall beschimpfen
28 dürfen, auch dann nicht, wenn sie selbst Opfer eines Unfalls
29 werden, der vermeidbar gewesen wäre. Sie wissen, Beleidigungen
30 im Verkehr werden bestraft. In der Schule kann das nicht anders
32 sein …"
Schreibe den Leserbrief zu Ende!

Arbeitsblatt 6

Wer sagt „Scheiß-Deutscher"? (30/31)
Was wurde dem Jungen geklaut und warum? (31)
Was tun die andern, wenn Thomas etwas nicht versteht und Hilfe braucht? (32/33)
An welchen Ausweg denkt die Mutter? (34)

Ist die Lehrerin am Verhalten ihrer Schüler schuld?
Was wird die Lehrerin mit den anderen Schülern tun, wenn sie erfährt, was diese mit Thomas machen?
Stell dir vor, die Rektorin liest den Leserbrief in der Zeitung. Was soll sie tun? Frau Hans anrufen und …? Selbst einen Leserbrief schreiben (Was steht da drin)? Eine Konferenz der Lehrer einberufen? Oder was sonst?

Was wird sich an der Schule ändern, wenn die Lehrer den Leserbrief von Frau Hans gelesen haben?
Fragt bei der Zeitung in eurer Stadt nach, ob sie so einen Leserbrief drucken würde. Schreibt die Antwort auf, die ihr dort von der Redaktion bekommt.

Schlußdiskussion

Den Leserbrief von Frau Hans lesen die meisten Eltern der Klasse. Er sorgt für ziemliche Aufregung. Die Eltern telefonieren miteinander. Der Elternvertreter fordert eine Elternversammlung. Auch die Rektorin ist dabei. Hier einige Meinungen, die man dort hören konnte:

1. Sowas muß man gleich im Keim ersticken!
2. Man soll sich nicht in Kinderhändel mischen. Das gilt für alle, für die Lehrerin, die Rektorin, aber auch für die Eltern!
3. Ein solches Verhör ist schlimmer als eine Ohrfeige.
4. Genützt hat das alles wohl überhaupt nichts. Jetzt ist alles noch schwieriger.
5. Es muß jedem klar werden, was wir an dieser Schule dulden und was nicht.
6. Ich begreife nicht, warum die Lehrerin und die Mutter nicht miteinander reden können.

Was wird diese Versammlung beschließen und wo geht Thomas künftig zur Schule?

Wohnen und Wohngemeinschaft als Unterrichtsthema

1. Drei Vorbemerkungen

Thema „Wohnen" – ein Paradebeispiel für schulischen Kulturimperialismus

Eine Analyse dessen, was in den Bildungsplänen zu diesem Thema an Zielen und methodischen Hinweisen normalerweise zu finden ist, eine sorgfältige Durchsicht der Unterrichtswerke zum Sachunterricht und sonstiger einschlägiger Medien bis hin zu den Bilderbüchern und den unsäglichen Puppenstuben, und schließlich ein kritischer Blick auf das, was höhere Töchter und Söhne als Lehrerinnen und Lehrer dazu in den Schulen, auch den Schulen für Lernbehinderte, veranstalten bis hin zu den Imitationen bürgerlicher Wohnzimmer in Schulräumen, macht deutlich, daß und wie kultureller Imperialismus in den Schulen betrieben wird. Als Opfer mittel- und oberschichtiger Sozialisation bekehrt man Kinder und Jugendliche – freundlich und verbindlich im Ton, hart und bedenkenlos in der Sache – zu den landläufigen Einstellungen, ästhetischen Normen, Erwartungen und Ansprüchen an Wohnungen und Wohnformen, macht sich somit zum nachgeordneten Propagandatrupp der Bausparkassen und der Möbelindustrie und deren Ideologien.

Lehrer von benachteiligten Kindern und Jugendlichen täten demgegenüber gut daran, sich zu vergegenwärtigen, daß aus ihren Schülern Menschen werden, die auf Dauer als Grenzgänger zu leben haben zwischen einer bürgerlich dominanten Kultur (deren Standards sie kaum realisieren können und die ihnen auch künftig oft genug gleichgültig bis feindlich gegenüberstehen wird) und jenen Verhältnissen, in denen sie Vitalität, Zähigkeit und Gelassenheit erlernt haben, um ihr schwer erträgliches Leben zu meistern.

„Ethnographische" Vorstudien sind unerläßlich

„Wohnen" läßt sich mit benachteiligten Kindern und Jugendlichen nicht vernünftig thematisieren, ohne daß der Lehrer möglichst präzise die tatsächliche Wohnsituation seiner Schüler kennt. Daraus folgt: Jeder unterrichtlichen Behandlung müssen Hausbesuche vorausgehen, dies bei möglichst vielen Schülern der in Frage kommenden Lerngruppe. Ohne konkrete Recherchen inklusive entsprechender Aufzeichnungen läuft man sonst Gefahr, entweder – wie oben angedeutet – bürgerlichen Vorstellungen aufzusitzen oder irgendwelchen generalisierten Elendstheorien anzuhängen, die mit den wirklichen Verhältnissen dieser Schüler nicht unmittelbar zu tun haben.

Der Lehrer sollte sich daher bezüglich seiner Lerngruppe genaue Kenntnisse über folgende Fragen verschaffen:
- Hat die Wohnung eine funktionsfähige Küche (Herd, Kühlschrank)?
- Hat die Wohnung ein Bad / Dusche? – WC (innerhalb/außerhalb der Wohnung)?
- Funktionieren das sanitäre System und die Heizung?
- Ist die Wohnung ausreichend möbliert; hat jedes Kind ein Bett?
- Hat der Schüler Platz und Ruhe für Schularbeiten, eine „eigene" Ecke?
- Gibt es originelle, beispielhafte Lösungen anstehender Probleme?

Aus solchen Erkenntnissen entsteht ein einigermaßen zuverlässiger Überblick über die Wohnsituation der Schüler:
- Wer lebt in unzumutbaren / wer in sehr erschwerten Verhältnissen?
- Wer lebt durchschnittlich, wieviele angenehm?

Dieser Überblick ist entscheidend für die Schwerpunktsetzung innerhalb der Unterrichtseinheiten, gleichgültig auf welcher Altersstufe.

Kinder und Jugendliche können an ihren Verhältnissen nichts ändern

Wenn man bedenkt, daß in Baden-Württemberg mehr als ein Drittel der Schüler in Schulen für Lernbehinderte Kinder ausländischer Arbeitnehmer sind und überdies weit über 80 Prozent aus Familien stammen, die den untersten Statusgruppen zuzurechnen sind, was in der Regel in beiden Fällen bedeutet, daß die Familien auf ökonomisch schmaler Basis leben (müssen), dann muß man sich sehr gründlich fragen, was man überhaupt mit dem Thema „Wohnen" im schulischen Unterricht bezwecken will. Je jünger die Kinder sind, desto weniger haben sie Einfluß auf die Gestaltung ihrer häuslichen Verhältnisse. Gleiches gilt aber selbst noch für die Jugendlichen, sogar für die jungen Erwachsenen, die nicht selten gezwungenermaßen im Verband ihrer Herkunftsfamilien verbleiben müssen, weit über das 20. Lebensjahr hinaus.

Welche Zielsetzungen und Akzentuierungen von Unterricht mit solchen Schülern bleiben übrig, wenn ihnen nicht in extenso und begrifflich scharf vorgeführt werden soll, was sie eh schon ahnen und wissen: Daß sie dazu verdammt sind, auf der Schattenseite des Lebens siedeln zu müssen und daß andere es eindeutig besser haben?

2. Allgemeine Anregungen

Aufgrund des Ausgeführten erscheinen mir Unterrichtsvorhaben zweckmäßig, die sich auf die folgenden Schwerpunkte konzentrieren:

Konkrete Hinweise und Tips zur Verbesserung der Ausstattung, realistische Anleitungen zur Benutzung, Pflege und Gestaltung von Wohnraum

Die nachstehend genannten Konkretionen sollten sowohl Gegenstand von Gesprächen bei Hausbesuchen sein, wie von Erörterungen auf einem themabezogenen Elternabend als auch im Unterricht (wenn möglich in dieser Reihenfolge).

Ausstattung
– Leitfrage, – was gehört *mindestens* zu einer funktionsfähigen Wohnung und wie/wo kann man sich derlei billig beschaffen? (Herd, Eisschrank, Waschmaschine, Grundmöbelbestand, Fernsehgerät/Radio.)
– Detaillierte Hinweise auf Gebrauchsgerätemärkte (Adressen), Wochenblatt-Kleinanzeigen: Zu verschenken/Verkäufe (Telefonieren üben), Pfandleihhäuser, Sozialer Möbeldienst, Sperrmüllabfuhrtermine, Sozialamt (Aufklärung über Antragsrechte).

Heizung / Wasser / Strom
– Einsparmöglichkeiten beim Wasserverbrauch (WC), Stromverbrauch (Glühbirnen), Thermostatventile und Lüftungstechniken. Verbrauchsmessungen und vergleichende Kontrollen.
– Reparaturmöglichkeiten (tropfende Wasserhähne, nicht jedoch am Stromnetz) Ofenreinigung usw.

Nutzung / Pflege / Schönheitsreparaturen
– Notwendige Reinigung: Organisation häuslicher Pflichten, Reinigungsmittel; Putzwahn problematisieren.
– Tapezieren können.

Gestaltungsmöglichkeiten
In unteren Statusgruppen und bei Ausländern sind Formen der Mehrfachnutzung von Räumen üblich, entsprechend müssen sie ausgestattet werden.
– Wohnküchen: Kombination aus Küche, Waschraum, Eß-und Wohnzimmer. Charakteristisches Möbel: die Eckbank.
– Bad / Waschküche.
– Schlaf / Wohnraum. Charakteristische Möbel : die Couchliege und das Etagenbett.
Wichtig wäre, für solche erzwungenen Lösungen gute Beispiele dokumentieren zu können: Fotos, Dias, Skizzen, Rechenaufgaben.

Hinweise auf Formen des öffentlichen Ersatzes / der öffentlichen Ergänzung für fehlenden Wohnraum; Hinweise darauf, wie man im häuslichen Wohnraum nicht erfüllbare Bedürfnisse außerhäusig wenigstens teilweise befriedigen kann

In diesem Zusammenhang geht es um möglichst plastische und eindrückliche Versuche zur Verbesserung von Überlebenstechniken für Kinder und Jugendliche in unwirtlichen häuslichen Verhältnissen. Die Vermittlung solcher Hinweise über Texte, Bilder, Videos, Rechenaufgaben und ähnliches muß ergänzt werden durch entsprechende Erkundungen, Besichtigungen, nicht zuletzt über Kontakte stiftende Maßnahmen seitens der Schule: Gäste im Unterricht. (Schule als Vermittlungsagentur von außerschulischen Sozialkontakten.)
    Man kann geradezu eine Liste machen der durch die in sozial schwachen Wohnverhältnissen nicht abzugeltenden Bedürfnisse von Kindern und Jugendli-

chen und sich dann fragen, ob es dafür möglicherweise ein öffentliches Substitut gibt, das in Anspruch genommen werden kann. Die zentrale Frage lautet dann: Wie können Schule und Unterricht wohnungsbedingte soziale Defizite, soziales Elend kompensieren helfen? Wen können sie zur Kooperation anstiften, wen beanspruchen, um im Interesse ihrer Schüler deren Situation zu verbessern?
Hier ein paar Andeutungen:

Schulaufgaben machen:
– Einrichtung eines Raumes in der Schule, der den Schülern ohne Arbeitsplatz zu Hause an den Nachmittagen und in den Abendstunden offen steht; eventuell mit Zusatzpersonal (Schulhelfer aus anderen Schulen oder Mitglieder von Fördervereinen). Hinweise auf entsprechende Einrichtungen in der Region, zum Beispiel in benachbarten Schulen, auch auf die Möglichkeiten der „Ausbildungsbegleitenden Hilfen" (vgl. S. 186f.), wie sie im Auftrag der Arbeitsverwaltung für Auszubildende nach Schulentlassung angeboten werden (Auskünfte erteilt das zuständige Arbeitsamt).

Freizeitgestaltung / Spielen:
– Fördervereinsangebote;
– Kinderläden, -tagesstätten, Tagesgruppen, Jugendhäuser;
– Vereinsmitgliedschaft, kirchliche Kinder- und Jugendgruppen;
– Mädchentreffs für türkische Mädchen;
– Stadtbücherei, Schwimmbäder, Sportstudios, Spielhallen, Schülerkneipen.

Essen:
– Mittagstisch in der Schule (in Zusammenarbeit mit Fördervereinen); Anleitung zur Zubereitung von Schnellgerichten in der Schulküche; Organisation der Versorgung von Einzelschülern, sei es durch Zugang zu Kantinen nahegelegener Betriebe, zu verbilligten Mittagstischen in Gasthäusern oder durch Absprache mit Eltern von Mitschülern, mit Freunden oder Bekannten im Umfeld der Schule.

Wäsche- und Kleiderpflege:
– Waschsalons, Reinigungen, Nähstuben und Flickschneidereien;
– Absprache mit Freunden, Bekannten, die entweder diese Aufgaben mitübernehmen oder die Mitbenutzung ihrer Geräte gestatten.

Körperpflege:
– Öffentliche Reinigungsbäder, Duschen in Schulen, Vereinen, bei Freunden und Bekannten.

Ausbildung von ersten Kompetenzen in wohnungsbezogenen Rechtsfragen

Ausgehend von Fallbeispielen vermitteln von Informationen und Handlungsmöglichkeiten bezüglich:

Wohngeld:
- Rechtsansprüche von Sozialschwachen;
- Mietzuschüsse von Sozialämtern;
- Heizungskostenzuschüsse usw.

Rechte und Pflichten von Mietern:
- Ausgehend von Streitfällen Informationen und Handlungsmöglichkeiten erörtern bezüglich Mietrecht.
- Beispiel „Flußdiagramm": Was tun, wenn Wohnung gekündigt ... (vgl. S. 35)

Zusammenfassung

Im Blick auf benachteiligte Kinder und Jugendliche kann es nur um drei Schwerpunktprogramme bezüglich des Themas Wohnen im Unterricht gehen:

A. Kompetenzprogramm:
- Ausbildung von optimierten Techniken des Zurechtkommens in erschwerten Verhältnissen.
- Anregungen für geringfügige Verbesserungen, Erleichterungen.

B. Immunisierungsprogramm:
- Relativieren und kritisches, behutsames Infragestellen bürgerlicher Normen und Standards (Mögliche Techniken: Historische Verfremdung, kulturvergleichende Verfremdung, karikierende Verfremdung).
- Immunisierung gegen bürgerliche Selbstverständlichkeiten, pathologische Gesellschaftsspiele:
  zum Beispiel Spezialproblem: Vollautomatische Küche,
  zum Beispiel Spezialproblem: Schlafzimmer,
  zum Beispiel Spezialproblem: Kinderzimmer;
  zum Beispiel Eigenheimideologie als kollektiver Wahn;
  zum Beispiel Wider die Ideologie vom Hochhauselend.

C. Ermutigungsprogramm:
- Vorsichtige, allmähliche Sensibilisierung der Schüler auf der Oberstufe für alternative Wohn- und Lebensformen, neue Formen kollektiver Lebensbewältigung wider die Individualisierungstendenzen der modernen Industriegesellschaft.
- Konkrete Anregungen für einen realitätsnahen Unterricht mit 15- bis 17jährigen Schülern finden sich in der folgenden Unterrichtsskizze.

Anregungen zu einem Unterrichtsvorhaben zum Thema „Wohngemeinschaften" im 8. bis 10. Schuljahr

Zielsetzungen

- Problematisierung des Vorurteils, Leute die in WGs wohnen seien nur Spinner, Systemveränderer, Fixer, Müslis usw.
- Problematisierung der Standardvorstellung: Heiraten, Familiengründung, Wohnung (wenn möglich „Häusle"), Auto anschaffen und in Urlaub fahren, seien die unabdingbaren Stationen auf dem einzigen Weg zum Glück.
- Ernsthafte Auseinandersetzungen mit Formen alternativer Lebensgestaltung ermöglichen durch möglichst konkrete, einladende Beispiele.
- Durchsichtigmachen, welche Überlegungen und Ansprüche hinter alternativen Lebensformen stehen.
- Kontakte zu (jungen) Erwachsenen erweitern, die Anregungen und Hilfen bieten können, selbst einen Lebenshorizont zu etablieren, der die „erschwerte Lebenslage" ernst nimmt und gegen normal-bürgerliche Normen und Standards erfolgreich opponieren lehrt.

Einzelkonkretionen

1. Sachrechnen
Leitfrage: Wie teuer wird das Wohnen/Leben, wenn man von zuhause auszieht oder wenn man aus dem „Heim"/„der Wohngruppe" raus kommt?

1.1. Finanzpläne studieren (vgl. zum Beispiel S. 218) Die Einzelposten überprüfen! – Was steckt für ein Konzept hinter den 500 DM Miete inklusive Wasser/Heizung/Strom? – Informationen einholen, was ein Zimmer in Untermiete kostet, Vermietungsanzeigen studieren, Maklerinformationen einholen, Pauschalkalkulationen der Stadtwerke usw. Dasselbe für das 1-Zimmer-, $1\frac{1}{2}$-Zimmer-, 2-, 3-Zimmer-Appartement, die Mehrzimmer-Wohnung. Deutlich machen, daß der Mietpreis nicht linear mit der m²-Zahl der Wohnungsgröße steigt.

Modellrechnungen anstellen, was sich ergibt, wenn sich zwei, drei, vier oder gar fünf Personen mit unterschiedlichem Einkommen zusammentun (Hilfsarbeiter, Azubis, Sozialhilfeempfänger, Arbeiter, Verkäufer usw.) und gemeinsam eine 4- bis 6-Zimmer-Wohnung anmieten. Wieviel muß jeder dann monatlich bezahlen?

1.2. Die weiteren Posten einer Finanzplanung durchgehen, wo sich ebenfalls aufgrund des Zusammenlebens in einer WG Kostensenkungen realisieren lassen (Rundfunk/TV, Müll, Telefon, Haushaltsartikel, Essen, Kfz, usw.).

2. Außerschulischer Lernort: WG

2. 1. *Vorbereitende Orientierung*
Grundrisse von WG-Wohnungen besorgen inklusive der faktischen Einrichtung und Aufteilung.

Dazu, wenn irgend möglich, Diaserien zeigen, die einen auf die Grundrisse beziehbaren Eindruck von der Einrichtung und der damit verbundenen „Lebensqualität" vermitteln.

Die Prinzipien der Wohnungsaufteilung diskutieren: Braucht jedes Mitglied ein eigenes Zimmer? Braucht man gemeinsame Räume außer den Naßzellen (WC/Bad) und außer der Küche?

2. 2. *Vorbereitung eines Informationsgesprächs*
Anhand der Grundrisse und der Dias ergeben sich bereits eine Vielzahl von Fragen, die man sammeln und systematisieren kann: Sie ergeben den Grundstock der Fragenbündel, die man WG-Mitgliedern stellen muß. Diese Leute kann man
– als Gäste in den Unterricht einladen oder
– in ihren WGs besuchen und befragen (Lehrer sollte für Kleingruppen, zwei bis drei Schüler, entsprechende Einladungen vermitteln) oder
– als Lehrer mit Tonband interviewen, wichtige Stellen als Texte den Schülern vorlegen, beziehungsweise vorlesen.

Fragedimensionen

1. Größe und Zusammensetzung der WG
Wieviele Leute seid ihr? Was machen die einzelnen beruflich? Geht das, WGs gemischt aus Arbeitern, Azubis und Studenten? Oder ist das nur eine Sache für ältere Schüler und Studenten?

2. Vergangenheit / Gegenwart / Zukunft der WG
Wie lange gibt's eure WG bereits? Wie oft haben Mitglieder gewechselt? Warum sind die einen weggegangen? Wie sind die neuen dazugekommen (Aufnahmeverfahren)? Sind WGs nur Übergangserscheinungen? Kann man sich das vorstellen, daß WGs auch dann noch funktionieren, wenn alle Mitglieder ausgelernt, fertigstudiert haben?

3. Beziehungen in WGs / außerhalb von WGs
Wer in der WG bekommt Besuch von wem? Kommt der Freund / die feste Freundin in die WG? Oder geht man, wenn man mit einem Partner intim sein will, aus der WG raus? Wohin?
Wie kommt die WG zurecht, wenn sich innerhalb der Mitglieder feste Zweierbeziehungen ausbilden? Müssen die gehen?
Wie ist der Kontakt der WG-Mitglieder zu ihren Herkunftsfamilien gestaltet, – kommen Eltern, Geschwister zu Besuch, oder besucht „die WG" die Herkunftsfamilien?
Was macht die WG gemeinsam? Ist das irgendwie geregelt? Oder sind WGs nur Finanz- und Versorgungsgemeinschaften zur Entlastung des Einzelbudgets?

4. Regeln innerhalb der WG
Wie ist geregelt, daß der Laden läuft?
Wie sind die Besorgungen des Alltags aufgeteilt? Kochen, Putzen, Waschen, Einkaufen, Behördenkram regeln; Vertretung der WG nach außen; wer führt die Haushaltskasse; wie wird der Speiseplan erstellt, usw.?
Gibt es da Absprachen von Fall zu Fall, oder feste Pläne?
Was passiert, wenn sich WG-Mitglieder nicht an die Absprachen, Spielregeln halten, wenn einer mehr kostet als der andere; wenn einer teurer kocht als der andere, die eine mehr Besuch bekommt als die andere, usw.?

5. Konfliktfälle
Weswegen hat es bei euch gekracht? Was sind die häufigsten Ursachen von Streit? Wie löst ihr Konflikte und Schwierigkeiten?

6. Ideale WGs?
Arbeiter haben einen streng geregelten Tagesablauf, Studenten nicht. Geht das zusammen? Wie geht das bei sehr unterschiedlichen Interessen?
Sollten WGs „paritätisch" besetzt sein? Gleichviele Frauen und Männer? – Spielen große Altersunterschiede eine Rolle? WG mit Kindern? Alleinerziehende Mütter in WGs? Ältere Leute?

2. 3. Kontakte der Schüler zu WGs
Ist es denkbar, daß man für Schüler, die sich für diese Lebensform interessieren, so etwas vermitteln kann wie ein befristetes „Probewohnen" (zum Beispiel über ein Wochenende)?
Im Rahmen von Stadtspielen zur Erkundung von Handlungsfeldern (Erfragen von Informationen, Erweiterung der Kenntnisse bezüglich der Infrastruktur, Entdecken von Praxiszusammenhängen usw.) kann ein Schwerpunkt auf das Erkunden von WGs (Kurzbesuche plus einige Fragen) gelegt werden.

2. 4. Nacharbeit im Unterricht
So etwas Konventionelles wie „Aufsätze schreiben" kann dazu führen, daß Schüler anfangen, sich mit ihren eigenen Vorstellungen auseinanderzusetzen (vgl. S. 122–129):
Erster Aufsatz, zu Beginn des Unterrichtsvorhabens:
Irgendwann überlegt sich jeder, wann und wohin er von zuhause auszieht. Hast du dich schon einmal mit dem Gedanken beschäftigt, wie es wäre, in eine Wohngemeinschaft zu ziehen? Hier ist eine Anzeige aus einer Tageszeitung: (Annonce, zum Beispiel aus der„ taz", oder aus sonst einem Blatt, eventuell je eine für Mädchen und eine für Jungen).
Aufgaben:
1. Mach zwei Spalten, eine für die Vorteile, die deiner Meinung nach WGs haben können. In die andere Spalte kommen die Nachteile, die dir einfallen.
2. Was hört man so über WGs? Und was denkst du?
3. Welche Fragen würdest du gerne Leuten stellen, die in WGs leben?
4. Versuche einen Brief an die WG zu entwerfen, für jemand, der da gerne einziehen möchte.

Zweiter Aufsatz gegen Ende der Unterrichtseinheit:
Versuche auf einer Seite auf die folgenden beiden Fragen zu antworten:
1. Was hast du Neues über WGs erfahren? Was hat dir besonders gefallen? Was
   lehnst du ab?
2. Was sind das für Leute, die in WGs zusammenleben? Könntest du da mitmachen? Wenn ja, warum? Wenn nein, warum nicht?

3. Texte über das Leben in WGs – Zum Vorlesen

Erzählende Texte über WGs, die sich für Schüler der Klassen 8 bis 10 eignen, sind
in Schulbüchern nicht zu finden. Als Anregungen und Materialien für die Suche
nach entsprechend aktuellen Analogien und zur Abfassung von Kurztexten, Spiel-
und Hörszenen, die zur Auseinandersetzung einladen, und die Mut machen, sich
ernsthaft auf diese Alternative praktisch einzulassen, sind die beiden Bände zu
empfehlen, die Schülein 1978 und 1980 herausgegeben hat. Außerdem wird auf
Oltmanns (1983) verwiesen. In diesem Band finden sich Berichte über eine Kreuz-
berger Wohngemeinschaft (S. 163 ff.) sowie über die Landkommune Fohrenbach-
hof (S. 221–244).
   Denkbar wäre auch, die Fernsehprogramme daraufhin zu prüfen, ob sich zum
Thema gelegentlich eine Reportage oder ein Spielfilm findet, den man mitschnei-
den, fürs „didaktische Archiv" zurücklegen und unterrichtlich auswerten kann.

4. Der „Anspruch" der WGs

Das konkrete Erkunden von WGs, das Wissen-wollen, wie so eine Gruppe von
Leuten, die nicht miteinander verwandt sind, real funktioniert, führt automatisch
früher oder später zur Frage: Warum werden WGs gegründet und was hält sie am
Leben? Welche Hoffnungen und Wünsche verbinden sich für die konkreten
Mitglieder dieser Lebensform.
   Es ist sicher einfacher, herauszubekommen, was diese Leute alles *nicht* (mehr)
wollen, wogegen sie sich mit ihrer Entscheidung für das Leben in einer WG
entschieden haben. Aber auch das, was da erklärt wird, sollte man für den
Unterricht dingfest machen, aufschreiben und sich damit auseinandersetzen.
   Zentral wichtig ist, Schülern *beides* so verständlich wie möglich zu erklären:
– Welche Werte werden zurückgewiesen und mit welchen Gründen?
– Welche Werte will man realisieren und warum?

Es geht nicht darum, Schüler zu irgendeiner Lebensform bekehren oder sie von
einer anderen befreien zu wollen. Die Schule hat aber die Pflicht, Selbstverständli-
ches fraglich werden zu lassen und Ungewöhnliches, Befremdliches begreiflich zu
machen. Dies ist die Voraussetzung dafür, daß sich die Schüler ernsthaft mit Alternativen der Lebensführung auseinandersetzen können und nicht blindlings auf
traditionelle Muster abgedrängt und Handlungsritualen ausgeliefert werden.
Realitätsnaher Sachunterricht ist insofern immer auch ein Sachunterricht, der die

Möglichkeitsdimension der Realität sehr ernst nimmt und sich nicht mit dem Darstellen des Faktischen zufrieden gibt.

Literatur

Oltmanns, R.: Du hast keine Chance, aber nutze sie. Eine Jugend steigt aus. Reinbek 1983.
Schülein, J.A. (Hg.): Kommunen und Wohngemeinschaften. Der Familie entkommen? Giessen 1978.
Schülein, J.A. (Hg.): ... vor uns die Mühen der Ebenen. Alltagsprobleme und Perspektiven von Wohngemeinschaften. Giessen 1980.

III. Zugänge zum Beschäftigungssystem

Die Berufswirklichkeit
und die Vorbereitung in den Schulen
für die behinderten Jugendlichen

Die radikale Veränderung des Arbeitsmarktes durch die dritte industrielle Revolution zwingt zur Frage, ob für benachteiligte Jugendliche an der Vorbereitung auf die Berufswirklichkeit in den bisherigen schulischen Formen festgehalten werden kann.

Die Fixierung der allgemeinbildenden Schule auf Berufsorientierung und Berufsvorbereitung und die zahlreichen Maßnahmen und Institutionen zur Förderung der Berufsreife und der beruflichen Eingliederung benachteiligter und behinderter Jugendlicher werden kritisch diskutiert. Dabei kommen die Probleme der Kinder von ausländischen Arbeitnehmern in neuer Perspektive in den Blick.

Im Zentrum schulischer Anstrengungen muß daher künftig die allgemeine Vorbereitung des Jugendlichen auf den Lebensabschnitt zwischen seiner Schulentlassung und dem 25. Lebensjahr stehen. Der Beitrag liefert dazu konkrete Anregungen.

1. Das Problem und die Ziele des Aufsatzes

Wie können die benachteiligten Jugendlichen in den Sonder- und Regelschulen angesichts der Arbeitsmarktlage auf den Lebensabschnitt zwischen Schulentlassung und ihrem 25. Lebensjahr vorbereitet werden? Die Akzentverschiebungen sind offensichtlich. Um meine Absichten von vornherein auf den Punkt zu bringen, formuliere ich nachfolgende Ziele.

Ich möchte Zweifel wecken an der verbreiteten Meinung, eine glückende Berufsausbildung habe zentrale Bedeutung für die Lebensperspektive benachteiligter Jugendlicher. Ich vermute, es ist umgekehrt: Sofern benachteiligte Jugendliche eine realistische Lebensperspektive entwickeln können, wird es ihnen auch möglich, Ausbildungs- und/oder Arbeitsverhältnisse durchzustehen und sich Entsprechendes abzuverlangen. Damit nähre ich zugleich Zweifel an der explizit wie implizit vertretenen These, die vornehmste Aufgabe der Sonderschulen müsse sein, vor allem anderen das technisch-funktionale Denken ihrer Klientel und deren handwerklich-motorische Grundfunktionen zu schulen. Um Mißverständnisse auszuschließen: Niemand kann bestreiten, daß derlei auch in Sonderschulen zu trainieren ist. Aber ich stelle die Frage, ob solche Trainingsformen in den Brennpunkt des Interesses gerückt werden dürfen, wenn es hinsichtlich der Jugendlichen in Sonderschulen um die Vorbereitung auf einen Lebensabschnitt geht, den man heute nur noch vage zeitlich eingrenzen, nicht mehr aber mit der Vokabel „Berufsausbildung" zutreffend kennzeichnen kann.

Ich möchte ferner den Verdacht aufbringen, daß das brennende Interesse von Sonderpädagogen an der Frage: „Wie bereite ich die Schüler der Oberstufe auf die Berufswirklichkeit vor?" eher damit zusammenhängt, daß bildungsbürgerlich sozialisierte Pädagogen, Theoretiker und Praktiker gleichermaßen, nach wie vor für sich in Anspruch nehmen, ihr „Beruf" sei Sinnmitte ihrer Existenz, obwohl nicht zuletzt die Massenarbeitslosigkeit von Lehrern und Erziehern deutlich macht, wie brüchig solche Vorstellungen geworden sind. Unbeeindruckt von der Tatsache, daß Sinnerfahrungen immer seltener aus Arbeit und Beruf zu gewinnen sind, macht die Kaste der professionellen Pädagogen noch immer wenigstens Minimalansprüche einer aus ihrer Sicht sinnvollen Existenz zum Referenzpunkt ihrer Bemühungen. Der Verdacht erscheint berechtigt, daß Berufsfindungs-, -vorbereitungs-, -förderungs-, -ausbildungsideologien und die ihnen korrespondierenden Aktivitäten vielmehr Ausfluß einer frag-würdigen Mentalität von Pädagogen sind, als begründete Konzepte und Maßnahmen, die aufgrund eines präzisen Wissens von der Realität entlassener Sonderschüler und aus einer kritischen Analyse dieser Realität gewonnen wären.

Da ich davon ausgehe, daß Schüler aus Schulen für Lernbehinderte und aus Schulen für Erziehungshilfe die zahlenmäßig größte Problemgruppe sind und zugleich die größten Schwierigkeiten beim Aufbau einer lohnenden als auch realistischen Lebensperspektive in der Zeit zwischen dem 16. und 25. Lebensjahr haben, begrenze ich im folgenden meine Ausführungen auf diese Gruppe. Diese Begrenzung zwingt jedoch zu Mutmaßungen darüber, wie sich das Problem für benachteiligte ausländische Jugendliche stellt, die uns in diesen Schulen zur Förderung zugewiesen sind. Es ist allgemein bekannt, daß im Landesschnitt 38 Prozent der Schüler in Lernbehindertenschulen Kinder ausländischer Arbeitnehmer sind. In Ballungsräumen und Industriegebieten besteht die Schülerschaft dieser Schulen zu 60 bis 70 Prozent aus Kindern der zweiten Generation von Arbeitsmigranten.

Ich möchte – auch mit diesem Aufsatz – für die Verbreitung der Einsicht werben, daß die Vorbereitung benachteiligter Jugendlicher aus Sonderschulen auf den Lebensabschnitt zwischen der Schulentlassung und dem 25. Lebensjahr eine so schwierige und komplexe Herausforderung darstellt, daß sie die Schule in ihren bisherigen Arbeitsformen und Zielsetzungen schlicht überfordert. Pointiert formuliert: Die Schule muß sich wandeln und öffnen. Aus einer kulturimperialistischen Institution muß eine Einrichtung werden, die Schüler so weit möglich zu ihnen gemäßen Formen einer selbständig-kooperativen Lebensführung befähigt, die vor allem aber in Zusammenarbeit mit einer Vielzahl von Personen und Einrichtungen des gesellschaftlichen Lebens die Jugendlichen in ein Netz sozialer Beziehungen dauerhaft einbindet, das die Benachteiligungen mildert, das Unvermögen begrenzt und entschärft, Lebensmut stiftet und auf Dauer stellt.

2. Anmerkungen zur Arbeitsmarktlage – Realität und Ideologie

Eingeschränkte Ausbildungsmöglichkeiten

Technologieschübe und die Standardisierung und Automatisierung der Produktion, verbunden mit der damit möglichen Rationalisierung, schränken die Zahl der Ausbildungsberufe drastisch ein, die Schüler aus Lernbehindertenschulen und aus Schulen für Erziehungshilfe bewältigen, das heißt erfolgreich durchstehen können (vgl. Ruf 1985, S. 184–187).

Es verbleiben im wesentlichen drei Bereiche:
– Neugeschaffene, auf begrenzte Verwendungsmöglichkeiten abgestellte Spezialberufe in der industriellen Produktion (zum Beispiel Maschinenführer, Teilezurichter, Fräser- oder Dreherfachwerker und ähnliche, Bekleidungsnäherin insbesondere für Mädchen)
– Werker und Facharbeiter in den Bau- und Baunebenberufen
– einfachere Dienstleistungsberufe: Bäcker, Bäckereihelfer, Beikoch, Metzger, Metzgereihelfer, Hauswirtschaftstechnische Helferin, Gebäudereiniger, Fachgehilfin im Gastgewerbe.
Problematisch erscheinen in diesem Zusammenhang alle Ausbildungsgänge für Behinderte im Bürobereich (Bürofachhelfer, Bürogehilfin, Bürohelfer, Büropraktiker usw.), da abzusehen ist, daß derlei Berufe in absehbarer Zeit den Umgestaltungsprozessen in der Kommunikations-, der Informations- und der Datenverarbeitungstechnik zum Opfer fallen.

Entwarnung durch den Berufsbildungsbericht 1988?

Der Berufsbildungsbericht 1988, so war der Presse zu entnehmen, enthält zwei wichtige Informationen:
1. Bis zum 30. September 1988 wurden etwa 600000 Verträge abgeschlossen. 62000 freie Ausbildungsplätze stehen 25000 unversorgten Bewerbern gegenüber; das entspricht einem Überangebot von 6 Prozent.
2. Es gibt starke regionale Unterschiede im Ausbildungsplatzangebot; Randgruppen wie Behinderte oder Aussiedler sowie junge Frauen haben immer noch große Probleme. „In einigen Regionen ist die Ausbildungsplatzsituation nach wie vor besorgniserregend."
Die Koalition sieht damit bereits „die quantitative Aufgabe als gelöst" an. Der Bundesbildungsminister spricht von der „besten Bilanz seit zwölf Jahren" und interpretiert die Daten als Erfolg der engagierten Bildungspolitik der Bundesregierung. SPD und Grüne fordern weiterhin Sonderprogramme für Benachteiligte und eine Erweiterung der Ausbildungschancen für junge Frauen. Mittlerweile sind Bericht und Anträge an die Ausschüsse überwiesen.

Wir werden uns also in nächster Zukunft auf die folgende Situation einzustellen haben:
1. Für die Bundesregierung, die Koalition, wohl auch für weite Bereiche der Industrie und des Handwerks, auch für die Arbeitsverwaltung wird das Thema Berufsausbildung immer weniger als ein gesellschaftlich-öffentliches und verstärkt nur noch als ein individuell-privates Problem wahrgenommen werden: Wer keine Lehrstelle bekommt, ist selbst schuld.
2. Auch die öffentliche Aufmerksamkeit wird sich von dieser Problematik abwenden. Wenn Behinderte und Frauen weiterhin Schwierigkeiten haben, dann kommen darin die unumgänglichen Begleiterscheinungen von Umbrüchen im Beschäftigungssystem zum Ausdruck. Mit verstärkten Appellen an die Mobilitätsbereitschaft der Betroffenen werden wir daher zu rechnen haben.
3. Da auch pädagogische Einrichtungen in der Regel dazu tendieren, sich für Kinder und Jugendliche nur während des Zeitraums zu interessieren, in dem sie unmittelbar mit ihnen zu tun haben, und sich dann als erfolgreich betrachten, wenn es ihnen gelingt, die Betroffenen ohne größere Schwierigkeiten in jene Einrichtungen weiterzuvermitteln, die für Betreuung und Gestaltung des nächstfolgenden Lebensabschnittes zuständig sind, ist zu befürchten, daß auch im Bereich der Haupt- und Sonderschulen bald mit Befriedigung registriert werden wird, daß offenbar alle irgendwie vernünftig untergebracht werden können.

Ist es also müßig, sich weiter Gedanken über die berufliche Bildung und die Eingliederung Benachteiligter in das Beschäftigungssystem zu machen?

Wenn man die Perspektive so verengt, daß lediglich die Vermittlung in Ausbildung und die entsprechend orientierenden, beratenden, hinführenden und vorbereitenden Maßnahmen im schulischen Rahmen in den Horizont kommen, mag das in Zukunft verstärkt so erscheinen. – Gegen diese spezifische Form von Borniertheit ist allerdings folgendes einzuwenden:
1. Die jetzt konstatierte Entspannung am Ausbildungsmarkt erklärt sich schlicht aus einem time-lag. Die Zahl der auf diesen Markt drängenden Jugendlichen geht zurück; der Trend wird sich in den nächsten Jahren noch verstärken. Der geringer werdenden Nachfrage steht jedoch ein in den letzten Jahren quantitativ stark ausgeweitetes, betriebliches, über-, vor allem aber auch außerbetriebliches, teils schulisches Ausbildungssystem mit einer Personalstruktur gegenüber, die offenbar nicht im gleichen Tempo zurückgefahren werden kann, wie die Nachfrage sinkt.
2. Es ist allerdings damit zu rechnen, daß diese Anpassungsprozesse in Zukunft beschleunigt vorangetrieben werden, zumal alle Prognosen wahrscheinlich machen, daß die Umbrüche im Beschäftigungssystem sich auch in mittlerer Zukunft weiter beschleunigen werden, so daß ein Absinken der Arbeitslosigkeit als unwahrscheinlich erscheint. – Dies bedeutet im Klartext, daß auch in Zukunft nicht nur wie bisher mit vorzeitigen Freisetzungen sondern auch mit Zugangssperren zum Arbeitsmarkt zumindest im bekannten Umfang gerechnet werden muß.

Noch pointierter formuliert: Es gibt gute Gründe für die Annahme, daß wachsende Anteile der in den letzten Jahren aufgeblähten Ausbildungsstrukturen ihrerseits zu Warteschleifen werden, wie es die Berufsvorbereitungsjahre, die Grund- und Förderlehrgänge sowie die MBSE-Maßnahmen der Arbeitsverwaltung und die Berufsfachschulen heute schon sind.

Der Bericht der Bund-Länder-Kommission vom September 1987 hat darauf bereits unmißverständlich hingewiesen: Zuviele junge Leute erlernen schon jetzt einen Beruf, der auf dem Arbeitsmarkt der Zukunft nur geringe Chancen auf Beschäftigung bietet. Und da verwundert es nicht, wenn dieser Bericht als Problemgruppen genau jede Berufe identifiziert, die bislang hauptsächlich von schwachen Hauptschülern und Absolventen der Sonderschulen für Lernbehinderte und Erziehungshilfe ergriffen werden: Kfz-Instandsetzer, Gärtner und Gartenarbeiter, Bäcker, Fleischer und Friseusen.

Daraus folgt: Es wäre nur naiv, wenn man Verlautbarungen wie den zitierten Berufsbildungsbericht im Bereich der Schulen für Benachteiligte als Dokument der Beruhigung und Entwarnung in Anspruch nehmen wollte. Als Benachteiligter in ein Ausbildungsverhältnis hineinvermittelt zu werden, die Lehrzeit, ja sogar eine Abschlußprüfung erfolgreich durchzustehen, führt in einer rasch wachsenden Zahl von Fällen zur vorprogrammierten Enttäuschung an der „zweiten Schwelle". Der Arbeitsmarkt bleibt dennoch für viele vernagelt und wenn man eine Beschäftigungsposition ergattert, dann reicht das Geld, das man dort verdienen kann, in den meisten Fällen nicht aus, um ein selbständiges Leben zu führen.

Pro und Contra Ausbildung

Es gilt demzufolge sich der Einsicht zu stellen, daß Ausbildungsverhältnisse, wie die soeben genannten, wenn sie nach Absolvieren von Berufsvorbereitungsjahren, Berufsgrundausbildungslehrgängen und/oder Förderlehrgängen schließlich eingegangen und durchgestanden werden, in Berufe münden, die gekennzeichnet sind durch
– geringes soziales Prestige
– unübliche Arbeitszeiten (Bäcker, Gastgewerbe, Reiniger)
– Arbeiten im witterungsabhängigen Außenbereich
– vergleichsweise geringe Bezahlung.
Damit ist die Frage aufzuwerfen, welche Argumente denn überhaupt dafür sprechen, daß wir fortgesetzt den Jugendlichen in unseren Schulen glaubhaft machen wollen, eine Ausbildung durchzustehen sei so etwas wie die Basis für künftiges Lebensglück.

Welche Argumente sprechen angesichts unserer Population für das Eingehen und Durchstehen eines Ausbildungsverhältnisses? Nach gründlichen Recherchen verbleiben aus meiner Sicht lediglich zwei:
1. Wer einen Lehrabschluß hat, ganz gleich in welchem Beruf, findet *leichter* einen Arbeitsplatz als derjenige, der keinen Lehrabschluß hat. Wer zudem den Grundwehrdienst bei der Bundeswehr absolviert hat, wohlgemerkt nicht den Zivildienst, verbessert seine Chancen auf Einstellung zusätzlich. Nach Auskunft des DGB und der Kammern werden solche Leute – auch Branchenfremde – aus folgenden Gründen bevorzugt: Sie sind älter und unterliegen nicht mehr den „einschränkenden" gesetzlichen Bestimmungen wie der Berufsschulpflicht

und – was schwerer wiegt – dem Jugendarbeitsschutzgesetz. Sie können somit am Band, bei Akkord- und Schichtarbeit eingesetzt werden. Bäcker werden in Schichtbetrieben gerne genommen, weil sie ans frühe Aufstehen gewöhnt sind. Wer eine Lehre durchgestanden (und den Grundwehrdienst absolviert) hat, gilt als diszipliniert. Er dokumentiert, daß er zwei gesellschaftlich geforderte „Lebensabschnitte" erfolgreich durchlaufen hat.

2. Wer einen Lehrabschluß vorweisen kann, hat bei anschließender Arbeitslosigkeit Anspruch auf Förderung und/oder Umschulung auf Kosten der Arbeitsverwaltung. Für Ungelernte entfällt dieser Anspruch.

Einem dritten Argument bin ich im Zusammenhang der Vorarbeiten noch einmal nachgegangen: Man hört immer wieder, wer eine Lehre – ganz gleich in welchem Beruf – abgeschlossen habe, könne auch fachfremd in tariflich besser bezahlte Lohngruppen kommen, also besser verdienen, als derjenige, der keine Lehre gemacht habe. Dieses Argument stimmt so nicht.

Grundsätzlich gilt: Nach den Tarifverträgen ist nicht *maßgeblich,* welche Vorbildung jemand besitzt, sondern ausschließlich die Tätigkeitsmerkmale sind maßgebend, die den jeweiligen Arbeitsplatz kennzeichnen.

Beispiel 1: Bauindustrie

Der Bauhilfsarbeiter, der das 18. Lebensjahr vollendet hat (heute wird er Bauwerker genannt), verdient im ersten Jahr seiner Tätigkeit 16,20 DM (Stand April 1989); im zweiten Jahr bekommt er 16,79 DM; er gilt dann als Baufachwerker. Der nach zweijähriger Stufenausbildung als Baufacharbeiter arbeitende Maurerlehrling, der nach dem zweiten Lehrjahr seine Ausbildung beendet hat, bekommt derzeit einen Stundenlohn von 17,47 DM. Die Differenz zwischen Bauwerker/Baufachwerker beträgt brutto 68 Pfennig pro Stunde. Nach Abzug der Steuern und Sozialabgaben bekommt der Baufachwerker also ganze 70,– bis 80,– DM pro Monat mehr. Die Differenz zwischen dem 18jährigen Bauwerker und seinem gleichaltrigen Baufacharbeiterkollegen, der zwei Jahre gelernt hat, davon ein Jahr in einer Berufsfachschule Bau – ohne Bezahlung versteht sich – beträgt 1,27 DM pro Stunde, das sind netto knapp 150,– DM mehr im Monat.

Wenn nun ein junger Mann, Absolvent einer Schule für Lernbehinderte und eines BVJ eine Metzgerlehre durchsteht und dann mit seinem Gesellenbrief in der Tasche nach seiner Bundeswehrzeit zum Bau wechselt, dann hängt es von seinem Verhandlungsgeschick ab, ob der Betrieb ihn bestenfalls als Baufachwerker (das heißt als Hilfsarbeiter im zweiten Jahr) einstellt. Er ist dann mindestens knappe 22 Jahre alt. Stundenlohn, wie gesagt 16,79 DM. Sein Kollege, der nach der Schule für Lernbehinderte und einem zusätzlichen BVJ bis zur Absolvierung des Grundwehrdienstes jobbte, und nach seiner Bundeswehrzeit ebenfalls zum Bau geht, ist knapp 20 und verdient dann bereits zwei Jahre früher als der andere sein gutes Geld. Bis der gelernte Metzger auf dem Bau erscheint, ist sein Kollege bereits in einer höheren Lohngruppe.

Beispiel 2: Metallindustrie

Auch hier gilt, daß die Tätigkeitsmerkmale des Arbeitsplatzes den Tariflohn bestimmen. Mit anderen Worten: Wer bei Daimler am Band arbeitet, bekommt den gleichen Lohn, egal ob gelernt oder ungelernt oder Akademiker. Nach Auskunft des DGB ist es sogar so, daß Auszubildende in einem Metallberuf, die ihre Lehre im Laufe des dritten Lehrjahres abbrechen und dafür plausible Gründe ins Feld führen können (zum Beispiel längere Krankheit, belastende familiäre Verhältnisse [Scheidung der

Eltern] oder ähnlichem) praktisch auf einen Arbeitsplatz übernommen werden, der dem eines gelernten Facharbeiters mit Facharbeiterprüfung voll entspricht. Sie werden gegenüber fachfremden Bewerbern mit Gesellenprüfung in aller Regel vorgezogen.

Welche Konsequenzen ergeben sich aus dem bisher Ausgeführten?

Ich halte es für zwingend erforderlich, daß Sonderpädagogen, die mit Schwerpunkt in den Oberstufen der Schulen für Lernbehinderte und der Schulen für Erziehungshilfe arbeiten, sich genauere Kenntnisse über die faktischen Berufskarrieren ihrer Klientel verschaffen und diese gründlich analysieren. Ich habe aufgrund meiner Erfahrungen im Bereich der informellen nachgehenden Betreuung und aufgrund von Recherchen dazu folgende Vermutung:

Trotz der Tatsache, daß Sonderschüler nur noch in wenigen Ausnahmefällen direkt in eine Berufsausbildung eintreten und Berufsvorbereitungsjahr beziehungsweise Förderlehrgänge/Berufsgrundausbildungslehrgänge usw. sich zunehmend zwischen Sonderschulabschluß und Berufsausbildung schieben, werden die anschließenden Ausbildungsverhältnisse zunehmend häufiger abgebrochen oder münden, wenn sie durchgestanden sind, relativ frühzeitig in eine Folge von fachfremden Arbeitsplatzwechseln.

Sobald die Schwelle der Volljährigkeit erreicht ist, und demzufolge die Berufsschulpflicht und die einschränkenden Vorschriften des Jugendarbeitsschutzgesetzes entfallen, außerdem der Führerschein Klasse 3 erwerbbar wird und für die jungen Männer der Grundwehrdienst angetreten werden kann, ergeben sich deutliche Verbesserungen für unser Klientel, sodann in Arbeitsverhältnisse einzutreten, die ein wirtschaftliches Auskommen einigermaßen gestatten. Dies schließt nicht aus, daß es in der Folge zu wiederholten Wechseln des Arbeitsplatzes kommt, bis schließlich ein Lebens- und Arbeitszusammenhang gefunden ist, der eine relative Stabilität ermöglicht. Dies ist, wenn überhaupt, in der Regel erst zwischen dem 25. und 30. Lebensjahr der Fall.

Daten über nachschulische Karrieren

Wie kann man an hinreichend verläßliche Daten über die nachschulischen Karrieren unserer Schüler kommen?

Die Verfügungsstunden, die die Schulverwaltung derzeit Lehrern für nachgehende Betreuung zubilligt, die Entlaßklassen führten, sollten schwerpunktmäßig dafür genützt werden, Kontakte längerfristiger Art zu ehemaligen Schülern zu halten. Mittels halbstandardisierter Interviews ließen sich die Karrieren Einzelner sicherlich über längere Zeit verfolgen. In einem Zeitraum von drei bis fünf Jahren entstünden so sicherlich auch informelle, regionsspezifische Verzeichnisse von Betrieben, in denen Ausbildungs- und vor allem Arbeitsverhältnisse zustande kommen, die realistische Chancen der wirtschaftlichen Lebensbewältigung ermöglichen.

Bei solchen Begegnungen mit Ehemaligen erfahren wir dann „Lebensgeschichten" wie die folgenden:

– Ein Schüler der Schule für Lernbehinderte verläßt die Schule mit Schulfremdenprüfung, absolviert mit Vorvertrag die einjährige BFS-Bau, ohne dort die Abschlußprüfung zu schaffen. Anschließend bekommt er eine Malerlehre, wird seiner praktischen Arbeitsleistungen wegen vom Ausbilder wiederholt gelobt, versagt aber in der Berufsschule im zweiten Lehrjahr völlig, ist mittlerweile volljährig geworden, bricht das Ausbildungsverhältnis ab und arbeitet nun in Schichtarbeit im Lager einer großen Speditionsfirma. Netto verdient er jetzt monatlich zwischen 1600,– und 1900,– DM. Fernziel: Berufskraftfahrer im Fernverkehr.

– Eine Schülerin aus dem BVJ wird in ein Ausbildungsverhältnis als Fachgehilfin im Gastgewerbe vermittelt. Mit Berufsausbildungsbeihilfe der Arbeitsverwaltung kommt sie auf 410,– DM monatliche Ausbildungsvergütung. Auf sich allein gestellt, muß sie daher zusätzlich in zweifelhaften Lokalen jobben, völlig illegal versteht sich, damit sie „über die Runden" kommt. Als sie – ebenfalls volljährig – das Angebot erhält, in einer Gaststätte als Serviererin zu arbeiten, für 1700,– DM brutto plus Trinkgelder und Essen frei, bricht sie ihre Ausbildung ab.

– Türkische Mädchen geben schon bei der Berufsberatung und anläßlich aller berufsvorbereitenden Maßnahmen zu erkennen, wie wenig sie das alles interessiert. Beide Eltern sind nicht selten berufstätig als Schichtarbeiter in der Großindustrie. „Bis ich 18 bin, versorge ich die Geschwister und den Haushalt. Einmal in der Woche gehe ich zur Schule. Wenn ich 18 bin, gehe ich dort schaffen, wo meine Eltern sind. Dreimal Hilfsarbeiterlöhne das reicht uns als Familie doch. Oder?"

Dies sind gewiß nicht mehr als Einzelfälle, aber sie müssen uns zu denken geben im Blick darauf, was wir in der Schule tun und im Blick darauf, wie sich die Bemühungen um Vermittlung in Berufsvorbereitung, -förderung und -ausbildung zur Realität verhalten, in der unsere Schüler künftig zurecht kommen müssen. Wir müssen uns fragen lassen, ob wir angesichts solcher „Fälle" die Akzente richtig setzen.

Nur wenn wir mehr über derartige Schicksale wissen, können wir beurteilen, ob Thesen wie die folgenden tatsächlich zutreffen: „Die Vernachlässigung der beruflichen Ausbildung von Behinderten führt mit großer Wahrscheinlichkeit zur Nichtbeschäftigung" (Ruf 1985, S. 190).

Bei den Arbeitsämtern verfügen die zuständigen Berufsberater über die Daten, welche Ausbildungsverhältnisse bezuschußt werden. Es wäre möglich, zumindest die Zahl der Ausbildungsverhältnisse zu erfassen, bei denen die Zahlung der Zuschüsse vor Ablauf der regulären Ausbildungszeit eingestellt wird, da dies Indiz für den Abbruch des Lehrverhältnisses ist. Grundsätzlich wäre es möglich, in diesen Fällen den Gründen nachzugehen, die zum Abbruch führten.

Bei den Kammern werden umfängliche Statistiken geführt sowohl
– über die eingetragenen Ausbildungsverhältnisse pro Jahr
– über die neu abgeschlossenen Berufsausbildungsverträge pro Jahr
– als auch über die jährlich absolvierten Abschlußprüfungen.

Es müßte demzufolge möglich sein, aus diesem Datenmaterial nicht nur die Zahl der Abbrecher zu ermitteln, sondern auch – differenziert nach Berufsfeldern – herauszufinden, in welchem Ausbildungsjahr in welchen Berufen sich tendenziell für welche Personengruppen kritische Phasen ergeben und welche Ursachen den Negativkarrieren zugrunde liegen.

Um deutlich zu machen, welche Größenordnung dieses Problem hat, sei darauf hingewiesen, daß zum Beispiel bei der HK Reutlingen zum 31. Dezember 1989 6824 Ausbildungsverhältnisse eingetragen waren, tatsächlich jedoch nur 6090 existierten. 734 Ausbildungsverhältnisse wurden demzufolge nicht mehr realisiert, das sind 10,7 Prozent aller eingetragenen (122 wurden schon während der Probezeit beendet; danach 93 durch den Ausbilder, 251 durch den Auszubildenden und 268 in gegenseitigem Einvernehmen gelöscht). – Nur wenn wir hier regionsspezifisch zu präzisen Erkenntnissen kommen, können wir uns als Lehrer aus ideologischen Denkschablonen befreien und im Zusammenwirken mit gleichermaßen aufgeklärten Berufsberatern unsere Schüler und deren Eltern qualifizierter beraten.

3. Kritische Anmerkungen zu den Maßnahmen der Berufsvorbereitung, Berufsausbildung und der beruflichen Eingliederung behinderter Jugendlicher

Die Frage, die wir uns angesichts der zur Entlassung aus unseren Schulen heranstehenden Jugendlichen stellen müssen, lautet nicht: Welche beruflichen Neigungen hat der Junge, das Mädchen, und wie sieht im Einzelfall das Profil der Eingangsvoraussetzungen für den Beginn einer Ausbildung aus, sondern viel schlichter: Wie erreicht diese junge Frau, dieser junge Mann zunächst das Datum des 18. Geburtstages, ohne zwischenzeitlich allzu großen Schaden zu nehmen? Da gibt es lediglich drei Wege:

Berufsausbildung gemäß § 25 BBiG (Regelausbildung) mit Einzelnachhilfe und nachgehender Betreuung durch eine Vertrauensperson

Ein nicht kleiner Anteil unserer Klientel, insbesondere ausländische (männliche) Jugendliche, kämen in einer normalen Berufsausbildung dann zurecht, wenn er über eine Vertrauensperson verfügen könnte, die in der Lage ist, sich seiner Probleme unfassend anzunehmen. Das fängt an mit dem Suchen nach einer geeigneten Lehrstelle, mit dem gemeinsamen Abfassen der Bewerbungsunterlagen, dazu gehört das wiederholte Ermutigen zu mehreren Bewerbungsverfahren, die gleichzeitig laufen müssen, das Abfassen von Empfehlungsschreiben, der persönliche Kontakt mit Firmen, bei denen Bewerbungen laufen, das gemeinsame Ertragen der Ungewißheit bis zur Entscheidung, das Trösten und Aufmuntern bei Ablehnungen – im Falle der Zusage dann das Beibringen der nötigen Unterlagen (Arbeitserlaubnis, Lohnsteuerkarte, Eröffnung eines Girokontos), die interessierte Anteilnahme und das Zuhören-können in den ersten Wochen nach Arbeitsaufnahme, Hilfestellung bei den Anforderungen der Berufsschule beziehungsweise die Vermittlung von effizienter Nachhilfe, die Anleitung zum richtigen Umgang mit dem ersten Geld, die Führung der persönlichen Akten und vieles andere mehr.

Meinen Erfahrungen zufolge ist davon auszugehen, daß ein erheblicher Teil unserer Jugendlichen, aber auch viele Haupt- und Realschüler heute nicht mehr über ein familiäres Bezugsnetz verfügen, das in der Lage wäre, diese Leistungen zu erbringen. Wir müssen daher ernsthaft prüfen, wie es gelingen kann, diesen

Mangel dadurch wenigstens teilweise auszugleichen, daß wir unsere Schüler und entsprechend kompetente Erwachsene, Sozialarbeiter und Laien, bereits während der Schulzeit so zusammenbringen, daß für diesen Personenkreis quasi-primäre Vertrauensverhältnisse zu kompetenten Erwachsenen entstehen können, die sich ihrer annehmen.

Welche Konstruktionen zur Realisierung einer solchen Betreuung bieten sich an?

Vermittlung mit Zuschuß (§ 60 AFG)

Für benachteiligte Jugendliche, die in ein Ausbildungsverhältnis vermittelt werden, besteht seitens der Arbeitsverwaltung die Möglichkeit, dem einstellenden Betrieb einen Ausbildungszuschuß (für „vermehrte Aufwendungen") anzubieten beziehungsweise auf Antrag zu gewähren. Die Höhe des Zuschusses kann während der gesamten Lehrzeit monatlich maximal dem Betrag entsprechen, der im dritten Ausbildungsjahr als Ausbildungsvergütung zu bezahlen ist; faktisch liegt er derzeit im Schnitt zwischen monatlich 200,– bis 350,– DM. Einen Verwendungsnachweis verlangt die Arbeitsverwaltung nicht. Es ist zu überlegen, ob man hier nicht im Zusammenwirken zwischen Arbeitsverwaltung, Betrieb und Sonderschule individuelle Lösungen erarbeiten könnte, um Sonderschulabgängern, die in eine Regelausbildung vermittelt werden, von vornherein eine solche Vertrauensperson extrafamiliär zuzuordnen.

Man müßte konkret prüfen, ob nicht Fördervereine der abgebenden Schulen die Aufgabe übernehmen könnten, eine Vermittlerposition zwischen dem potentiell zu betreuenden Jugendlichen und seinen Erziehungsberechtigten einerseits und dem jeweiligen Betrieb, der die Ausbildung übernimmt, andererseits einzunehmen. Solche Fördervereine müßten die grundsätzliche Einverständniserklärung des Jugendlichen und seiner Erziehungsberechtigten erlangen, für diesen während der Zeit der Berufsausbildung nachgehend betreuend tätig werden zu dürfen. Sobald der Förderverein der Berufsberatung im Einzelfall bekanntmachen kann, wer diesen Jugendlichen in der Zeit seiner Ausbildung berät, fördert und betreut und welche Aufwendungen hierfür erforderlich sind, kann die Berufsberatung mit dem Ausbildungsbetrieb dahingehend verhandeln, daß Zuschuß gezahlt wird unter der Voraussetzung, daß der Betrieb diese Mittel dem Betreuer des Jugendlichen zuführt. Hierüber bedürfte es dann einer privatrechtlichen Vereinbarung zwischen dem jeweiligen Betrieb und dem Betreuer über die Höhe des zu leistenden Ersatzes.

Die Konstruktion, daß der Förderverein vom Jugendlichen und seinen Erziehungsberechtigten grundsätzlich zu nachgehender Betreuung autorisiert wird, hätte überdies den Vorteil, daß eine solche Konstruktion auch dann realisiert werden könnte, wenn sich erst im Verlauf der Ausbildung zeigt, daß sie nur mit der individuellen Hilfe einer Vertrauensperson erfolgreich fortgesetzt und beendet werden kann.

Ausbildungsbegleitende Hilfe (ABH – § 40 AFG)

Die Arbeitsverwaltung finanziert im Zusammenwirken mit freien Trägern (Vereinen und Kirchen) Nachhilfe- und Förderprogramme für in Ausbildung befindli-

che, benachteiligte Jugendliche aus Mitteln „arbeitsbeschaffender Maßnahmen" (ABM) und neuerdings der „arbeitsbegleitenden Hilfen" (ABH). Meinen Erfahrungen zufolge werden derlei Förderangebote von zu wenigen Jugendlichen angenommen. Dies liegt zum einen daran, daß es ungemein schwierig ist, diejenigen Jugendlichen, die eine solche Nachhilfe und Förderung nachweislich nötig haben, rechtzeitig und umfassend zu informieren und sie sodann solchen Einrichtungen zuzuführen. Das Datenschutzgesetz erweist sich hier als ein gravierendes Hindernis:
– Die Schule darf dem Arbeitsamt keine Adressen weitergeben.
– Das Arbeitsamt darf in den Schulen keine entsprechenden Recherchen anstellen.

Demzufolge ist die Verbreitung der Information, daß und welche Hilfen existieren, sehr schwierig. Drei Wege werden bislang beschritten:
– Informationen über Lehrer der abgebenden Schulen an Schüler, die erwarten lassen, daß es zu Schwierigkeiten kommt.
  Problem:
  Die persönliche Überzeugung seitens der Betroffenen, daß sie solche Hilfen brauchen, ist vor Eintreten der realen Schwierigkeiten selten vorhanden. In der Situation selbst haben viele nicht mehr den Mut, von sich aus die Initiative zu ergreifen, um sich derlei Hilfen zu verschaffen.
  Die Information durch die Berufsschullehrer erfolgt selten und zögerlich.
– Information über Betriebe und Kammern
  Problem:
  Voraussetzung ist, daß der Betrieb eine prinzipielle Kooperationsbereitschaft mit dem jeweiligen Träger zeigt. Außerdem stellt sich im Blick auf die Betroffenen das Problem der Zusatzbelastung: Es muß jeweils ausgehandelt werden, ob die Stützmaßnahmen zusätzlich zur Ausbildungszeit oder innerhalb der Ausbildungszeit durchgeführt werden können. Letzteres ist effizienter.
– Information an die Schüler/Azubis
  Problem:
  Sie müssen mit ihren Problemen entweder zur Arbeitsverwaltung oder den einschlägig kompetenten Beratungsstellen kommen.

Ein weiterer Grund für die Tatsache, daß diese Angebote nicht in Anspruch genommen werden, liegt sicher auch darin, daß sie nicht präzise genug auf die je individuellen Bedürfnisse der Einzelnen abgestimmt werden können. Da nach den Vorschriften je 36 Jugendliche pro Betreuer beziehungsweise 48 Jugendliche für zwei Betreuer vom Träger einer solchen Hilfsmaßnahme mittelfristig nachgewiesen werden müssen, um die entsprechenden Mittel in Anspruch nehmen zu können, kann die Hilfe in der Regel nicht Einzelnen angeboten werden, sondern muß in Gruppen organisiert werden. Den eigenen Bekundungen zufolge empfinden viele Jugendliche derlei Förderung in Kleingruppen als zusätzliche Belastung. Wenn nicht binnen kürzester Zeit nachweisliche Verbesserungen der schulischen Situation eintreten, bleiben sie weg. Ihre sonstigen Probleme müssen unausgesprochen bleiben und werden demzufolge nach wie vor nicht bewältigt. Sofern es gelänge, hier Abhilfe zu schaffen, wäre es durchaus denkbar, daß ein größerer Teil von

Schulabgängern wieder unmittelbar eine berufliche Regelausbildung angehen könnte.

Das Elend der einjährigen Berufsfachschulen

In einem nicht unerheblichen Teil von Berufsfeldern, auch gerade in jenen, in denen benachteiligte Jugendliche eine Regelausbildung durchlaufen könnten, ist die Ausbildung als Stufenausbildung organisiert, wobei das Berufsgrundbildungsjahr in einjährigen Vollzeit-Berufsfachschulen absolviert wird. Während dieser Zeit ist der Jugendliche Schüler, erhält also keine Ausbildungsvergütung und verfügt lediglich über einen Vorvertrag oder eine Vereinbarung mit einem Ausbildungsbetrieb, die besagt, daß er im Falle des Bestehens der Abschlußprüfung der Berufsfachschule ins zweite Lehrjahr übernommen wird.

Unseren Erfahrungen zufolge – und die Arbeitsverwaltung bestätigt diese im wesentlichen – scheitern benachteiligte Jugendliche trotz Absolvierung des BVJ oder der Förderlehrgänge auffällig oft in diesen Berufsfachschulen, was zur Folge hat, daß dann auch die Vorverträge nichtig sind. Abgesehen von der Tatsache, daß dieser Automatismus keineswegs zwingend sein müßte, denn rechtlich entscheiden allein die Resultate der Abschlußprüfung am Ende der Ausbildungszeit über den Erfolg der Ausbildung, Zwischenprüfungen dagegen sind rechtlich ohne Belang, ist praktisch der unerträgliche Zustand eingetreten, daß diese einjährigen Berufsfachschulen darüber entscheiden, ob ein Jugendlicher die Ausbildung machen kann, die er sich vorgenommen hat. Sonderpädagogen müssen daher im Interesse benachteiligter Jugendlicher an die Kammern einerseits, an die Schulverwaltung und die Bildungspolitiker andererseits mit Nachdruck zwei Forderungen stellen:

– Benachteiligte Jugendliche kommen mit einer streng dualen Ausbildung mit Teilzeitberufsschulbesuch in allen Lehrjahren nachweislich besser zurecht als mit einem weiteren Jahr Vollzeitschule. Angesichts der abnehmenden Zahlen der Lehrstellenbewerber in den kommenden Jahren sollten die Sonderpädagogen die Bemühungen der Innungen und Kammern nachdrücklich unterstützen, die einjährigen Berufsfachschulen wieder abzuschaffen und sie zu ersetzen durch streng duale Ausbildungsformen, gegebenenfalls unter Einlagerung von Phasen überbetrieblicher Ausbildung in Regie der Innungen.

– Solange einjährige Berufsfachschulen als unausweichliche Hürde bestehen bleiben, hat die Schulverwaltung die Pflicht, bei der Aufnahme der Schüler deren Individuallage zu prüfen, um diejenigen einer schul- und sozialpädagogischen Förderung zuzuführen, für die erkennbar ist, daß sie die Anforderungen ohne solche Maßnahmen nicht erfüllen können. Da die Arbeitsverwaltung Vollzeitberufsschüler, die ja im Sinne des Gesetzes keine Auszubildenden sind, weder nach § 60 AFG noch mit ausbildungsbegleitenden Hilfen fördern kann, sind hier entsprechende Mittel für die Schulverwaltung zu fordern. Im Blick auf benachteiligte Jugendliche in Berufsfachschulen sind derlei Fördermittel ein dringendes bildungspolitisches Desiderat. Eine angemessene Förderung dieses Personenkreises käme sicher billiger als die Betroffenen in diesen Schulen scheitern zu lassen oder sie von vornherein von deren Besuch abzuhalten und sie in andere, teurere Fördermaßnahmen zu lenken.

Sofern sich die einjährigen Berufsfachschulen dazu entschließen könnten, die sozial- und schulpädagogisch von Vertrauenspersonen betreuten Bewerber auch ohne Hauptschulabschluß, wohl aber mit guten Zeugnissen der Schule für Lernbehinderte und ohne Vorvertrag aufzunehmen, hätte der Bewerber und seine Vertrauensperson außerdem zusätzlich Zeit, um in Zusammenarbeit mit der Arbeitsverwaltung einen geeigneten Ausbildungsbetrieb für das zweite Lehrjahr zu suchen. Es versteht sich von selbst, daß auch im zweiten und dritten Lehrjahr viele Jugendliche auf Vertrauenspersonen angewiesen sind. Nicht zuletzt dann, wenn es darum gehen muß, mit einem Betrieb und der zuständigen Kammer dahingehend zu verhandeln, die Ausbildung mit dem eingeschränkten Ziel fortzusetzen, daß lediglich der praktische Teil der Facharbeiterprüfung zu bestehen angestrebt wird. – Dies hätte – so Ruf (1986, S. 108) – in der Regel für eine anschließende Beschäftigung keine nachteiligen Wirkungen (vgl. dazu auch die Äußerungen des DGB/RT weiter oben).

Berufsausbildung gemäß § 48 BBiG beziehungsweise § 42 HwO

Diese Berufsausbildung ist für Sonderschüler nahezu uneingeschränkt zu empfehlen. Die Vorzüge sind schnell referiert:
– Vollsubventionierung durch die Arbeitsverwaltung
– Reduktion der theoretischen Anforderungen
– Sonderberufsschule mit zusätzlichen Fördermöglichkeiten
– derzeit gute Vermittlungschancen, insbesondere in der Metallbranche
– umfassende sozialpädagogische Betreuung (BBW)
– Zusatzprüfung zum vollen Facharbeiter prinzipiell möglich.

Die Nachteile dieser Regelungen lauten:
– Obligatorisches Diagnoseverfahren zur Feststellung „Behinderte(r) im Sinne der Vorschriften", dies bleibt jedoch ein arbeitsverwaltungs-interner Vorgang!
– Internatsunterbringung (kann auch Vorteil sein: Ablösung vom belastenden Herkunftmilieu)
– geringere Ausbildungsvergütung (derzeit 400,– DM in allen drei Ausbildungsjahren)
– Vermittlungsprobleme in nicht-industrielle Arbeitsverhältnisse nach Abschluß der überbetrieblichen Ausbildung.

Wichtig bleibt jedoch: Dieser Weg stellt keine Warteschleife dar und kann mit einiger Sicherheit als erfolgversprechend gelten. Dem ist jedoch hinzuzufügen, daß derzeit diese Ausbildungsgänge landesweit noch keine echte Alternative zur Regelausbildung für benachteiligte Jugendliche darstellen. Dafür sind längst nicht genügend Ausbildungsplätze vorhanden. Ob und in welchem Umfang Ausbildungsgänge gemäß § 48 BBiG/§ 42b HwO eingerichtet werden, entscheiden die Kammern. Während in einigen Kammerbezirken die betriebliche Ausbildung in diesen Ausbildungsgängen zugelassen ist, wird sie in anderen Bezirken nur überbetrieblich ermöglicht, was eine deutliche Begrenzung des Angebots impliziert.

Berufsvorbereitungsjahr (BVJ) plus Jobs bis zur Volljährigkeit

Das Berufsvorbereitungsjahr ist eine höchst diffuse, gleichwohl nützliche Einrichtung, die derzeit den unterschiedlichsten Interessen dienstbar sein muß und somit kaum ein plausibles berufspädagogisches Profil gewinnen kann. Die BVJ-Klientel sind Jugendliche und junge Erwachsene mit sehr unterschiedlichen Biographien, heterogenen Schulkarrieren und höchst divergierenden Interessen (vgl. dazu S. 203–213). Ich wage demzufolge die These, daß das Berufsvorbereitungsjahr in seiner Funktion als unmittelbar berufsvorbereitende Maßnahme sich erübrigt, wenn es gelingt, die bestehenden einjährigen Berufsfachschulen schul- und sonderpädagogisch so auszulegen, daß effektive und subjektiv befriedigende Ausbildung geleistet werden kann. Es könnte alsdann für Jugendliche als Allgemeine einjährige Berufsschule konzipiert werden, die gezielt auf Arbeitsverhältnisse vorbereitet, die diese Jugendlichen im Anschluß und mindestens bis zur Erreichung der Volljährigkeit eingehen können.

Mit dem Ansinnen, es müßten für solche Jugendliche, die mit dramatischer Biographie und schlechten Zeugnissen behaftet sind, in ausreichender Zahl Arbeitsplätze geschaffen werden, die sie nicht überfordern, ihnen hinreichend attraktiv erscheinen und ihnen finanziell genügend Mittel einbringen, scheint unsere Gesellschaft nahezu überfordert. Nach übereinstimmenden Aussagen der Fachleute ist es verhältnismäßig leicht, Träger für Ausbildungsgänge für benachteiligte Jugendliche zu finden. Nahezu unüberwindliche Schwierigkeiten ergeben sich dort, wo es darum geht, Betriebe zu finden, die Arbeitsverhältnisse für Jugendliche anbieten. Bislang gibt es hier nur erste Ansätze im Öko-Bereich. Sie arbeiten mit Zuschüssen der Arbeitsverwaltung oder mit Hilfe finanzieller Unterstützung aus öffentlichen Mitteln. Normalerweise erhalten die Jugendlichen in solchen Projekten eine Vergütung in Höhe von etwa 600,– DM pro Monat, was in etwa dem Sozialhilfesatz entspricht. Es ist keine Frage, daß dies für die Mehrzahl der Betroffenen bedeutet, weiterhin – ob mit Arbeit oder ohne – in Abhängigkeit ihrer Herkunftsfamilie oder sonstiger Geldgeber leben zu müssen.

Ich denke, wir sollten als Sonderpädagogen deutlich machen, daß Jugendliche, die – aus welchen Gründen auch immer – keine Ausbildung wollen, das Recht auf einen ordentlich bezahlten Arbeitsplatz – zumindest bis zum Erreichen der Volljährigkeit – haben sollten. Wenn wir uns dagegen ausschließlich auf die Forderung nach Ausbildungsplätzen und Fördermaßnahmen verlegen, zwingen wir diesen Personenkreis, sich bis zum Erreichen der Volljährigkeit perspektivlos durch Fördermaßnahmen und Ausbildungsverhältnisse zu quälen, beziehungsweise sich in die fatale Lage der Jugendarbeitslosigkeit zu manövrieren; dies dann mit allen persönlichen und gesellschaftlichen Folgekosten.

Die bisherigen Argumente machen deutlich, daß mir halbjährige Grundbildungslehrgänge (Metall, Textil, Gartenbau, Büro und Verkauf), deren Anrechnung auf spätere Ausbildungsverhältnisse zwar möglich wäre, faktisch aber nicht realisiert wird, und allgemeine Förderlehrgänge mit Teilzeitberufsschulbesuch als Holzwege erscheinen. Es ist sicher nicht zu verkennen, daß derlei „Fördermaßnahmen" in Einzelfällen die Entwicklung zur „Berufsreife" fördern. Bedenklich ist jedoch, daß derlei Einrichtungen als Institutionen Selbsterhaltungstendenzen ausbilden, was dann zu mehr oder weniger begründeten Zwangsrekrutierungsverfahren führt.

4. Arbeitsmarktlage und ausländische, benachteiligte Jugendliche

Ausbildung – Angriff auf die Tradition

Als Lehrer und (Berufs-)Berater haben wir davon auszugehen, daß ausländische Schüler in viel stärkerem Maße als ihre deutschen Mitschüler in Familien- und Verwandtschaftsverbände eingefügt sind und demzufolge einer ungleich stärkeren sozialen Kontrolle durch Normrepräsentanten der Herkunftskultur unterliegen. Dies bedeutet zunächst, daß Vater und Mutter, Onkel und Tanten, die Erwachsenen schlechthin (nicht zuletzt Großeltern), in der Familienhierarchie fraglos Respektspositionen besetzen. Gleichzeitig aber sind die konkreten Vertreter dieser Generationen samtsonders im Bereich unserer Klientel schlecht ausgebildete oder ungelernte Hilfskräfte. Seit mehr als zehn Jahren haben die meisten von ihnen gleichwohl tagtäglich bewiesen, daß sie unter härtesten Arbeitsbedingungen in der Lage sind, ihre Familien durchzubringen, sich am üblichen Konsum hinreichend intensiv zu beteiligen und gleichzeitig im Herkunftsland weitere Mitglieder der Familie auszuhalten und dort bescheidenen bis beachtlichen Wohlstand zu erwerben.

Für diese Elterngeneration ist überdies fraglos selbstverständlich, daß ein junger Mann, sofern er Arbeit findet, diese annimmt und eine junge Frau sich verheiratet und ihren Pflichten in Haus und Familie nachkommt. Die Vorstellung, man müsse vor der Arbeitsaufnahme eine Ausbildung durchlaufen, ist dieser Elterngeneration weder aus ihrem kulturellen Umfeld noch aus ihrer eigenen, biographischen Erfahrung heraus verständlich. Die bis in die Adoleszenz hinein dauernde Schulpflicht tangiert bereits empfindlich die Durchsetzung geschlechtsspezifischer Traditionsmuster. Für Angehörige von Kulturen, in denen eine strenge Sexualmoral, gekoppelt mit rigiden Ehrbegriffen, die Heirat zum frühest möglichen Zeitpunkt nach Erreichen der Geschlechtsreife erzwingt, wirkt die Forderung nach einer sich über Jahre hinziehenden Ausbildung als ein unerträglich langer Zeitraum, für den es weder für den jungen Mann und noch viel weniger für eine junge Frau gesellschaftlich akzeptierte Muster der Gestaltung der privaten Lebensführung gibt. Für viele Eltern der ersten Generation der Arbeitsmigranten ist daher insbesondere im Blick auf ihre Töchter die Forderung nach einer beruflichen Ausbildung ein schwieriges, mit sehr ambivalenten Gefühlen besetztes Problem.

Daß die Ehefrauen von Arbeitsmigranten hierzulande Arbeit annehmen, wird in der Regel mit den erhöhten finanziellen Anforderungen gerechtfertigt, die sich daraus ergeben, daß man einerseits am bundesrepublikanischen Lebensstandard hinreichend partizipieren und andererseits gleichzeitig ausreichend Vermögen in der Heimat akkumulieren will. Aus dieser Sicht bedeutet die Forderung nach Ausbildung der Kinder einen Angriff auf die kulturelle Tradition, einen Angriff auf die biographischen Erfahrungen der Eltern und nicht zuletzt einen Angriff auf die moralische Integrität der Jugendlichen, insbesondere der Mädchen. Dies alles gilt in noch schärferem Maße für Schülerinnen und Schüler der Sonderschulen, da für deren Eltern aufgrund der problematischen Schulkarriere ohnehin feststeht, daß sie nicht in prestigeträchtige, gut bezahlte Berufspositionen gelangen können. Für eine berufliche Ausbildung am unteren Ende der Rangskala der Beschäftigungspositionen ist der Preis der Entfremdung, des Familienzerfalls und das Risiko des Verlusts der Ehrbarkeit einfach zu hoch.

Einen Beruf zu erlernen, eine Ausbildung zu machen, ist nicht – wie für deutsche Eltern und Jugendliche – das schlechterdings Normale; für ausländische Eltern ist es das schlechterdings Neue, Ungewohnte, Ungewisse. Diese Entscheidung mobilisiert Ängste: Gelingt die Ausbildung, dann vollzieht sich eine weitere Entmachtung der Elterngenerationen, ihre berufliche Unterprivilegiertheit im Vergleich zu den Berufschancen ihrer Söhne und Töchter wird zum auf Dauer gestellten Konfliktstoff innerfamiliärer Rivalität. Führt sie dagegen in prestigelose Lohnabhängigkeit, scheitert sie sogar oder schafft sie unübersehbare Probleme, entsteht eine zusätzliche familiäre Belastung, deren Notwendigkeit nicht einzusehen ist.

Ausbildung – Angriff auf die Zukunft der Familie

Hinzu kommt ein zweiter ernstzunehmender Problemkomplex. Migrantenfamilien, nur äußerlich, notdürftig in die bundesrepublikanische Gesellschaft integriert, leben von und mit der Perspektive, irgendwann wieder in die Heimat zurückzukehren. Dies gilt wiederum für die Elterngeneration in begreiflich höherem Maße als für die Jugendlichen. Jede Berufswahlentscheidung der Söhne und Töchter wird zum Angriff auf diese für die Eltern lebensnotwendige Perspektive, ganz gleich wie realistisch sie faktisch ist. So gesehen spielt die Überlegung, ob die Berufsentscheidung der Kinder diese doppelte Option, hierzubleiben oder zurückzukehren, offenhält oder nicht, eine zentrale Rolle. Der Jugendliche ist also keineswegs nur von Gesichtspunkten seiner Neigung und Eignung und nicht nur durch die ohnehin vergleichsweise geringen Auswahlmöglichkeiten bei seinen Überlegungen bestimmt: Er muß sich zusätzlich fragen, ob er mit seiner Entscheidung möglicherweise mittelfristige Lebensperspektiven seiner Eltern zerstört und so den familiären Zusammenhalt gefährdet. Er muß sich darüberhinaus fragen, ob er mit seiner Entscheidung nicht Familien- und Verwandtschaftstraditionen desavouiert, seine Kultur verrät und definitiv überläuft, weil diese Entscheidung den Zwang zum Hierbleiben und damit zur Integration qua Assimilation bedeutet.

Berufswahlentscheidung unter dem Kriterium der „doppelten Option"

Für benachteiligte, ausländische Schüler spitzen sich derlei Probleme erheblich zu, denn unter dem Kriterium der Garantie der doppelten Option schrumpft die Palette der für Behinderte und Benachteiligte ergreifbaren Berufe bedenklich: Daß ein junger Türke niemals Metzger werden will, leuchtet jedem ein, der auch nur die gröbste Kenntnis vom türkischen Kulturkreis hat. Aber auch der Bäcker scheidet faktisch aus. Die Vernetzung des Backwarenherstellers in der Bundesrepublik mit der Backzutatenindustrie und deren Verflechtung wiederum mit der Nahrungsmittelchemie führt faktisch dazu, daß der Bäcker im mediterranen und kleinasiatischen Raum grundverschiedene Ausgangsprodukte auf einem grundverschiedenen Produktionsniveau zu lediglich äußerlich ähnlichen Erzeugnissen verarbeitet. Es ist nahezu undenkbar, daß ein ausländischer Jugendlicher, der hierzulande Bäcker gelernt hat, mit seinen beruflichen Kenntnissen und Fähigkeiten in irgendeinem der Migrantenländer Fuß fassen und sich selbständig machen könnte. Dort fehlt ihm das gesamte Netz der Zulieferer und die darauf abgestimmte Produktionstechnologie. Eine berufliche Reintegration – wenn überhaupt – wäre selbst in diesem vermeintlich alten „Handwerk" nur in den Industriegebieten und großstädtischen Zentren möglich, hätte also die Binnenmigration des Ausländers von der Peripherie in die Zentren zur zwangsläufigen Folge.

Betrachtet man unter dieser Frage nach der doppelten Option den Katalog der Berufe, die für benachteiligte Ausländer a) möglich und b) erstrebenswert sein könnten, so ergibt sich etwa das folgende: Es kommt nicht von ungefähr, daß die Mehrzahl der Jungen zuallererst den Berufswunsch des Kfz-Mechanikers äußern. Zurecht kann davon ausgegangen werden, daß er in den Migrationsländern eine realistische Chance eröffnet, zu einem gesicherten, wirtschaftlichen Auskommen zu gelangen. Wenn man unter diesem Gesichtspunkt die weiteren Berufe durchgeht, die benachteiligten und behinderten Jugendlichen angeboten werden, beziehungsweise für ausländische Jugendliche in „Reichweite" zu bringen wären, so sind hier vor allem die folgenden herauszuheben:

Maurer	Im Blick auf Mädchen:
Fließen- und Plattenleger	Bekleidungsnäherin
Straßenbauer	Bekleidungspflegerin
Berufskraftfahrer (➥ internationale Spedition)	Damen-, Herren-,
Gas- und Wasserinstallateur	Wäscheschneiderin
Textilmaschinenführer	
Textilveredler	
Zweiradmechaniker	
Glaser	

Wählt dagegen ein ausländischer Jugendlicher einen Beruf aus der folgenden Liste, dann bedeutet dies in der Regel, daß er sich auf einen Verbleib in der Bundesrepublik festlegen muß:

– Sämtliche auf begrenzte Verwendungsmöglichkeiten abgestellte Spezialberufe in der Metallbranche (Teilezurichter, Fräser- oder Dreherfachwerker, Maschinenführer usw.);

– sämtliche auf mitteleuropäische Bauweise und Standards ausgelegte Bau- und Baunebenberufe (Beton- und Stahlbetonbauer, Estrichleger, Stukkateur, Isolierer, Heizungsinstallateur, Zimmerer, Parkettleger usw.);

– sämtliche Berufe des holzverarbeitenden Gewerbes, da dieses im mediterran-kleinasiatischen Raum aufgrund der Holzknappheit längst nicht die Bedeutung hat wie hierzulande (Holzmechaniker);

– sämtliche an die mitteleuropäische Dienstleistungsstruktur angepaßten Berufe (Ver- und Entsorger, Gebäudereiniger);

– aber auch Berufe wie Maler und Friseuse und Fachgehilfin im Gastgewerbe scheiden aus: Ihre Arbeiten werden im Herkunftsland weitgehend durch Eigenleistung oder angelernte Hilfskräfte erledigt; ein gesichertes Auskommen ist in diesen Berufen nicht gewährleistet.

Daß mit dem Eingehen eines Ausbildungsverhältnisses faktisch solche Entscheidungen über die künftige Lebensperspektive nicht endgültig fallen, ist für die Betroffenen und ihre Familien weniger von Belang. Viel bedeutsamer, denke ich, ist, daß mit der anstehenden Berufsentscheidung des Jugendlichen ein hochsensibler Bereich der gesamten Familie berührt wird. Wie sie auch ausfällt, entweder versuchen die Eltern ihre Rückkehrabsichten gegen die Jungen durchzusetzen und ihnen die entsprechenden Ausbildungsgänge auszureden oder zu verbieten oder die Jugendlichen setzen sich gegen die Eltern durch und beeinträchtigen sodann empfindlich den familiären Zusammenhalt, auf den sie aus vielen Gründen erheblich stärker angewiesen sind als ihre deutschen Alterskameraden.

So ist es nicht verwunderlich, daß viele ausländische Jugendliche in Tat- und Solidargemeinschaft mit ihren Eltern die Berufsentscheidung zu umgehen suchen. Dies äußert sich in vielen Formen:

– Im Arbeitsamtsbezirk Reutlingen waren in den letzten Jahren von den gemeldeten arbeitslosen Jugendlichen unter 20 Jahren rund 30 Prozent ausländische Jugendliche (der Ausländeranteil im Landkreis Reutlingen an den 15- bis 20jährigen beträgt jedoch nur etwa 19 Prozent). Die Dunkelziffer dürfte noch erheblich höher liegen: Ausländische Jugendliche ohne Arbeitserlaubnis werden nicht registriert.

– Ausländische Mädchen beschränken sich auf eine Mithilfe im Haushalt oder im eigenen, familiären Betrieb. Dies gilt im Bereich des Gastgewerbes und des Kleinhandels auch für Jungen.

– Im Kammerbezirk der IHK Reutlingen waren am 31. Dezember 1989 von insgesamt 7633 eingetragenen Ausbildungsverhältnissen ganze 504 mit ausländischen Jugendlichen besetzt, das sind 6,3 Prozent. Im Handwerk (Handwerkskammer Reutlingen/Kammerbezirk) waren von 6090 eingetragenen Ausbildungsverhältnissen 692 mit ausländischen Jugendlichen besetzt, das sind 11,4 Prozent.

– Die Fachberatung für die Arbeit mit ausländischen Kindern und Jugendlichen des Diakonischen Werkes Württemberg in Reutlingen kommt im Blick auf die Datenlage zum 31. Dezember 1988 zu folgendem Ergebnis: „Trotz aller Bemühungen haben … dreimal so viel Ausländer *keinen* Ausbildungsvertrag als deutsche Jugendliche. Hier zeigt sich, daß trotz der Entspannung auf dem Ausbildungsmarkt keine Automatik besteht, daß nun ausländische Jugendliche die frei werdenden Ausbildungsstellen besetzen könnten … Von den Nationalitäten haben besonders Italiener und Türken Schwierigkeiten, einen Ausbildungsplatz zu finden. Jeder fünfte beziehungsweise sechste hat von diesen Jugendlichen *keinen* Ausbildungsvertrag."

Dieser Einblick in Datenmaterial, das die Reutlinger Verhältnisse spiegelt, stützt einerseits meine These, daß die Berufswahlentscheidung für ausländische Jugendliche generell ein viel schwierigeres Problem darstellt als gemeinhin bekannt. Wie sehr sich die Probleme zusätzlich verschärfen für benachteiligte Ausländer ohne Hauptschulabschluß, mit Schulfremdenprüfung, mit schlechtem Hauptschulabschluß und/oder mit BVJ-Abschluß kann ich für die Region Reutlingen noch nicht mit Daten belegen. Es muß jedoch davon ausgegangen werden – und entsprechende Belege für Einzelfälle aus der Arbeit in der nachgehenden Betreuung liegen vor – daß sich hier in den Familien Konfliktpotentiale häufen, um deren Abbau sich niemand kümmert.

Ich habe bis jetzt nicht davon gesprochen, daß die Betriebe in der Regel ausländische Bewerber um Ausbildungsplätze zwar nicht offen abweisen, es jedoch gän-
giger Praxis entspricht, daß bei vergleichbarem Qualifikationsprofil in der Regel
der deutsche Bewerber dem Ausländer vorgezogen wird. Dies bedeutet, daß die
ausländischen Abgänger aus Sonderschulen im Konkurrenzkampf um Ausbildungsstellen die absolut schlechtesten Voraussetzungen haben.

Konsequenzen

Angesichts dieser Sachlage scheint mir dreierlei unabdingbar:
1.
Im Interesse unserer ausländischen Schülerschaft müssen wir als Kollegien auf die
Schulverwaltung einwirken, daß Materialien für den Unterricht und für die
Beratung ausländischer Schüler und Eltern entwickelt werden, die eine Erörterung
der Berufswahlentscheidung ausländischer Jugendlicher konsequenter als bisher
unter dem Kriterium der doppelten Option ermöglicht. Hinsichtlich einer möglichen Rückkehr der Jugendlichen in die Heimatländer ihrer Eltern kann es nicht
dabei bleiben, die Berufswahl ausschließlich unter das Kriterium zu stellen, ob
man sich mit diesem Beruf in Galizien, Apulien, in Achaia oder in Ostanatolien
„selbständig" machen kann. Es gilt Schülern wie Eltern an konkreten Beispielen
aus der jeweiligen Region deutlich zu machen, daß es wirtschaftliche Verflechtungen zwischen der Bundesrepublik und dem jeweiligen Migrationsland gibt und
wie solche Verflechtungen faktisch beruflich nutzbar sind. Ich halte es für eine
Notwendigkeit, daß im Zusammenwirken zwischen Arbeitsverwaltung, Kammern
und Schulen anschauliche Beispiele dafür erarbeitet werden. So wäre zum Beispiel
zu klären:
– Welche Firmen einer Region unterhalten Niederlassungen in den Migrationsländern und benötigen dort qualifizierte Fachkräfte.
– Welche Firmen und Betriebe unterhalten Geschäftsbeziehungen zu Firmen in
   den Migrationsländern, die im Sinne mittelfristiger Personalplanung auch dahingehend auszubauen wären, daß hierzulande ausgebildete Fachkräfte in die
   dortigen Betriebe vermittelbar wären.
– Welche Firmen erledigen in den Migrationsländern selbst regelmäßige Arbeits-
   und Wartungsaufträge und brauchen dafür geeignete Fachkräfte (Straßenbau,
   Hoch- und Tiefbau, Maschinen- und Anlagenbau, Speditionen usw.)
2.
Im Zusammenwirken von Schule und Arbeitsverwaltung sollte dafür Sorge
getragen werden, daß insbesondere in Berufen, die die doppelte Option in diesem
Sinne garantieren, betriebliche und überbetriebliche Ausbildungsplätze sowohl
nach § 25 als auch nach § 48b BBiG beziehungsweise § 42 HWO geschaffen und
in genügender Zahl verfügbar bleiben.
3.
Sonderschullehrer, die Abschlußklassen mit hohem Ausländeranteil führen,
müssen in genügendem Umfang dafür freigestellt werden, daß sie sich für jeden
ausländischen Schüler persönlich so engagieren können, daß dessen weitere
berufliche, schulische oder erwerbsmäßige Zukunft in der Zeit wenigstens bis zum
18. Lebensjahr fraglos gesichert ist. Dies impliziert einen engen Kontakt zur

Herkunftsfamilie ebenso wie tatkräftige Unterstützung (= persönliche Präsenz) bei Verhandlungen mit Arbeitsverwaltung, Betrieben, Schulen, Ausländerbehörde und gegebenenfalls Sozialamt. Ausländische Familien sind mit alledem in der Regel überfordert. Es genügt nicht, die Schüler an Behörden und Beratungsstellen zu verweisen. Entscheidend wichtig ist, daß bezogen auf jeden Einzelfall eine engagierte Vertrauensperson sich des Jugendlichen annimmt, die mit ihm und für ihn seine Geschäfte führt, bis befriedigende Lösungen gefunden sind.

5. Anregungen für die Arbeit auf der Oberstufe der Sonderschulen zur Vorbereitung auf den Lebensabschnitt zwischen Schulentlassung und dem 25. Lebensjahr

Katalog unterrichtlicher Vorhaben zur Vorbereitung auf die Lebenswirklichkeit

Als Ergänzung und Konkretion meiner Ausführungen zur „Allgemeinen Grundbildung auf der Oberstufe der Schule für Lernbehinderte" (vgl. S. 33f.) ist folgendes auszuführen:

Flußdiagramme

Als ein wichtiges Medium zur Darstellung komplexer Planungs-, Entscheidungs- und Handlungszusammenhänge für Schüler der Oberstufe haben sich Flußdiagramme unterrichtspraktisch bewährt. Bezogen auf das hier verhandelte Thema haben wir für die Schüler einer 9. Klasse der Schule für Lernbehinderte das nachfolgend abgebildete Diagramm „Lehrstellensuche" entwickelt.

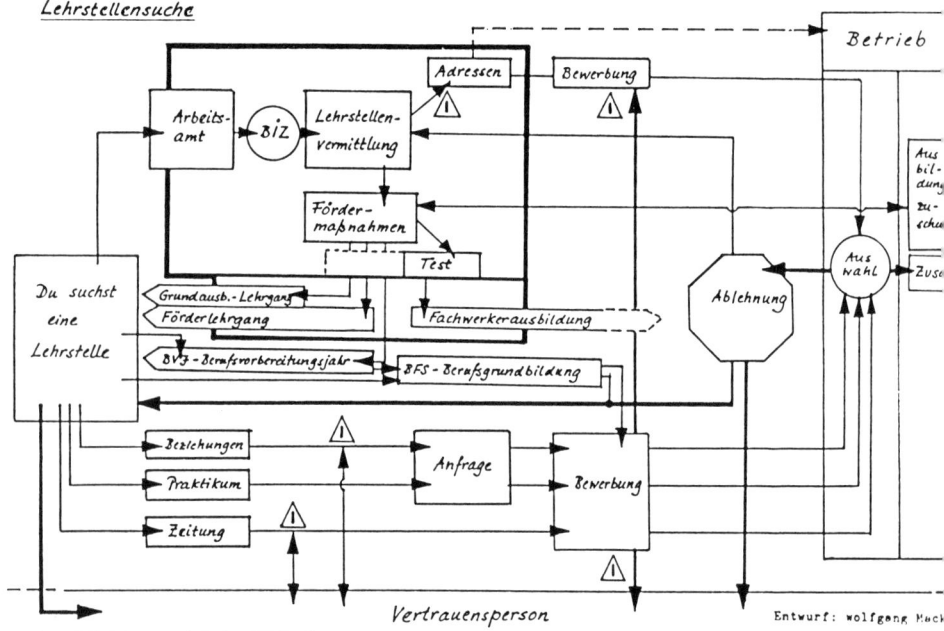

Solche Flußdiagramme haben mehrere Funktionen:
- Sie vermitteln einen klaren Überblick über die Handlungsalternativen, die es derzeit gibt, um ein bestimmtes Ziel zu erreichen. Sie zeigen für jede Alternative die Stationen, geben Auskunft darüber, was im Falle des Scheiterns einer bestimmten Strategie zu tun ist und bezeichnen die kritischen Stellen, an denen erhöhte Aufmerksamkeit erforderlich ist.
- Flußdiagramme dieser Art vermitteln den Schülern einen präzisen Eindruck davon, wie komplex in einer bürokratisch verfaßten Industriegesellschaft effektives Handeln tatsächlich ist. Im Unterricht ist dabei auf zweierlei hinzuarbeiten: a) Schülern soll deutlich werden: Selbst wenn wir uns bemühen, die Sachverhalte so elementar wie möglich darzustellen, können wir die Komplexität von Handlungsfeldern nicht ungestraft durch didaktische Simplifikationen unterlaufen. b) Wir müssen deutlich machen: Weil wir Schüler nicht verdummen wollen, indem wir ihnen die Realität einfacher darstellen, als sie ist, stellt sich für jeden einzelnen von ihnen die Doppelfrage: Kommst du in diesem Handlungsfeld allein erfolgreich zurecht, oder schaffst du vielleicht nur Teilstücke davon selbständig und brauchst für andere oder den Gesammtzusammenhang einen verläßlichen Menschen, der dir dabei hilft?
- Flußdiagramme dieser Art sind eine Hilfe zum Memorieren komplexer Planungs-, Entscheidungs- und Handlungsabläufe. Sie entwickeln auf überzeugende Weise für die Jugendlichen die Einsicht, daß es notwendig ist, sich rechtzeitig verläßliche Vertrauenspersonen zu suchen und die Zusammenarbeit mit ihnen noch in der Schulzeit zu trainieren.

Einsicht in die Sprache gewinnen

Mit dieser Formel umschreibt der Bildungsplan der Schule für Lernbehinderte in Baden-Württemberg (1980) die Aufgabe, den Schülern „sprachliche Kompetenz" durch Sprachtraining und Sprachbetrachtung anzubilden. Im Blick auf die bessere Vorbereitung auf die Lebenswirklichkeit muß es dabei auf Mittel- und Oberstufe um eine gründliche Einführung in die Schriftsprache gehen, deren Komplexität sowohl lernbehinderten als auch ausländischen Schülern nahezu nicht zu bewältigende Schwierigkeiten macht.

„Als Illustration für diese Schwierigkeiten sei darauf hingewiesen, daß
- eine Massierung von Fachtermini eher die Regel als die Ausnahme ist,
- Wortzusammensetzungen und Wortbildungsregeln eine wesentliche Rolle für die Bildung von Fachtermini spielen,
- insbesondere die verschiedenen Formen der Nominalisierung auch in Texten für jüngere Schüler bereits häufig zu finden sind,
- der Genitiv gehäuft vorkommt, während er aus dem mündlichen Sprachgebrauch fast ganz verschwunden ist,
- häufig attributive Adjektive in Verbindung mit dem Artikel und attributive Partizipien verwendet werden, (zum Beispiel „ein rotes, über die Platte gespanntes Tuch")
- Passivkonstruktionen sowohl in der Funktion als Zustandspassiv („ist gefüllt"), als auch in der Funktion des Vorgangspassivs („wird gefüllt") häufig anzutreffen sind …" (Der Kultusminister des Landes Nordrhein-Westfalen 1982, S. 23)

Aus dieser knappen Zusammenstellung wird ersichtlich, daß das Training sprachlicher Kompetenz zwei Schwerpunkte haben muß:
– eine qualifizierte Einführung in die Logik der Begriffsbildung; und
– eine qualifizierte Einführung in die Logik der Abfolge von Satzgefügen. Hier kommt es ganz wesentlich darauf an, daß Schüler den Sinn von Konjunktionen erfassen lernen, da diese Signalcharakter für die Struktur eines Textes haben.

Gemeinsam Zukunft meistern – Anregungen zur kooperativen Entwicklung einer realistischen, lohnenden Lebensperspektive

Die bisherigen Argumente führen konsequenterweise zu der Einsicht, daß eine qualifizierte Vorbereitung benachteiligter Jugendlicher auf der Oberstufe der Sonderschulen (wie auch in den letzten Klassen der Hauptschulen) auf die Lebenswirklichkeit nicht länger nur darauf anlegen darf, den Schülern Wissensbestände, Grundrepertoires von Fertigkeiten und rational begründbare Einstellungen zu vermitteln, die samtsonders auf die Verwirklichung eines fragwürdigen, individuellen Selbständigkeitsideals zielen. Eine qualifizierte Vorbereitung auf die Lebenswirklichkeit in der Schule kann aber ebensowenig dadurch geleistet werden, daß man Lehrer dazu verpflichtet, für alle ihre Schüler während der Schulzeit und darüber hinaus die ausschließlichen Vertrauenspersonen zu sein, auf die man in all jenen Belangen zurückgreifen kann, in denen man als Jugendlicher das Ideal der Selbständigkeit nicht erreicht.

Benachteiligte Jugendliche müssen als Schüler so viel Selbständigkeit wie möglich erlernen, noch wichtiger aber ist, daß sie situationsangemessen auch die jeweiligen Grenzen ihrer Selbständigkeit einschätzen lernen und sodann wissen, wer ihnen kompetent weiterhelfen kann und dazu auch bereit ist. Gebildete Erwachsene müssen als Sonderschullehrer einsehen lernen, daß sie in einem Beruf arbeiten, der sie dann fortgesetzt überfordert und frustriert, wenn sie versuchen, ihn als Einzelkämpfer oder auch als kollegiales Team zu gestalten. Benachteiligte Jugendliche lebenstüchtig zu machen, sie vor schlimmen Erfahrungen des Scheiterns und den daraus erwachsenden Formen irreparabler Schädigungen der Persönlichkeit zu bewahren, diese Aufgabe ist so komplex, daß sie Lehrer und Lehrerkollegien weder alleine an sich ziehen noch ausschließlich an die professionelle Sozialpädagogik delegieren dürfen. Sonderschullehrer, die an und mit benachteiligten Jugendlichen arbeiten, können ihren Beruf nur dann qualifiziert ausüben, wenn es ihnen gelingt, eine Gruppe engagierter Experten (Juristen, Ärzte, Erziehungswissenschaftler, Psychologen, Theologen) und Laien für ihre Arbeit und für die Probleme ihrer Schüler zu interessieren. Einer solchen Gruppe kompetenter und verantwortungsbereiter Erwachsener kann es dann aufgrund ihres Engagements und ihrer weiteren Kontakte gelingen, für die benachteiligten Jugendlichen konkrete Chancen beruflicher und privater Art aufzuspüren, in denen der Aufbau einer lohnenden Lebensperspektive gelingt.

Vermittlung von Vertrauenspersonen

Die Schüler der Oberstufe von Schulen für Lernbehinderte und aus Schulen für Erziehungshilfe sind Jugendliche, die in der Regel ihr künftiges Leben auf einer wirtschaftlich schmalen Basis, oft ungesichert dazu, führen müssen. Sie haben auch auf dem Markt der privaten Beziehungen nur sehr eingeschränkte Chancen, einen persönlichen Lebensgefährten auf Dauer zu finden. Sie kommen aus Familien, die oft genug damit überfordert sind, ihre Kinder an die Grundformen einer erfolgreichen Lebensführung in einem bürokratisch verfaßten Industriestaat heranzuführen und sie kommen aufgrund ihrer belasteten Biographie und ihrer benachteiligten sozialen Lage „am Rande der Normalität" häufiger als jeder von uns mit Institutionen der öffentlichen Kontrolle, Beratung, Hilfe und Fürsorge in Zwangskontakt. An alledem kann die Schule, so wie sie ist, auch die Sonderschule nicht viel ändern, wenn sie nur darauf anlegt, „mehr Selbständigkeit" dem einzelnen anzutrainieren.

Was unsere Schüler als Kinder (auch später als Erwachsene) am meisten aber als Jugendliche brauchen, ist für jeden einzelnen ein Netz von verläßlichen, auf Dauer gestellten, von Vertrauen geprägten Kontakten zu engagierten Erwachsenen und zu Gruppen außerhalb und zusätzlich zu Herkunftsfamilie und Verwandtschaft, die bereit sind, mit ihnen gemeinsam sich ihres Schicksals anzunehmen und die kompetent und couragiert genug sind, sich wenn nötig für die Belange des oder der Betreffenden zu verkämpfen.

Die Schulen für benachteiligte Kinder und Jugendliche haben gerade als „Zwangsanstalten" die Chance, behutsam und mit dem nötigen Takt, wohl aber auch konsequent genug, ein solches Netz aufzubauen. Dies setzt voraus, daß die Schule sich als eine Institution begreift, die planmäßig daran arbeitet, im Medium des ihr gestellten Bildungsauftrages Kontaktmöglichkeiten zwischen engagierten Einzelnen und Gruppen und den ihr anvertrauten Jugendlichen zu schaffen. Das Kollegium einer Sonderschule muß fähige Erwachsene aufspüren, mit beeindruckenden Gruppen (Initiativen, Vereinen, Kirchen), mit Vertretern aus Verwaltung und Wirtschaft verhandeln mit dem Ziel, deren Aufmerksamkeit und Interesse für die Gestaltung der Zukunft konkreter Schüler zu gewinnen.

Anregungen zur Organisation und Unterrichtsgestaltung einer Kooperationskontakte stiftenden Schule

Seitens der Schule ist zu überlegen, zu welchen sachlich begründeten Anlässen man kooperationsbereite Einzelne und Gruppen mit den Schülern wiederholt zusammenbringen kann. Hierzu eine Liste von Einfällen:

- Sportunterricht wird auf die frühen Abendstunden verlegt (eventuell als AG für Klasse 7 und 8) und findet in verschiedenen Vereinsgruppen zu deren regulären Trainingszeiten statt.
- Förderunterricht wird auf der Oberstufe (spätestens in der Abschlußklasse) in die Räumlichkeiten von Initiativgruppen verlegt, die sich für Ausländerarbeit/ Beratung und Förderung von Benachteiligten einsetzen; hierzu werden „schulfremde" Interessenten eingeladen.
- Kunstunterricht wird als Folge von drei Wochenendseminaren in die Räume einer Kirchengemeinde verlegt, dazu erfolgt gezielte Einladung an interessierte Erwachsene.
- Zum Klassenausflug, zur Schuldisco, zu Wandertagen werden kooperationswillige Gäste eingeladen.

- Am Werkunterricht nehmen aus dem Arbeitsleben freigesetzte Fachleute teil.
- Schüler organisieren am verkaufsoffenen Samstag ein Mittagessen und laden hierzu die Freunde der Schule ein.
- Anläßlich bestimmter Themen von öffentlichem Interesse (zum Beispiel Nord-Süd-Konflikt: Vertreter von lokalen Dritte-Welt-Gruppen / Drittes Reich: Zeitzeugen / DDR: Leute mit biographischen Erfahrungen aus dem real existierenden Sozialismus) werden Gäste in den Unterricht eingeladen.
- Film- und Videovorführungen unter Teilnahme interessierter Erwachsener.
- Informelles Treffen zwischen Eltern, interessierten Freunden und Schülern bei Schulparties und ähnlichem.

Bericht über einen Versuch der Begegnung zwischen benachteiligten Jugendlichen und engagierten Laien

Abschließend möchte ich von einem Projekt berichten, das wir mit Mitteln der Bosch-Stiftung an der Pestalozzischule Tübingen (Schule für Lernbehinderte) im letzten Schuljahr durchführten: Im September 1985 suchten wir über ein Rundfunkinterview mit dem Lehrer der 9. Klasse, über Presseartikel und Veröffentlichungen in den Gemeindebriefen verschiedener Kirchengemeinden, über Kontaknahme zu sozialen Diensten und der aus diesen Aktionen sich entwickelnden Mund-zu-Mund-Propaganda, interessierte, aus dem Arbeitsprozeß freigesetzte Erwachsene, die bereit sein sollten, sich für die Entlaßschüler des Sommers 1986 als Bezugs- und Vertrauensperson zu engagieren. In der Zeit bis Weihnachten wollten wir die Gruppe, die sich dann zusammenfand, und die Schüler je getrennt auf die Begegnung vorbereiten.

Für die Schüler stellten sich vor allem zwei Probleme:

a) Sie müssen eine zunehmend prägnantere Vorstellung von ihrer mittelbaren Zukunft entwickeln, dabei geht es um die präzise Einschätzung ihrer Möglichkeiten, Grenzen und Schwierigkeiten. Die unterrichtlichen Anstrengungen zum Berufswahlunterricht, der Orientierung in Bereichen der privaten Lebensführung, des Umgangs mit Ämtern und öffentlichen Einrichtungen, die Konsum- und Freizeiterziehung haben wir unter doppelter Zielsetzung angelegt:

1. Vermittlung von Strategien und Voraussetzungen zur Bewältigung der jeweiligen Probleme;
2. Ständiger Hinweis, daß derlei mit Hilfe einer Vertrauensperson mittelfristig gemeinsam besser zu bewältigen ist.

b) Aufbau von Kontaktbereitschaft und Kontakfähigkeit zu Erwachsenen außerhalb der Herkunftsfamilie:

1. Beschäftigung mit dem Fernsehfilm „Junge Spinner, alte Knacker" (SFB 1985);
2. Beschäftigung mit der deutschen Geschichte zwischen 1900 und 1980 unter der Frage, welche Ereignisse die Biographie Erwachsener und alter Menschen entscheidend bestimmten;
3. Einführung der interessierten Personen als Gäste im Unterricht: Befragung zur Biographie anhand mitgebrachter Fotos.

Die Vorbesprechung mit den potentiellen Betreuern machte uns wieder einmal deutlich, daß selbst engagierte Erwachsene viel zu wenig über die konkreten Schwierigkeiten wissen, die in den Jahren nach der Schulzeit von benachteiligten Jugendlichen zu bewältigen sind. Es wurde uns klar, die Schule selbst muß eine Koordinierungsstelle einrichten, an die sich beide wenden können: die Schüler, die konkrete Hilfe brauchen, und die Erwachsenen, die im Einzelfall auf den Rat von Experten angewiesen sind und die ihre Erfahrungen gemeinsam verarbeiten wollen.

Im Januar 1986 wurde die Klasse (18 Schüler) und die Vertrauenspersonen „in spe" zu einer gemeinsamen Wochenendtagung eingeladen. Sie wurde unter zwei thematischen Schwerpunkten angelegt:

1. Wechselseitige Begegnung und Annäherung. Jeder Schüler hatte einen Schattenriß seines Kopfes angefertigt, Name und Lebensdaten hinzugefügt und in Form einer Text-Bild-Collage seine Interessen, Hoffnungen und Ängste formuliert. Diese „Porträt-Galerie" bot vielfältigen Anlaß für Einzel- und Gruppengespräche. Jeder Erwachsene erzählte von sich anhand aussagekräftiger Fotos und für ihn bedeutsamer Gegenstände. Die Bereitschaft zum gegenseitigen Zuhören und die interessierte Anteilnahme an den Lebenserfahrungen sowie die Bereitschaft zu engagierter Auseinandersetzung mit Einstellungen und Erwartungen der je anderen „Seite" war für alle Teilnehmer eine überraschend positive Erfahrung.

2. Annäherung an eine gemeinsame Zukunft: Diskussion über einen Videofilm, der darüber berichtet, wie eine Wohngemeinschaft einem Jugendlichen nachgehende Betreuung angedeihen läßt. In getrennten Gruppen (Schüler/Erwachsene) vorbereitetes Rollenspiel zu vorformulierten, grob skizzierten „Ernstfallszenen": Was tun, wenn Konflikte am Arbeitsplatz, Berufsschulschwierigkeiten, Geld nicht reicht, Langeweile in der Freizeit, Wehrerfassung, Freundin Schluß macht und ähnliches. Gespielt und diskutiert wurden diese Szenen im Plenum. Den Schülern wurde dabei nach eigenem Bekunden erstmals die Chance einer solchen Beratung bewußt, während auf seiten der Erwachsenen Bedenken formuliert wurden, ob man denn für derlei Anforderungen kompetent genug sei beziehungsweise werden könne. Berichte eines Sozialarbeiters aus einem Berufsbildungswerk: Er erläuterte an skizzierten Fällen die „Knackpunkte" nachschulischer Karrieren: Berufliche Unter- / oder Überschätzung, Verschuldung und Kreditmißbrauch, Ausbeutung durch Partnerinstitute, Überversicherung, Abbruch der Ausbildung, häufiger Wechsel des Arbeitsplatzes.

Nach der Tagung kam es zu wiederholten Treffen. Dabei zeigte es sich, daß die Zeit des letzten Schuljahres zu kurz bemessen ist, um für einzelne Jugendliche eine ganz bestimmte Bezugsperson zu finden. Wir kamen so weit, daß zum Ende des Schuljahres die Schüler mit der Entlassung aus der Schule die Anschriften derer erhalten konnten, die bereit waren, sich ihrer künftigen Probleme anzunehmen. Die Schule ist jetzt damit befaßt, sich über die ersten nachschulischen Kontakte berichten zu lassen und eine Koordinations- und Anlaufstelle für beide Seiten einzurichten.

Zweierlei haben wir aus diesem Versuch gelernt: Solche Schulsozialarbeit muß im 7. Schuljahr, spätestens zu Beginn des 8. Schuljahres angefangen werden, wenn es zu tragfähigen Kontakten zwischen Erwachsenen und Jugendlichen kommen soll. Der Kreis derer, aus denen man Interessenten zu gewinnen sucht, darf nicht auf Menschen begrenzt bleiben, die aus dem Erwerbsleben freigesetzt sind. Benachteiligte Jugendliche dürfen zum anderen nicht ausschließlich als Problemreservoire in den Blick geraten. Ebenso wichtig ist, daß man herausfindet, was die konkret erstrebenswerten Ziele für den einzelnen Jugendlichen sind. Wenn man weiß, wofür er sich einsetzt, was er anstrebt, kann man ihm helfen, diese Ziele zu verwirklichen. Das gibt Selbstvertrauen und Mut, sich auch mit seinen Problemen und Schwierigkeiten zu offenbaren. Von besonderer Bedeutung im Blick auf die Entwicklung von Kontaktfähigkeit ist, daß man in der Schule die Stärken jedes einzelnen Schülers entdeckt und so intensiv wie möglich fördert. So kann der einzelne Jugendliche eine Attraktivität entwickeln, die die Beziehung zum fördernden Erwachsenen wenigstens hin und wieder symmetrisch erscheinen läßt.

Literatur

Boos-Nünning, U.: Berufswahl türkischer Jugendlicher. Nürnberg 1989.

Der Kultusminister des Landes Nordrhein-Westfalen (Hg.): Empfehlungen für den Unterricht ausländischer Schüler in Nordrhein-Westfalen. Deutsch als Zweitsprache. Köln 1982.

Essinger, H., Hellmich, A., Hoff, G. (Hg.): Ausländerkinder im Konflikt. Königstein 1981.

Essinger, H., Uçar, A. (Hg.): Erziehung in der multikulturellen Gesellschaft. Baltmannsweiler 1984.

Fachberatung für die Arbeit mit ausländischen Kindern und Jugendlichen des Diakonischen Werkes Württemberg Reutlingen (Albert, D.): Besondere Bildungsmaßnahmen für ausländische Jugendliche im Landkreis Reutlingen. Stand: September 1989 – Stand: September 1990. Maschinell vervielfältigte Manuskripte (1989) und (1990).

Hiller, G.G.: Realitätsnahe Schule. Impulse zur Öffnung der Schule für Lernbehinderte für eine bessere Vorbereitung ihrer Schüler auf die Lebenswirklichkeit. In diesem Band S. 15–45.

Ministerium für Arbeit, Gesundheit und Sozialordnung Baden-Württemberg (Hg.): Die Berufsvorbereitung und Berufsbildung der Sonderschulabgänger in Baden-Württemberg – eine Situations- und Bedarfsanalyse. o.O.u.J. (Stuttgart 1979).

Mitteilungen der Beauftragten der Bundesregierung für Ausländerfragen: Daten und Fakten zur Ausländersituation. Juni 1986.

Pestalozzi-Schule Tübingen: Gemeinsam Zukunft meistern. Berichte über die Tagung vom 17. bis 19. 1. 1986 in Bad Boll. Maschinell vervielfältigtes Manuskript (1986).

Ruf, G. u.a.: Übergang von der Schule zum Beruf. In: Sonderschule in Baden-Württemberg (18) 1985, S. 184–203.

Ruf, G. u.a.: Berufsvorbereitung von Sonderschulabgängern. In: Sonderschule in Baden-Württemberg (19) 1986, S. 108–129.

Benachteiligte Jugendliche im Berufsvorbereitungsjahr

1. Das Problem

Das Berufsvorbereitungsjahr (BVJ), soweit ich es aus der Literatur, vor allem aber aus schulpraktischer Erfahrung, aus Berichten von darin unterrichtenden Lehrern und auch aus der Perspektive der betroffenen Jugendlichen kenne, ist eine höchst diffuse, gleichwohl nützliche Einrichtung. Sie muß derzeit den unterschiedlichsten Interessen dienstbar sein und wird in ihren faktischen Inhalten, im Stil der Inter-aktion, in den Zielsetzungen letztlich jeweils dadurch bestimmt, welche konkrete Schülerschaft auf welche Lehrerkonstellation trifft.

Dies erklärt, warum sich die derzeit existierenden Berufsvorbereitungsjahre nicht nur von Schule zu Schule, sondern auch von Schuljahr zu Schuljahr erheblich voneinander unterscheiden. Von einem plausiblen berufspädagogischen Profil, von einem klaren didaktischen Konzept, kann demzufolge kaum die Rede sein.

2. Soziale Herkunft und Schulkarrieren der Schülerschaft

Die BVJ-Klientel sind Jugendliche und junge Erwachsene mit sehr unterschiedli-chen Lebensgeschichten und grundverschiedenen Schulkarrieren. Man findet Deutsche, Kinder von Arbeitsmigranten, Kinder von Asylbewerbern und aner-kannte Asylanten.

Betrachtet man die Schulkarrieren, so findet man Hauptschulabbrecher, Ju-gendliche mit (schlechtem) Hauptschulabschluß, Abbrecher aus Realschulen und Gymnasien, Sonderschüler mit und ohne Schulfremdenprüfung.

Sieht man sich die Ausländer genauer an, so gliedern sich diese wiederum in sehr verschiedene Untergruppen: Da sind die Ausländer der zweiten Generation, vielfach hierzulande geboren oder in früher Kindheit in die Bundesrepublik Deutschland gekommen; sie haben alle keine Lehrstelle oder keinen Arbeitsplatz finden können. Daneben gibt es die „Seiteneinsteiger", die noch wenige Monate oder Wochen vor Erreichen des 16. Lebensjahres zu den Eltern in die Bundes-republik Deutschland nachgeholt wurden und die vor allem ihrer völlig unzurei-chenden Sprachkenntnisse wegen keinen Zugang zum Ausbildungs- und Arbeits-markt finden können.

Drittens findet man im BVJ die Kinder von Asylbewerbern, denen der Besuch des BVJ-Unterrichts den oft lange dauernden Interimszustand zumindest subjektiv etwas erträglicher erscheinen läßt, insofern, als er den monotenen Alltag durchbricht.

Die anerkannten Asylbewerber und die Kinder der aus osteuropäischen Ländern ausgesiedelten Deutschen bilden weitere Gruppen. Sie besuchen das BVJ, da sie auf diese Weise erstmals einen anerkannten bundesrepublikanischen Bildungsabschluß erwerben können, der ihnen sodann Zugang zu weiteren Stufen des Bildungssystems verschafft. Die schulischen Voraussetzungen der letztgenannten Gruppen allerdings sind wiederum grundverschieden: Wer als Deutscher aus Polen oder Rußland kommt, besitzt in der Regel kaum Deutschkenntnisse, Rumäniendeutsche dagegen haben deutsche Schulen besucht.

3. Zielvorstellungen und deren Divergenz

Versucht man, diese Schüler nach den Vorstellungen zu gliedern, die sie mit dem Besuch des BVJ verbinden, so ergeben sich die folgenden Gruppierungen:

a) Die einen wollen mit ihrer regelmäßigen Anwesenheit lediglich ihre Schulpflicht erfüllen, um danach ein Arbeitsverhältnis einzugehen.
Im Extremfall sind sie mit einem Abgangszeugnis – notfalls sogar mit einer Schulbescheinigung zufrieden, die sie von der weiteren Berufsschulpflicht entbindet. Ihre zentrale Frage konzentriert sich auf die Mindeststundenzahl, die ausreicht, damit ein regelmäßiger Schulbesuch attestiert wird.
Sie sind äußerst schwer für irgendeine Leistung zu motivieren. An den Themen sind sie nur insofern interessiert, als sie von deren Unterhaltungswert fasziniert sind oder insofern sie bereits subjektiv begründeten Interessenlagen entsprechen.

b) Einer zweiten Gruppe (insbesondere männlichen Ausländern) geht es um das Erreichen des Hauptschulabschlusses, da dieser die unabdingbare Voraussetzung für die Erteilung der Arbeitserlaubnis ist, ohne die wiederum keine Regelberufsausbildung (§ 25 BBiG) für Ausländer möglich ist.
Mit anderen Worten: Wer als Ausländer keinen Hauptschulabschluß nachweisen kann, steht automatisch für irgendeine Fördermaßnahme der Arbeitsverwaltung (Grundausbildungslehrgang / Förderlehrgang / Fachwerkerausbildung) *oder* das BVJ an.

c) Eine dritte Gruppe ist mit ihrem (schlechten) Hauptschulabschluß auf der Suche nach einer Lehrstelle oder einem Arbeitsplatz gescheitert und möchte nun durch das Absolvieren der Abschlußprüfung, die dem Hauptschulabschluß entspricht, den „Schnitt" verbessern, um damit zugleich die Chancen zu vergrößern, im Folgejahr dann doch irgendwo unterzukommen. (Bei entsprechenden Noten: einjährige BFS.)

d) Eine vierte Gruppe (Abbrecher aus Realschulen/Gymnasien und [anerkannte] Asylanten mit vergleichbar hohem Bildungsniveau, das sie in ihren Heimatländern erworben haben, auch Kinder von deutschen Spätaussiedlern, deren Zeugnisse hier nicht anerkannt werden) legt es darauf an, einen möglichst ausgezeichneten

Abschluß zu erwerben, weil dieser – bei entsprechenden Noten – den Zugang zu
zweijährigen Berufsfachschulen, zum Beispiel im Bereich der Elektrotechnik oder
der kaufmännischen Berufe, eröffnet. Auf diesem Weg erwirbt man einen der
mittleren Reife vergleichbaren Bildungsstand. Mit entsprechenden Zeugnissen hat
man dann wiederum Zugang zum Technischen oder zum Wirtschaftsgymnasium,
schließlich gar zur Fachhochschule oder zur Universität.

e) Schließlich gibt es dann noch die Gruppe von Jugendlichen, die daran glaubt,
das BVJ sei dazu da, wofür es konzipiert wurde: Sie gehen davon aus, der Besuch
eines weiteren Jahres dieser Vollzeitschule sei dazu geeignet, ihre Berufsfähigkeit
entscheidend zu verbessern.

Für einen Teil der Schüler und deren Eltern gibt es Gründe, das BVJ zu besuchen,
die ganz pragmatischer Natur sind. Für jeden Jugendlichen, der diese Vollzeitschule besucht, wird Kindergeld gezahlt. Ausländische Jugendliche im BVJ
haben keine Schwierigkeiten mit der Erteilung oder Verlängerung der Aufent-
haltserlaubnis.
    Angesichts dieser Zielvorstellungen und Motivationsgründe kann man zusam-
menfassend feststellen:
1. Das BVJ ist wichtig
   – als innerschulische Rehabilitationseinrichtung zur Sanierung von Schul-
     karrieren;
   – zur Förderung von „Spätentwicklern", weil es in Einzelfällen die „Selbsthei-
     lungskräfte der Adoleszenz" freisetzen kann und etlichen genügend Anre-
     gungen und somit die Chance eröffnet, sich in ihrer Persönlichkeit weiterzu-
     entwickeln und zu stabilisieren.
2. Das BVJ kann kaum als Fördermaßnahme zur Verbesserung der Ausbildungs-
   fähigkeit gelten, da dieser Anspruch praktisch nicht einzulösen ist. Dies verhindert bereits die Heterogenität der Schülerschaft.

4. Erste Konsequenzen: Differenzierte Aufnahmediagnose

Aufgrund des bis jetzt Dargestellten und aufgrund bisheriger Erfahrungen halte ich
es für unumgänglich, jeden Bewerber, der sich um Aufnahme in das BVJ bemüht,
einer differenzierten Eingangsdiagnose und Beratung zu unterziehen. Sie sollte in
der allerersten Schulwoche eines neuen Schuljahres durch den Klassenlehrer des
BVJ erfolgen (gegebenenfalls anstelle von regulärem Unterricht).
    Zu erheben wären für jeden potentiellen Schüler die Gründe der Bewerbung,
seine bisherige Schulgeschichte (Vorlage der Zeugnisse), seine Lebensgeschichte
und die aktuellen Lebensumstände, Umfang und Art der bisherigen Anstrengungen, eine Lehrstelle oder einen Arbeitsplatz zu bekommen, berufliche Zielvorstellungen und die Erwartungen an das BVJ; Art und Umfang der Kontakte mit der
Arbeitsverwaltung; außerdem ist ein Test zur Überprüfung der Deutsch- und
Mathematikkenntnisse unumgänglich.
    Im Einzelfall wäre dann zu prüfen, ob es nicht für den Betreffenden günstiger
wäre, ihn in eine einjährige Berufsfachklasse (Bau, Holz, Farbe, Metall, Kfz und

ähnliche) zu vermitteln und ihm deutlich zu machen, daß er sich während dieses Schuljahres eine Lehrstelle für das zweite und dritte Lehrjahr zu suchen hat.

Für diejenigen Bewerber, die für die Aufnahme ins BVJ verbleiben, wäre zu prüfen, ob und wie sie nach Maßgabe ihrer Kompetenzen und Interessen in verschiedene Parallelklassen aufgeteilt werden könnten. Ein wichtiges Kriterium ist hier sicher die Kompetenz in der deutschen Sprache. Denkbare wäre aber auch, zu trennen nach solchen, die dieses Schuljahr absolvieren mit Ziel Job beziehungsweise Ausbildungsplatz beziehungsweise weiterer Schulbesuch.

Pointiert formuliert: Die Aufnahmeprozedur in das BVJ kann kein reiner, schulinterner Verwaltungsakt sein, den man gar dem Schulsekretariat in Eigenregie überlassen darf, indem man numerische Obergrenzen der Rekrutierung festlegt oder bestenfalls/schlimmstenfalls einige Grobkriterien der Selektion vorgibt. Ich möchte nicht glauben, daß zutrifft, daß es Berufsschulen geben soll, die zum Beispiel verhaltensauffällige Schüler aus Schulen für Erziehungshilfe von der Aufnahme in das BVJ prinzipiell auszuschließen versuchen.

Falls man gezwungen ist, Bewerber vom Zugang zum BVJ auszuschließen, sollte man sich gründlich überlegen, ob es dabei überhaupt untere Grenzen geben kann. Viel plausibler scheint mir dagegen, all diejenigen nicht ins BVJ aufzunehmen, für die sich irgendeine konkrete berufliche Chance über den Besuch einer einjährigen Berufsfachschule ergibt, sofern man sicherstellen kann, daß diese Schüler dort eine angemessene zusätzliche Förderung bekommen können. Diese muß sich in einem Teil der Fälle auf Nachhilfe in den Schulfächern konzentrieren, in anderen Fällen ist eine umfassendere Betreuung in Fragen der Lebensführung allgemein nötig.

5. Die Individuallage der Klientel

Ausländische Jugendliche sind im BVJ deutlich überrepräsentiert. Dies erklärt sich sicher auch aus der Tatsache, daß in Baden-Württemberg derzeit nur jeder zweite 15- bis 18jährige Ausländer eine berufliche Ausbildung bekommt. Allen Schülern – Ausländern wie Deutschen – ist jedoch gemeinsam, daß sie in ihrer Schulkarriere erhebliche Schwierigkeiten nicht zureichend meistern konnten, so daß sie entweder auf der Suche nach einer Lehrstelle gescheitert sind oder aber sich damit abfinden müssen, für dieses Ziel in der normalen Frist, also bis dato, noch nicht die nötigsten Voraussetzungen erworben zu haben.

Die persönliche Verarbeitung dieses Faktums ist das gravierende Problem eines jeden Schülers im BVJ. Der Unterricht muß diese Erfahrung als eine zentrale didaktische Herausforderung annehmen. Für jeden einzelnen Schüler ist von Bedeutung, daß er begreifen lernt, daß sein Klassenlehrer es zumindest in den Fächern Deutsch und Gemeinschaftskunde darauf anlegt, ihm durch das Angebot entsprechender Inhalte Chancen einer differenzierten Sicht seines Problems zu eröffnen. Unerläßlich sind Einzelgespräche und Einzelberatung innerhalb und außerhalb der Schule.

Einen Teil der Schüler muß man dabei aus dem Bewußtsein des persönlichen Versagens herausholen und die damit verbundenen Ängste vor der Zukunft relativieren, indem man ihnen aufzeigt, daß und inwiefern ihr persönliches Schicksal auch Resultat struktureller Gewalt in ihren unterschiedlichsten Erscheinungsformen ist (Technologieschübe, die immer mehr Arbeitskräfte entbehrlich machen; Konkurrenzkampf zu Lasten der Schwächeren; Standardisierung und Automation der Produktion und damit verbunden der Wegfall bisheriger Tätigkeiten und Berufsbilder; Schichtzugehörigkeit und damit ökonomische und soziale Marginalität der Herkunftsfamilien, verbunden mit den Vorurteilen gegenüber Jugendlichen, die am Rande der Normalität aufwachsen mußten; Opfer internationaler und nationaler Konflikte und weltweiter Verteilungskämpfe um Lebenschancen usw.).

Anderen Schülern muß man deutlich machen, daß eine ausschließliche Schuldzuschreibung an Kräfte und Einflüsse außerhalb der eigenen Möglichkeiten in die schiere Resignation führt: Wer sich selbst nicht – zumindest in Graden – zum Zurechnungssubjekt seiner Lage macht, wer sich selbst also konkret keinerlei Schuld an seiner Situation zurechnen kann, vermag auch nicht bei sich selbst die Kräfte aufzuspüren, zu aktivieren und zu mobilisieren, die es ermöglichen, sein Leben, seine Zukunft in die Hand zu nehmen. Weil es dabei vor allem darum geht, dem Schüler Zutrauen zu den eigenen Kräften zu vermitteln, ihn an eigenen Erfolgen wachsen zu lassen, die Herausforderungen so zu bemessen, daß sie mit den Anstrengungen zu bewältigen sind, die sich der Betreffende abzuverlangen fähig und willens ist, kann der Unterricht im BVJ nicht ohne innere Differenzierung auskommen. Der Lehrer muß sich – bezogen auf den einzelnen – darum bemühen, gemeinsame positive Erfahrungen mit unterrichtlichen Leistungsansprüchen zu machen, auf die man in kritischen Situationen ermutigend verweisen kann. Nur so kann allmählich ein sachlich-inhaltlich begründetes Vertrauen in die eigene Leistungsfähigkeit beim Schüler aufgebaut werden. Wenn es dabei hin und wieder zu Über- und Unterforderungen kommt, werden das beide, der Schüler und der Lehrer, hinnehmen können als unumgängliche Schwierigkeiten auf dem gemeinsamen Weg, einen Jugendlichen mutiger und widerstandsfähiger zu machen für einen Lebensweg, der hart und anstrengend bleiben wird. Lebensmut und Widerstandskraft durch Unterricht praktisch zu stärken, Negativerlebnisse zu minimieren und Katastrophen abzuwenden, ist meines Erachtens das zentrale didaktische Problem des Unterrichts im BVJ. Es entspricht der psychischen Konstitution des Adoleszenten, daß er bereit und fähig ist, sich zunehmend rationaler auf ein solches Experiment einzulassen, Selbsterziehung, Selbstherausforderung zu praktizieren, wenn er in seinem Lehrer den Partner zu akzeptieren gelernt hat, der ihm dazu verhelfen will. Es ist keine Frage, daß der Lehrer im BVJ hierzu einer besonderen pädagogischen und didaktischen Ausbildung bedarf.

Um deutlich zu machen, daß es sich hierbei um ganz handfeste praktische Hilfen handelt und nicht etwa um unverbindlich pädagogisches Geschwätz, mit dem man die Jugendlichen im BVJ überziehen sollte, sei darauf hingewiesen, daß der überwiegende Teil der BVJ-Schüler aus einem sozialen Milieu kommt, das schulischen Anforderungen indifferent bis feindlich gegenübersteht. Es bietet jedenfalls nicht die über das Normalmaß hinausreichende Unterstützung und Hilfe, die dieser Personenkreis von Jugendlichen braucht, um subjektiv wie objektiv zu einigermaßen befriedigenden Ergebnissen zu gelangen.

Die Mehrzahl dieser Jugendlichen ist auf nachgehende Betreuung angewiesen. Nachgehende Betreuung bedeutet, daß der Betreuer den ersten Schritt auf den

Jugendlichen zu immer wieder neu und von sich aus tun muß. Er darf nicht darauf warten, daß der Jugendliche seine Probleme von alleine sieht und auf ihn zukommt, um sich beraten zu lassen oder um Lösungshilfen und Beistand nachzusuchen.

Nachgehende Betreuung ist nötig in folgenden Bereichen:
– Erneute und wiederholte Beratung zur Berufsfindung;
– konkrete und detaillierte Hilfen bei der Suche nach Arbeitsplätzen;
– Beratung und Unterstützung in Konfliktfällen mit der Familie und im Freundeskreis, auch im Bereich persönlicher Beziehungen;
– Aufbau einer realistischen Zukunftsperspektive;
– konkrete Erfahrung praktischer Solidarität und Aufbau eines Selbstwertgefühls, trotz aller bisheriger Negativerfahrungen;
– Kooperation im Umgang mit Behörden und sozialen Einrichtungen;
– Anleitung zu mehr Selbständigkeit in Fragen der elementaren Lebensführung.

Diese Arbeit ist enorm zeitintensiv und sehr belastend für den Lehrer. Er kann sie jedoch nicht abweisen, weil ihm schnell deutlich wird, daß der Rückzug auf die Rolle des Unterrichtsbeamten, der sich auf die Vermittlung von Kenntnissen, Fähigkeiten und Fertigkeiten im Rahmen von beruflich zentrierten Unterrichtsfächern beschränkt, nicht gelingen wird. Die unbewältigten Probleme der Jugendlichen werden – nimmt man sie nicht auf und an – zu Störmomenten des Unterrichts, die dessen Erfolg grundsätzlich gefährden (Unterrichtsversäumnisse, demonstratives Desinteresse, Disziplinkonflikte ohne Ende, latenter und offener Widerstand gegen jedwede Forderung).

6. Das strukturelle Dilemma des BVJ

Das BVJ wurde eingerichtet mit der Begründung, man brauche für eine Gruppe von Jugendlichen ein schulisches Angebot, das geeignet sei, deren Berufsbildungsfähigkeit zu verbessern, nachdem diese im Rahmen der Pflichtschulzeit in einer allgemeinbildenden Schule nicht erreicht werden konnte.

Dieses Argument wirft insofern Probleme auf, als die Schüler systembedingt aus dem Wettbewerb um Ausbildungsplätze für den 1. September des Folgejahres zwangsläufig verdrängt bleiben: Die Bewerbungsfristen für einen Ausbildungsplatz im Folgejahr laufen bekanntermaßen bereits ab dem ersten Schultag im BVJ.

– Industrie und Banken vergeben ihre Ausbildungsplätze für die kaufmännischen Berufe bereits im September/Oktober, für die gewerblichen Berufe im Oktober/November des Vorjahres.
– Im Handwerk und Handel laufen die Fristen für die Ausbildungsplatzvergabe in der Zeit von November bis Januar.
– Die kleinen Handwerksbetriebe vergeben ihre Plätze zwischen März und April.

Und wann bewerben sich die Absolventen des BVJ? Und mit welchen Unterlagen? Die industriellen Ausbildungsplätze sind ihnen qua System verwehrt: Sie haben ja zum fraglichen Zeitpunkt nichts anderes vorzuweisen, als das, womit sie schon gescheitert sind. Dasselbe gilt für die regulären Fristen des Handwerks und des

Handels. Denn erst zum Halbjahr, also frühestens zum 31. Januar, in der Regel Anfang Februar, erhalten sie ein Halbjahreszeugnis, das dann bestenfalls zur Erlangung eines Ausbildungsplatzes in einem kleinen Handwerksbetrieb taugt oder aber – falls nichts zu finden ist – die Anmeldung in einer einjährigen BFS ermöglicht. Dafür allerdings sind bestimmte Mindestnoten erforderlich.

Die Chancen, einen Platz in einem kleinen Handwerksbetrieb zu finden, und dort dann auch die Lehre durchzustehen, sind relativ gering, da sich Kleinbetriebe „problematische" Lehrlinge des Konkurrenzdruckes wegen schwer leisten und sich die erforderlichen zusätzlichen Ausbildungsanstrengungen kaum abverlangen können (Zeit-/Personalkosten). Außerdem ist das auf Dauer gestellte, unausweichliche Zusammenarbeitenmüssen in einer Kleingruppe mit einem problematischen Lehrling ein für alle Beteiligten schwer zu beherrschendes Konfliktfeld.

Überdies ist zu konstatieren und leicht einzusehen, daß das breite Angebot des BVJ, insbesondere die drei Fachpraxen, für die Schüler auch deutliche Nachteile hat: Was in diesen Fachpraxen angeboten wird, entspricht keineswegs den Interessen aller. Jugendliche, die Berufswünsche ausbilden, die sich mit den angebotenen Fachpraxen überhaupt nicht decken oder dies bestenfalls teilweise tun, reagieren darauf nicht selten mit unregelmäßigem Schulbesuch, was sich im Halbjahreszeugnis dann entweder in einer sehr schlechten Note oder aber in der Form eines „Sternchens" niederschlägt: „Aufgrund häufigen Fehlens konnte in diesem Fach keine Note erteilt werden."

Damit aber sind weitere Bewerbungen ohne vermittelnde Fürsprachen engagierter Vertrauenspersonen nahezu aussichtslos.

Daraus sind meines Erachtens folgende Konsequenzen zu ziehen:

1. Im BVJ sollten die Schüler spätestens zum 20. Oktober einen ersten Schulbericht erhalten in der Form eines *Empfehlungsschreibens der Schule,* den sie ihren Bewerbungsunterlagen beilegen können.
Ein zweiter Schulbericht wird zum 20. November erstellt.
Diese Schulberichte beschreiben in aussagekräftiger Form die Leistungsentwicklung des einzelnen in den relevanten Fächern und enthalten – soweit möglich – eine Prognose der weiteren Entwicklung. Sie enthalten ferner belegbare Aussagen über Anstrengungsbereitschaft und die positiven Diskrepanzen, die im BVJ im Bezug auf die bisherigen Zeugnisse sichtbar geworden sind.

2. Im Zusammenwirken zwischen Schule und Arbeitsverwaltung und den Kammern müßte sowohl hinsichtlich der Vermittlung von Ausbildungsplätzen als auch für die Vermittlung von Arbeitsplätzen für den Einzugsbereich eines jeden BVJ ein entsprechendes Netz von aufnahmebereiten Betrieben und Institutionen aufgebaut werden, die grundsätzlich entsprechende Plätze für Absolventen aus dem BVJ bis etwa zum 15. Juni des Jahres freihalten, das auf den Beginn des BVJ-Schuljahres folgt. Insofern sich die Arbeitsverwaltung dazu entschließen könnte, prinzipiell Ausbildungszuschuß für BVJ-Absolventen zu gewähren, wäre denkbar, daß sich eine hinreichende Zahl von Betrieben zu einer solchen Regelung/Absprache entschließen könnte (§ 60 AFG).
Analoges gilt für die Berufsschulen intern. Es müßte mit der jeweiligen Schulleitung ausgehandelt werden, daß ein bestimmter Prozentsatz von Plätzen in den einjährigen Berufsfachschulen freigehalten wird für Absolventen aus

dem BVJ, damit diese dort weitermachen können; dies selbst dann, wenn sie bis zum 1. September des Folgejahres noch keinen Vorvertrag mit einem Ausbildungsbetrieb nachweisen können.

Generell muß die Forderung erhoben werden, daß man für die BVJ-Absolventen Vorzugskonditionen (spezifische Chancen) schaffen muß, um sie im Folgejahr in Ausbildungsverhältnisse zu vermitteln. Man darf sie nicht ohne besondere Hilfen in den Konkurrenzkampf um Ausbildungsplätze schicken wie die übrigen Haupt- und Realschüler. Sie bleiben sonst chancenlos.

Mit solchen Regelungen der gesicherten Überleitung in Ausbildungsverhältnisse nach erfolgreichem Absolvieren des BVJ könnte man mehrere bislang unerreichte Ziele leichter erreichen:

– Das BVJ könnte so unmittelbar erheblich an Attraktivität gewinnen, weil eine Vermittlung in einen Ausbildungs-/Arbeitsplatz aufgrund solcher Vereinbarungen wahrscheinlich erfolgreich sein wird, sofern man sich anstrengt. Diese Perspektive wirkt mit Sicherheit motivierend.

– Anstelle der Fachpraxis in einem Berufsfeld, das dysfunktional zum Berufswunsch ist, könnte im Einzelfall ein zeitumfanggleiches Betriebspraktium in einem der Betriebe abgeleistet werden, die sich zu solchen Vorabsprachen bereit finden. Die betriebliche Beurteilung wird Bestandteil des BVJ-Zeugnisses.

7. Inkongruenz zwischen BVJ-Klientel und Regelberufsschullehrern

Nach den bisherigen Ausführungen ist deutlich geworden, daß BVJ-Schüler in folgender Hinsicht den sonstigen Berufsschülern gleichen:

– Sie sind wie alle anderen altersgleichen Jugendlichen in einem physischen, psychischen und sozialen Zustand, der es nicht mehr erlaubt, sie weiterhin in einer Sonderschule allgemeinbildender Art zu stigmatisieren und ihre Minderwertigkeitsgefühle in der Phase der Nachpubertät und Adoleszenz weiter unnötig zu steigern.

– Sie müssen demzufolge an einer Vollzeitberufsschule beschult werden. Eine „freischwebende" Etablierung dieser Klientel bei freien Trägern sind eindeutig die schlechteren, auch rechtlich nachteiligeren Alternativen (Nichtabgeltung der Berufsschulpflicht).

– BVJ-Schüler unterscheiden sich jedoch in den folgenden Punkten deutlich von den Regelberufsschülern. Diese Schüler besitzen nicht die allgemeine Grundbildung, die mit dem Hauptschulabschluß erreicht wird. Und was noch bedeutender ist, sie werden sie auch nicht erreichen können, wenn man versucht, diese mit den üblichen Mitteln und Methoden des allgemeinbildenden Unterrichts zu erreichen.

– Es handelt sich um Jugendliche mit bruchstückhaftem Wissen und meist nur unzureichend ausgeprägtem, mangelhaft entwickeltem und habitualisiertem Lernverhalten (nicht erworbene Ausdauer, nicht vorhandenes Durchhaltevermögen bei intellektuellen Anforderungen, unzureichendes Verfügen über Lerntechniken, rasch erlahmendes Interesse, Mißerfolgsangst und daraus resultierende, habituell gewordene Verweigerungs- und Vermeidungstechniken).

Um ihnen weiterzuhelfen, sie zu fördern, sind sonderpädagogische Erfahrung und entsprechendes Wissen erforderlich.

– Diese Schüler haben keine Berufswahlentscheidung getroffen und kommen somit auch nicht – wie alle anderen Berufsschüler (zumindest in der Theorie!) – mit der Motivation in die Berufsschule, dort das theoretische Rüstzeug zu erhalten, das die praktische betriebliche Ausbildung im dualen System wirkungsvoll ergänzt. – Sie brauchen dagegen – wie gesagt – Orientierung in Berufsfeldern, auf den Einzelfall bezogene Beratung und Hilfestellung bei der Berufswahlentscheidung, Unterstützung bei der Integration in die Arbeitswelt (Suche nach Arbeitsplätzen in Anlernberufen und Hilfstätigkeiten); dies alles bislang unter der Voraussetzung relativ schlechter bis minimaler Chancen der Konkurrenzfähigkeit auf dem Lehrstellen- und Arbeitsmarkt.

– Diese Schüler sind – wie kein anderer Berufsschüler sonst – auf das persönliche Engagement und die Anteilnahme des Lehrers an ihrem Schicksal angewiesen. Seitens des Lehrers ist die Übernahme pädagogischer Mitverantwortung für den Aufbau einer Zukunftsperspektive, nicht nur im beruflichen, sondern auch im Bereich der privaten Lebensführung und -gestaltung gefragt: Die Bereitschaft ist unerläßlich, Solidarität mit dem Jugendlichen zu signalisieren, aus Kenntnis des defizitären Sozialmilieus und der daraus resultierenden Probleme, die den Jugendlichen überfordern und die ihm keinesfalls allein und in vollem Umfang zur Last gelegt werden können.

Sieht man sich angesichts dieses Personenkreises die durchschnittliche Berufsschullehrerschaft an, so stellt man fest, daß sie diesen Schülern ziemlich hilf- und ratlos gegenübersteht. Berufsschullehrer können und konnten bislang davon ausgehen, daß die Berufsschule prinzipiell von Jugendlichen besucht wird, die eine Berufsentscheidung bereits getroffen haben und folglich hinreichend lernwillig und motiviert sind, das beruflich erforderliche Wissen zu erwerben. Meist unbewußt wird zusätzlich unterstellt, daß der Berufsschüler über eine bislang unauffällige Schulkarriere verfügt und in seiner Persönlichkeitsentwicklung soweit fortgeschritten ist, daß er eine pädagogische Fürsorge und gezielte methodische Hilfen zum Erwerb eines selbstorganisierten Lernverhaltens nicht mehr nötig hat.

So erklärt sich, daß in der Regel Berufsschullehrer und BVJ-Schüler einander mit prinzipiell unerfüllbaren Erwartungen gegenüberstehen. Dies führt auf der Seite der Mächtigeren zur Verfestigung von Vorurteilen und zur Versuchung, sich dieser Probleme administrativ zu erwehren.

Es versteht sich jedoch von selbst, daß diesen Herausforderungen nicht dadurch entsprochen werden kann, daß man die BVJ-Schüler mit einer Vielzahl von Fachlehrern konfrontiert, die aufgrund verständlicher organisatorischer Zwänge zu einer intensiven Kooperation weder die Zeit noch die Kraft haben und somit zwangsläufig darauf abgedrängt werden, ihren Lehrauftrag in BVJ-Klassen so gut es geht „in gewohnter Manier" hinter sich zu bringen.

Jugendliche in BVJ-Klassen brauchen aus den genannten Gründen einen sonderpädagogisch qualifizierten, erfahrenen Klassenlehrer, der die überwiegende Anzahl der Stunden des allgemeinbildenden und fachtheoretischen Unterrichts selbst erteilt (Deutsch, Mathematik, Fachrechnen, Gemeinschaftskunde, Wirtschafts- und Berufskunde, Fachzeichnen, Sport, insgesamt mindestens 13

Stunden pro Woche). Hinzu kommen entweder Betriebspraktika oder der fach-
praktische Bereich und die darauf bezogene Fachkunde, die von Fachlehrern mit
sonderpädagogischer Zusatzqualifikation in bewährter Qualität zu lehren wären.
    Nur in einer solchen Organisationsform kann für alle Beteiligten, Schüler wie
Lehrer, ein hinreichend befriedigendes Arbeitsklima gewährleistet werden, das
angemessene Ergebnisse erwarten läßt.

8. Methodische Vorschläge und inhaltliche Anregungen für einzelne Fächer

Fachrechnen
    Grundsätzlich kann davon ausgegangen werden, daß die Unterrichtsinhalte,
auch die prüfungsrelevanten, den meisten Schülern aus ihrer bisherigen Schulzeit
„irgendwie" bekannt sind. Das bedeutet, bei jedem liegen irgendwelche Kenntnisse vor: Erinnerungen an ganz unterschiedliche methodische Vorgehensweisen,
an Lösungsstrategien und -tricks; aber auch Erinnerungen an Nichtverstehen,
Überfordertsein, Scheitern. Das weckt Ängste vor erneutem Versagen und Furcht
vor dem Entlarvtwerden.
    Es empfiehlt sich daher,
1. jeweils *einen* einfachen und sicheren Lösungsweg noch einmal anzubieten, für
   alle Fälle. Gleichzeitig aber muß man deutlich machen, daß es andere Wege gibt
   und daß derjenige, der sich auf solch anderen Wegen sicherer fühlt, diese
   weiterhin gehen darf, ja gehen muß. Bildhaft formuliert: Im BVJ geht es um die
   Sanierung von Schulkarrieren, nicht um Neubauten auf zuvor geschleiftem
   Gelände.
2. Von Anfang an muß bei jedem Thema stark differenziert werden. Dazu braucht
   man Übungsaufgaben von ganz unterschiedlichem Schwierigkeitsgrad. Als
   Lernkarteien geordnet, sind sie Basis für Trainingsstunden, in denen dann jeder
   seinen Voraussetzungen und seinem Lerntempo gemäß arbeiten kann.
Durch Fachrechnen, wie es üblicherweise in Berufsschulen angeboten und gefordert wird, soll beim Schüler ein spezifisches Anwendungswissen und eine entsprechende Kompetenz erzeugt werden. Zugespitzt formuliert: Der Schüler muß die
Formeln also weder verstehen noch sie auswendig lernen. Tabellenbücher, thematisch geordnete Formelsammlungen und Taschenrechner dürfen später immer
benutzt werden. Man verlangt aber, daß der Schüler die erforderliche Formel
anwenden, das heißt nach der gesuchten Größe umstellen und so handhaben kann,
daß er zum richtigen Ergebnis kommt. Solches Anwenden lernt man durch üben.
Es ist daher besonders gründlich das Umwandeln von Größen (Längen, Flächen,
Volumina, Gewichte, Zeitmaße, usw.) zu trainieren, außerdem das Aufsuchen der
Formeln in den Sammlungen, sowie das Umstellen. Außerdem ist mit den Schülern kontinuierlich zu üben, wie man Formeln zueinander in Beziehung setzen
muß, um die gefragten Größen zu errechnen.

Fachkunde / Gemeinschaftskunde / Wirtschaftskunde
    Schüler im BVJ brauchen besondere Hilfen, um die wichtigsten Informationen
in diesen Fächern in der gewünschten Präzision memorieren zu können. Es ist
daher zweckmäßig, sich schon bei der Vorbereitung von Unterrichtseinheiten

darauf zu konzentrieren, wie man den Stoff in eine leicht memorierbare Form bringen kann. In vielen Fällen ist es günstig, die Fakten in einer Art von knappem Katechismus zu organisieren: Fragen und dazugehörige Antworten werden als Lernhilfe angeboten; einfach und bündig formuliert, ist darin alles enthalten, was abrufbar behalten werden muß.

Zum Memorieren von Problemstellungen eignen sich „ikonische Texte" besonders gut. Damit sind bildhafte und schematische Darstellungen gemeint, die unter sparsamster Verwendung von Text das Wichtigste gegenwärtig halten (vgl. dazu S. 98–108).

Gemeinschaftskunde / Wirtschaftskunde / Deutsch

Wiederholt wurde darauf hingewiesen, wie wichtig es ist, mit den Schülern Materialien zu entwickeln, die ihnen die künftige Lebensführung erleichtern (vgl. S. 33–36). Bewährt hat sich, mit den Schülern einen Aktenordner mit 20teiligem Register anzulegen, in den alle Dokumente aufgenommen werden, die in bestimmten Situationen künftig bedeutsam sind:

(1) Persönliche Akten (2) Zeugnisse (3) Arbeitsverhältnisse (4) Berufsschule/ Fortbildung (5) Renten- und Arbeitslosenversicherung (6) Krankenversicherung (7) Sonstige Versicherungen (8) Schriftverkehr mit Behörden (9) Lohnabrechnungen (10) Steuer/Finanzamt (11) Fahrzeug (12) Finanzplan (13) Rechnungen (14) Armee/Bundeswehr/Zivildienst (15) Mitgliedschaften (16) Verträge (17) Garantiescheine/Betriebsanleitungen (18) Wichtige Prospekte/Zeitungsanzeigen (19) Raten- und Kreditvertäge (20) Privatpost (A-Z-Register).

In diesem Ordner werden sukzessive die Musterbriefe und -formulare sowie die Informationen eingefügt, die im Verlauf des Schuljahres zu bestimmten Teilthemen entstehen und gesammelt werden.

Beispiele: Tabellarischer Lebenslauf (zu 1); Muster für Bewerbungsschreiben (zu 3); Kauf-/Verkaufsvertragsmuster für Gebrauchtfahrzeuge (zu 11); Standardplan für Monatsausgaben (zu 12); Musterbriefe für Bestellungen, Reklamationen und Kündigung von Abonnements (zu 18); Basisinformationen (zum Beispiel zu 5/7/16); ausgefüllte Beispielformulare (zu 3: Personalbogen; zu 8: Musteranträge; zu 9/10/16: Mustermietvertrag); Flußdiagramme, vgl. S. 35 und S. 196 (zu 3 beziehungsweise 16); usf.

Eine ausführliche Darstellung der Planung und Durchführung dieses Vorhabens wurde zusammen mit Volker Siegle publiziert: Anlage einer privaten Registratur. In: Reflektierte Schulpraxis. 10. Lieferung, G 41. Villingen 1976.

Deutsch / Gemeinschaftskunde

Um die Schüler zu genauem Lesen von Texten anzuleiten und sie so zum Nachdenken über die im Text dargelegte Problemsicht anzuregen, empfiehlt es sich, mit ihnen gemeinsame Fragen zu Texten zu entwickeln (vgl. S. 154–166). Wie auf diese Weise den Schülern im BVJ auch brisante Texte zugänglich werden, habe ich dargestellt in: Was taugen parteiliche Texte für den Unterricht? Didaktische Etüden zum Thema Kernenergie. – In: Ludwig Duncker (Hg.): Frieden lehren? Langenau-Ulm 1988, S. 165 – 170. Abschließend sei darauf hingewiesen, daß der Aufsatzunterricht die Möglichkeit eröffnet, mit den Schülern in dialogischen Formen an den Problemen zu arbeiten, die sie bedrängen (vgl. dazu S. 130–153).

Arbeit und Beruf – für benachteiligte und behinderte Jugendliche?

Über fiktive und realistische Konzepte (sonder-)schulischer Orientierung, Vorbereitung, Hinführung und Eingliederung

(Mitautor: Michael Storz)

In der Bundesrepublik lebt eine wachsende Zahl von Menschen in brüchigen sozialen Beziehungen und damit in der Regel in sehr instabilen wirtschaftlichen Verhältnissen. In besonderem Maß trifft dies auf benachteiligte Jugendliche und junge Erwachsene mit nicht normgerechter Schul- und Ausbildungskarriere zu: Auf Absolventen der Schulen für Lernbehinderte und Erziehungshilfe, auf schwache Hauptschüler und Schulabbrecher und auf Absolventen berufsvorbereitender Maßnahmen oder beruflicher Sonderausbildungsgänge; also auf zehn bis fünfzehn Prozent eines jeden Jahrgangs.

Selbständigkeit wird für diesen Personenkreis zur Illusion. Eine Erstuntersuchung von 1987 für den Wirtschaftsraum Reutlingen* kam zu dem Ergebnis, daß 70 Prozent dieser Frauen und die Hälfte der Männer am unteren Rand der Normalität in den für sie eingehbaren Beschäftigungsverhältnissen trotz regelmäßiger Vollerwerbstätigkeit nicht soviel Lohneinkommen erzielen können, um sich – selbst bei bescheidenen Ansprüchen – alleine durchzubringen.

Die nun vorliegende Nachuntersuchung, durchgeführt für die wirtschaftlich starke Region nördlicher Mittlerer-Neckar-Raum (Ludwigsburg–Heilbronn), bestätigt, daß trotz zwischenzeitlicher Entwicklung der Lohntarife sich die Einkommensverhältnisse auf den unteren Beschäftigungspositionen nur geringfügig verändert haben. Der Befund: Von den rund 120 Beschäftigungspositionen für Ungelernte, Angelernte und Gelernte mit Regel- und Sonderausbildung, die in der Untersuchungsregion dem beschriebenen Personenkreis offenstehen, können junge Frauen auf 60 Prozent der für sie offenen Stellen nicht einmal netto 1550,– DM verdienen. Sie bleiben daher von einer selbständigen, das heißt wirtschaftlich unabhängigen Lebensführung ausgeschlossen.

Aber auch bei den jungen Männern verdient mehr als die Hälfte in den ihnen zugänglichen Vollerwerbsverhältnissen netto weniger als 1700,– DM. Damit wird das Selbständigkeitsideal selbst bei sparsamster Lebensführung zur illusionären Schimäre. Lediglich die Anzahl der Beschäftigungspositionen für junge Männer, deren Nettoverdienstmöglichkeiten eine befriedigende Selbständigkeit erlauben (über 1900,– DM), hat sich gegenüber der Erstuntersuchung deutlich erhöht:

---

* Diese Untersuchung von G.G. Hiller wurde unter gleichem Titel publiziert in: Der Senator für Schulwesen, Berufsausbildung und Sport: Sonderpädagogik heute – Bewährtes und Neues. Referate des Sonderpädagogischen Forums Berlin. Fachtagung vom 23. bis 25. November 1987. Berlin o.J. (1989), S. 186–226. – Die hier vorgelegte Nachuntersuchung für die Region Ludwigsburg-Heilbronn hat Michael Storz durchgeführt; die Neufassung des Textes wurde von ihm erarbeitet.

Waren es 1987 nur 15 Prozent der Beschäftigungsverhältnisse, so stieg dieser
Anteil 1990 auf 25 Prozent. Dagegen hat sich die Situation der jungen Frauen in
diesem Einkommensbereich überhaupt nicht verändert: lediglich auf einer einzigen Beschäftigungsposition (Bürogehilfin in der Metallbranche) können Frauen
derzeit mehr als 1900,– DM netto verdienen. Aber gerade diese Beschäftigungsposition ist von den Modernisierungs- und Rationalisierungsbestrebungen im
Büro- und Kommunikationsbereich besonders bedroht.

Dieser skandalöse Tatbestand muß politische und pädagogische Folgen haben;
dieser Befund und die weitere Umstrukturierung des Beschäftigungssystems im
Zuge der dritten industriellen Revolution zwingt zur Frage, wie lange es sich die
Schule noch leisten kann, an klassischen Ausbildungs- und Berufsmythen festzuhalten. Sind die derzeitigen Konzepte der berufsvorbereitenden und der berufsbildenden Maßnahmen im Blick auf benachteiligte Jugendliche mehr als pure
Fiktionen? Mit guten Gründen ist anzunehmen, daß sie in dem Maße irrelevant
werden, in dem man sie nur mit den Instrumenten der Schul- und Sozialpolitik zu
realisieren sucht und dabei versäumt, gesetzlich gesicherte, verpflichtende Formen der Kooperation mit Industrie und Handwerk zu entwickeln. Was gegenwärtig
geschieht, dient oft weniger der Integration dieser Jugendlichen in das Beschäftigungssystem als vielmehr ihrer Reinfantilisierung.

Problemstellung

Aus mehr als zwanzigjähriger Erfahrung mit nachgehender Betreuung von ehemaligen Absolventen der Schulen für Erziehungshilfe, für Lernbehinderte und aus
Berufsvorbereitungsklassen sowie aus der Beratung entsprechender Betreuer ist
bekannt, daß Schule und Unterricht von gefährlichen Fiktionen bezüglich der
gegenwärtigen und der künftigen Lebenswirklichkeit ihrer Klientel ausgehen. Wir
stellten fest, daß es den benachteiligten Jugendlichen und später den jungen
Erwachsenen, in der Regel bis zum 25. Lebensjahr, oft darüber hinaus, nicht
gelingt, ein befriedigendes Leben zu führen.

Dies zeigt sich besonders auffällig in den folgenden vier Punkten:

1. Sie sind mehrheitlich nicht in der Lage, ihrem Leben eine Verfassung zu geben,
   das heißt sie sind außer Stande, ihr Leben in geordneten Rhythmen zu organisieren. Die vorgeschriebenen Arbeitszeiten einerseits und die Programmstruk-
   tur der Fernsehsender steuern im wesentlichen die Tages- und Wochenglie-
   derung. Schwierig wird es schon mit geregelten Zeiten fürs Schlafen, für die
   Nahrungszubereitung und das Essen. Besorgungen kommt man nur nach, wenn
   der Leidensdruck unausweichlich groß geworden ist; Teilhabe an sportlichen
   und musischen Aktivitäten, an Festen und Feiern gibt es nur, sofern andere dazu
   einladen und mitnehmen; und das heißt in der Regel derlei dann auch finanzieren.
2. Sie kommen mit den Institutionen der modernen Industriegesellschaft vor allem
   in den Bereichen der Verwaltung, des Rechts, des Finanzwesens, der Fürsorge
   und des Verkehrs nur sehr bedingt zurecht und unterliegen demzufolge häufiger
   als jeder von uns öffentlicher und privater Kontrolle und entsprechend straf- und
   zivilrechtlicher Sanktionierung.

3. Sie kommen mit den Einkünften, die sie rechtmäßig erwerben können, in der Regel kaum aus. Folglich leben sie entweder in einer auf Dauer gestellten finanziellen Abhängigkeit oder unter einer Schuldenlast, die oft jedes erträgliche Maß überschreitet.

4. Sie finden aufgrund geringer sozialer Attraktivität nur selten zu dauerhaften privaten Beziehungen und verläßlichen Bindungen. Insbesondere können sie die Lebensform der monogamen, heterosexuellen Partnerschaft und der Kleinfamilie nur selten und wenn, dann nur suboptimal, realisieren, sofern man als Maßstab die gegenwärtig herrschenden Ansprüche an Partner- und Familienbeziehungen zugrundelegt.

In den in diesem Buch zusammengestellten Veröffentlichungen (Teil I und III) wird auf diese Beobachtungen aufmerksam gemacht und es werden Überlegungen dazu vorgetragen, welche Konsequenzen man daraus für die Auslegung des Erziehungs- und Bildungskonzeptes im Blick auf benachteiligte Jugendliche einerseits, hinsichtlich jener übrigen Jugendlichen andererseits, die weiterführende Schulen besuchen, aus alldem zu ziehen hätte. Dabei wird auch deutlich, daß ohne bildungspolitische Innovationen wenig Änderung zu erwarten ist.

Im Verlauf dieser Untersuchungen und Überlegungen ergaben sich immer deutlichere Anhaltspunkte dafür, daß Erziehungswissenschaft und Erziehungspraxis (und sicher die beiden nicht allein) über zu wenig Kenntnisse von der Lebensrealität benachteiligter Jugendlicher als künftig benachteiligter Erwachsener verfügen. Anders als durch die schichtbedingte Distanz der in pädagogischen Institutionen von Wissenschaft und Praxis Tätigen läßt sich nicht erklären, wieso Schule, Schulverwaltung und Wissenschaft bis heute die erkennbaren Grenzen und die daraus resultierenden Schwierigkeiten für jene, die am unteren Rande der Normalität zu leben haben, nicht präziser gegenwärtig halten. Eine Art selbstverordnete Beschränkung der sozialen Wahrnehmung zum Zwecke der Stabilisierung des eigenen Selbst- und Weltbildes hindert die Etablierten daran, sich dieser Problematik zu stellen und ihr konstruktiv zu begegnen.

Die langanhaltende bundesrepublikanische Hochkonjunktur, die rückläufige Zahl der Ausbildungsplatzbewerber und der zunehmend konstatierte Arbeitskräftemangel im gewerblich-technischen Bereich haben bereits jetzt dazu geführt, daß in vielen Beschäftigungsbranchen auch benachteiligte Jugendliche wieder vermehrt Chancen auf einen Ausbildungsplatz haben.

Der derzeit günstige Lehrstellenmarkt kalmiert aber nur scheinbar die berechtigten Zukunftsängste der Betroffenen, weisen doch die sich abzeichnenden Veränderungen der Qualifikationsprofile der Ausbildungsgänge in eine andere Richtung:

– Die „Qualifikationsstruktur der Bewerber um einen Ausbildungsplatz hat sich in den letzten Jahren enorm in Richtung Mittlerer Reife und Abitur verschoben" (Zenke 1988, 68). Es ist daher zu vermuten, daß in diesem „Verdrängungswettbewerb" im Hinblick auf die künftig notwendig werdenden „Schlüsselqualifikationen" die schlechter ausgebildeten Schulabgänger das Nachsehen haben, das heißt in Ausbildungsgänge mit geringerer beruflicher Attraktivität und niedrigerer materieller Entlohnung abgedrängt werden.

– Die nachhaltige Veränderung der modernen Arbeitswelt durch Technologi-
sierung, Standardisierung und Automatisierung der Produktionsprozesse führt
zu einem klar erkennbaren Wandel der Arbeitsvollzüge. Daraus resultieren Umbrüche im Beschäftigungssystem, die den Bedarf an Schulabgängern mit
geringer Qualifikation immer schneller sinken lassen. Vermehrt gefragt sind
dagegen Auszubildende und Arbeitnehmer mit einem deutlich höheren Niveau
an Sachkompetenz und fachlicher Souveränität.

Aber auch dann, wenn aufgrund neuer Modelle der Verzahnung von Schul- und
Berufsausbildung benachteiligte Jugendliche mittel- und langfristig attraktivere
Arbeitsplätze besetzen können, bleibt fraglich, ob sie nach durchgestandener
Lehrzeit und absolvierter Abschlußprüfung einen sicheren Zugang zum Beschäfti-
gungssystem (zweite Schwelle) finden und eine Arbeitsstelle ergattern, auf der sie
soviel Geld verdienen können, daß ein selbständiges, wirtschaftlich von der
Herkunftsfamilie und öffentlicher Fürsorge unabhängiges Leben praktizierbar
wird.

Schon im Bericht der Bund-Länder-Kommission vom September 1987 wurde
auf dieses Problem unmißverständlich hingewiesen: Zuviele junge Leute erlernten
schon damals Berufe, die auf dem Arbeitsmarkt der Zukunft nur geringe Chancen
auf Beschäftigung bieten. Es ist kein Zufall, daß es sich dabei genau um die Berufe
handelt, die benachteiligten Jugendlichen vornehmlich angeboten werden: Kfz-
Instandsetzer, Gärtner, Gartenarbeiter, Friseusen, Bäcker, Floristinnen und Beklei-
dungsnäherinnen. Es ist also nicht damit getan, problematische Schulabgänger –
möglicherweise auch über Zwischenstufen (berufsvorbereitende Maßnahmen
und/oder Sonderausbildungsgänge) – in irgendwelche Ausbildungs- und Arbeitsverhältnisse zu vermitteln.

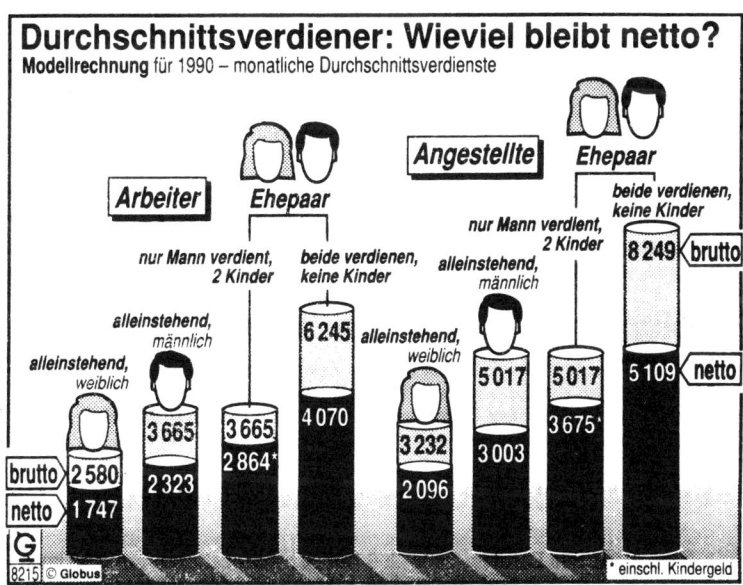

Wir müssen präziser nachfragen.
1. Wieviel Geld braucht eine junge Frau, ein junger Mann, im Alter von 23 bis 24 Jahren mindestens, um selbständig, das heißt auf sich allein gestellt, ein subjektiv befriedigendes, objektiv erträgliches Leben zu führen?
2. Welches Monatsnettoeinkommen kann ein 23- bis 24jähriger ehemaliger Absolvent der Schule für Erziehungshilfe, der Schule für Lernbehinderte, ein ehemals schwacher Hauptschüler auf den Beschäftigungspositionen erzielen, die ihm – mit oder ohne Ausbildung – realistischerweise offenstehen?

Erste Orientierungshilfe auf die Frage nach dem erzielbaren Monatsnettoeinkommen erhalten wir aufgrund aktueller Modellrechnungen des Statistischen Bundesamtes: danach lag im Jahr 1990 der monatliche Durchschnittsverdienst einer alleinstehenden Arbeiterin bei netto 1747,– DM, der eines alleinstehenden Arbeiters bei netto 2323,– DM.

Bericht über die Untersuchung

Die Zweiterhebung wurde von August bis Oktober 1990 für die Region Ludwigsburg-Heilbronn durchgeführt. Diese liegt am nördlichen Rand des Industrieballungsraumes Mittlerer Neckar und gehört zu den strukturstärksten Wirtschaftsräumen des Bundeslandes Baden-Württemberg. Die Arbeitslosenquote lag dort zum Zeitpunkt der Untersuchung bei 3,7 Prozent, damit sogar geringfügig unter dem Landesdurchschnitt (3,9 Prozent). Daraus wird ersichtlich, daß wir von einem sehr hohen Lohnniveau ausgehen können; die Lebenshaltungskosten, abgesehen von den Mietkosten, entsprechen dem Bundesdurchschnitt. Sollten sich in diesem Wirtschaftsraum für benachteiligte Jugendliche und junge Erwachsene Probleme zeigen, so ist mit Sicherheit davon auszugehen, daß diese in anderen, strukturschwächeren Regionen der Bundesrepublik eher verschärft als gemildert in Erscheinung treten.

Im folgenden haben wir die beiden Fragestellungen zu begründen und zu rechtfertigen, dann werden wir die Methoden der Datenermittlung vorstellen und die Ergebnisse referieren. Abschließend werden wir uns zu politischen und pädagogischen Konsequenzen äußern.

Zur Begründung der Frage nach dem erforderlichen Mindesteinkommen für alleinstehende junge Arbeitnehmer

Die fortschreitende Individualisierungsdynamik westlicher Industriegesellschaften, die zunehmende Freisetzung von Männern und insbesondere von Frauen aus den traditionellen Lebensbildern von Ehe und Familie dokumentiert sich zum einen in den steigenden Scheidungsziffern, zum anderen in der Tatsache, daß immer mehr Menschen alleine leben. Die „wachsende Vielfalt von Lagen und Situationen" läßt sich „als Entkoppelung und Ausdifferenzierung der (ehemals) in Familie und Ehe zusammengefaßten Lebens- und Verhaltenselemente verstehen" (Beck 1986, S. 164). „Zwischen die Extreme Familie oder Nichtfamilie gestellt, beginnt sich eine wachsende Zahl von Menschen für einen dritten Weg: einen

widerspruchsvollen, pluralistischen Gesamtlebenslauf im Umbruch, zu ‚entschei-·
den'. Dieser biographische Pluralismus der Lebensformen, das heißt der Wechsel
zwischen Familien gemischt mit und unterbrochen durch andere Formen des
Zusammen- oder Alleinlebens, wird zur (paradoxen) ‚Norm' des Mit- und Gegeneinander von Männern und Frauen unter Individualisierungsbedingungen" (Beck
1986, S. 189).

Benachteiligte Jugendliche und junge Erwachsene haben – noch weniger als
andere – die Chance, sich für eine solche Existenz zwischen den Extremen Familie
und Nichtfamilie „zu entscheiden". Sie werden geradezu in die Isolation gedrängt:
Schon als Kinder leben sie mehrheitlich in brüchigen Sozialbeziehungen und
damit in der Regel auch in sehr instabilen wirtschaftlichen Verhältnissen. Später
können sie nur unzureichend eigene Mittel erwirtschaften und ihrer geringen
sozialen Attraktivität wegen gelingen ihnen auch auf dem Gebiet der privaten
Beziehungen nur sehr eingeschränkte, kaum belastbare Kontakte. Sie bleiben unausweichlich auf sich selbst gestellt oder sie geraten in Formen einer bedrückenden Abhängigkeit. Bei benachteiligten Jugendlichen und jungen Erwachsenen
zeigen sich somit in extremer Deutlichkeit allgemeine Entwicklungstendenzen,
die als im Bereich des Privaten zutage tretende Konsequenzen unseres im Wandel
begriffenen, modernen Gesellschaftssystems zu beschreiben sind. Somit müssen
wir davon ausgehen, daß das Individuum und nicht länger die Ehegemeinschaft als
die kleinste selbständige soziale und wirtschaftliche Einheit zu gelten hat. Nur ein
wirtschaftlich unabhängiges Individuum hat die materiellen Voraussetzungen,
sich in selbstgewählten, traditionellen oder experimentell neuartigen, primären
Gruppen aus freien Stücken für kürzere oder längere Zeit zu vergesellschaften. Ist
dies nicht gewährleistet, so hat die Rede von der Emanzipation wenig Sinn.

So gesehen mutet es geradezu anachronistisch an, daß das Statistische Bun-
desamt keinen Preisindex für die Lebenshaltung für 1-Personen-Haushalte berech-
net und lediglich Preisindices vorlegen kann, die nach den folgenden Kriterien
differenzieren: 4-Personen-Haushalte von Angestellten und Beamten mit höherem
Einkommen, 4-Personen-Arbeitnehmerhaushalte mit mittlerem Einkommen und
2-Personen-Haushalte von Renten- und Sozialhilfeempfängern. Wir wagen nicht
anzunehmen, daß sich darin das Bild des Statistischen Bundesamtes von den realen
Verhältnissen in unserer Gesellschaft vollständig spiegelt.

Berechnungsmethode

Jeder Versuch, die monatlich mindestens erforderlichen Mittel für eine solchermaßen selbständige Lebensführung junger Arbeitnehmer zu beziffern, schließt
eine Reihe von Bedingungen ein, die nach Ansicht der Ermittler zu einem
einigermaßen befriedigenden Leben gehören.
Bei unseren Berechnungen gehen wir unter anderem von den folgenden aus:
a) Zum selbständigen Leben auf Dauer gehört, daß man über eine separat zugäng-
   liche, vollständige Wohnung mit Kochgelegenheit, Dusche und WC verfügen
   kann.
b) Eine Mindestabsicherung gegen die Risiken des Lebens und der Arbeit ist
   unverzichtbar. Dazu gehören eine ausreichende private Unfall- und Berufs-
   unfähigkeitsversicherung, eine Privathaftpflichtversicherung, die Inanspruch-

nahme vermögenswirksamer Leistungen und die Mitgliedschaft in einer Gewerkschaft.

c) Eine ausreichende Ernährung, eine altersgruppengemäße Ausstattung mit Kleidung und Einrichtungsgegenständen, sowie ausreichende Mittel für die Gesundheits- und Körperpflege, für Verkehr und Nachrichtenübermittlung und zur Teilhabe an Bildungs-, Unterhaltungs- und Freizeitangeboten erscheinen uns ebenso unverzichtbar. Da auch jungen Arbeitnehmern das Recht auf einen Jahresurlaub nicht abgesprochen werden kann, wird hierfür ein Betrag von knapp 1100,– DM eingerechnet.

Ohne weitere Rechtfertigungen im einzelnen wird die folgende Aufstellung über monatlich erforderliche Mindestausgaben alleinstehender junger Arbeitnehmer vorgelegt. Sie wurde aufgrund gründlicher Recherchen in der Untersuchungsregion durch wiederholte Befragungen entsprechender Institutionen (Makler, Wohnungsgesellschaften, Versicherungsunternehmen usw.) sowie durch Interviews mit Betroffenen als auch durch detaillierte Einzeluntersuchungen von Studierenden im Rahmen von Seminar- und Prüfungsarbeiten ermittelt:

Monatliche Mindestausgaben alleinstehender, junger ArbeitnehmerInnen Region: Nördlicher Mittlerer-Neckar-Raum, Oktober 1990	
Miete für 1- bis 2-Zimmerwohnung (inklusive Wasser, Heizkosten, Strom, Müll usw.)	550,–
Private Versicherungen (Haftpflicht-/Berufsunfähigkeits-/ Unfallversicherung)	50,–
Vermögenswirksame Zahlungen	26,–
Rundfunk/TV-Gebühren	19,–
Durchschnittsbetrag für Sommer-/Winter- und Sportbekleidung, Wäsche	130,–
Haushaltsführung, Gesundheits- und Körperpflege, Friseur	60,–
Rücklagen beziehungsweise Ratenkredite für Einrichtungen, Haushaltsgeräte, Reparaturen, Renovierungen etc.	130,–
Rücklagen für Jahresurlaub	90,–
Bildung – Unterhaltung – Freizeit Platten, CD, Kassetten, Video, Kneipe, Lotto, Süßigkeiten, Zeitung, Schreibwaren, Briefmarken, Geschenke etc.	120,–
Ernährung	
Frühstück à DM 2,– DM/Tag	61,–
2. Frühstück à DM 3,50 – DM/Arbeitstag	67,–
Mittagessen: Kantine à DM 3,50– DM/Arbeitstag	
plus je DM 6,– DM/arbeitsfreie Tage	135,–
oder ohne Kantine à DM 5,– DM/Tag	152,–
Abendessen à DM 4,–/Tag	122,–
je nach Einzelfall:	
Telefon, Grundgebühr	27,–
60 Gesprächseinheiten	14,–
Öffentliche Verkehrsmittel	70,–
Fahrzeug (Steuer, Versicherung, Kraftstoff, Reparaturen, Abschreibung, Mitgliedschaften etc.)	350,–/600,–
Vereinsmitgliedschaften/Sportstudio	7,–/70,–
Gewerkschaft	20,–
Rauchen (10 Zigaretten/Tag)	60,–

Ergebnisse

Errechnet man aus diesen Daten nun die zumindest erforderlichen Mittel, so ergeben sich auf verschiedene Typen jugendlicher Lebensformen bezogen die folgenden Resultate:

Zumindest erforderliche Geldmittel pro Monat für eine selbständige Lebensführung junger ArbeitnehmerInnen
Region: Nördlicher Mittlerer-Neckar-Raum, Oktober 1990

Typus 1   zum Beispiel Müllwerker, Haushaltshelferin
          Nichtraucher, ohne Fahrzeug, ohne Vereinsmitgliedschaft,
          ohne Telefon, ohne 2. Frühstück, mit Kantinenessen,
          kein Gewerkschaftsmitglied   DM 1573,–

Typus 2   zum Beispiel Handwerker allgemein
          ohne Fahrzeug, ohne Kantine, Vereinsmitglied, durch-
          schnittlicher Raucher, mit 2. Frühstück, mit Telefon,
          kein Gewerkschaftsmitglied   DM 1765,–

Typus 3   Wunschvorstellung der Mehrheit, zum Beispiel Autolackierer
          kleines Fahrzeug (400,– DM/mtl.), Sportstudiobesuch oder
          ähnliches, ohne Kantine, mit 2. Frühstück, Nichtraucher,
          mit Telefon, Gewerkschaftsmitglied   DM 2118,–

Zusammenfassung

Junge Arbeitnehmer benötigen derzeit zu einer selbständigen, von anderen unabhängigen Lebensführung in der Untersuchungsregion mindestens 1700,– DM. Wenn sie zusätzlich über ein eigenes Gebrauchtfahrzeug verfügen und in bescheidenem Umfang am geselligen Leben teilhaben wollen, sind dafür über 2100,– DM erforderlich. Diesen Beträgen hätte das Nettoeinkommen zu entsprechen.

Solche Beträge mögen manchem als zu hoch erscheinen. Oft werden dagegen – insbesondere von Angehörigen höherer Einkommensgruppen – die Richtsätze des Ausbildungsförderungsgesetzes für Studierende oder die der Sozialhilfe zum Vergleich ins Spiel gebracht. Dazu ist folgendes auszuführen:

Was die Sozialhilfe betrifft, so ist davon auszugehen, daß sie laut Auskunft des Sozialamtes der Stadt Ludwigsburg derzeit für einen mittellosen Alleinstehenden im Schnitt bei etwa 1000,– bis 1200,– DM pro Monat liegt. Darin eingerechnet sind der Grundregelsatz von 447,– DM, die Übernahme der Miet- und Energiekosten, die Kleidungshilfe und gegebenenfalls die Beiträge zur Krankenversicherung. Es werde nicht davon ausgegangen, daß der Sozialhilfeempfänger tatsächlich dauerhaft allein lebe. Es werde angenommen, daß solche Leute in einen Haushaltsverbund integriert seien, zum Beispiel in einer Wohngemeinschaft. Außerdem werde unterstellt, daß insbesondere junge Erwachsene nur vorübergehend Sozialhilfeempfänger seien, somit könne man die von der Sozialhilfe monatlich ausbezahlten Gesamtbeträge keineswegs mit dem Mindestbedarf gleichsetzen, der für eine dauerhafte Lebensgestaltung und -sicherung junger, abhängig Beschäftigter erforderlich sei.

Was den Mindestbedarf von Studierenden betrifft, so kommt laut Auskunft des Studentenwerkes Stuttgart die Berechnung der 12. Sozialerhebung des Deutschen Studentenwerks Bonn aus dem Jahre 1988 auf 951,– DM, die für die monatlichen notwendigen Ausgaben eines Studenten damals für erforderlich gehalten wurden. Um auf einen heute relevanten Betrag zu kommen, müsse mit einer jährlichen Steigerung von 4 Prozent gerechnet werden. Somit beläuft sich der monatliche Mindestbedarf eines Studierenden derzeit auf durchschnittlich 1029,– DM. Bei diesem Betrag wird allerdings davon ausgegangen, daß der Studierende weder eine vollständige Wohnung noch Genußmittel benötigt; außerdem keine Versicherungsprämien und keine vermögenswirksamen Eigenleistungen anfallen. In Erwartung des künftig höheren Einkommens, so die übliche Auffassung, könne man dem Studierenden zumuten, daß er sich während der Studienzeit mit sehr eingeschränkten finanziellen Mitteln begnüge. Daraus folgt, daß auch die vorübergehende Lage des Studenten mit der auf Dauer angelegten Situation abhängig Beschäftigter gleichen Alters nicht verglichen werden kann. Der Unterschied hinsichtlich der Ansprüche an eine befriedigende Lebensführung ist berechtigt und muß daher berücksichtigt werden.

Zur Frage nach dem im Beschäftigungssystem erzielbaren Netto-Monatseinkommen für ehemals schwache Haupt- und für Sonderschüler

Wer diese Frage aufwirft, stößt in sorgfältig abgedunkelte Tabuzonen vor und muß sich dafür rechtfertigen.

1. Zunächst impliziert diese Fragestellung, daß man die vielen Bemühungen der Orientierung in Berufsfeldern, der Berufsfindung, der Hinführung zur Berufswahlreife, der Berufsvorbereitung, der Ausbildung in ihren verschiedenen schulischen, betrieblichen und überbetrieblichen Formen, Phasen und Stufen schlicht ignoriert, einfach überspringt und nüchtern danach fragt, was denn „unter dem Strich" dabei herauskommt; wo denn die ehemaligen Sonder- und die schwachen Hauptschüler nach alledem im Beschäftigungssystem, wenn überhaupt, landen und was sie dafür an Geld bekommen, daß sie dann Woche für Woche, Jahr um Jahr einer wie auch immer geregelten Vollbeschäftigung nachgehen. Dieses Überspringen jenes ganzen Vorbereitungs-, Beratungs- und Ausbildungsbetriebes weckt Argwohn. Soll hier etwa die These vertreten werden, daß letztlich all das in seinen bewährten Formen für diese jungen Leute unwichtig sei?

2. So kann nur ein Materialist fragen! Als wäre das Einzige, worauf es im Berufsleben ankommt, das Geld. – Sicher ist die Frage nach der Bezahlung nicht die einzige, die sich stellt, wenn es darum geht, für welche Position im Beschäftigungssystem man sich ausbilden läßt. Nur, sie bekommt absolute Priorität, wenn geklärt werden muß, ob man auf den in Frage kommenden Positionen genügend Geld verdienen kann, um sich selbst durchzubringen. Daß dies nicht immer der Fall ist, wird sich zeigen.

3. Merkwürdig, daß bis dato nirgends – weder durch die Schulen noch durch die Arbeitsverwaltung – aktuelle, detaillierte, vergleichende Übersichten vorgelegt werden, aus denen branchenübergreifend und branchenvergleichend für jeder-

mann, also auch für ratsuchende Jugendliche, zu ersehen wäre, was man in einer bestimmten Region auf welchen Positionen im Monat netto verdienen kann.

– Im Berufsinformationszentrum des Arbeitsamtes Ludwigsburg kann man sich zwar aus knapp 300 Mappen zu jenen Ausbildungsberufen, die man mit Hauptschulabschluß ergreifen kann, die Bruttoverdienstangaben zusammensuchen. Sie sind jedoch unvollständig, teils in Stundenlöhnen, teils in Monatspauschalen angegeben und entsprechen nicht immer dem neuesten Stand. Vergleichsfähige Angaben über Verdienstmöglichkeiten in ungelernten und angelernten Arbeitsverhältnissen sind überhaupt nicht zu erhalten. Entgegen anders lautenden Behauptungen ist die Erstellung einer solchen Übersicht durchaus möglich.

Erhebungsmethode

Aus dem statistischen Material der Arbeitsverwaltung sind die Berufswünsche von Absolventen der Hauptschule und der genannten Sonderschulen hinreichend bekannt. Von den Kammern ist zu erfahren, welche Ausbildungsverhältnisse mit welchen Erfolgsquoten von welchen Schulabgängern durchgestanden werden. Aus den Publikationen und der Beratungspraxis der Arbeitsverwaltung läßt sich ermitteln, welche Ausbildungs- und Arbeitsverhältnisse für benachteiligte Jugendliche realistischerweise in Frage kommen. Schließlich verfügen die Haupt- und Sonderschulen durch die über die Schulzeit hinaus bestehenden Kontakte ihrer Lehrer zu Schülern und deren Familien ein mehr oder weniger präzises Bild von den nachschulischen Karrieren ihrer Schüler. – Aus all diesen Informationen läßt sich leicht eine Liste von Beschäftigungspositionen entwickeln. Sie umfaßt insgesamt 118 Beschäftigungsverhältnisse für ungelernte, angelernte und gelernte Arbeitnehmer aus acht Branchen: Bezogen auf die Untersuchungsregion sind damit die für benachteiligte Jugendliche möglichen Positionen nahezu vollständig erfaßt.

Dabei ergaben sich bereits die folgenden Erkenntnisse:

1. Es gibt keine eindeutigen Zuordnungen zwischen bestimmten Beschäftigungspositionen und dem Status des benachteiligten Jugendlichen; sehr wohl gibt es aber Trends und gesicherte Erfahrungswerte, welche Bandbreite von Positionen innerhalb einer Branche die ehemaligen Schüler der Schulen für Erziehungshilfe und für Lernbehinderte und die leistungsschwächeren Hauptschüler besetzen. Jeder Personalchef und jeder Gewerkschafter verfügt über solche Kenntnisse. Zunächst allerdings wird in der Regel erklärt, daß man „prinzipiell" darüber nichts sagen könne und wolle, welche Positionen benachteiligte Jugendliche mit Erfolg besetzen können. Stellvertretend für viele hier die Äußerung eines Gewerkschaftssekretärs: „Lernbehinderung lasse ich außer Ansatz, da ich der Meinung bin, daß bei ausreichender Einarbeitung im Fach auch gute Leistung mit einem weniger guten Schulabschluß erbracht werden kann."

2. Zwischen den offiziellen Bezeichnungen anerkannter Ausbildungsberufe und den tariflichen Berufs- beziehungsweise Lohngruppenbezeichnungen gibt es teilweise erhebliche Unterschiede. So kann zum Beispiel der Metallfachwerker oder der Teilezurichter verschiedenen Lohngruppen des Tarifvertrages für die

Metallindustrie zugeordnet werden, je nach den Tätigkeitsmerkmalen, die den Arbeitsplatz kennzeichnen, an dem er beschäftigt wird. Nicht die Vor- und Ausbildung ist für die Entlohnung maßgeblich, sondern ausschließlich die Tätigkeitsmerkmale des Arbeitsplatzes.

Umgekehrt wurden zum Beispiel im Tarifvertrag für das Baugewerbe in Baden-Württemberg vom 1. April 1987 zweiundzwanzig Ausbildungsberufe zusammengefaßt und entsprechend der Dauer ihrer Tätigkeit entweder als gehobene Baufacharbeiter (im ersten Jahr ihrer Tätigkeit) oder als Spezialbaufacharbeiter entlohnt.

3. Aber nicht nur die Tätigkeitsmerkmale des Arbeitsplatzes bestimmen die Höhe der Entlohnung, sondern auch das jeweils zugrundeliegende System der Arbeitsplatzbewertung. Dabei wird zwischen summarischer und analytischer Arbeitsplatzbewertung unterschieden: „Wenn die Anforderungen eines Arbeitssystems an den Menschen mit mehreren Anforderungsarten, wie zum Beispiel Kenntnisse, Verantwortung, Belastung, getrennt erfaßt werden, spricht man von analytischem Vorgehen bei der Ermittlung der Anforderungen. Die Anforderungsermittlung besteht aus der Beschreibung von Arbeitssystemen sowie der Analyse und der Qualifizierung ihrer Anforderungen an den Menschen" (REFA-Methodenlehre des Arbeitsstudiums Teil 4, zitiert nach CIEL 1975, 44).

In unserem Zusammenhang genügt es zu wissen, daß Klein- und Mittelbetriebe im allgemeinen die summarische Arbeitsplatzbewertung, Großbetriebe hingegen überwiegend das weit differenziertere System der analytischen Arbeitsbewertung vornehmen. Die Unterschiede bezüglich der Entlohnung sind erheblich, wie sich am Beispiel des Metallfachwerkers oder Maschinenführers darstellen läßt:

	summarisch			analytisch			
L.Gr.	Std.-Lohn	Brutto	Netto	Std.-Lohn	Brutto	Netto	Netto-Differenz
IV	14,69	2364,36	1584,12	15,22	2449,66	1641,72	57,60
V	15,22	2449,66	1641,27	15,89	2557,50	1713,52	72,25
VI	15,89	2557,50	1713,52	16,75	2695,91	1806,26	92,74
VII	16,75	2695,91	1806,26	17,77	2860,27	1916,38	110,12
VIII	17,90	2881,01	1930,27	18,76	3019,42	2023,01	92,74
IX	19.08	3070,93	2057,52	19,74	3177,15	2128,69	71,17

Die Einkommensdifferenz zwischen beiden Systemen der Arbeitsplatzbewertung beträgt je nach Lohngruppe zwischen 60,– DM und 110,– DM netto.

4. Zum Teil spielt auch der Geltungsbereich der jeweils abgeschlossenen Tarifverträge eine lohnentscheidende Rolle. Am Beispiel: Eine Bekleidungsfertigerin kann sowohl im Bekleidungs- als auch im Textilbereich eingesetzt werden. Die Mehrheit der Bekleidigungsfertigerinnen in der Untersuchungsregion werden nach Auskunft der zuständigen Gewerkschaft im Bekleidungsbereich beschäftigt (Bekleidung 70 Prozent, Textil 30 Prozent).

Für den Bekleidungsbereich haben die Tarifpartner einen zentralen Tarifvertrag abgeschlossen, für den Textilbereich liegt ein regionaler Tarifvertrag für Baden-Württemberg vor. Der Unterschied: Eine Bekleidungsfertigerin in Lohngruppe 3 verdient laut Tarifvertrag für den Bekleidungsbereich einen Stundenlohn von 11,54 DM, im Textilbereich bekommt sie dagegen 12,58 DM. Die monatliche Nettodifferenz für dieselbe Tätigkeit beträgt damit 120,– DM.

5. Schließlich ist es wichtig zu wissen, daß derselbe Ausbildungsberuf je nach Branche ganz unterschiedlich bezahlt wird. Hier spielt das gewaltige Tarifgefälle zwischen den Branchen eine entscheidende Rolle. Im Gewerkschafter vom November 1987 findet sich dazu ein eindrückliches Beispiel:

Wird zum Beispiel eine Kantine durch einen Metallbetrieb geführt, so ist auf das dort beschäftigte Personal der Industrietarif anzuwenden. Wird die Kantine durch einen Caterer geführt, so kann dieser den Rahmen der NGG oder den noch schlechteren Tarif des Hotel- und Gaststättengewerbes anwenden. Das Blatt veranschaulicht den Unterschied an folgendem Beispiel: „So kommt ein Kantinenkoch in der hessischen Brauereiwirtschaft zum Beispiel auf ein Gehalt von knapp 3000 Mark. Nach dem Großküchen-Tarifvertrag erhält er nicht einmal 1800,– DM" (ebd., S. 11).

Auf den von uns untersuchten Beschäftigungspositionen finden sich vergleichbare Beispiele (Tariflohn):

Branche	ÖTV	NGG	HBV	BSE
Kraftfahrer Kl. II	1660,26	1723,36	1910,84	1955,78

Branche	Bekleidung	ÖTV	Metall
Bürogehilfin	1292,43	1612,44	1852,82

In dem im Anhang dokumentierten Datenmaterial finden sich noch weitere Beispiele für Autolackierer, Verkäuferin und Lagerarbeiter.

Wir erwähnen dies hier so ausführlich, weil wir aus Gesprächen wissen, daß weder Lehrer noch Erziehungswissenschaftler über diese Fakten hinreichend informiert sind.

– Einer der Personalchefs, der uns bei diesen Recherchen unterstützte, hat nachdrücklich darauf aufmerksam gemacht, man müsse den jungen Leuten klar machen, daß mit der Wahl der Branche der weitere Lebensweg maßgeblich entschieden sei: „Allein die Branche", so sein Fazit, „entscheidet über alles weitere, bis zur Rente und zum Tod."

Nachdem die Liste der Beschäftigungsverhältnisse erstellt war, in denen benachteiligte Jugendliche im gegenwärtigen Beschäftigungssystem vorkommen, haben wir durch acht Gewerkschaften die Zuordnung der Positionen zu den entsprechenden Tarifgruppen vornehmen lassen und sodann die entsprechenden Tarifdaten erfragt. Mit dem pro Branche gültigen Multiplikator wurden aus Stundenlöhnen die Monatsbruttolöhne errechnet. Dieser Multiplikator ist keineswegs einheitlich.

Übereinstimmend wurde von Gewerkschaft, Industrie und Handwerk erklärt, wenn man in diesen Lohngruppen 33 Prozent, ein Drittel also, für Steuern und Sozialabgaben abziehe, komme man realistischerweise auf den Monatsnettoverdienst.

Urlaubs- und Weihnachtsgeld blieben durchweg außer Ansatz. Diese Beträge sind schwer zu ermitteln, da sie von Betrieb zu Betrieb stark variieren. Sie werden in den unteren Lohngruppen, so die Auskunft des Personalchefs eines großen Industrieunternehmens, zu 80 Prozent für Heizöl und Kohle ausgegeben oder für Spontankäufe und Geschenke.

Als diese Berechnungen vorlagen, haben wir uns auf der Seite der Arbeitgeber an den verschiedensten Stellen erkundigt, ob tatsächlich tariflich und falls dies nicht zutrifft, um wieviel Prozent über- beziehungsweise untertariflich im Schnitt bezahlt wird. Diese Recherchen gestalteten sich langwierig und teils schwierig. Als exemplarisch für die auftretenden Schwierigkeiten bei den Ermittlungen in diesem Tabubereich mag ein Zitat aus dem Schreiben einer Handwerkskammer dienen:

„Leider ist es uns nicht möglich, die tariflichen Mindestlöhne zu korrigieren. Es liegen hierzu keine Erfahrungswerte vor. Auch sind Einschätzungen seitens der Handwerksverwaltung nicht möglich, da die Kammern selbst keine diesbezüglichen Kenntnisse haben und wegen der marktorientierten Preisbildung auch nicht haben können.

Handwerker arbeiten auf der Grundlage von Werkverträgen, wonach sich auch die Vergütung regelt. Hierbei fließt auch die Situation auf dem Arbeitskräftemarkt in die Kalkulation eines Betriebes ein. Es kann also nur die allgemeine Aussage gemacht werden, daß in der jetzigen Situation eher übertariflich bezahlt wird, als in Zeiten, in denen genügend Arbeitskräfte zur Verfügung stehen. Wieviel aber dem einzelnen Arbeitnehmer seitens des Arbeitgebers geboten wird, ist ein Betriebsgeheimnis, das gerade jetzt kein Betrieb lüften wird."

Dennoch entstand durch die Auskunftsbereitschaft der Fachverbände, der Kreishandwerkerschaft, der Innungsobermeister und der zahlreichen Personalchefs größerer und mittlerer Industrie- bzw. der Inhaber einschlägiger Handwerksbetriebe ein Überblick über die Nettoverdienstmöglichkeiten pro Monat für insgesamt 275 Beschäftigungspositionen, in denen benachteiligte Jugendliche und junge Erwachsene ab Schulentlassung realistischerweise beschäftigt werden können. Dieses Datenmaterial verteilt sich auf die einzelnen Branchen wie folgt:

Branche	erhobene Positionen	davon zum Vergleich herangezogen
Bau-Steine-Erden	31	15
Handel-Banken-Versicherungen	20	8
Holz und Kunststoff	14	7
Landwirtschaft-Gartenbau-Forsten	46	19
Metall	39	14
Nahrung-Genuß-Gaststätten	80	29
Öffentlicher Dienst-Transport-Verkehr	34	21
Textil-Bekleidung	11	5
Gesamt	275	118

Um dieses Datenmaterial vergleichbar zu machen, wurden die Positionen zusammengestellt, in denen 23- bis 24jährige junge Erwachsene jeweils beschäftigt sein können. Dieses Alter wurde gewählt, weil zu diesem Zeitpunkt für die Mehrzahl der Betroffenen sowohl die beruflichen Ausbildungsmaßnahmen als auch für die Männer der Militär- und Zivildienst abgeschlossen sind und sie alle in den ersten Jahren des Erwerbslebens stehen. Spätestens zu diesem Zeitpunkt bewirken der Druck der gesellschaftlichen Erwartung und das psychische Pendant der eigenen inneren Ansprüche, daß man ein eigenverantwortliches, von anderen, das heißt insbesondere von der Herkunftsfamilie unabhängiges Leben führen will.

Um zu prüfen, ob und wie dies möglich ist, haben wir die vergleichbaren Positionen nach folgendem Schema ausgewählt: Die durchschnittliche Beschäftigungsdauer errechnet sich aus den folgenden Annahmen: Die Einschulung erfolgt zwischen dem 6. und 7. Lebensjahr. Die Schulzeit dauert (inklusive mindestens einem Wiederholungsjahr) im Schnitt etwa zehn Jahre, so daß die Entlassung aus Haupt- beziehungsweise Sonderschulen im 16./17. Lebensjahr erfolgt.

Demzufolge werden für Arbeitnehmer im 23./24. Lebensjahr die folgenden Positionen miteinander verglichen:

für Frauen:
in un-/angelernten Positionen: 6.–7. Jahr der Tätigkeit
in gelernten Positionen: 4. Jahr der Tätigkeit
für Männer:
in un-/angelernten Positionen: 5.–6. Jahr der Tätigkeit
in gelernten Positonen: 2.–3. Jahr der Tätigkeit

So ergeben sich für 118 Positionen vergleichbare Daten, ihre Verteilung auf die Branchen ist aus der Tabelle ersichtlich.

Ergebnisse und Kommentar

Bringt man die 118 Beschäftigungspositionen für 23- bis 24jährige unter dem Kriterium der Nettoverdienstmöglichkeiten in eine Rangreihe, so ergeben sich für die Untersuchungsregion – getrennt nach Männern und Frauen – folgende Spitzenverdienstmöglichkeiten:

Spitzenverdienstmöglichkeiten auf unteren Beschäftigungspositionen **für Männer** Region: Nördlicher Mittlerer-Neckar-Raum, Oktober 1990			
	Beschäftigungsposition	Nettoverdienst	Branche
1	Spezialbaufacharbeiter	2440,–	BSE
2	Maler, Alt-Geselle	2330,–	BSE
3	Gelernter Dachdecker	2320,–	BSE
4	Gelernter Fliesenleger-Gipser	2290,–	BSE
5	Gehobener Baufacharbeiter	2240,–	BSE
6	Maschinenführer, CNC	2220,–	M
7	Autolackierer (Malerbetrieb)	2220,–	BSE
8	Dachdecker-Helfer	2200,–	BSE
9	Monteur, Heizung-Sanitär-Klima	2110,–	BSE
10	Maschinenführer, konv. Masch.	2080,–	M

Es wird ersichtlich, daß Spitzenverdienstmöglichkeiten auf unteren Beschäfti-
gungspositionen für junge Männer derzeit nur in der Metallbranche und in den
Bau- und Baunebenberufen (Dachdecker, Fliesenleger und Gipser, Heizung-
Sanitär-Klima) erzielbar sind.

Spitzenverdienstmöglichkeiten auf unteren Beschäftigungspositionen **für Frauen**
Region: Nördlicher Mittlerer-Neckar-Raum, Oktober 1990

	Beschäftigungsposition	Nettoverdienst	Branche
1	Bürogehilfin	1950,–	M
2	Kommissioniererin	1860,–	HBV
3	Erwerbsgärtnerin	1840,–	LFG
4	Kraftfahrerin, Kl. III	1820,–	ÖTV
5	Bekleidungsnäherin (Akkord)	1820,–	TB
6	Facharbeiterin, Teigwarenindustrie	1780,–	NGG
7	Arbeiterin, LGr. V	1770,–	M
8	Kraftfahrerin, Kl. III	1760,–	HBV
9	Bekleidungsfertigerin (Akkord)	1750,–	TB
10	Gelernte Gärtnerin	1750,–	ÖTV

Laut Auskunft der zuständigen Gewerkschaften gelingt es jungen Frauen im
gewerblich-technischen Bereich vermehrt, in traditionell männlich dominierte
Beschäftigungspositionen einzurücken. Dort sind die Nettoverdienstmöglichkeiten erheblich höher.

Beispiele: Malergesellin: 2200,– DM netto
           Malerfachwerkerin: 1990,– DM netto
           Berufskraftfahrerin
           mit Facharbeiterbrief: 1960,– DM netto

Faßt man die Resultate für die weitere Erörterung zu vier Gruppen zusammen:
1. Verdienstmöglichkeiten, die eindeutig unter dem für eine selbständige Lebensführung ausreichenden Minimum liegen:
   bis 1550,– DM
2. Verdienstmöglichkeiten, die bei sparsamster Lebensführung Selbständigkeit
   ermöglichen:
   1551,– DM bis 1700,– DM
3. Verdienstmöglichkeiten, die in engen Grenzen eine selbständige Lebensführung ermöglichen:
   1701,– DM bis 1900,– DM
4. Verdienstmöglichkeiten, die hinreichend bis gut Selbständigkeit praktizieren
   lassen:
   über 1900,– DM
und betrachtet man die Verteilung dieser Beschäftigungsverhältnisse auf Frauen
und Männer, so ergibt sich das folgende Bild: Von den 118 Positionen können 60
von Frauen und 92 von Männern besetzt werden.
1. 35 von den für Frauen offenen 60 Positionen, das sind 58 Prozent, liegen in ihren
   Nettoverdienstmöglichkeiten eindeutig unter dem für eine selbständige Lebensführung ausreichenden Minimum von 1550,– DM. Bezieht man die Posi-

tionen bis zur Nettolohngrenze von 1700,– DM mit ein, so wird das Bild noch düsterer: Auf 48 der 60 Positionen können Frauen nicht einmal netto 1700,– DM verdienen. Das sind 80 Prozent.

Nach unseren Recherchen gibt es lediglich eine einzige Beschäftigungsposition, auf der eine junge Frau soviel verdienen kann, daß der Nettoverdienst über 1900,– DM ohne Überstunden, Schicht- und Akkordarbeit liegt und damit ein Leben in Selbständigkeit praktizierbar wird: Bürogehilfin (Metall).

Fazit: Die Positionen, die im Beschäftigungssystem der Region nördlicher Mittlerer-Neckar-Raum für ehemalige Absolventinnen der Schulen für Erziehungshilfe, für Lernbehinderte und für schwache Hauptschüler realistischerweise in Frage kommen, sind hinsichtlich ihrer Bezahlung so ausgelegt, daß diese Frauen im Alter von 23 bis 24 Jahren auf 8 von 10 dieser Positionen nicht einmal 1700,– DM netto verdienen können.

Damit ist ihnen ohne Überstunden, Schicht- und Akkordarbeit und ohne Zweitarbeit ein selbständiges, unabhängiges Leben kaum möglich.

2. 28 von den für Männer offenen 92 Beschäftigungspositionen, das sind 30 Prozent, liegen in ihren Verdienstmöglichkeiten definitiv unter dem Selbständigkeitslimit. Bezieht man die Nettoverdienstgrenze von 1700,– DM mit ein, so liegen 49 von 92 Positionen, das sind 53 Prozent, in ihren Verdienstmöglichkeiten unterhalb des Grenzbereiches für eine selbständige Lebensführung.

Ermutigend ist, daß junge Männer immerhin auf 25 von 92 Beschäftigungspositionen, das entspricht 26 Prozent, einen Nettoverdienst über 1900,– DM erzielen können.

Fazit: Mehr als die Hälfte der jungen Männer verdient in den ihnen zugänglichen Vollerwerbsverhältnissen weniger als 1700,– DM. Immerhin aber schafft jede vierte für Männer offene Beschäftigungsposition die ökonomisch notwendigen Voraussetzungen für eine selbständige und unabhängige Lebensführung.

Erwähnenswert erscheint uns, daß *neun* von 24 Beschäftigungspositionen für junge Männer, die in ihren Verdienstmöglichkeiten über der Nettolohngrenze von 1900,– DM liegen, mit *Ungelernten und Angelernten* besetzt werden.

So steht der Dachdecker-Helfer mit einem Nettoverdienst von 2220,– DM in der Rangreihe der Verdienstmöglichkeiten auf Position 111 (von 118). Der 23jährige Bauwerker, früher als Hilfsarbeiter bekannt, der laut Tarif „einfache Bauarbeiten verrichtet" und noch keine zwölf Monate am Bau beschäftigt ist, steht auf Position 98. Seine Bezahlung übertrifft damit deutlich die Bezahlung, die gleichaltrige Facharbeiter oder Gesellen nach ihrer Ausbildung in einem von etwa 30 Ausbildungsberufen erhalten. Im nachfolgenden Überblick werden diejenigen Helferberufe aufgelistet, deren Nettoverdienstmöglichkeiten über 1900,– DM liegen.

Der Ordnungsbegriff des „Helferberufs" subsumiert in unserem Zusammenhang sowohl un- und angelernte Tätigkeiten als auch Zusatzqualifikationen wie Führerschein Klasse II, da diese als Eingangsvoraussetzungen für die Besetzung der entsprechenden Beschäftigungspositionen gelten und vorwiegend privat finanziert werden.

Helferberufe mit einer Nettolohngrenze über 1900,– DM
Region: Nördlicher Mittlerer-Neckar-Raum, Oktober 1990

	Beschäftigungsposition	Nettoverdienst	Rang
1	Dachdecker-Helfer	2200,–	111
2	Kraftfahrer, Kl. II (BSE)	2050,–	107
3	Baufachwerker	2000,–	105
4	Malerfachwerker	1990,–	104
5	Waldarbeiter	1970,–	103
6	Hilfsmonteur, Heizung-Sanitär-Klima	1940,–	99
7	Bauwerker	1930,–	98
8	Berufskraftfahrer, Kl. II (HBV)	1910,–	95
9	Kraftfahrer, Kl. II (ÖTV)	1910,–	94

Aufgrund der verfügbaren Daten kann nicht davon ausgegangen werden, daß sich die Verdienstmöglichkeiten auf den untersuchten Positionen in den weiteren Berufsjahren erheblich verbessern. Dies trifft nur für wenige Ausbildungsberufe zu.

Die vorgelegten Ergebnisse beziehen sich auf die Beschäftigungspositionen; über die Zahl der tatsächlich auf diesen Positionen Beschäftigten haben wir keine Angaben. Es läßt sich jedoch aufgrund dieser Angebotsstruktur vorsichtig schätzen, daß 90 Prozent aller benachteiligten Schülerinnen als junge Frauen aufgrund ihrer ökonomischen Situation in erzwungenen Abhängigkeitsverhältnissen leben müssen, selbst wenn sie einer geregelten Arbeit 40 Stunden pro Woche als voll Erwerbstätige nachgehen. Bei den Männern, so ist anzunehmen, dürfte es gut die Hälfte sein, die sich keine eigene wirtschaftlich unabhängige Existenz leisten können, wenn sie früher schwache Hauptschüler oder Abgänger der genannten Sonderschulen waren.

Wenn diese Ergebnisse zutreffen, und davon ist bis auf weiteres auszugehen, dann stellt sich die Frage, wie diese Personen faktisch „über die Runden kommen". Hierzu können wir, da entsprechende Untersuchungen zu Lebensläufen, nachschulischen Karrieren benachteiligter Jugendlicher bezogen auf die Phase bis zum 25. Lebensjahr weder in wünschenswerter Zahl noch in hinreichender Qualität vorliegen, lediglich mit Vermutungen antworten, die wir auf entsprechende, langjährige Erfahrungen in nachgehender Betreuung stützen.

a) Es ist davon auszugehen, daß eine erhebliche Zahl dieser jungen Erwachsenen bis weit über das 20. Lebensjahr hinaus im Wirtschaftsverbund der Herkunftsfamilie verbleibt, das heißt den Eltern und Geschwistern und deren Familien zur Last liegt. Dies gilt für ländliche Gebiete und für Kinder ausländischer Arbeitnehmer in verstärktem Maße.

b) Eine Loslösung aus der Herkunftsfamilie scheint insbesondere für benachteiligte Frauen nur um den Preis der Verheiratung zu haben zu sein. Das Beschäftigungssystem ist bezogen auf diese jungen Frauen so verfaßt, daß ihnen zur Sicherung ihrer wirtschaftlichen Existenz kaum eine andere Alternative offen steht. Eine solchermaßen erzwungene Versorgung der Frau über Ehe und Ehemann und die damit verbundene Abhängigkeit auf unübersehbare Zeit stellen heute für beide Partner eine erhebliche psychische Belastung dar. Die Widersprüche zwischen den Gleichheitserwartungen und der faktischen Ungleichheit verschärfen die Beziehungskonflikte mit Sicherheit. Solche Ehen zur Vermeidung wirtschaftlicher Not sichern überdies nur dann eine befriedigende Existenz der Eheleute dauerhaft, wenn der Ehemann deutlich mehr verdient als die Frau. Ist dies nicht der Fall, so geraten die jungen Leute spätestens dann unter rasanten wirtschaftlichen Druck, wenn das erste Kind kommt. Zerbricht die Ehe unter diesen Belastungen, so machen die Frauen die bittere Erfahrung, daß sie oft „nur ‚einen Mann weit' von der Armut entfernt (sind). Fast 70 Prozent aller alleinerziehenden Mütter müssen mit ihren Kindern mit weniger als 1200,– DM im Monat auskommen" (Beck 1986, S.183). Für junge Männer, die zu wenig verdienen, als daß sie sich selbst durchbringen können – und nach unseren Berechnungen sind dies mindestens 5 Prozent eines jeden Jahrgangs – scheidet diese Lösung zwar nicht de facto, wohl aber rechnerisch offensichtlich aus. Sie sind besonders übel dran. Nicht nur für sie sondern auch für die Partnerinnen, die sich dauerhaft auf sie einlassen, das sind in der Regel sicher nicht die seltenen, gut verdienenden jungen Frauen, ist das soziale Elend vorprogrammiert.

c) Die benachteiligten jungen Erwachsenen sind daher gezwungen, ganz gleich, ob verheiratet oder nicht, durch Überstunden, Akkord- und Schichtarbeit und in zusätzlichen Arbeitsverhältnissen weiteres Geld zu verdienen, um sich ein einigermaßen befriedigendes Leben leisten zu können. Die Struktur des Entlohnungssystems zwingt sie zu solcher Mehrarbeit. Deren einträglichste Formen sind Schwarzarbeit, Beschäftigungsverhältnisse in der Schattenwirtschaft oder Formen der Mittelbeschaffung außerhalb der Legalität. – Wohngeld können die wenigsten von ihnen erhalten: Die Obergrenze für alleinstehende Erwerbstätige liegt derzeit bei brutto 1943,– DM Monatsverdienst; wer zwischen 1500,– DM und 1900,– DM brutto verdient, bekommt damit maximal 100,– DM netto Wohngeldzuschuß. Wer aber mehr als 1360,– DM netto verdient und alleine lebt, bekommt kein Wohngeld.

Aufgrund der vorliegenden Daten ist somit festzuhalten, daß sich die Grundformel „Existenzsicherung durch Lohnarbeit" in der Spezifizierung „*Einzel*existenzsicherung durch Lohnarbeit *auf den unteren Positionen des Beschäftigungssystems*" empirisch nicht mehr realisieren läßt. Dieser Tatbestand ist deshalb alarmierend, weil es faktisch für diesen Personenkreis kaum Alternativen zur Einzelexistenz gibt.

Das Zusammenleben in dauerhaften primären Gruppen gerät ohnehin durch die Individualisierungsdynamik der Industriegesellschaft unter wachsenden Druck. Mit der Durchsetzung des industriellen Produktionssystems vollzog sich die Entwicklung von der autonomen, subsistenten Großfamilie mit nichtmonetärer Lebenssicherung hin zur abhängigen Lohnarbeit der Erwerbspersonen. Sie stellt heute das Primäreinkommen von 90 Prozent der Bevölkerung dar. Die genealogisch gesicherte Lebensform der Kleinfamilie ist der Rest, der im industriell dominierten Gesellschaftssystem von der Großfamilie feudaler Provenienz übrig bleiben konnte. Der Individualisierungsdruck des Systems setzt sich jedoch fort mit der Tendenz, die Individuen zu atomisieren und zu funktionalisieren: So erfordert die Durchsetzung der Berufskarriere soziale und lokale Mobilität und konfligiert zwangsläufig mit den Ansprüchen primärer Bezugsgruppen. Selbstverwirklichungskonzepte stabilisieren bewußtseinsmäßig die einzelnen auf ihrem

Weg in die stets unter Vorbehalten praktizierte Integration in wechselnde Primärgruppen auf Zeit. Die Kleinfamilie verliert demgegenüber zunehmend an Attraktivität. Ihre Dysfunktionalität und deformierenden Effekte werden immer deutlicher erkennbar: Sie infantilisiert die Erwachsenen und setzt die Kinder ungepuffert deren Obsessionen aus; sie lähmt die Kontakte nach außen, erzeugt sozialen und politischen Autismus, und sie wird zum Konsumenten von Gütern und Dienstleistungen par excellence: Sie stellt nichts mehr her außer „Wärme" und „Nähe", ohne erkennbare Wirkung nach außen, braucht aber immer mehr finanzielle Mittel zur Befriedigung der zentrifugalen Bedürfnisse ihrer Mitglieder.

Hinzu kommt, daß die industrielle Produktions- und Dienstleistungsgesellschaft eine ihr konforme Konsumethik erzwingt. Im Individuum muß hinsichtlich der Güter und Dienstleistungen eine Bedürfnisstruktur aufgebaut und auf Dauer gestellt werden, die nur über den Markt, das heißt mit Geld, befriedigt werden soll. „Schwarzarbeit" wird kriminalisiert, lediglich in den Formen der Nachbarschaftshilfe, der Familiensolidarität und ehrenamtlicher Tätigkeiten im kommunalen und regionalen Bereich geduldet. Da eine befriedigende Teilhabe nur mit entsprechenden finanziellen Mitteln möglich ist, wird die Optimierung des eigenen Tauschwertes zum dominanten Ziel der ersten Lebensphase.

Junge Frauen und junge Männer, die aufgrund ihrer Lebens- und Schulgeschichte dazu nur unzureichend in der Lage sind und folglich auf Beschäftigungspositionen abgedrängt werden, auf denen eine Sicherung der Einzelexistenz durch Lohnarbeit wie gesagt nicht gelingen kann, werden zwangsläufig auch im Bereich ihrer privaten Beziehungen zu Opfern des Systems. Wenn sie nicht als Parasiten andern zur Last liegen, müssen sie zusätzliche Arbeitsverhältnisse eingehen oder sich außerhalb der Legalität weitere Mittel beschaffen. Es ist offensichtlich, daß all dies dazu führt, daß ihre soziale Akzeptanz und Attraktivität so erheblich schwindet, daß eine stabile Einbindung in primäre Gruppen nicht mehr gelingt. Sie werden zwangsläufig auf die isolierte Einzelexistenz abgedrängt; und genau diese können sie durch Lohnarbeit auf jenen Positionen nicht sichern, die ihnen im Beschäftigungssystem offenstehen.

Fragen und Anregungen zu politischen und pädagogischen Konsequenzen

Erziehungswissenschaftler befinden sich angesichts solcher Befunde in einer prekären Situation. Über wirtschafts- und sozialpolitische Maßnahmen zur Änderung solcher Verhältnisse nachzudenken und entsprechende Vorschläge zu unterbreiten, fehlt ihnen – das sagen die Experten – die Kompetenz. Spricht man über pädagogische Konsequenzen, so setzt man sich alsbald dem Verdacht aus, wieder einmal dem Drang der Pädagogen zu notorischer Selbstüberschätzung zu erliegen, der sie glauben macht, sie müßten politische Probleme zu pädagogischen machen um Lösungsvorschläge anbieten zu können. Wir beschränken uns daher bezüglich der Politik auf vier Fragen, bezüglich der Pädagogik auf einige Anregungen.

Fragen zu politischen Konsequenzen

Gesamtwirtschaftlich gesehen ist es mit den Grundsätzen einer sozialen Marktwirtschaft unverträglich, daß es eine nicht unbedeutende Anzahl von Beschäftigungspositionen gibt, auf denen abhängig Beschäftigte durch regelmäßige Erwerbsarbeit ihren Lebensunterhalt nachweislich nicht verdienen können. Daher die folgenden Fragen:

1. Überschreiten die aus diesen Verhältnissen resultierenden Sozialkosten einschließlich der Mindereinnahmen, die durch die erzwungenermaßen in der Schattenwirtschaft bestehenden Beschäftigungsverhältnisse nicht deutlich den Betrag, der erforderlich wäre, um diesen Erwerbstätigen ein menschenwürdiges Einkommen zu sichern?

2. Welche steuerpolitischen Maßnahmen wären geeignet, um jedermann, der regelmäßiger Erwerbsarbeit nachgeht, ein Mindesteinkommen zu sichern, das seiner Lebensform (als Alleinstehende(r), Alleinerziehende(r), als Mitglied einer spezifischen Familienkonstellation oder eines suprafamilialen Verbandes) und seiner Altersgruppe entspricht? Eine solche Subventionierung der Arbeitsleistung (bei Berücksichtigung *aller* Einkommensformen des jeweiligen „Haushalts", nicht nur der Lohneinkommen) liefe auf eine Anhebung der Sozialhilfe und deren Verzahnung mit sonstigen Einkommensformen hinaus. Wollte man zum Beispiel jedem *alleinstehenden,* abhängig Beschäftigten in einem Vollerwerbsverhältnis ein Mindesteinkommen von netto 1700,– DM garantieren und geht man bei derzeit etwa 23,8 Millionen abhängig Beschäftigten davon aus, daß davon etwa 10 Prozent mit monatlich durchschnittlich 300,– DM zu subventionieren wären, so käme es zu einer jährlichen Mehrbelastung der öffentlichen Haushalte von knapp 8,5 Milliarden DM. Diese Summe entspricht rund 3 Prozent des Bundesetats. Der Nettoeffekt könnte wesentlich darunter liegen, sofern unterstellt werden kann, daß damit erzwungene Schwarzarbeit deutlich zurückginge.

3. Welche Effekte hätten Umschichtungen im Tarifgefüge bei gleicher Lohnsumme? Welche wirtschaftspolitischen Maßnahmen wären zusätzlich erforderlich? Sind es solche zur Erhöhung der Gesamtnachfrage; muß das Lohn- und Gehaltsniveau insgesamt angehoben werden; welche Maßnahmen zur Umverteilung des Volksvermögens zugunsten einkommensschwacher Lohngruppen zeitigen die gewünschten Auswirkungen?

4. Mit welchem sozial-, finanz-, wohnungsbau- und rechtspolitischem Instrumentarium läßt sich erreichen, daß junge Erwachsene sich leichter als bisher zu familienähnlichen, familienübergreifenden Wirtschaftsverbänden auf Zeit zusammenschließen können, die ihnen mittelfristig eine befriedigende Lebensführung möglich machen? Bis jetzt genießen solche, auf die freie Entscheidung ihrer Mitglieder gegründeten Arbeits-, Wohn- und Lebensgemeinschaften keinen besonderen rechtlichen Schutz wie Ehe und Familie. Sie sind als deren mögliche Alternativen und Ergänzung steuer-, versicherungs- und erbrechtlich nicht befriedigend darstellbar, das heißt sie werden offiziell als eine zufällige Ansammlung rechtlich voneinander unabhängiger Wirtschaftseinheiten behandelt.

Bildungspolitische und schulpädagogische Anregungen

Im Bereich der Bildungspolitik und der Schulpädagogik haben diese Befunde erhebliche Konsequenzen, insbesondere
– im Bereich einer Öffentlichkeitsarbeit im Interesse benachteiligter Jugendlicher;
– im Bereich der Beratung benachteiligter Jugendlicher bezüglich ihrer Chancen im derzeitigen Beschäftigungssystem;
– im Bereich der institutionellen Gestaltung und der curricularen Auslegung des Erziehungs- und Bildungsauftrages: Gefordert wird ein pluralistisches Bildungssystem mit Bildungseinrichtungen und -angeboten gerade für Menschen in erschwerten Lebenslagen und für solche, die erwartungsgemäß, weil systembedingt, auch künftig in erschwerten Lebenslagen zurechtkommen müssen.

Öffentlichkeitsarbeit

Im Interesse benachteiligter Jugendlicher müssen Erziehungswissenschaftler zusammen mit Schul- und Sozialpädagogen aus der Praxis das öffentliche Bewußtsein für diese Mißstände schärfen. Es hat keinen Sinn mehr, daß Haupt- und Sonderschulen für Erziehungshilfe und für Lernbehinderte die Erziehung zu Selbständigkeit und Selbstverantwortung auf ihre Fahnen schreiben, wenn die Gesellschaft mit ihrem Ausbildungs- und Beschäftigungssystem diesen Schülern dafür nur noch in Ausnahmefällen eine Chance einräumt. Abgesehen davon, daß viele dieser benachteiligten Jugendlichen keinen Zugang zum Beschäftigungssystem finden, muß nach diesen Befunden jetzt auch davon ausgegangen werden, daß die Mehrzahl der schwachen Hauptschüler und der Schüler aus den genannten Sonderschulen später durch geregelte Erwerbstätigkeit ihren Lebensunterhalt in einer befriedigenden Weise selbst *nicht* sichern können. Dies ist nicht hinreichend bekannt, nicht einmal den Lehrern und den Erziehungswissenschaftlern, und auch nicht den Schülern und ihren Eltern.

Eine entsprechende Bewußtseinsbildung zu betreiben, wäre eine vordringliche Aufgabe der GEW und der sonderpädagogischen Lehrerverbände. Zunächst geht es darum, den Informationsstand von Lehrerinnen und Lehrern zu aktualisieren, sodann um Initiativen, die sich an andere Gewerkschaften, an die öffentlichen Medien und an die Kirchen richten; dies mit einem dreifachen Ziel: Erstens muß allgemein bekannt werden, daß und wie das ungenügende Lohneinkommen in den unteren Berufspositionen das soziale Elend auf Dauer stellt und daß dies im Blick auf Kinder und Jugendliche skandalöse Konsequenzen hat. Zweitens muß auf eine Anpassung der Rechtsnormen, insbesondere des Arbeits-, des Steuer- und des Versicherungsrechts an die gewandelten, gesellschaftlichen Verhältnisse gedrängt werden. Drittens bedarf es dringend der Gründung, Förderung und Absicherung suprafamilialer Lebens- und Arbeitskollektive, die bereit und fähig sind, benachteiligte Jugendliche und junge Erwachsene zu integrieren und mit ihnen gemeinsam Lebensvollzüge mit einer offenen Zukunftsperspektive zu gestalten.

Beratung

Benachteiligte Jugendliche (und deren Eltern) brauchen eine Beratung bezüglich der Vorbereitung auf das Beschäftigungssystem, die sie ungeschminkt über ihre tatsächlichen Chancen in Kenntnis setzt.

Neigung und Interesse können nicht länger die vorrangigen Kriterien sein, unter denen man bei eingeschränkten Eignungsvoraussetzungen nach Maßnahmen der Vorbereitung und der Ausbildung für künftige Beschäftigungsverhältnisse sucht. 14- bis 15jährige benachteiligte Schüler dürfen nicht länger den Eindruck gewinnen, bei Vorbereitung und Ausbildung für das Beschäftigungssystem sei die Frage der späteren Entlohnung nebensächlich; viel wichtiger seien die Freude, die Erfüllung, die der richtig gewählte Beruf deshalb vermittle, weil er im Einklang mit Interessen, Neigung und Eignung stehe. Es ist eine gefährliche, vom bürgerlichen Idealismus ererbte Vorstellung, der Beruf sei das Medium der Selbstverwirklichung. Die von Ökonomie und Technik bestimmten Produktionsverhältnisse lassen zumindest den Benachteiligten, wie wir zeigen konnten, dafür keine Chance.

Benachteiligte Jugendliche haben als Schüler der Oberstufe ein Recht darauf zu wissen, wieviel Geld man im Monat zum Leben braucht und wie wenig man davon in welchen Berufen verdienen kann. Die Berufsberatung der Arbeitsverwaltung sollte daher deutlicher als bisher auf die wirtschaftlichen Bedingungen und Konsequenzen von Berufswahlentscheidungen abstellen und ihre Informationen über Berufsbilder transparenter gestalten. Nur dann können die Schüler realistische Interessen und Neigungen ausbilden bezogen auf die Berufsfelder und Berufe, die später ein unabhängiges Auskommen als einigermaßen sicher erscheinen lassen. Für Mädchen und junge Frauen sind diese allererst zu entwickeln.

Alle anderen Formen der Orientierung in Berufen, der Einführung in die Arbeitswelt, der Hinführung zur sogenannten Berufswahlreife, der Berufsvorbereitung usw. müssen sich den Vorwurf gefallen lassen, zweifelhaften Ideologien aus welchen Gründen auch immer verpflichtet zu sein. Sie desorientieren die benachteiligten Jugendlichen und schädigen sie mehr als sie ihnen nützen. Wer heute einer Schülerin zur Friseuse, Backwarenverkäuferin oder Floristin, einem Schüler zum Beikoch, Tankwart oder Fleischer rät, muß wissen, was er tut.

Unterricht auf der Oberstufe

In den letzten Jahren ihrer Schulzeit haben benachteiligte Jugendliche vor allem ein Recht auf einen Unterricht, der zwei Funktionen erfüllt: Er muß auf einen „widerspruchsvollen Gesamtlebenslauf im Umbruch" (Beck 1986, S. 189), auf eine „Bastelbiographie" (ebd., S. 217) vorbereiten und mit neuen Konzepten der Berufsvorbereitung und Berufsbildung diesen Jugendlichen gesicherte Zugänge zu aussichtsreichen Positionen im Beschäftigungssystem eröffnen.

a) Implikationen einer Vorbereitung auf eine „Bastelbiographie"
Um Resignation und drohende Verzweiflung abzuwenden, haben benachteiligte Jugendliche vor allem ein Recht auf Schulen, die sie in redlicher Weise auf die Möglichkeiten, die Risiken und die Gefahren eines Lebens auf ungesicherter, oft

unzureichender ökonomischer Basis, das heißt auf ein Leben in langandauernder Abhängigkeit (Herkunftsfamilie, Lebensgefährten, Gläubiger, Fürsorgeeinrichtungen, Sozialhilfe) und unter verschärfter sozialer Kontrolle vorbereiten. Dazu sind viele beratende und ermutigende Gespräche mit jedem einzelnen Schüler neben dem Unterricht erforderlich, auch unterstützende Fürsprache und Hilfen in außerschulischen Belangen.

Aber auch im Unterricht selbst muß benachteiligten Jugendlichen deutlich gemacht werden, daß und wie die Lebenslaufbilder vom Zusammenleben als Familie, vom lebenslang, ganztags ausgeübten Beruf, von der richtigen Frau und vom richtigen Mann immer mehr an Wirklichkeitsgehalt und an zukunftsleitender Kraft einbüßen (vgl. Beck 1986, S. 158) und was an deren Stelle treten kann. Deshalb kann die Frage der beruflichen Bildung und der „Eingliederung" in die Arbeitswelt für benachteiligte Jugendliche nicht länger die zentrale Bedeutung haben wie bisher. Es geht nicht an, daß dieses Problem weiterhin konkurrenzlos im Zentrum der schulischen und unterrichtlichen Bemühungen des 7. bis 9. Schuljahres in Haupt- und Sonderschulen steht.

Unabdingbare Voraussetzung allerdings für eine unterrichtliche Erörterung sozialer Tatsachen, Trends und Möglichkeiten ist die regionspezifische Erforschung nachschulischer Karrieren benachteiligter Jugendlicher und junger Erwachsener bis in deren 30. Lebensjahr. Hier eröffnet sich ein weites Feld der beschreibenden Sozialforschung gerade für Lehrer und Sozialarbeiter, die oft weit über die Schulzeit hinaus Kontakte zu Ehemaligen haben. Wichtig wäre allerdings auch, die Spur derer aufzunehmen, die aus den verschiedensten Gründen die Kontakte abgebrochen haben oder aus dem Aufmerksamkeitsfeld professioneller Erzieher entschwunden sind. Eine genügende Anzahl solcher Fallstudien zu Lebensschicksalen kann dann die Basis für Unterrichtsmaterialien liefern (Erzählungen, Videobänder, Fotos, Originaldokumente), in denen hinreichend plastisch die vielfältigen Formen realisierter Zwischenstufen aufscheinen, die als tatsächliche Lebensformen zwischen Single-Existenz einerseits, Ehe und Kleinfamilie andererseits empirisch nachweisbar sind. Verdichtet und weiterentwickelt zu zeitgemäßen Unterrichtsmedien erzeugt solches Material innere Bilder möglicher Zukunft, einschließlich ihrer Chancen, Grenzen, Risiken und Gefahren. Für unsere Schüler sind sie gewiß wichtiger als die gängigen Klischees, die bei Lichte besehen nichts weiter sind als der hilflose Versuch, mit Antworten aus der Vergangenheit den Herausforderungen der Zukunft begegnen zu wollen. Erste, anregende Vorformen solcher Fallstudien und Unterrichtsmedien liegen bereits vor (vgl. Royen 1988, Stopper 1990).

Die Forderung nach einem solchermaßen realitätsnahen, absehbare gesellschaftliche Entwicklungen nicht verdrängenden Schulkonzept für benachteiligte Jugendliche hat weitreichende Implikationen, die abschließend und sehr verkürzt in einigen Punkten angedeutet werden sollen:

1. Einen widerspruchsvollen Gesamtlebenslauf im Umbruch als eine produktive Herausforderung zu begreifen, sich darauf mutig und gelassen einzustellen, statt ihn als Minus- und Mankovariante einer ersehnten, ideal vorgestellten Standardbiographie abzuwerten und mit allen Kräften abzuwenden zu versuchen, dies gelingt nur durch eine entsprechende Erziehung, auch durch eine Schulpädagogik, die konzeptionell auf der Höhe der Zeit ist.

Wenn die Konflikt- und Entwicklungsdynamik des Modernisierungsprozesses „auch das innergesellschaftliche Koordinatensystem der Industriegesellschaft brüchig werden" läßt (Beck 1986, S. 115), wenn die Menschen unaufhaltsam und irreversibel herausgedreht werden aus den „Achsen, zwischen denen (ihr) Leben gespannt ist: Familie und Beruf" (ebd.), dann sind Erziehungskonzepte daran zu messen, ob und wie sie den Nachwuchs darauf vorbereiten.

Für Kinder und Jugendliche, die aus welchen Gründen auch immer einer gelehrten, auf Literalität und komplexe Symbolsysteme zur Repräsentation ihrer Rationalität, Praxis und Ethik angewiesenen Kultur weder standhalten, noch von ihr nachweislich profitieren oder sie gar fortführen können, stellt sich das Problem ihrer Erziehung und Bildung als das der Rückgewinnung und Rehabilitierung von nicht-gelehrten, nicht-literalen Kulturformen. Sie brauchen Kultur als Lebenspraxis. Ob ihnen dafür Schulen, wie wir sie gegenwärtig kennen, nützlich sind, erscheint uns mehr als fraglich.

Was sie vor jeder Beschulung brauchen, sind Formen einer sozialen Einbindung in quasifamiliale Primärgruppen, in denen Angehörige mehrerer Generationen ihr Leben ökonomisch und sozial selbständig auf Dauer organisieren. Wenn zunehmend deutlicher wird, daß Zweierbeziehungen und Kleinfamilien bestenfalls nur noch auf Zeit eine ausgeglichene Bilanz zwischen Investitionen und Rendite garantieren, dann gewinnen zwangsläufig suprafamiliale Lebens- und Produktionsgruppen erhöhtes Interesse. Wohngemeinschaften und selbstverwaltete Betriebe erscheinen im Verhältnis zu dem, was erforderlich wird, bestenfalls als Ansätze und Vorformen. Auch die historischen Vorläufer der selbstorganisierten Scholaren, der Orden und Kommunitäten oder auch der Kibbutz sind nicht mehr als ein Hinweis darauf, daß Gegenentwürfe zu den Lebensformen der bürgerlichen Kultur nicht nur theoretisch vorstellbar sondern auch praktisch möglich sind. Offensichtlich ist jedoch, daß uns hierzulande für eine Entwicklung zeitgemäßer Analogien nicht nur die Phantasie, die psychischen Dispositionen sondern auch die rechtlichen, finanziellen und wohnungsarchitektonischen Voraussetzungen weitgehend fehlen. Daß Außenwohngruppen zum Beispiel zerfallen müssen, sobald deren Mitglieder aus den Förder- und Finanzrahmen der Jugendhilfe herausgewachsen sind, ist dafür nur ein – allerdings deutlicher – Beleg.

Wenn aber ernsthaft von *Eingliederung* Benachteiligter die Rede sein soll, dann stünde der Pädagogik wohl an, die Frage nachdrücklich zu stellen, ob die bürgerlichen Lebensformen der Ehe, der Kleinfamilie und des Berufs und die mit ihnen verbundenen Vorstellungen von Glück überhaupt die Anstrengungen lohnen oder ob wir es bei alledem nicht mit immer bedeutungsloser werdenden Trugbildern zu tun haben, auf die wir benachteiligte Kinder und Jugendliche besser nicht so fraglos selbstverständlich verpflichten sollten. Verdrängen wir weiterhin diese Fragen, dann wird die Diskussion um Integration zum ideologischen Geschwätz.

2. Schul- und unterrichtspraktisch gewendet bedeutet dies, daß wir uns mit größerer Aufmerksamkeit als bisher dem zuwenden müssen, was sich außerhalb der bürgerlichen Lebensformen und Vorstellungen an Alternativen entwickelt, – daß wir derlei nicht nur zum Thema ernsthafter, unterrichtlicher Diskurse

machen, sondern auch unseren Schülern Gelegenheiten verschaffen sollten, derlei mitzuerleben und zu erproben. Ob die schulüblichen Formen der Projekte und Praktika dafür taugen, wagen wir nicht vorherzusagen. Die bekannten Erfahrungen mit den Betriebspraktika lassen ja durchaus auch den Schluß zu, daß solche Formen des Probierens die Sache, um die es geht, entwerten. Anders gesagt: Was sich in solchen Formen schulischen Zugriffs eröffnet, ist alles Mögliche nur eben kein zureichender Begriff vom Beschäftigungssystem und von Beschäftigungspositionen via Erfahrung.

Auf jeden Fall muß sich Schule zu einer Einrichtung weiterentwickeln, die ihren Schülern in Fragen des Übergangs in Beruf- und Arbeitswelt und Fragen der Bewältigung eines Lebens „am Rande der Normalität" Kontaktmöglichkeiten zu kompetenten und ausdauernden Ansprechpartnern vermittelt:

Organisatorisch ist dies zum Beispiel durch den Aufbau von „Beratungsstellen für Nachgehende Betreuung" möglich, in denen sonderpädagogisch vorgebildete Vertrauenspersonen den benachteiligten Jugendlichen zur Seite stehen, um mit ihnen gemeinsam die vielfältigen und sehr komplexen Herausforderungen nach der Schulentlassung zu bewältigen.

Aufgabenfelder einer solchen „Beratungsstelle für Nachgehende Betreuung" sind:
– Beratung, Betreuung und Stabilisierung der Jugendlichen und jungen Erwachsenen in Krisensituationen wie Arbeitslosigkeit, Abbruch von Ausbildungsverhältnissen, Gerichtsverfahren, Veränderungen in der Lebens- und Wohnsituation usw.
– Vermittlung der Jugendlichen und jungen Erwachsenen an professionelle Berater (Juristen, Notare, Ärzte, Mitarbeiter von Beratungseinrichtungen, Mitarbeiter von Behörden: Sozialamt, Arbeitsamt, Wohnungsamt, Ausländeramt, Schuldnerberatungsstelle usw.) und Aufarbeitung der Beratungsgespräche mit den Betroffenen.
– Hilfestellung bei Behördengängen.
– Herstellen von Kontakten zu Betrieben und Arbeitgebern, Beratung und Betreuung der Jugendlichen und jungen Erwachsenen in Konfliktfällen mit Betrieb und Berufsschule, Vermittlung von Nachhilfe-Lehrern oder in ABH-Maßnahmen.
– Durchführung von sonderpädagogischen Förder- und Stützmaßnahmen von benachteiligten Jugendlichen der einjährigen Berufsfachschule.
– Vermittlung der Jugendlichen und jungen Erwachsenen in Gruppen, Initiativen und Vereine.
– Einrichtung eines Schreibdienstes: Hilfestellung beim Abfassen von Verträgen, Geschäftsbriefen, Bewerbungsschreiben, Lebensläufen und beim Ausfüllen von Formularen und Anträgen.

Erste Erfahrungswerte aus der Arbeit einer neu eingerichteten „Beratungsstelle für Nachgehende Betreuung" im Schulamtsbezirk Heilbronn belegen die Notwendigkeit aber auch das Interesse der benachteiligten Jugendlichen und jungen Erwachsenen an solchen sonderpädagogischen Beratungseinrichtungen.

Innerschulisch sind Kontaktmöglichkeiten der Schüler zu Personen und Gruppen zu stiften, die als engagierte Laien kompetent und willens sind, dem einzelnen Schüler außerhalb der Schule und über die Schulzeit hinaus als Fürsprecher, Sachwalter und Berater zur Verfügung zu stehen und sich als verläßlich zu erweisen.

3. Wenn außerdem klar ist, daß Lebensphasen sich immer seltener als Vor- und Zwischenstufen auf dem Weg zu glückhaften Zuständen von längerer Dauer interpretieren lassen, muß Jugendlichen schon als Schülern deutlich werden, daß die Befriedigung, die eine Lebenslage in sich selbst bietet, wichtiger ist als deren Bedeutung für künftige Zeiten. Unter dieser vorwiegend präsentischen Orientierung angesichts real schwindender Möglichkeiten einer verläßlichen Zukunftsplanung werden selbst Ausbildungsverhältnisse für Jugendliche diskutabel, deren Wert für eine mittelfristige Karriere mehr als fraglich erscheint. Doch *genau dies* muß redlicherweise mit den Betroffenen *so* verhandelt werden.

Grundsätzlich gewendet, bedeutet dies, für Lehrer und Schüler, konsequent zu lernen, in ungeklärten, unbereinigten Situationen auszuhalten und Ungewißheit nicht durch fiktive Zukunftsphantasien zu verdrängen, die zu nichts weiter führen, als daß die jeweilige Gegenwart zum Vor- und Wartezimmer von Zukunftsträumen verkommt. Statt dessen ist es angebracht, auf die Chancen und Möglichkeiten präziser zu achten, die sich jetzt und in der unmittelbaren, hinreichend überschaubaren Zukunft anbieten und eröffnen.

4. Da für benachteiligte Jugendliche davon auszugehen ist, daß nicht nur die Phase der Ausbildung sondern auch die „risikoreiche Grauzone labiler Unterbeschäftigung ... zwischen Ausbildung und Beschäftigung" (Beck 1986, S. 239) ohne nennenswertes eigenes Einkommen und weitgehend ohne Zugangsberechtigung zu ausreichenden Fürsorge- und Versorgungsleistungen öffentlicher Einrichtungen am Rande der Gesellschaft durchgestanden werden muß, wird es zu einer der dringlichsten Aufgaben der Schule, hierfür vielfältige Kompetenzen auszubilden.

Do-it-yourself-Qualifikationen alltagspraktischer Lebensbewältigung in den Bereichen Ernährung, Haushaltsführung, Pflege, Renovierung und Reparatur der Wohnung, der benötigten Geräte und Fortbewegungsmittel sind ebenso gefragt, wie möglichst hohe Qualifikationen in kostengünstigen und/oder finanziell einträglichen Hobbies, sowie ein breites, technisches Grundwissen und einige praktische Routine im Umgang mit Werkstoffen, Arbeitstechniken und Produktionsverfahren. Benachteiligte Jugendliche gewinnen in dem Maße an Autonomie und Identität, in dem sie sich zu qualifizierten Dilettanten in möglichst vielen Bereichen des Alltags entwickeln können. Ob und in welchem Umfang ihnen die Schule dazu verhelfen kann, ist völlig offen. Die architektonischen und curricularen Verkrustungen des Schulsystems und die mentale und psychische Beschränktheit der Lehrerschaft auf die Normen und Verhaltensmuster ihrer eigenen Schicht sind wohl die beiden größten Hindernisse.

b) Neukonzipierung der berufsvorbereitenden und berufsbildenden
Qualifikationsprogramme

Eine solchermaßen konzipierte Vorbereitung auf einen widerspruchsvollen Gesamtlebenslauf im Umbruch, verstanden als eine durch Schule begleitete und geförderte Eingliederung in Gruppen, die nicht-bürgerliche Formen der Lebensbewältigung praktizieren, zumindest jedoch dulden, schließt Bemühungen nicht aus, sondern ein, den betroffenen Jugendlichen einen qualifizierten Erstzugang zum Beschäftigungssystem zu sichern.

Schule hat nicht die Aufgabe, ihre Schüler auf bestimmte Formen künftiger Lebensführung festzuschreiben, weder auf die bürgerlichen – wie dies bisher ausschließlich geschieht, noch auf denkbare Alternativen – wie sie angedeutet wurden. Schule muß aber alles ihr Mögliche tun, damit ihre Absolventen möglichst viele offene Optionen haben. Deswegen plädieren wir einerseits für eine ernsthafte unterrichtliche Thematisierung der Alternativen ebenso nachdrücklich, wie wir andererseits dafür eintreten, daß wir curriculare Konzeptionen entwickeln, die unseren Schülern den Zugang zu Beschäftigungspositionen ermöglichen, auf denen sie soviel verdienen können, daß ihnen ein befriedigendes Leben in selbstgewählten Gruppen real, das heißt wirtschaftlich möglich wird.

Die hierfür erforderlichen Umorientierungen lassen sich in vier Punkten kurz skizzieren:

1. Wir müssen die Beschäftigungspositionen identifizieren, die ein selbständiges Auskommen ermöglichen. Wenn es solche für Frauen zur Zeit nicht gibt, haben wir dies mit Nachdruck öffentlich zu machen und die gesellschaftlichen und biographischen Folgen darzustellen.

   Unter dieser Perspektive stellt sich die Frage der schulischen Erziehung und des Unterrichts auf der Oberstufe der Haupt- und Sonderschule in neuer Radikalität. Parallel dazu müssen wir in Zusammenarbeit mit der Arbeitsverwaltung, den Industrie- und Handwerkskammern und den Betrieben vor Ort diejenigen Beschäftigungspositionen im gewerblich-technischen Bereich identifizieren, in denen junge Frauen in traditionell angestammten Männerberufen lohnende Verdienstmöglichkeiten vorfinden.

   Berufsberater und andere an der „Berufsfindung" beteiligten Personen sollten die Betroffenen in redlicher Art und Weise über die Chancen und Möglichkeiten, aber auch über die eventuell auftretenden Schwierigkeiten in solchen „Männerberufen" informieren und die jungen Frauen für solche Positionen interessieren.

2. Auf die lohnenden Beschäftigungspositionen haben wir unsere Schüler neugierig zu machen und sie entsprechen zu qualifizieren.

3. Praktisch bedeutet dies, daß wir uns auf engere berufliche Zielperspektiven konzentrieren sollten, um die von unnötigem Ballast und von Allotria befreite Unterrichtszeit für eine gründliche Vorbereitung auf die entsprechenden Berufsfelder zu verwenden.

4. Wir sollten uns darum bemühen, organisatorische Verzahnungen, spätestens ab dem 9. Schuljahr zwischen allgemeinbildendem Unterricht, betrieblicher Ausbildung und Berufsschulunterricht zu installieren. Dies mit dem Ziel, die schulischen Maßnahmen der Berufsorientierung, -hinführung, -beratung und -vorbereitung zu straffen und vor allem von bedenklicher Pädagogisierung und

Infantilisierung (insbesondere vom Züchten unrealistischer Erwartungen und Hoffungen) zu befreien. Umgekehrt sollten wir uns im Blick auf das bislang weitgehend unpädagogische Ausbildungssystem, vor allem im Blick auf den Unterricht und die Anforderungen der Berufsschule dafür einsetzen, daß Benachteiligte während ihrer Lehrzeit in aussichtsreichen Berufsfeldern durch in den Ausbildungsplan systematisch integrierte sonder- und sozialpädagogisch ausgelegte Stütz- und Erweiterungsprogramme so gefördert werden, daß sie die Facharbeiter- beziehungsweise die Gesellenprüfungen mit Erfolg ablegen können. Konkret bedeutet dies, daß wir anregen möchten, spätestens ab der Klasse 9 in den Schulen für Benachteiligte mit einer vorberuflichen Ausbildung in aussichtsreichen Berufsfeldern oder Berufen zu beginnen, diesen Unterricht in die Werkstätten der Berufsschulen zu verlegen und dort in Kooperation zwischen Berufsschullehrern und Sonderpädagogen eine effiziente, leistungsorientierte Berufsgrundbildung zu verwirklichen, die zeitlich und inhaltlich auf ein späteres Ausbildungsverhältnis angerechnet wird. – Für die Ausbildung der Sonderschullehrer hätte dies zur Konsequenz, daß im Studium eine Schwerpunktbildung möglich werden sollte, die im Blick auf den Unterricht in der Oberstufe schulpraktische Erfahrungen in Berufsschulen und in der Kooperation mit Berufsschullehrern, nicht zuletzt Praktika in einschlägigen Betrieben einschließt.

Anhang

Berechnung der erzielbaren Monatsnettolöhne auf unteren Beschäftigungspositionen in acht Branchen (überwiegend Zeitlohn, ohne Weihnachts- und Urlaubsgeld) *Baden-Württemberg, Region: Nördlicher Mittlerer-Neckar-Raum, Oktober 1990*

Legende zur Spalte Bemerkungen:

üt (10%) = übertarifliche Bezahlung im Durchschnitt (ø plus 10 %)
t   = in der Regel tarifliche Bezahlung
Auskünfte durch:

B   = einschlägige Betriebe (Personalchefs / Inhaber)
FV   = Fachverband
G   = Gewerkschaft
I   = Landesinnung, Innungsobermeister
K   = Kreishandwerkerschaft
RP   = Regierungspräsidium, Landwirtschaftsamt

*   = in vorstehender Untersuchung zum Vergleich herangezogene Position

Bau-Steine-Erden

	Berufsbezeichnung mit Erläuterungen	Arb.-zeit	Std.-lohn	Monats-brutto	Monats-netto (–33%)	Bemerkungen
1	**Bauwerker**	169	16,20	2737,80	1834,33	üt(5%)-B/K:1926,04 *
2	**Baufachwerker** (18 J+12 Monate Bauwerker)	169	16,79	2837,51	1901,13	üt(5%)-B/K:1996,19 *
3	**Baufacharbeiter**	169	17,47	2952,43	1978,13	üt(5%)-B/K:2077,04 *
4	**Gehobene Baufacharbeiter** (im 1. Gesellenjahr)	169	17,98	3038,62	2035,88	
	ff.		19,78	3342,48	2239,46	üt(10%)-B/K *
5	**Spezialbaufacharbeiter** (ab 2. Jahr der Gesellentätigkeit) gelernter Bauschlosser, Betonbauer, Betriebshandwerker, Estrichleger, Gerüstbauer, Isolierer, Kanalbauer, Straßenbauer, Zimmerer, etc.	169	19,56	3305,64	2214,78	üt(10%)-B/K:2436,26 *
6	**Maschinenpersonal** und Kraftfahrer Kl.II mit 3 jähriger Berufspraxis	169	16,91 17,27	2857,79 2918,63	1914,72 1955,48	üt(5%)-B/K:2053,26 *
7	**Fliesenleger/Stukkateur** (Gipser) gelernt Akkord (+ 25%)	169	20,21 25,26	3415,49 4268,94	2288,38 2860,19	t(B) *
8	**Dachdecker** Helfer bis 17 J. 18 J. 19 J. ab 20 J., 1-4 Mon. BetrZG 20 J., 5 Mon. BetrZG 20 J., 3 Jahre BetrZG Geselle Qualifiz. Geselle (ab 5 J. BetrZG)	169	10,77 12,30 13,84 14,40 15,38 16,20 17,81 19,08	1820,13 2078,70 2338,96 2433,60 2599,22 2737,80 3009,89 3224,54	1219,4 1392,73 1567,10 1630,51 1741,48 1834,33 2016,63 2160,43	üt(20%)-B: 2089,77 üt(20%)-B: 2201,19 * üt(15%)-B: 2319,12 *
9	**Maler** Malerfachwerker = Hilfsarbeiter ohne abgeschlossene Berufsausbildung bis 18 J. bis 19 J. bis 20 J. über 20 J. Maler-Geselle l. Jahr 2. Jahr Baden-Württemberg: „Altgeselle" bei über 4 J. BetrZG	173	10,62 12,39 14,16 15,93 15,93 17,70 18,59	1837,26 2143,47 2449,68 2755,89 2755,89 3062,10 3216,07	1230,96 1436,13 1641,29 1846,45 1846,45 2051,61 2154,77	üt(8%)-I: 1994,16 * üt(8%)-I: 2327,15 *
10	**Autolackierer** (Malerbetrieb) **Auskunft B:** Geselle im l. Jahr im 2. Jahr	173	19,47 16,50 19,00	3368,31 2854,50 3237,00	2256,77 1912,52 2202,29	*
11	**Gebäudereiniger** Innen-/Unterhaltsreinigung Bauschlußreinigung Glasreinigerhelfer	173	11,52 14,31 14,40	1992,96 2475,63 2491,20	1335,28 1658,67 1669,10	G * * *

Handel-Banken-Versicherung

	Berufsbezeichnung mit Erläuterungen	Arb.-zeit	Std.-lohn	Monats-brutto	Monats-netto (−33%)	Bemerkungen
1	**Packer, Lager- und Versandarbeiter**	167				G
	ungelernt			1851,00	1240,17	
	gelernt			2126,00	1424,42	
2	**Spülhilfe**	167		1851,00	1240,17	G *
3	**Küchenhilfe**	167		1945,00	1303,15	G *
4	**Verkäufer/Verkäuferin**	167				
	ungelernt 2. Jahr			1656,00	1109,52	
	3. Jahr			1737,00	1163,79	
	4. Jahr			1846,00	1236,82	
	gelernt, 2jährige Ausbildung			1730,00	1159,10	
	nach 7 Berufsjahren			2466,00	1652,22	ca. 1440,- (B) *
	gelernt, 3jährige Ausbildung			1791,00	1199,97	
	nach 4 Berufsjahren			2466,00	1652,22	
5	**Berufskraftfahrer**	167				
	Kl. III bis 4 J. Fahrpraxis			2466,00	1652,22	G
	Kl. III mehr als 4 J. Fahrpraxis			2626,00	1759,42	G *
	Kl. II			2852,00	1910,84	G *
zu 1	**Auskünfte B (Handelskette):** einfache, ungelernte Arbeiter:					
	Lagerarbeiter, Auffüller, Auszeichner			2269,00	1520,23	.
	nach 3 Mon. BetrZG			2424,00	1624,08	t(B) *
	Kommissionierer gelernter Handelsfachpacker			2769,00	1855,23	t(B) *
zu 4	**ungelernte Verkäuferin** ab 22 Jahre			1971,00	1320,57	t(B) *
	gelernte Verkauferin					
	im 1. Jahr			1971,00	1320,57	bei Kassiererinnen
	im 7. Jahr			2466,00	1652,22	Kassenzulage von mtl./netto-plus: DM 26,80

Holz und Kunststoff

	Berufsbezeichnung mit Erläuterungen	Arb.-zeit	Std.-lohn	Monats-brutto	Monats-netto (−33%)	Bemerkungen
1	**Holz-/Kunststoffmechaniker Betriebsschlosser/Betriebselektriker**	160,5				t(K/FV):
	über 18 J.,ungelernt, LGr. I		14,32	2298,36	1539,90	
	angelernt LGr II		14,83	2380,22	1594, 74	*
	LGr. III		15,33	2460,47	1648,51	*
	LGr. IV		16,18	2596,89	1739,92	
	gelernt LGr. V		16,85	2704,43	1811,96	* frisch Ausgelernten wird LGr IV wieder-holt angeboten(G/FV)
	gelernt/nach 2 J./AD LGr. VI		19,38	3110,49	2084,03	
2	**Schreiner (Tischler)/Glaser Handwerk**	167				t(K/I)
	Hilfsarbeiter ungelernt, leichtere Arbeiten, meist Frauen, LGr. I		13,29	2219,43	1487,02	*

ungelernt, ohne Einarbeitungszeit LGr. II	13,75	2296,25	1538,49	
angelernt, LGr. III	14,22	2374,74	1591,08	*
mit Berufserfahrung LGr. IV	15,00	2505,00	1678,35	*
Geselle 1. Jahr	13,75	2296,25	1538,49	
2. Jahr	14,69	2453,23	1643,66	
3. Jahr ff.	15,63	2610,21	1748,84	üt(10%)-I: 1923,73 *
selbstständig/Außendienst/LGr. VI	17,97	3000,99	2010,66	üt(15%)-I: 2312,26

Landwirtschaft-Gartenbau–Forsten

	Berufsbezeichnung mit Erläuterungen	Arb.-zeit	Std.-lohn	Monats-brutto	Monats-netto (−33%)	Bemerkungen
1	**Floristin**	173				t(+/- 5%)-G/FV
	Ungelernt LGr. I 1. Jahr			1330,00	891,10	
	2. Jahr			1362,00	912,54	
	3. Jahr			1410,00	944,70	
	4. Jahr			1463,00	980,21	
	…					ca. 1130,00*
	8. Jahr			1769,00	1185,23	
	angelernt LGr. II 1. Jahr			1581,00	1059,27	
	2. Jahr			1613,00	1080,71	
	3. Jahr			1688,00	1130,96	
	4 .Jahr			1762,00	1180,54	
	…					ca. 1380,00*
	8. Jahr			2164,00	1449,88	
	gelernt 1. Jahr			1736,00	1163,12	
	2. Jahr			1769,00	1185,23	
	3. Jahr			1848,00	1238,16	*
	4. Jahr			1928,00	1291,76	
	8. Jahr			2361,00	1581,87	
2	**Erwerbsgartenbau/Zierpflanzen/ Baumschulen**	171				t (FV)
	ungelernt, Leichtlohngruppe, „Kultur- frauen"					
	unter 21 J.		9,47	1619,37	1084,88	
	bis 3 Jahre BetrZG, unter 21 J.		9,94	1699,74	1138,83	
	über 21 J.		10,23	1749,33	1172,05	*
	nach 3-J. BetrZG, über 21 J.		10,74	1836,54	1230,48	
	ungelernt					
	unter 21 J.		11,20	1915,20	1283,18	
	bis 3 J. BetrZG, unter 21 J.		11,76	2010,96	1347,34	
	über 21 J.		12,15	2077,65	1392,03	üt(10%)-FV: 1531,23 *
	nach 3 J. BetrZG, über 21 J.		12,76	2181,96	1461,91	üt(10%)-FV: 1608,10
	gelernt bis 21 Jahre		12,83	2193,93	1469,93	
	nach 3 J. BetrZG		13,47	2303,37	1543,26	üt(10%)-FV: 1697,58 *
	gelernt/Stammarbeiter über 21 J.		13,80	2359,80	1581,06	
	nach 3 J BetrZG		14,60	2496,60	1672,72	üt(10%)-FV: 1839,99 *
3	**Landschaftsgartenbau**	169				
	ungelernt, einfache Arbeiten, 1/2. J.		12,96	2190,24	1467,68	üt(8%)-K: 1584,86
	nach 2 Jahren		14,26	2409,94	1614,66	üt(8%)-K: 1740,16.*
	Gartenarbeiter ungelernt		14,90	2518,10	1687,13	üt(8%)-K: 1822,10 *
	angelernt		15,39	2600,91	1742,61	üt(8%)-K: 1882,02 *
	Gärtner gelernt, aus anderer Fach- richtung, 1./2. J.		15,39	2600,91	1742,61	

	nach 2 Jahren		16,20	2737,80	1834,33	
	Gärtner gelernt		16,20	2737,80	1834,33	üt(10%)-K: 2017,76 *
4	**Landwirtschaftlicher Arbeiter**	173				
	über I8 J./unglernt LGr. I		8,52	1473,96	987,55	*
	LGr. II		9,39	1624,47	1088,39	* oft in Familien–
	LGr. III		10,47	1811,31	1213,58	* betrieben auch
	z.b. Schlepperfahrer LGr. IV		11,55	1998,15	1338,76	* untertariflich
	Qualifiz. Landarbeiter langjähr. LGr. V		12,12	2096,76	1404,83	(G/RP)
	Landwirt, gelernt LGr. VI		12,97	2243,81	1503,35	*
	selbst. arbeitend LGr. VII		14,28	2470,44	1655,19	
5	**Waldarbeit**	168				G
	„Kulturfrauen", Leichtlohngruppe					
	LGr. A		11,71	1967,28	1318,08	*
	über 20 J./schwere Arbeit/Zeitlohn		12,93	2172,24	1455,40	
	Ø Ba.-Wü. Stück-/Zeitlohn		17,50	2940,00	1969,80	*
	hoher Stücklohn		21,50	3612,00	2420,04	
	Forstwirt, gelernt		14,71	2471,28	1655,76	*

Metall

	Berufsbezeichnung mit Erläuterungen	Arb.-zeit	Std.-lohn	Monats-brutto	Monats-netto (–33%)	Bemerkungen
1	**Kfz-Mechaniker** **Handwerk**	163,13				
	angelernter Arbeiter LGr. II		13,67	2229,99	1494,09	t (B) *
	LGr. III		14,42	2352,34	1576,06	t (B) *
	Geselle 1. J. LGr. IV b		15,16	2473,05	1656,94	üt (5 %)-B: 1739,79
	2. J. LGr. IV a		15,92	2597,03	1740,01	üt(10%)-B: 1914,01 *
	Industrie: Auskunft Großbetrieb					t(B)
	angelernter Arbeiter LGr. II			2588,00	1733,96	
	LGr. III			2728,00	1827,76	
	Geselle LGr. IV			2867,00	1920,89	
	meist Akkord + Schicht:					
	angelernter Arbeiter LGr.II			3265,92	2187,55	
	LGr.III			3386,88	2269,21	
	Geselle LGr. IV			3516,80	2356,26	
2	**Metallfachwerker/Teilezurichter/** **Maschinenführer** **Handwerk** (summarische Arbeits-platzbewertung)	160,95				üt(8%)-B:
	LGr. IV		14,69	2364,36	1584,12	1710,85 *
	LGr. V		15,22	2449,66	1641,27	1772,57 *
	i. d. R. LGr. VI		15,89	2557,50	1713,52	1850,60 * überwiegende Eingruppierung
	Maschinenführer für konventionelle Fräsmaschinen					
	Eingangslohngruppe LGr. VII		16,75	2695,91	1806,26	1950,76
	LGr. VIII		17,90	2881,01	1930,27	2084,69 *
	CNC-Maschine LGr. IX		19,08	3070,93	2057,52	2222,12 *
	Industrie: Auskunft Großbetrieb nur Akkord: LGr. IV			3140,00	2103,80	

	LGr. V			3250,00	2177,50	
	LGr. VI			3377,00	2262,59	
	Zeitlohn: LGr. VII			3279,00	2196,93	
	LGr. VIII			3419,00	2290,73	
	LGr: IX			3568,00	2390,56	
3	**Lagerarbeiter**	160,95				
	Hilfskraft Arbeit nach Anweisung					
	LGr. III		14,25	2292,70	1536,11	üt (8%)-B: 1659,00 *
4	**Bürogehilfin**	160,95				üt (5%)-B
	Industrie K II 1. Jahr			2493,70	1670,78	1754,22
	2. Jahr			2629,00	1761,43	1849,50
	3. Jahr			2765,40	1852,82	1945,46 *
	4. Jahr			2933,70	1965,58	2063,86
	Auskunft Großbetrieb					
	3. Jahr			2918,40	1955,33	
	4. Jahr			3086,70	2068,09	
5	**Autolackierer/Karosseriebau**	163,13				
	gelernt 1. Jahr		15,02	2450,21	1641,65	t(B)
	2. Jahr		15,75	2569,30	1721,43	üt(10%)-B: 1893,57 *
	ab 5. Jahr		ø18,50	3017,91	2022,00	t(B)
	Auskunft Großbetrieb:					
	nur Akkord			3140,00	2103,80	
6	**Heizung/Sanitär /Klima**	163,13				
	Industrie:					t(B)
	Helfer ungelernt		16,03	2614,97	1752,03	bei Zusatzqualifikation
	Hilfsmonteur angelernt		17,05	2781,37	1863,52	z.B. Schweißen Zulage
	Monteur gelernt		18,57	3029,32	2029,65	von-,40/h;
						mtl./netto-plus:
						DM 43,72
	Handwerk:	167,48				üt(10%)-I:
	Helfer ungelernt		14,74	2468,66	1654,00	1819,40 *
	Hilfsmonteur angelernt		15,68	2626,09	1759,48	1935,43 *
	Monteur gelernt		17,08	2860,56	1916,57	2108,23 *

Nahrung-Genuß-Gaststätten

	Berufsbezeichnung mit Erläuterungen	Arb.-zeit	Std.-lohn	Monats-brutto	Monats-netto (–33%)	Bemerkungen
1	**Backwarenverkäuferin**	173				t (I)
	ungelernt unter 18 J.				1328,—	889,76
	über 18 J. 1/2. Jahr			1381,—	925,27	
	3/4. Jahr			1523,—	1020,41	
	5/6. Jahr			1771,—	1186,57	*
	7. Jahr			2037,—	1364,79	
	(oder 28 J. + 3 Tätigkeitsjahre) ab 8. J.			2302,—	1542,34	
	gelernt 1/2. Jahr.			1771,—	1186,57	
	3/4. Jahr		.	1948,—	1305,16	*
	ab 5. Jahr		.	2302,—	1542,34	
2	**Bäcker**	173				t (I)
	ungelernt unter 18 J.		11,11	1922,03	1287,76	
	über 18 J.		11,82	2044,86	1370,06	
	über 21 J.		12,39	2143,47	1436,13	*

	Betriebshelfer unter 18 J.		12,39	2143,47	1436,13	
	über 21 J.		12,96	2242,08	1502,19	*
	über 24 J.		13,67	2364,91	1584,49	
	gelernt 1/2. Jahr		14,24	2463,52	1650,56	*
	3/4. Jahr		15,66	2709,18	1815,15	
	ab 5. Jahr		16,23	2807,79	1881,22	
3	**Beikoch**	173				
	Personal-/Kaffeekoch			1900,—	1273,—	G *
4	**Fleischer/Metzger**	173				
	ungelernt 1. Jahr		11,26	1947,98	1305,15	t (I)
	2. Jahr		11,90	2058,70	1379,33	
	3. Jahr		12,50	2162,50	1448,88	
	ab 4. Jahr		13,05	2257,65	1512,63	*
	gelernt 1. Jahr		13,25	2292,25	1535,81	
	2. Jahr		14,00	2422,—	1622,74	üt (20 %)-I: 1947,29 *
	3. Jahr		14,70	2543,10	1703,88	
	ab 4. Jahr		15,35	2655,55	1779,22	
5	**Fleischereiverkäuferin**	173				
	ungelerntes Hilfspersonal 1. Jahr			1628,—	1090,76	
	2. Jahr			1700,—	1139,—	
	3. Jahr			1785,—	1195,95	
	ab 4. Jahr			1870,—	1252,90	üt (10 %) - I: 1378,19 *
	gelernt, jedoch fachfremd 1. Jahr			1724,—	1155,08	
	2. Jahr			1800,—	1206,—	
	3. Jahr			1890,—	1266,30	üt (10 %) - I: 1392,93 *
	4. Jahr			1980,—	1326,60	
	gelernte Verkäuferin aus anderer Branche 1. Jahr			1819,—	1218,73	
	2. Jahr			1900,—	1273,—	
	3. Jahr			1995,—	1336,65	üt (10 %) -I: 1470,32 *
	ab 4. Jahr			2090,—	1400,30	
	gelernt 1. Jahr			1915,—	1283,05	
	2. Jahr			2000,—	1340,—	
	3. Jahr			2100,—	1407,—	üt (20 %) - I: 1688,40 *
	ab 4. Jahr			2200,—	1474,—	
6	**Servierpersonal** (Kellner/Kellnerin)	173				
	angelernt 1.-3. Jahr			1685,—	1128,95	
	4.-5. Jahr			1930,—	1293,10	
	ab 6. Jahr			2230,—	1494,10	G *
	gelernt 1. Jahr			2000,—	1340,—	
	2. Jahr			2100,—	1407,—	G *
7	**Teigwarenindustrie**	173				
	ungelernt i. d. Produktion, leichtere Arbeiten unter 18 J.		10,88	1882,24	1261,10	
	über 18 J.		11,46	1982,58	1328,33	G *
	ungelernt i. d. Produktion, schwere Arbeiten unter 18 J.		12,01	2077,73	1392,08	
	über 18 J.		12,64	2186,72	1465,10	G *
	angelernt i. d. Produktion unter 18 J.		13,29	2299,17	1540,44	
	über 18 J.		13,99	2420,27	1621,58	G *
	Facharbeiter		15,38	2660,74	1782,70	G *
8	**Erfrischungsgetränkeindustrie**	169				
	leichte, einfache Arbeiten, IV					
	unter 20 J.		12,86	2173,34	1456,14	
	über 20 J.		13,66	2308,54	1546,72	G *

		Arb.-zeit	Std.-lohn	Monats-brutto	Monats-netto	Bemerkungen
	Hilfsarbeiter, III unter 20 J.		13,66	2308,54	1546,72	
	über 20 J.		14,46	2443,74	1637,31	G *
	angelernte Arbeiter in der Produktion oder im Lager, II unter 20 J.		14,46	2443,74	1637,31	
	über 20 J.		15,27	2580,63	1729,02	G *
	Facharbeiter		16,07	2715,83	1819,61	G *
9	**Mineralbrunnenindustrie**	169				
	i. d. Produktion LGr. I unter 20 J.		12,60	2129,40	1426,70	
	über 20 J.		12,90	2180,10	1460,67	G * Zulage DM -,43/h, wenn Maschinen-führung unter Fachauf-sicht; mtl./netto-plus DM 48,70
	i. d. Produktion LGr. II unter 20 J.		13,18	2227,42	1492,37	
	über 20 J.		13,67	2310,23	1547,85	G *
	Kraftfahrer/Gabelstapelfahrer LGr. III bis 6 Mon. Betriebszugehörigkeit		14,42	2436,98	1632,78	
	ab 6 Mon. Betriebszugehörigkeit		15,22	2572,18	1723,36	G *
	Facharbeiter		16,03	2709,07	1815,08	G *
10	**Süßwarenindustrie**	165				
	weniger qualifizierte Arbeiter					
	Stufe A unter 18 J.			1731,—	1159,77	
	über 18 J.			1815,—	1216,05	G *
	Stufe B unter 18 J.			1777,—	1190,59	überwiegende
	über 18 J.			1859,—	1245,53	G * Einstufung
	Stufe C unter 18 J.			1877,—	1257,59	
	über 18 J.			1987,—	1331,29	
	Stufe D unter 18 J.			2068,—	1385,56	
	über 18 J.			2178,—	1459,26	
	Facharbeiter, Stufe F 1./2. J.			2506,—	1679,02	
	3. J.			2614,—	1751,38	G *
	ab 4. J.			2722,—	1823,74	

Öffentlicher Dienst-Transport-Verkehr

	Berufsbezeichnung mit Erläuterungen	Arb.-zeit	Std.-lohn	Monats-brutto	Monats-netto (–33%)	Bemerkungen
				+ 50,00		bei 5jähriger Betriebszg.
1	**Berufskraftfahrer**	171				
	Kraftfahrer Kl. III		13,80	2360,—	1581,20	üt (15 %) - FV: 1818,38 *
	Kraftfahrer Kl. II		14,49	2478,—	1660,26	üt (15 %) - FV: 1909,30 *
	Berufskraftfahrer mit Facharbeiterbrief		14,90	2548,—	1707,16	üt (15 %) - FV: 1963,23 *
2	**Müllwerker**	171	13,80	2360,—	1581,20	G *
3	**Möbelpacker**	171	13,52	2313,—	1549,71	G *
	Möbelträger; Begleitleute		13,11	2242,—	1502,14	G *
4	**Friseur/Friseuse**	173				
	gelernt 2. Jahr		8,26	1428,98	957,42	
	3. Jahr		9,30	1608,90	1077,96	
	4. Jahr		10,30	1781,90	1193,87	
	5. Jahr		10,85	1877,05	1257,62	
	Auskunft K/I:					
	gelernt im 1. Jahr			1716,—	1150,—	t (I/K) ca. 1230,— *
	Endstufe			1959,—	1313,—	t (I) ca. 1800,—

5	**Lagerarbeiter** ohne Vorkenntnisse/Hilfsarbeiter	171	13,52	2313,—	1549,71	G *
6	**Tankwart/Parkhauswart** ungelernt	172	12,48	2146,56	1438,20	
	ungelernt, mit 3jähriger Berufstätigk.		12,82	2205,04	1477,38	G *
	gelernt		13,12	2256,64	1511,95	
	gelernt, mit 3jähriger Berufstätigkeit.		14,20	2442,40	1636,41	G *

	Öffentlicher Dienst		inclusive 120,—/ 150,—			Zulage im öffentlichen Dienst
7	**Bürogehilfin** gelernt, VIII, Gemeinde/Angestellte	167	2406,63	1612,44		G *
	gelernt, VII, Gemeinde/Angestellte		2543,19	1703,94		
8	**Entsorger** gelernt, IV 1./2. Jahr	167	2455,76	1645,36		
	3./4. Jahr		2516,17	1685,83		G *
	5./6. Jahr		2572,21	1723,38		
9	**Gärtner/Gartenbau** ungelernt, III	167	2476,20	1659,05		G *
	gelernt		2614,34	1751,61		G *
10	**Haushaltshelferin** für Reinemachen	167	2268,99	1520,22		G *
	für Reinemachen/Wäsche/**Küche**		2385,26	1598,12		G *
	für Reinemachen/**Wäsche**		2476,20	1659,05		G *
11	**Schwimmeistergehilfe** ungelernte Hilfskraft	167	2334,62	1564,20		G *
12	**Straßenbauer/Straßenwärter** gelernt	167	2455,76	1645,36		
	nach 2 Jahren		2516,17	1685,83		G *
	nach 4 Jahren		2614,34	1751,61		
13	**Stationshilfe** (ohne Ausbildung)	167	2269,64	1520,66		G *
14	**Krankenpflegehelferin** HS + 18 J. + 1jährige Ausbildung	167	2363,72	1583,69		
	nach 2 Jahren		2495,22	1671,80		G *

Textil-Bekleidung

	Berufsbezeichnung mit Erläuterungen	Arb.-zeit	Std.-lohn	Monats-brutto	Monats-netto (–33%)	Bemerkungen
1	**Bekleidungsfertigerin** 3. LGr.	168	11,54	1938,72	1298,94	B: überwiegende Einstufung
	4. LGr.		11,96	2009,28	1346,22	
	5. LGr.		12,40	2083,20	1395,74	
2	**Bekleidungsnäherin** 4. LGr.	168	11,96	2009,28	1346,22	
	5. LGr.		12,40	2083,20	1395,74	
3	**Bürogehilfin** einfachste Arbeiten – 23 Jahre	168		1929,—	1292,43	t (B): *
	26 Jahre			2118,—	1419,06	

zu 1/2	**Auskunft B:** a) Bekleidungsfertigerinnen/Bekleidungsnäherinnen, sowohl ungelernt über 18 Jahre als auch gelernte, werden im Akkord beschäftigt. Der Akkordzuschlag erhöht den Lohn in der entsprechenden Lohngruppe auf Ø 135 %–140 % **Bekleidungsfertigerin** 3. LGr. (135 %) **Bekleidungsnäherin** 4. LGr. (135 %)		15,58 16,15	2617,44 2712,53	1753,69 1817,39	t (B): * t (B): *
	b) Sofern die Arbeiterinnen den Akkord nicht erfüllen, aus Gründen die in ihrer Person liegen, kann der Stundensatz bis auf 80 % zurückgehen. Darunter werden Arbeiterinnen nicht beschäftigt. **Bekleidungsfertigerin** 3. LGr. (80 %) **Bekleidungsäherin** 4. LGr. (80 %)		9,23 9,57	1550,64 1607,42	1038,93 1076,97	t (B): * t (B): *

Anhang 2
Branchenübergreifende Vergleichsübersicht über Monatsnettoverdienste von 23- bis 24jährige Erwerbstätigen in unteren Beschäftigungspositionen; Region: Nördlicher Mittlerer-Neckar-Raum
Stand: Oktober 1990

Nr.	Netto-verdienst	Beschäftigungsverhältnis	Männer	Frauen
1	988,—	Landwirtschaftliche Arbeiter, LGr. I	*	*
2	1039,—	Bekleidungsfertigerin (80 %)		*
3	1077,—	Bekleidungsnäherin (80 %)		*
4	1088,—	Landwirtschaftliche Arbeiter, LGr. II	*	*
5	1130,—	ungelernte Floristin		*
6	1172,—	„Kulturfrauen" im Erwerbsgartenbau		*
7	1187,—	ungelernte Backwarenverkäuferin		*
8	1214,—	Landwirtschaftliche Arbeiter, LGr. III	*	*
9	1216,—	Arbeiter(in) der Süßwarenindustrie, Stufe A	*	*
10	1230,—	gelernte Friseur/Friseuse	*	*
11	1238,—	gelernte Floristin		*
12	1240,—	Spülhilfe		*
13	1246,—	Arbeiter(in) der Süßwarenindustrie, Stufe B	*	*
14	1273,—	Beikoch	*	*
15	1292,—	Bürogehilfin (Bekleidung)		*
16	1303,—	Küchenhilfe		*
17	1305,—	gelernte Backwarenverkäufer		*
18	1318,—	„Kulturfrauen" der Waldarbeit		*
19	1321,—	ungelernte Verkäuferin (Handelskette)		*
20	1328,—	ungelernte Arbeiter(in) der Teigwarenindustrie	*	*
21	1335,—	Gebäudereiniger (Innen-/Unterhaltsreinigung)	*	*
22	1339,—	Schlepperfahrer	*	
23	1378,—	ungelernte Fleischereiverkäuferin		*
24	1380,—	angelernte Floristin		*
25	1393,—	gelernte, fachfremde Fleischereiverkäuferin		*
26	1407,—	gelerntes Servierpersonal	*	*
27	1436,—	ungelernte Bäcker	*	*
28	1440,—	gelernte Verkäufer(in) (HBV)	*	*
29	1461,—	Arbeiter(in) der Mineralbrunnenindustrie, LGr. I	*	*
30	1465,—	ungelernte Arbeiter der Teigwarenindustrie	*	
31	1470,—	gelernte, branchenfremde Fleischereiverkäuferin		*
32	1477,—	ungelernter Tankwart	*	
33	1487,—	ungelernter Schreiner/Glaser, LGr. I	*	
34	1494,—	angelernter Kfz-Arbeiter, LGr. II	*	

35	1494,—	angelerntes Servierpersonal	*	*
36	1502,—	Möbelträger	*	
37	1502,—	Bäcker-Betriebshelfer	*	*
38	1503,—	gelernter Landwirt	*	
39	1513,—	ungelernter Fleischer	*	
40	1520,—	Haushaltshelferin (Reinemachen)		*
41	1521,—	Stationshilfe		*
42	1531,—	ungelernte Arbeiter(in) im Erwerbsgartenbau	*	*
43	1547,—	Arbeiter(in) der Erfrischungsgetränkeindustrie	*	*
44	1548,—	Arbeiter(in) der Mineralbrunnenindustrie	*	
45	1550,—	Möbelpacker	*	
46	1550,—	Lagerarbeiter (ÖTV)	*	
47	1564,—	Schwimmeistergehilfe	*	*
48	1576,—	angelernter Kfz-Arbeiter, LGr. II	*	
49	1581,—	Müllwerker	*	
50	1591,—	angelernter Schreiner, LGr. III	*	
51	1595,—	angelernter Holzmechaniker, LGr. II	*	
52	1598,—	Haushaltshelferin (Küche)		*
53	1612,—	gelernte Bürogehilfin/ÖTV)		*
54	1622,—	angelernte Arbeiter(in) der Teigwarenindustrie	*	*
55	1624,—	Lagerarbeiter, Auffüller (HBV)	*	*
56	1636,—	gelernter Tankwart	*	
57	1637,—	Hilfsarbeiter(in) der Erfrischungsgetränkeindustrie	*	*
58	1649,—	angelernter Holzmechaniker, LGr. III	*	
59	1651,—	gelernter Bäcker	*	*
60	1656,—	gelernter Forstwirt	*	
61	1659,—	Gebäudereiniger (Bauschluß)	*	*
62	1659,—	Lagerarbeiter (Metall)	*	
63	1659,—	ungelernte Gärtner(in)	*	*
64	1659,—	Haushaltshelferin (Wäsche)	*	
65	1669,—	Gebäudereiniger (Glas)	*	
66	1672,—	Krankenpflegehelferin		*
67	1678,—	Schreiner-Hifsarbeiter, LGr. IV	*	
68	1685,—	Entsorger	*	
69	1685,—	Straßenbauer/Straßenwärter	*	
70	1688,—	gelernte Fleischereiverkäuferin		*
71	1698,—	gelernter Gärtner im Erwerbsgartenbau	*	*
72	1711,—	Arbeiter(in), Metall, LGr. IV	*	*
73	1723,—	Kraftfahrer der Mineralbrunnenindustrie	*	
74	1729,—	angelernte Arbeiter(in) der Erfrischungsgetränkeindustrie	*	
75	1740,—	ungelernte Gartenarbeiter im Landschaftsgartenbau	*	
76	1751, -	Facharbeiter der Süßwarenindustrie	*	*
77	1752,—	gelernter Gärtner	*	*
78	1754,—	Bekleidungsfertigerin (Akkord)	*	
79	1759,—	Berufskraftfahrer, Kl. III (HBV)	*	*
80	1773,—	Metallarbeiter(in), LGr. V	*	*
81	1783,—	Facharbeiter der Teigwarenindustrie	*	*
82	1812,—	gelernter Holzmechaniker etc.	*	
83	1815,—	Facharbeiter der Mineralbrunnenindustrie	*	
84	1817,—	Bekleidungsnäherin (Akkord)		*
85	1818,—	Kraftfahrer Kl. III (ÖTV)	*	*
86	1819,—	Helfer in Heizung-Sanitär-Klima	*	
87	1820,—	Facharbeiter der Erfrischungsgetränkeindustrie	*	
88	1822,—	ungelernte Gartenarbeiter im Landschaftsgartenbau	*	
89	1840,—	gelernter Stammarbeiter im Erwerbsgartenbau	*	*
90	1851,—	Metallfachwerker, LGr. VI	*	
91	1855,—	Kommissionierer(in) (HBV)	*	*
92	1882,—	angelernter Arbeiter im Landschaftsgartenbau	*	
93	1894,—	Autolackierer (Karosseriebau)	*	
94	1909,—	Kraftfahrer, Kl. II (ÖTV)	*	
95	1911,—	Berufskraftfahrer, Kl. II (HBV)	*	
96	1914,—	gelernter Kfz-Mechaniker	*	
97	1924,—	gelernter Schreiner/Glaser	*	
98	1926,—	Bauwerker	*	

99	1935,—	Hilfsmonteur in Heizung-Sanitär-Klima	*	
100	1945,—	Bürogehilfin (Metall)		*
101	1947,—	gelernter Fleischer	*	
102	1963,—	Berufskraftfahrer mit Facharbeiterbrief (ÖTV)	*	
103	1970,—	Waldarbeiter	*	
104	1994,—	Malerfachwerker	*	
105	1996,—	Baufachwerker	*	
106	2018,—	Landschaftsgärtner	*	
107	2053,—	Kraftfahrer Kl. II (BSE)	*	
108	2077,—	Baufacharbeiter	*	
109	2085,—	Maschinenführer konv. Maschinen (Metall)	*	
110	2108,—	Monteur Heizung-Sanitär-Klima	*	
111	2201,—	Dachdecker-Helfer	*	
112	2202,—	gelernter Autolackierer (Malerbetrieb)	*	
113	2222,—	Maschinenführer CNC	*	
114	2239,—	gehobener Baufacharbeiter	*	
115	2288,—	Fliesenleger/Gipser	*	
116	2319,—	gelernter Dachdecker	*	
117	2327,—	Maler-Altgeselle	*	
118	2436,—	Spezialbaufacharbeiter	*	

Literatur

Badekow, H.: Besseres Betriebsessen – mit Beigeschmack. Caterer erobern die Kantinen. In: Der Gewerkschafter. 35 (1987), November 1987, S. 10–12.

Beck, U.: Risikogesellschaft. Auf dem Weg in eine andere Moderne. Frankfurt 1986.

CIEL-Arbeitsgruppe: Stücke zu einem mehrperspektivischen Unterricht, Teilcurriculum Sprudelfabrik. Stuttgart 1975.

Hiller-Ketterer, I., Hiller, G.G.: Zukunft ohne Kinder – Kinder ohne Zukunft? Über die Herausforderung der Pädagogik am Ende des Jahrhunderts. In: Melenk, H. (Hg.): Lehrerbildung in Baden-Württemberg. 25 Jahre Pädagogische Hochschulen. (= Ludwigsburger Hochschulschriften. Bd. 10). Ludwigsburg 1988, S. 177–186.

Klein, G.: Lernbehinderte Kinder und Jugendliche. Lebenslauf und Erziehung. Stuttgart 1985.

Royen, M.: Interview mit Jan: Nie den Löffel wegschmeißen. – Interview mit Silke: Selbstverständlich lebe ich selbständig. In: Lernen fördern 8 (1988), Heft 5, S. 6–9.

Schröder, H.: Die Berufseinmündung von Lernbehinderten. In: Zeitschrift für Heilpädagogik 38 (1987), S. 109–122.

Stopper, A.: Karrieren junger Ausländer und Ausländerinnen der Zweiten Generation. Erhebungen zur Lebensführung nach der Schulzeit. Wiss. Hausarbeit. Masch. verf. Mskr. PH Ludwigsburg/Reutlingen 1990.

Zenke, K.: „Berufliche Perspektiven für Hauptschüler – Konsequenzen für die Hauptschule". In: GEW-Baden-Württemberg (Hg.): „Was macht eine gute (Haupt-)Schule aus?" Stuttgart 1989, S. 67–74.

Konzept zur Verzahnung von Schulunterricht und beruflicher Ausbildung für Jugendliche mit Lernschwierigkeiten

Ein Modell für den Bereich der Bauberufe

Die Forderung nach einem institutionell und curricular gesicherten Erstzugang zu lohnenden Positionen im Beschäftigungssystem für benachteiligte Jugendliche wird im folgenden Beitrag beispielhaft für den Bereich der Bauberufe konkretisiert; Analogien für andere Berufsfelder sind leicht vorstellbar. Die *Erstfassung* entstand im März 1988; aufgrund eingehender Diskussionen mit Fachleuten aus Bauwirtschaft, Schulen und Berufsschulen wurde sie überarbeitet. Die *Zweitfassung* ist praktikabler und kann unter den gegebenen Bedingungen schneller verwirklicht werden. Die ursprüngliche Konzeption erscheint jedoch aus pädagogischen und jugendpsychologischen Gründen als wünschenswerter.

Die vergleichende Lektüre beider Fassungen vermittelt dem Leser, wie schwierig es ist, an der Grenze zwischen schulischer Allgemeinbildung und beruflicher Ausbildung konstruktive Innovationskonzepte zu initiieren und im Interesse benachteiligter Jugendlicher Kooperationsformen zwischen verschiedenen Schulen und Betrieben in Gang zu bringen, zwischen Einrichtungen der Jugendbildung also, die sich bedenklich weit auseinander entwickelt haben.

Erstfassung

Der Aufsatz stellt ein Modell zur Verzahnung von schulischer Allgemeinbildung (in den Schuljahren 8 und 9) und beruflicher Ausbildung (im ersten bis dritten Ausbildungsjahr) zur Diskussion.
Damit werden *drei* Zielsetzungen verfolgt:
- Schülern mit Lernschwierigkeiten in Haupt- oder Sonderschulen wird die Möglichkeit eröffnet, in der Bauwirtschaft eine qualifizierte Ausbildung erfolgreich zu absolvieren. Die Probleme der Auszubildenden mit den Anforderungen in Berufsschule und überbetrieblicher Ausbildung werden durch kontinuierliche sonderpädagogische Fördermaßnahmen zur Vor- und Nachbereitung beseitigt, zumindest gemildert.
- Durch Verlagerung von Ausbildungselementen in die Schuljahre 8 und 9 gewinnt der schulische Unterricht für die Schüler einen ernsthaften Realitätsbezug.

- Der Fachkräfte-Nachwuchs der Bauwirtschaft wird trotz sinkender Zahl der Hauptschulabgänger mittelfristig gesichert.
Das Modell ist fast kostenneutral realisierbar. Es werden weder an den schulischen Anforderungen noch an denen der betrieblichen Ausbildung Abstriche gemacht.
Grundlagen der Konzeption sind
- das Ausbildungskonzept des Fachverbandes Bau Württemberg e.V. und
- der Bildungsplan der Schule für Lernbehinderte in Baden-Württemberg in der derzeit gültigen Fassung.

1. Nachwuchskräftemangel der Bauwirtschaft

Nach eigenen Angaben bildet die Bauwirtschaft seit 1985 zu wenige Nachwuchskräfte aus. Angesichts der in Zukunft rapide sinkenden Zahl der Hauptschulabgänger sind daher dringend Ausbildungskonzepte zu entwickeln, die auch Schülern mit Schulschwierigkeiten die Gewähr bieten, die Ausbildung zum Spezialbaufacharbeiter, mindestens jedoch zum Baufacharbeiter *erfolgreich* zu durchlaufen.

Die betreffenden Jugendlichen werden in Schulen für Lernbehinderte und für Erziehungshilfe unterrichtet; dazu gehören aber auch jene Hauptschüler, die erwarten lassen, daß sie die Abschlußprüfung bestenfalls mit nur durchschnittlichem Erfolg bestehen werden. Aufgrund langjähriger sonderpädagogischer Erfahrung ist jedoch davon auszugehen, daß Jugendliche mit Lernschwierigkeiten den normalen Anforderungen in Schule und beruflicher Ausbildung durchaus genügen können, sofern man
- diese auf das Wesentliche begrenzt,
- den Schülern dafür mehr Zeit läßt
- und sie dabei kontinuierlich motiviert und fördert.

Außerdem zeigen Vergleichsuntersuchungen über die Verdienstmöglichkeiten auf jenen Beschäftigungspositionen, die Schüler mit Lernschwierigkeiten realistischerweise besetzen können, daß jungen Männern nur in den Branchen
- der Bauwirtschaft (Bau- und Baunebenberufe)
- und im Bereich der Metallindustrie
Positionen offenstehen, die später eine selbständige, von anderen wirtschaftlich unabhängige Lebensführung ermöglichen (vgl. S. 214–239). Dieser Tatbestand schafft zusammen mit der hier vorgeschlagenen Ausbildungsorganisation bei hinreichender Öffentlichkeitsarbeit seitens Schule und Bauwirtschaft neue Motivations- und Interessenlagen bei Schülern und ihren Eltern.

2. Mängel bisheriger schulischer Vorbereitung auf das Beschäftigungssystem und beruflicher Ausbildung von Schülern mit Lernschwierigkeiten

Die bisherigen Anstrengungen von Schule und Wirtschaft zur beruflichen Qualifizierung von Jugendlichen mit Schulschwierigkeiten führten insgesamt zu wenig

befriedigenden Ergebnissen. Die Ursachen dafür liegen nicht nur in der Persönlichkeit der Betroffenen begründet, sondern auch in den Inhalten, vor allem aber in der mangelhaften Koordination und Kooperation von schulischer Bildung einerseits und beruflicher Ausbildung andererseits.
Dazu drei Thesen.

These 1:
Die vorberufliche schulische Bildung an Haupt- und Sonderschulen ist im Bereich „Arbeit-Wirtschaft-Technik" *zu breit* angelegt (aus allen Branchen ein bißchen). Sie besitzt zu wenig Ernstcharakter, da nahezu ausschließlich schulisch ausgerichtet, und bleibt im Bereich der Betriebspraktika zufällig und unverbindlich.

These 2:
Die im Anschluß an Haupt- und Sonderschulen angebotene einjährige berufsvorbereitende Bildung durch freie Träger (zum Beispiel die Förderlehrgänge des Internationalen Bundes für Sozialarbeit) oder im Berufsvorbereitungsjahr an Berufsschulen wird im wesentlichen ohne ernsthafte Beteiligung der Wirtschaft durchgeführt. Da sie in schulischen und quasi-schulischen Formen abläuft, gilt für sie These 1 sinngemäß.
Die anschließende Vermittlung in reguläre Ausbildungsverhältnisse (gemäß § 25 BBiG) gelingt nur teilweise; außerdem werden dann solche Ausbildungsverhältnisse überdurchschnittlich häufig schon während des ersten Lehrjahres abgebrochen (Gründe dafür siehe These 3). Überwiegend erfolgen Vermittlungen in außerbetrieblich organisierte Ausbildungsverhältnisse (nach § 48 BBiG beziehungsweise § 42 HwO). Die daran sich anschließende Vermittlung in Arbeitsverhältnisse ist schwierig und nicht koordiniert („zweite Schwelle").

These 3:
Die berufliche Regelausbildung nach § 25 BBiG bietet keine oder nur unzureichende, meist Privatinitiativen überlassene Möglichkeiten zusätzlicher sonderpädagogischer Förderung, damit die Auszubildenden den Anforderungen der Berufsschule genügen können (Vermittlung mit Zuschuß / § 60 AFG; Ausbildungsbegleitende Hilfen / ABH).
Viele Jugendliche mit Schulschwierigkeiten scheitern insbesondere an den Anforderungen der einjährigen Berufsfachschulen, da diese keinerlei Möglichkeiten einer ergänzenden sonderpädagogischen Förderung kennen. Absolventen einjähriger Berufsfachschulen sind Schüler und nicht Auszubildende: Somit entfallen für sie sämtliche Fördermöglichkeiten der Arbeitsverwaltung.

3. Bauprinzipien des Modells
(vgl. dazu die Grafik auf Seite 260)

Das 8. und 9. Schuljahr der Haupt- und Sonderschulen und die drei Ausbildungsjahre zur Fachkraft am Bau werden hier als eine Einheit betrachtet.

Es wird vorgeschlagen, daß an ausgewählten Schulen einer Region zur Durchführung des Konzepts ab Klassenstufe 8 eine gesonderte Klasse für acht bis zehn Schüler *als Angebot* eingerichtet wird. Diese Lerngruppe bleibt für die Dauer der restlichen Schulzeit und während der Ausbildung, soweit dies möglich ist (das heißt in den Phasen der überbetrieblichen Ausbildung und des Berufsschulunterrichts), zusammen.

Schule, Berufsschule und Betriebe garantieren durch eine institutionalisierte Kooperation das erfolgreiche Durchlaufen der Ausbildung. Mit dem Eintritt in dieses Programm, also zu Beginn des 8. Schuljahres, erhält jeder Schüler einen Vorvertrag durch einen Ausbildungsbetrieb der Bauwirtschaft, der sich an diesem Konzept beteiligt. Der Schüler wird darin zur verbindlichen Teilnahme an den beruflichen Ausbildungsmaßnahmen während der Schuljahre 8 und 9 verpflichtet. Sie werden in der Berufsschule, im überbetrieblichen Ausbildungszentrum und im Betrieb durchgeführt. Nach erfolgreichem Durchlaufen der Klassen 8 und 9 wird ihm die Übernahme in ein betriebliches Ausbildungsverhältnis garantiert, dessen schulische und überbetriebliche Anteile durch ein sonderpädagogisches Förderprogramm ergänzt werden (das sind vor allem Nachhilfe- und Stützkurse), das *integraler Bestandteil* der Ausbildung ist.

Das Ausbildungskonzept des Fachverbandes Bau Württemberg e. V. ist Grundlage der Kooperation zwischen Schule, Berufsschule, überbetrieblicher und betrieblicher Ausbildung. Die dreijährige Ausbildung ist bisher, wie auf Seite 265 dargestellt, gegliedert.

Bezieht man die Schuljahre 8 und 9 in dieses Ausbildungskonzept mit ein, so geschieht dies im vorliegenden Modell nach den folgenden Grundsätzen:

1. Die Ausbildungsanteile, die in die beiden Schuljahre vorverlegt werden, sind Bestandteil der regulären Ausbildung. Im gleichen zeitlichen Umfang, in dem in diesen Schuljahren „Ausbildung" erfolgt, hat der Schüler in den anschließenden Ausbildungsjahren Anspruch auf sonderpädagogische Förderung zur Vor- und Nachbereitung der Anforderungen in Berufsschule und überbetrieblicher Ausbildung und zwar durch seine ehemalige Schule, durch seine Lehrer.

2. In die Schuljahre 8 und 9 wird *fachpraktischer Unterricht der Berufsschule* vorverlagert: Im 8. Schuljahr zwanzig Wochen lang an je einem Tag; im 9. Schuljahr zehn Wochen lang an je zwei Tagen. Dieser Unterricht findet in den Werkstätten der Berufsschule statt und wird vom dortigen Lehrpersonal erteilt. Im gleichen zeitlichen Umfang erhält der Auszubildende sonderpädagogische Förderung begleitend zum Berufsschulunterricht und zwar im ersten Ausbildungsjahr zehn Wochen lang an je zwei Tagen, dann zehn Wochen lang an je einem Tag; im zweiten Ausbildungsjahr zehn Wochen lang an je einem Tag.

3. Von den *überbetrieblichen Ausbildungsanteilen* werden zwei Wochen in das 8. Schuljahr und vier Wochen in das 9. Schuljahr eingebaut. Der Unterricht findet in den entsprechenden Einrichtungen der Bauwirtschaft statt und wird vom dortigen Personal erteilt. – Dafür erhält der Auszubildende vier Wochen Förderunterricht im ersten und zwei Wochen im zweiten Ausbildungsjahr, jeweils bezogen auf die Anforderungen der überbetrieblichen Ausbildungsphasen. Dieser Unterricht findet in der Regie der Schule statt.

4. Von den *betrieblichen Ausbildungsanteilen* werden zwei Wochen im 8. Schuljahr und weitere vier Wochen nach Entlassung aus dem 9. Schuljahr in einem Ausbildungsbetrieb realisiert. – Dafür erhält der Auszubildende im dritten Lehrjahr vier Wochen Förderunterricht bezogen auf die überbetriebliche Ausbildungsphase und zwei Wochen als spezielle Vorbereitungs- und Trainingsphase auf die Abschlußprüfung in der Berufsschule; dies wiederum in Regie seiner Schule.

Somit ergibt sich folgende Verteilung der Anforderungen:

8. Schuljahr	9. Schuljahr	1. Ausb.-Jahr	2. Ausb.-Jahr	3. Ausb.-Jahr	Summe
Berufsschule					
20 Wochen je 1 Tag = 4 Wochen	10 Wochen je 2 Tage = 4 Wochen	10 Wochen je 3 Tage = 6 Wochen	10 Wochen je 4 Tage = 8 Wochen	8 Wochen je 5 Tage = 8 Wochen	
Fachpraxis		10 Wochen je 4 Tage = 8 Wochen			38
Berufsschulbezogener Förderunterricht					
▲ ⑧ ▶		10 Wochen je 2 Tage = 4 Wochen 10 Wochen je 1 Tag = 2 Wochen	10 Wochen je 1 Tag = 2 Wochen		
Überbetriebliche Ausbildung					
2 Wochen	4 Wochen	16 Wochen	11 Wochen	4 Wochen	37
▲ ⑥ ▶		Darauf bezogene Förderung			
		4 Wochen	2 Wochen		
Betriebliche Ausbildung					
2 Wochen	4 Wochen	12 Wochen	29 Wochen	34 Wochen	81
▲ ⑥ ▶		Zusätzliche Förderung			
				4 Wochen überbetrieblich 2 Wochen prüfungsbezogen	
		52	52	52	156
vorverlagerte Berufsausbildung					
8 Wochen etwa 5%	12 Wochen etwa 8%	der Gesamtausbildungszeit			

Die hiermit vorgeschlagene Vorverlagerung von Ausbildungszeit ins 8. Schuljahr im Umfang von 8 Wochen, ins 9. Schuljahr im Umfang von zwölf Wochen, entspricht einem Anteil von 5 Prozent der Gesamtausbildungszeit (156 Wochen) bezogen auf das 8. Schuljahr und von 8 Prozent bezogen auf das 9. Schuljahr. Da vier von den zwölf Wochen des 9. Schuljahres in die Zeit nach der (üblicherweise früheren) Schulentlassung fallen, reduziert sich der Gesamtumfang der „vorverlagerten Berufsausbildung" auf einen zeitlichen Umfang von je acht Wochen pro Schuljahr.

Dadurch kann der Auszubildende umgekehrt berufsbezogenen Förderunterricht erhalten und zwar

im ersten Ausbildungsjahr	10 Wochen
im zweiten Ausbildsjahr	4 Wochen
im dritten Ausbildungsjahr	6 Wochen
insgesamt also	20 Wochen.

Mit diesem zeitlichen Aufwand kann – besser als in jeder bislang bekannten Fördermaßnahme – sichergestellt werden, daß Jugendliche mit Lernschwierigkeiten den Anforderungen der Berufsschule und der überbetrieblichen Ausbildung genügen können.

4. Bemerkungen zur „Innovationshöhe" des Modells

Die im Modell gemachten Einzelvorschläge sind weder ungewöhlich noch neuartig. Sie sind zu begreifen als *in ein Gesamtkonzept integrierte,* schon jetzt praktizierte Maßnahmen und Kooperationsformen.

So entspricht zum Beispiel der zeitliche Rahmen von je acht Unterrichtswochen des 8. und 9. Schuljahres sowohl den im Bildungsplan und im Vorgabepapier vorgesehenen als auch den faktisch aufgewendeten Unterrichtszeiten für Orientierung in Berufsfeldern, für Berufswahlunterricht, für Praktika und Bewerbungsverfahren. Selbst wenn man noch einmal 20 Prozent der verfügbaren Unterrichtszeit für Vorhaben und Inhalte ansetzen wollte, die unmittelbar auf die betrieblichen, überbetrieblichen und fachpraktischen Ausbildungsanteile der Berufsschule bezogen wären (dies vor allem in den Fächern Mathematik, naturwissenschaftlich-technischer Sachunterricht, Deutsch), so verbleiben immer noch 60 Prozent der Gesamtunterrichtszeit für allgemeinbildende Unterrichtsvorhaben, also für die Aufgabenfelder der Lebensvorbereitung, der musisch-ästhetischen Erziehung, des Sports, der Religion und ähnlichem.

Die bisherigen Betriebspraktika (ab Klasse 8) entsprechen den im Modell vorgesehenen Zeiten der beruflichen Ausbildung im Betrieb und in überbetrieblichen Ausbildungszentren der Bauwirtschaft. Die dort vorgesehenen Ausbildungsphasen sind nach dem Vorbild der Schullandheimaufenthalte organisierbar, die teilweise (zum Beispiel im Bereich der Forstwirtschaft) schon heute sehr berufspraktisch und arbeitsintensiv ausgelegt sind.

Im Rahmen der Kooperation zwischen Berufsschulen einerseits, Haupt- und Sonderschulen andererseits besuchen schon heute Haupt- und Sonderschüler der Klassen 8 und 9 an einem Tag in der Woche den fachpraktischen Unterricht in den Werkstätten der Berufsschule. Der Unterricht wird kooperativ erteilt.

Im Rahmen der Kooperation zwischen Berufsschulen, Haupt- und Sonderschulen gibt es insbesondere bei der Realisierung der Berufsvorbereitungsjahre Formen einer institutionalisierten Kooperation: Haupt- und Sonderschullehrer sind mit Teildeputaten an die Berufsschulen abgeordnet und unterrichten dort die allgemeinbildenden Fachanteile. Auch der berufsschulunterrichtsbegleitende Stützunterricht durch Sonderschullehrer in Fachklassen der Berufsschulen wurde und wird praktiziert.

Außerdem erteilen Haupt- und Sonderschullehrer privat organisierte Nachhilfe für Berufsschüler aller Lehrjahre, teilweise wird diese Förderung durch arbeitslose Lehrer mit Haupt- und Sonderschullehrerausbildung im Rahmen der ABH-Maßnahmen der Arbeitsverwaltung mit Erfolg angeboten.

Zusammenfassend läßt sich also feststellen, daß die *Einzelmaßnahmen* durchweg praktikabel, verwaltungstechnisch möglich und rechtlich ohne Bedenken im Rahmen der bestehenden Schul- und Ausbildungsstrukturen durchführbar sind. Neu am hier vorgelegten Modell ist lediglich die konsequent durchkomponierte Integration dieser Ansätze zu einem plausiblen und für alle Beteiligten verbindlichen Konzept. Seine Realisierung bedarf keines Schulversuchs und keiner Änderung bestehender Ausbildungsordnungen. Es bedarf lediglich bindender Vereinbarungen auf der Ebene von Durchführungsvorschriften.

5. Übersichtsplan

Abschließend wird hier ein Übersichtsplan vorgelegt, aus dem ersichtlich ist, daß und wie dieses Modell einer auf fünf Jahre angelegten Kooperation zwischen Schule, Berufsschule, überbetrieblicher und betrieblicher Ausbildung als rollierendes System funktionieren kann.
Dieses System ist so komponiert (vgl. Seite 260),
– daß die betrieblichen Ausbildungsphasen während der Schulzeit (Klasse 8/9) in witterungsgünstigen Perioden liegen;
– daß das 9. Schuljahr ab der 16. bis zur 34. Unterrichtswoche von berufsbildenden Maßnahmen freigehalten ist, somit ausreichend Zeit zur Vorbereitung und Durchführung von Hauptschulabschluß- beziehungsweise Schulfremdenprüfung verbleibt;
– daß ein möglichst reibungsloser Übergang von Schule zu Berufsschule zu Beginn des ersten Ausbildungsjahres durch eine intensive Kooperation beider Schularten gesichert wird;
– daß das überbetriebliche Ausbildungszentrum ganzjährig ohne Überschneidungen belegt werden kann;
– daß die Auszubildenden im zweiten und dritten Ausbildungsjahr der Bauwirtschaft und ihren Betrieben in den produktionsintensiven Phasen zur Verfügung stehen;
– daß die Lehrer der allgemeinbildenden Schulen immer dann Förderunterricht bei den Auszubildenden erteilen können, wenn ihre Schüler sich an außerschulischen (betrieblichen oder überbetrieblichen) Lernorten aufhalten und der Förderunterricht für die Auszubildenden als besonders wünschenswert erscheint (teils begleitend zur Berufsschule, teils vor- und nachbereitend, was die überbetrieblichen Ausbildungsmaßnahmen betrifft.)

260

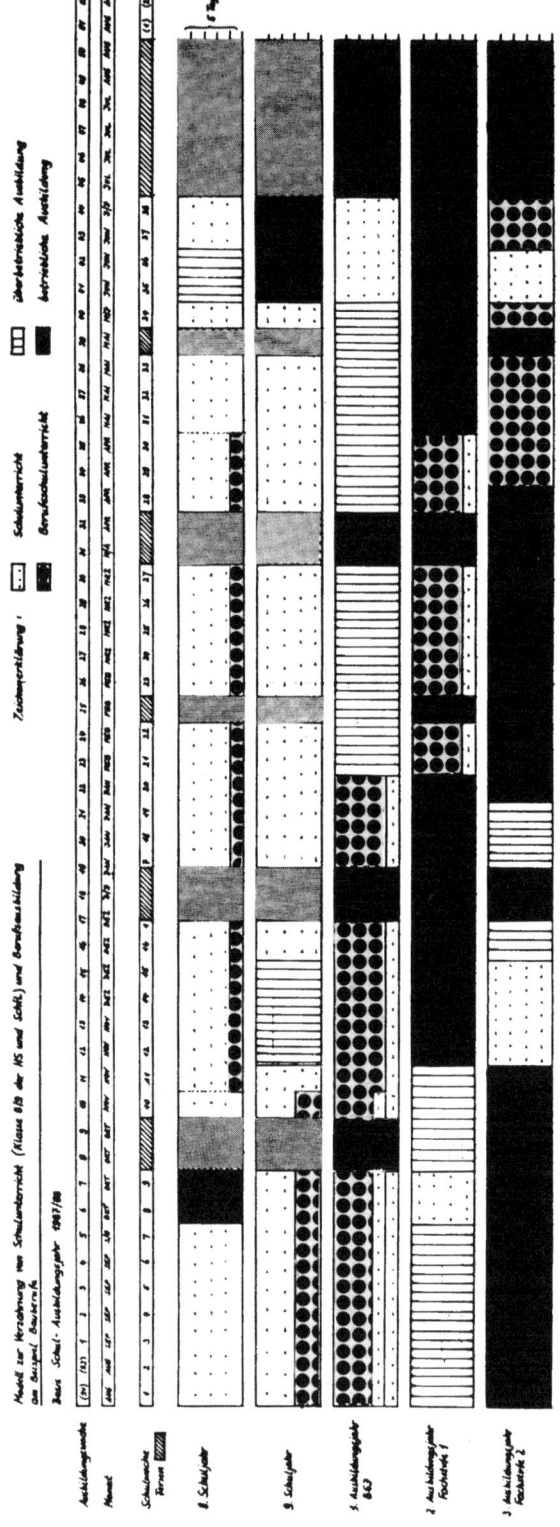

Zweitfassung

1. Zum Verhältnis von Erst- und Zweitfassung – Argumente und Ansatzpunkte der Überarbeitung

Die Erstfassung des Konzepts wurde von Vertretern der Bauwirtschaft, der Schule für Lernbehinderte und von Erziehungswissenschaftlern mit Interesse aufgenommen und mit prinzipieller Zustimmung diskutiert.

Eine Neufassung erscheint aus den folgenden Gründen erforderlich: Eine Verzahnung von Allgemeinbildung und Berufsbildung, ab dem 8. Schuljahr und auf die Dauer von fünf Jahren angelegt, stößt auf eine Reihe rechtlicher, organisatorischer, bildungstheoretischer und pädagogischer Einwände; außerdem ist zu befürchten, daß die Bewußtseinslage der Beteiligten und Betroffenen eine Akzeptanz im wünschenswerten Umfang nicht zuläßt.

Rechtliche Problematik

Aufgrund der Bestimmungen des Jugendarbeitsschutzgesetzes (insbesondere § 2, Absatz 1 und 3, sowie § 7) ist es unumgänglich, das Konzept auf Jugendliche *ab dem 15. Lebensjahr* abzustellen, die der Vollzeitschulpflicht nicht mehr unterliegen, also 9 Schulbesuchsjahre absolviert haben. Nur ihnen können Ausbildungsanteile, die in den allgemeinbildenden Bereich vorverlagert werden, in vollem Umfang problemlos auf die folgende Ausbildung angerechnet werden. – Gegebenenfalls wäre zu prüfen, ob in Einzelfällen (Umsiedler, Ausländer, anerkannte Asylanten usf.) von der zweiten Bedingung (Erfüllung der Vollzeitschulpflicht) durch Ausnahmeregelungen befreit werden kann.

Bei der vorliegenden Neufassung des Konzepts wird daher nur noch das 9. Schuljahr (als 10. Schulbesuchsjahr) einbezogen. Dafür sprechen auch eine Reihe weiterer Gründe.

Zum Einwand der frühen beruflichen Fixierung

a) Aus der Sicht der Schüler

In der Gruppe der schwachen Hauptschüler und der Schüler aus Schulen für Lernbehinderte/für Erziehungshilfe gibt es eine größere Gruppe entwicklungsverzögerter Jugendlicher. Ihren Bedürfnissen wird man besser gerecht, wenn man ihnen einen gesicherten Erstzugang zum Beschäftigungssystem im Sinne des hier vorgelegten Konzepts auf der Basis von 9 Schulbesuchsjahren in Vollzeitschulen eröffnet. Bei der überwiegenden Mehrzahl der in Frage kommenden Jugendlichen ist ohnehin davon auszugehen, daß sie am Ende des 8. Schuljahres 9 Schulbesuchsjahre nachweisen können, sei es, daß sie mindestens ein Schuljahr wiederholen mußten, sei es, daß sie durch Um- oder Rückschulverfahren ein Schuljahr verloren haben.

b) Aus der Sicht von Eltern und Lehrern

Obwohl der Strukturwandel des Beschäftigungssystems die Chancen des Zugangs zum Arbeitsmarkt für die schwachen Hauptschüler und die obengenannten Sonderschüler rapide verschlechtert und sie nachweislich auf immer weniger Beschäftigungspositionen ausreichend verdienen können, um ihren Lebensunterhalt unabhängig von Dritten finanzieren zu können, ist diese Tatsache weder im Bewußtsein der Schüler noch ihrer Eltern, und auch nicht im Bewußtsein der Lehrer, so nachhaltig verankert, daß sich daraus eine hinreichende Bereitschaft ableiten ließe, sich zu einem sehr frühen Zeitpunkt und auf eine so lange Dauer (fünf Jahre) auf einen Bildungsgang einzulassen, der besser als alles Vergleichbare den Zugang zu rentabler Lohnarbeit in zukunftssicheren Beschäftigungspositionen garantieren könnte.

Auch das zweite Argument, daß angesichts der Umbrüche im Gesellschafts- und Wirtschaftssystem die Berufsausbildung generell nicht mehr eine lebenslange Beschäftigungsposition garantiert, vielmehr mit Berufswechseln künftig vermehrt gerechnet werden muß, schlägt bewußtseinsmäßig noch nicht durch.

Gerade aber auch unter dieser Perspektive bietet eine berufliche Ausbildung in der Bauwirtschaft eine Basis, die bei vergleichsweise bester Bezahlung eine beachtlich hohe Flexibilität bei der Gestaltung der individuellen Biographie ermöglicht (Aufstiegs- und Spezialisierungschancen; saisonale Arbeit; Arbeit im Ausland, usw.)

Zum Einwand schulorganisatorischer und schulrechtlicher Schwierigkeiten bei Realisierung des Konzepts an Haupt- beziehungsweise Sonderschulen (Stigmatisierung durch Sonderbeschulung)

Es ist zu beobachten, daß schwache und schwierige Hauptschüler nach Erfüllung ihrer Vollzeitschulpflicht die Hauptschulen auf eigenen Wunsch verlassen oder aber von diesen freigesetzt werden. Ohne den entsprechenden Abschluß tauchen sie im Berufsvorbereitungsjahr der Berufsschulen auf, weil ihnen dieses Angebot als aussichtsreich erscheint oder ihnen als solches nahegelegt wurde.

Daß schwache Hauptschüler nach Erfüllung ihrer Vollzeitschulpflicht – oft also schon nach Abschluß der 8. Klasse – in das BVJ überwechseln (Ähnliches läßt sich auch für Abbrecher aus höheren Bildungsgängen nachweisen), und die Tatsache, daß das ursprüngliche Konzept Sonder- und Hauptschulen vor schulrechtlich und schulorganisatorisch erhebliche Probleme stellt (Status von am Konzept interessierten Hauptschülern, sofern dieses an einer Sonderschule durchgeführt würde / Status von Sonderschülern, sofern das Konzept an einer Hauptschule realisiert würde / Kooperationszwang von verschiedenen Sonder- und Hauptschulen einer Region zur Bildung entsprechender Spezialklassen bei allgemein sinkenden Schülerzahlen), geht die Neufassung davon aus, das Konzept *im Rahmen der Berufsschule* zu realisieren *und Sonderschullehrer* (der Lernbehindertenpädagogik) zur Durchführung des allgemeinbildenden Unterrichts im 9. Schuljahr und zur Erteilung der sonderpädagogischen Förder-, Stütz- und Erweiterungsangebote während der drei Ausbildungsjahre dorthin *abzuordnen* (Kooperationsvertrag).

Die Einführung des Berufsvorbereitungsjahres als Pflichtschuljahr für alle Jugendlichen in Baden-Württemberg, die in kein Ausbildungsverhältnis vermittelt weden können, läßt erwarten, daß sich diese Jugendlichen (und ihre Eltern) künftig verstärkt in Richtung Berufsschule orientieren werden, zumal die bestehenden Alternativen freier Träger sukzessive beschränkt werden sollen. Es ist daher nur zweckmäßig, dieses Konzept als qualitative Alternative an der Berufsschule anzusiedeln.

2. Chancen und Schwierigkeiten einer berufsschulzentrierten Neufassung des Konzeptes

Eine Verwirklichung des Konzeptes an der Berufsschule mit abgeordneten Sonderschullehrern hat die folgenden Vorzüge:
- Die Berufsschule hat seit eh und je größere Regionen als Einzugsgebiet als Haupt- und Sonderschulen. In der Bewältigung der daraus resultierenden organisatorischen Probleme hat sie die vergleichsweise größte Kompetenz.
- Wer eine Berufsschule besucht, entgeht jeglicher Stigmatisierung durch „Sonderbeschulung", selbst wenn er dort von ausgebildeten Sonderschullehrern unterrichtet wird.
- Sowohl im öffentlichen Bewußtsein als auch im Selbstverständnis der Berufsschule zeichnet sich deren Angebot durch enge Kontakte mit dem Wirtschafts- und Beschäftigungssystem aus und garantiert somit die vergleichsweise größte und aktuellste Realitätsnähe.

Die Schwierigkeiten einer Verwirklichung des Konzeptes an der Berufsschule liegen hauptsächlich darin begründet, daß weder ihre bisherigen Curricula noch die spezifische Qualifikation ihrer Lehrerschaft und deren Bewußtseinslage ausreichend auf die spezifischen Problemlagen und Bedürfnisse von schwachen Hauptschülern und von Sonderschülern ausgerichtet sind. Unzureichende Erfahrungen und bislang mangelnde Möglichkeiten einer sonder- und sozialpädagogischen Förderung dieser Schüler führen zu deren bekannten Schwierigkeiten, die allzu oft mit dem Abbruch von Ausbildungsverhältnissen oder mit dem Scheitern an den Anforderungen einer leistungsorientierten Berufsschule und deren Abschlußprüfungen enden.

Diese Schwierigkeiten lassen sich am besten dadurch mildern, daß für dieses Ausbildungskonzept eine auf Dauer gestellte, spezifisch definierte, vertraglich gesicherte Mitwirkung von Sonderschullehrern vorgesehen wird.

Das im folgenden zur Diskussion gestellte Konzept einer Kooperation zwischen Sonder- und Berufspädagogen eröffnet aussichtsreiche Chancen zum Aufbau eines sonderpädagogisch geförderten, beruflichen Ausbildungsganges mit dem Ziel, Jugendliche mit Schulschwierigkeiten auf dem Weg einer Regelausbildung in zukunftssichere Beschäftigungspositionen im Facharbeiterrang zu bringen.

Mit der Verwirklichung eines solchen Konzepts bekäme die Berufsschule die Möglichkeit, ihre Angebotspalette auch im Blick auf Jugendliche mit Lernschwierigkeiten *qualitativ* auf eine für diese attraktive Weise zu erweitern. Setzt man voraus, daß in Analogie zu dem hier vorgestellten Konzept für Bauberufe auch für andere gewerbliche, möglicherweise aber auch für kaufmännische und hauswirtschaftlich-pflegerische Berufe Ausbildungsgänge entwickelt werden können, dann eröffnet sich für die Berufsschule die Möglichkeit, zum Berufsvorbereitungsjahr bisheriger Prägung mit seinen bekannten Problemen (vgl. S. 203–213) qualitativ günstigere Alternativen in der Form spezifisch ausgelegter, auf die spätere Ausbildung teilweise anrechenbarer Vorbereitungsjahre anzubieten. Durch diese Vorverlagerung von Ausbildungselementen in die spezifischen *Ausbildungsvorbereitungsjahre (AVJ)* kann die Berufsschule zugleich in den folgenden Ausbildungsjahren Raum für sonderpädagogische Förder-, Stütz- und Ergänzungsangebote schaffen, die fest zum Ausbildungsprogramm gehören und somit nicht länger der privaten Initiative (und Finanzierung) des Schülers und seiner Eltern beziehungsweise den wenig befriedigenden Bemühungen der „ausbildungsbegleitenden Hilfen" (gemäß Arbeitsförderungsgesetz) überlassen bleiben müßten. Daß schwache Schüler und Auszubildende dringend solcher Angebote bedürfen, wenn sie insbesondere den schulischen Anforderungen während der Ausbildung genügen wollen, steht für Kenner der Probleme gänzlich außer Frage.

Die Tatsache, daß bislang bereits das BVJ zu einem dem Hauptschulabschluß gleichwertigen Bildungsabschluß führt, somit hier bereits *eine* Alternative zum Norm-Hauptschulabschluß geschaffen worden ist, gibt Anlaß, das unserem Konzept integrierte 9. Schuljahr als Ausbildungsvorbereitungsjahr (AVJ) curricular so auszulegen, daß dessen erfolgreicher Abschluß ebenfalls zu einer dem Hauptschulabschluß gleichwertigen Qualifikation führt. Damit wäre dann einerseits dem Interesse an einem qualifizierten Abschluß der Vollzeitschulpflicht Rechnung getragen; andererseits bliebe das inhaltliche Angebot des Schuljahres und seiner Abschlußprüfung präzise auf die realistischen Zielsetzungen dieses Bildungsganges bezogen.

3. Bauprinzipien des Modells
(vgl. dazu die Grafik auf Seite 271)

Das 9. Schuljahr – als Ausbildungsvorbereitungsjahr an der Berufsschule mit Abschlußprüfung (Hauptschulabschluß-gleichwertig) – und die drei Ausbildungsjahre zur Fachkraft am Bau werden hier als eine Einheit betrachtet.

Es wird die Einrichtung spezieller Klassen für je maximal 16 Schüler vorgeschlagen, die als Lerngruppe für die Dauer des auf vier Jahre konzipierten Ausbildungsganges zusammenbleibt soweit dies möglich ist, das heißt in den Phasen der überbetrieblichen Ausbildung, des Berufsschul- und Förderunterrichts.

Mit dem Eintritt in das Ausbildungsvorbereitungsjahr, also zu Beginn des 9. Schuljahres, erhält jeder Schüler einen Vorvertrag durch einen Ausbildungsbetrieb der Bauwirtschaft, der sich an diesem Konzept beteiligt. Der Schüler wird darin zur verbindlichen Teilnahme an den vorverlagerten Ausbildungsanteilen verpflichtet, die in den Betrieben, im überbetrieblichen Ausbildungszentrum und im Berufsschulunterricht durchgeführt werden. Die erfolgreich bestandene AVJ-Abschlußprüfung garantiert die Übernahme in ein betriebliches Ausbildungsverhältnis, dessen schulische und überbetriebliche Anteile durch ein sonderpädagogisches Förderprogramm ergänzt werden. Der Auszubildende muß sich verpflichten, daran teilzunehmen.

Das Ausbildungskonzept des Fachverbandes Bau Württemberg e.V. ist Grundlage der Kooperation zwischen Berufsschule, überbetrieblicher und betrieblicher Ausbildung, einschließlich der sonderpädagogischen Förderung. Die bisherige dreijährige Ausbildung erfolgt in dieser Struktur:

1. Jahr	2. Jahr	3. Jahr	Summen
Berufsschule			
20 Wochen	10 Wochen	8 Wochen	38
Überbetriebliche Ausbildung			
20 Wochen	13 Wochen	4 Wochen	37
Betriebliche Ausbildung			
12 Wochen	29 Wochen	40 Wochen	81
52	52	52	156

Bezieht man das 9. Schuljahr als AVJ in dieses Ausbildungskonzept mit ein, so geschieht dies im vorliegenden Modell nach den folgenden Grundsätzen:

1. Die Ausbildungsanteile, die in das AVJ vorverlegt werden, sind Bestandteil der regulären Ausbildung. Im gleichen zeitlichen Umfang, in dem in diesem Schuljahr „Ausbildung" erfolgt, hat der künftige Auszubildende in den folgenden Jahren Anspruch auf sonderpädagogische Förder-, Stütz- und Ergänzungsangebote zur Vor- und Nachbereitung der Anforderungen in Berufsschule und überbetrieblicher Ausbildung und zwar durch seine Lehrer im AVJ.

2. In das AVJ werden ausgewählte Unterrichtseinheiten aus den Fächern Fachkunde, Fachrechnen und Fachzeichnen des *Berufsschulunterrichts* des ersten Lehrjahres vorverlagert. Das Konzept sieht hierfür je einen Tag in 26 Wochen vor. In der Abschlußprüfung des AVJ werden Inhalte der Fachtheorie (Fachkunde, Fachrechnen, Fachzeichnen) geprüft. – Für die vorverlagerten 26 Tage Berufsschulunterricht im AVJ bekommt der Jugendliche als Auszubildender berufsschulbezogenen Förderunterricht und zwar je einen Tag in fünfzehn Wochen im ersten, in fünf Wochen im zweiten und in sechs Wochen im dritten Ausbildungsjahr.

3. Von den *überbetrieblichen Ausbildungsanteilen* werden vier Wochen in das AVJ eingebaut. Der Unterricht findet in den entsprechenden Einrichtungen der Bauwirtschaft statt und wird vom dortigen Personal erteilt. Die Gesamtleistung des AVJ-Absolventen aus dieser Phase gehen als Fachpraxis-Prüfungsergebnis in die Abschlußprüfung ein. Dafür erhält der Auszubildende je zwei Wochen Förderunterrricht im ersten und zweiten Ausbildungsjahr, der sich jeweils an die entsprechenden Phasen überbetrieblicher Ausbildung anschließt und der Sicherung und Vertiefung der dort erworbenen Kenntnisse dient.

4. Von den *betrieblichen Ausbildungsanteilen* werden drei Wochen im ersten Drittel des AVJ und weitere vier Wochen am Ende des AVJ realisiert. Dafür erhält der Auszubildende dann im ersten Lehrjahr drei Wochen, im zweiten Lehrjahr zwei Wochen berufsschulbezogenen Förderunterricht, im dritten Lehrjahr kommen zwei Wochen als spezielle Vorbereitungs- und Trainingsphase auf die Abschlußprüfung in der Berufsschule dazu.

Somit ergibt sich die folgende Verteilung der Anforderungen:

9. Schj./AVJ	1. Ausb.-Jahr	2. Ausb.-Jahr	3. Ausb.-Jahr	Summe
Berufsschule				
26 Wochen je 1 Tag = 5,2 Wochen	15 Wochen je 4 Tage = 12 Wochen	7 Wochen je 5 Tage = 7 Wochen	6 Wochen je 4 Tage = 4,8 Wochen	
	2 Wochen je 5 Tage = 2 Wochen	5 Wochen je 4 Tage = 4 Wochen	3 Wochen je 5 Tage = 3 Wochen	38
▲ (5,2) ► Berufsschulbezogener Förderunterricht				
	15 Wochen je 1 Tag = 3 Wochen	5 Wochen je 1 Tag = 1 Woche	6 Wochen je 1 Tag = 1,2 Wochen	
Überbetriebliche Ausbildung				
4 Wochen	16 Wochen	13 Wochen	4 Wochen	37
▲ (4) ► Darauf bezogene Förderung				
	2 Wochen	2 Wochen		
Betriebliche Ausbildung				
7 Wochen	14 Wochen	23 Wochen	37 Wochen	81
▲ (7) ► Zusätzliche Förderung				
	3 Wochen berufsschul- bezogen	2 Wochen berufsschul- bezogen	2 Wochen prüfungs- bezogen	
	52	52	52	156
vorverlagerte Ausbildung: 16,2 Wochen = 10,4 % der Gesamtausbildungszeit				

Mit diesem Zeit-Organisationskonzept kann – besser als in jeder bislang bekannten Fördermaßnahme – sichergestellt werden, daß Jugendliche mit Lernschwierigkeiten den Anforderungen der Berufsschule und der überbetrieblichen Ausbildung genügen können.

4. Bemerkungen zur „Innovationshöhe" des Konzepts

Auch für diese überarbeitete Fassung des Konzepts gilt im wesentlichen was an entsprechender Stelle in der Erstfassung ausgeführt wurde: Die Einzelvorschläge sind weder ungewöhnlich noch neuartig; sie sind durchweg praktikabel, verwaltungstechnisch möglich und im Rahmen der bestehenden Schul- und Ausbildungsstrukturen ohne Bedenken durchführbar. Neu am hier vorgelegten Konzept ist lediglich die konsequent durchkomponierte Integration dieser Ansätze zu einem plausiblen und für alle Beteiligten verbindlichen Konzept. Auch in der neuen Fassung bedarf seine Realisierung keines Schulversuchs und keiner Änderung bestehender Ausbildungsstrukturen. Nötig sind nur bindende Vereinbarungen auf der Ebene von Erlassen und Durchführungsvorschriften.

Insofern das hier vorgeschlagene Ausbildungsvorbereitungsjahr (AVJ) die vergleichsweise größte Neuerung darstellt, sind hierzu die folgenden Anmerkungen nötig:

1. Seine organisatorische Struktur ist insbesondere in zwei Punkten mit der des Berufsvorbereitungsjahres zu vergleichen:

a) Fachpraxisanteil

Der Anteil der Fachpraxis (hier repräsentiert durch die Ausbildungsanteile, die in Betrieben der Bauwirtschaft (7 Wochen à 5 Tage = 280 Std.), in den überbetrieblichen Zentren (4 Wochen à 5 Tage = 160 Std.) abzuleisten sind, insgesamt also 440 Stunden, entspricht etwa 80 Prozent des Fachpraxisanteils im BVJ. Dort entfallen darauf 15 Stunden pro Woche, das sind 540 Stunden in 36 Schulwochen.

b) Abschlußverfahren

Das BVJ schließt mit einer Abschlußprüfung und einer Zusatzprüfung zum Erwerb eines dem Hauptschulabschluß gleichwertigen Bildungsstandes. – Streng analog zu diesem Verfahren läßt sich auch im AVJ eine Abschlußprüfung und eine Zusatzprüfung zum Erwerb eines dem Hauptschulabschluß gleichwertigen Bildungsstandes durchführen:

– Die praktische Prüfung wird im überbetrieblichen Ausbildungszentrum durchgeführt. Der Schulleiter der Berufsschule oder ein von ihm bestellter Vertreter ist Prüfungsvorsitzender. Dem Ausschuß gehören außerdem ein Mitglied der zuständigen Handwerkskammer/Innung und die verantwortlichen Ausbilder des überbetrieblichen Zentrums an. Die Bewertungen aus den absolvierten Kursen bilden 50 Prozent der Endnote.

– Die schriftliche Prüfung im Prüfungsfach Fachkunde wird wie im BVJ, jedoch ausschließlich bezogen auf das Berufsfeld Bau, durchgeführt.

– Für die Prüfungsfächer Deutsch und Mathematik/Fachrechnen sowie für die mündlichen Prüfungen können die für die BVJ-Zusatzprüfung geltenden Regelungen problemlos übernommen werden.

Wichtig wäre, daß insbesondere während einer mehrjährigen Anfangsphase an der Regelung festgehalten wird, daß die Berufsschule „die vorgesehenen Prüfungstermine und die Aufgabenvorschläge für die schriftliche Abschlußprüfung dem zuständigen Oberschulamt mitteilt. Sie gelten als genehmigt, wenn kein gegenteiliger Bescheid ergeht" (MKS, Baden-Württemberg, Erlaß vom 2. 7. 1984, V 2309–5/36)

Da mit dem erfolgreichen Abschluß des gesamten, auf vier Jahre angelegten Ausbildungsganges ohnehin ein dem Hauptschulabschluß entsprechender Bildungsstand erreicht wird, erfüllt diese am Ende des AVJ abzulegende Prüfung lediglich die folgenden Funktionen:

– Sie garantiert die formaljuristische Gleichwertigkeit von AVJ und BVJ und bietet somit dem Jugendlichen, der aus welchen Gründen auch immer am

weiteren Ausbildungsgang nicht teilnehmen will, einen qualifizierten Abschluß der Vollzeitschulpflicht und befreit ihn zugleich von der Berufsschulpflicht.

– Sie ist Voraussetzung für die Übernahme in ein reguläres Ausbildungsverhältnis (gemäß § 25 BBiG) im Berufsfeld Bau gemäß dem hier vorgestellten
Konzept, das heißt mit einem fest integrierten, sonderpädagogischen Stütz-
und Förderangebot.

2. Zum Verhältnis von allgemeinbildendem und beruflichem Bildungsangebot im
AVJ.

Wenn eine Verzahnung der allgemeinbildenden und der berufsbildenden Teile
des Unterrichtsangebotes im AVJ verwirklicht werden und es also nicht nur bei
einer bloßen Addition unverbundener Elemente bleiben soll, dann sind für die
inhaltliche Auslegung des Curriculum des AVJ folgende Gesichtspunkte und
Forderungen zu bedenken:

a) Dimension der „Allgemeinbildung"
Das allgemeinbildende Unterrichtsangebot ist inhaltlich so auszulegen, daß
die folgenden vier Hauptfunktionen erfüllt werden:

1. Aufbau und Training der Fähigkeiten, sowie der Erwerb und die Sicherung
von Kenntnissen, insbesondere in den Fächern Deutsch, Rechnen und
Fachzeichnen, sowie in den naturwissenschaftlichen Fächern (Chemie/
Physik) in nachweislichem und für die Schüler einsichtigem Bezug zu den
Angeboten in den berufsbildenden Teilen des Curriculum.

Es ist zu erwarten, daß die Bereitschaft der Jugendlichen steigt, diese
Grundkenntnisse und Fähigkeiten zu erwerben, da sie in den berufsbezogenen Angebotsbereichen ständig erfahren können, daß und wozu man die
geforderten Fähigkeiten und Kenntnisse braucht.

2. Umgekehrt hat der allgemeinbildende Unterricht die Aufgabe, die berufsbildenden Anteile in einen größeren geschichtlichen, sozial- und wirtschaftspolitischen Horizont zu stellen. Die Inhalte der beruflichen Bildung werden
als Kristallisationspunkte begriffen, von denen aus sich die Erfahrungen der
Jugendlichen interpretieren und ordnen lassen und auf die bezogen sich ein
Gefüge von tragfähigen Vorstellungen und Handlungsstrategien (und somit
ein entsprechend kritisches Bewußtsein) für den einzelnen in der modernen
Industriegesellschaft entwickeln läßt.

Es ist anzunehmen, daß solche Wechselwirkungen zwischen Berufsausbildung (Arbeit) und allgemeiner Bildung nicht ausschließlich im Modell
des traditionellen Fächerkanons befriedigend zustande gebracht werden
können. Wahrscheinlich ist, daß es hierfür auch Formen des Lernens in
Projekten und des Lernens an außerschulischen Lernorten (zum Beispiel
Besichtigung von Bauwerken, Sanierungsvierteln, Baustoffindustrien,
Museen usw.) bedarf.

Konsequenterweise braucht man für die Entwicklung und Ausarbeitung
solcher Unterrichtsvorhaben – zum Beispiel zu Themen wie: Grundbedürf-
nis Wohnen und architektonische Lösungen zu seiner Befriedigung im historischen und/oder interkulturellen Vergleich / Was heißt funktionsgerechtes

Bauen? (Beispiel: Schulhausbau) / Pro und Contra Altstadtsanierung / Stadt-
planung in Geschichte und Gegenwart / Gesellschaftliche Entwicklung im
Spiegel der Baustile / Zum Zusammenhang zwischen Bautechnik und
Baustil / Was heißt sozialer Wohnungsbau? (Formen – Fehlentwicklungen –
Utopien) – Arbeitsgemeinschaften, in denen Experten des Baugewerbes mit
Lehrern und Unterrichtswissenschaftlern entsprechende Konzepte und die
dafür erforderlichen Unterrichtsmaterialien entwickeln und erproben.

3. Eine weitere, wichtige Funktion des allgemeinbildenden Unterrichts besteht
darin, den Jugendlichen Möglichkeiten der Freizeitgestaltung zu eröffnen
und ihre dafür vorhandenen Dispositionen zu entwickeln und zu fördern
(zum Beispiel freizeitnahe Sportarten, Anleitung zu einem befriedigenden
und kritischen Gebrauch der Medien, Anstiftung zu Teilhabe am gesellschaftlichen und kulturellen Leben der Region (Zugang zu Gruppen, Vereinen, Besuch von Veranstaltungen) usw.)

4. Schließlich hat der allgemeinbildende Unterricht Hilfen und Anregungen zur
praktischen Lebensgestaltung und -bewältigung zu vermitteln, insbesondere
in den Bereichen der privaten Wirtschaftsführung (Finanzplan, Anschaffungen, Ratenkäufe, Kreditwesen, Versicherungen, Vorsorge), der Organisation der privaten Akten, des Umgangs mit Behörden, der Entwicklung von
Handlungsstrategien in kritischen Situationen (Krankheit, Arbeitslosigkeit,
Zahlungsschwierigkeiten, Wohnungsverlust, usw.), sowie in den Bereichen
des Aufbaus und der Gestaltung privater Beziehungen und der Entwicklung
eines in geordneten Rhythmen verlaufenden Alltags (Wochenplan, Urlaubs-
plan, Wochenendgestaltung).

b) Kompetenztransfer
Eine Verzahnung allgemeinbildender und berufsbildender Unterrichtsangebote läßt sich ohne einen gewissen Kompetenztransfer zwischen den beteiligten Lehrergruppen kaum verwirklichen. Es ist daher anzustreben, daß die beteiligten Sonderschullehrer im Zuge der Lehrerfortbildung einen Einblick in
Inhalte, Vermittlungsmethoden und Anforderungen der beruflichen Ausbildung
bekommen, der ihnen eine fundamentale, erfahrungsmäßige Aneignung dessen
ermöglicht, womit die Jugendlichen im Zuge der beruflichen Ausbildung konfrontiert werden. Umgekehrt sollten die an der beruflichen Ausbildung Beteiligten – ebenfalls durch teilnehmende Beobachtung – hinreichend davon Kenntnis erlangen, was und wie in einem von Sonderpädagogen gestalteten, allgemeinbildenden Unterricht gelehrt und gelernt wird, und mit welchen Methoden
Verstehens- und Lernschwierigkeiten von Jugendlichen durch Stütz- und Fördermaßnahmen aufgehoben oder zumindest gemildert werden können.

c) Begleitforschung
Um die didaktische und methodische Verzahnung in der beschriebenen
Weise anzuregen, voranzutreiben, kritisch zu begleiten und zu sichern, ist es
zweckmäßig, das Konzept in Zusammenarbeit mit interessierten Erziehungs-
und Unterrichtswissenschaftlern durchzuführen und weiterzuentwickeln und
diese Kooperation institutionell abzusichern.

5. Übersichtsplan

Im folgenden wird ein neuer Übersichtsplan vorgelegt, aus dem ersichtlich ist, wie der Verbund von AVJ und Berufsausbildung in einer Kooperation – auf vier Jahre angelegt – zwischen allgemeinbildendem und beruflichem Unterricht, überbetrieblicher und betrieblicher Ausbildung als ein rollierendes System funktionieren kann (vgl. Seite 271). Das System ist so komponiert,
– daß die betrieblichen Ausbildungsphasen im AVJ in witterungsgünstigen Perioden liegen;
– daß ein möglichst reibungsloser Übergang von AVJ zum beruflichen Unterricht zu Beginn des ersten Ausbildungsjahres durch eine intensive sonderpädagogische Stütz- und Förderphase gesichert wird;
– daß das überbetriebliche Ausbildungszentrum ganzjährig ohne Überschneidungen belegt werden kann;
– daß die Auszubildenden im zweiten und dritten Ausbildungsjahr den Betrieben der Bauwirtschaft in den produktionsintensiven Phasen zur Verfügung stehen;
– daß die für den allgemeinbildenden Unterricht zuständigen Sonderpädagogen immer dann im ersten bis dritten Ausbildungsjahr Stütz-, Förder- und Erweiterungsangebote machen können, wenn die Schüler des AVJ in den vorverlagerten Berufsbildungsangeboten beschäftigt sind und ein solcher Unterricht für die Auszubildenden als besonders wünschenswert erscheint (teils begleitend zum Berufsschulunterricht, teils diesen vor- oder nachbereitend, teils zur Sicherung der in überbetrieblichen Ausbildungsphasen erworbenen Kenntnisse, teils als gezielte Vorbereitung der Abschlußprüfungen).

6. Eingangsvoraussetzungen

Es wird davon ausgegangen, daß die Phase der allgemeinen Orientierung und Berufsvorbereitung in den Klassen 8 der abgebenden Haupt- und Sonderschulen so gestaltet wird, daß durch die Arbeit mit den Schülern und deren Eltern ein hinreichendes Interesse an diesem Ausbildungsgang entwickelt werden konnte.
Der Ausbildungsgang selbst wird eingerichtet, wenn seitens der Bauwirtschaft dafür genügend Ausbildungsplätze zugesichert werden.
Seitens der jugendlichen Bewerber um Aufnahme in das Ausbildungsvorbereitungsjahr-Bau werden die folgenden Voraussetzungen verlangt:
– die Vollendung des 15. Lebensjahres bis zum 1. September des Jahres, in dem die Aufnahme in das AVJ erfolgen soll;
– der Nachweis von neun Schulbesuchsjahren an einer Vollzeitschule (Haupt- oder Sonderschule, Realschule): Erfüllung der Vollzeitschulpflicht;
– der Nachweis über ein mindestens 14tägiges Betriebspraktikum in einem Betrieb der Bauwirtschaft (entweder im Rahmen des berufsvorbereitenden Unterrichts in Klasse 8 einer Haupt- oder Sonderschule, bzw. für Abbrecher aus weiterführenden Schulen über ein entsprechendes Ferienpraktikum);
– eine ärztliche Unbedenklichkeitsbescheinigung;
– die Einverständniserklärung der Personensorgeberechtigten;
– mindestens befriedigende Leistungen in den Fächern Mathematik und Sport.

271

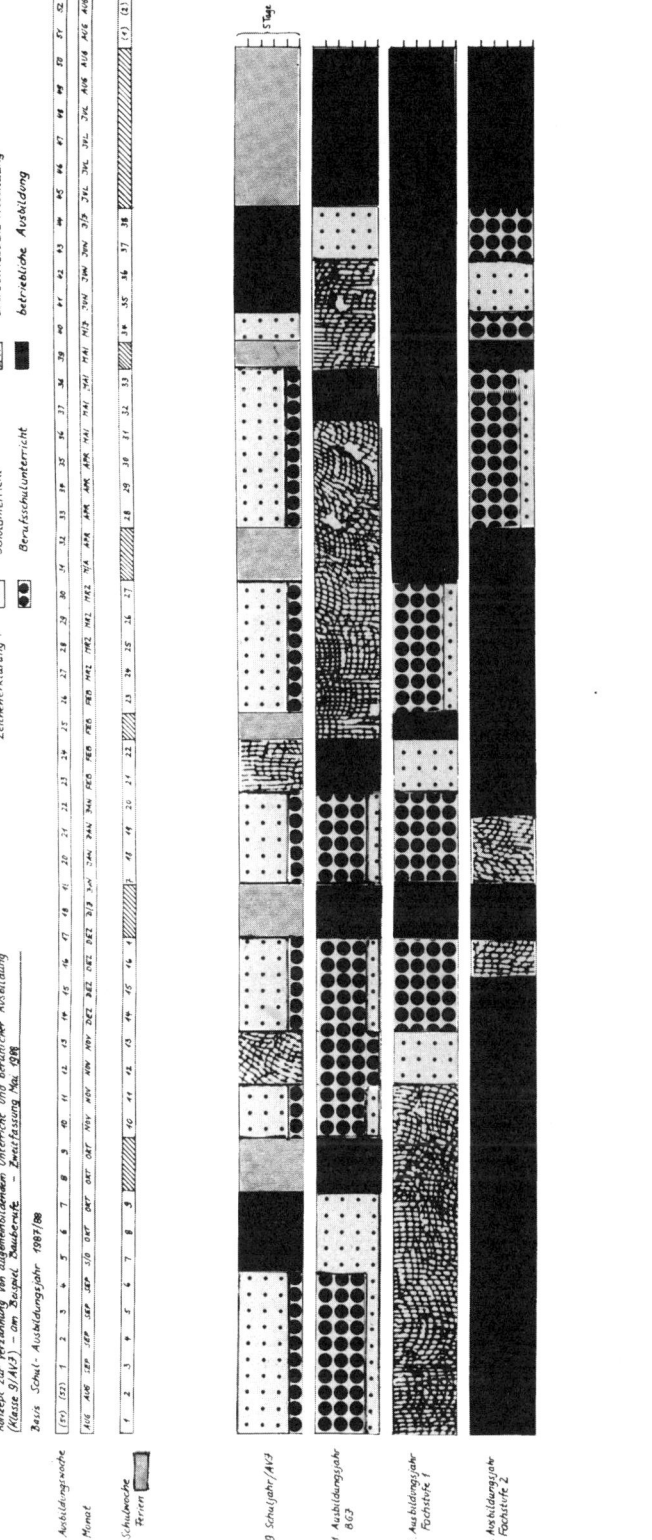

Konzept zur Verzahnung von allgemeinbildendem Unterricht und beruflicher Ausbildung
(Klasse 9/AKJ) – am Beispiel Bauberufe – Zweitfassung Mai 1988

Basis: Schul- Ausbildungsjahr 1987/88

Zeichenerklärung:

Schulunterricht · · ·   überbetriebliche Ausbildung
Berufsschulunterricht ●●●   betriebliche Ausbildung

Ausbildungswoche
Monat
Schulwoche / Ferien

9 Schuljahr/AKJ
1 Ausbildungsjahr BGJ
2 Ausbildungsjahr Fachstufe 1
3 Ausbildungsjahr Fachstufe 2

Bibliographische Anmerkungen

Realitätsnahe Schule. – In der zweiten Auflage überarbeitet gegenüber: Zeitschrift für Heilpädagogik. 36. Jg. 1985, Beiheft 12, S. 121–142.

Allgemeinbildung in sonderpädagogischer Sicht. – Der Beitrag ist aus einer Diskussion der „Realitätsnahen Schule" in der Kommission Sonderpädagogik der Deutschen Gesellschaft für Erziehungswissenschaft im März 1986 unter der Leitung von Gerd Iben entstanden. Zuerst in: Zeitschrift für Pädagogik (1987), 21. Beiheft: Allgemeinbildung. Beiträge zum 10. Kongreß der Deutschen Gesellschaft für Erziehungswissenschaft vom 10. bis 12. März 1986 in der Universität Heidelberg. – Weinheim, Basel 1987, S. 239–244.

Unterdrückte und unbefriedigte Bedürfnisse? Bemerkungen zu Gerhard Kleins bedürfnistheoretischer Gesellschafts- und Schulkritik. In: Sonderpädagogik. 17. Jg. 1987, S. 131–139.

Perspektiven der Schule für Lernbehinderte. Umrisse eines Bildungskonzeptes für Kinder und Jugendliche der unteren Statusgruppen. In: Zeitschrift für Pädagogik. 34. Jg. 1988, S. 227–245.

Repräsentation als Problem der Schule. Erstdruck.

Schwätzer und Stumme. Gekürzter Vorabdruck in: Iben, Gerd (Hg.): Das Dialogische in der Heilpädagogik. – Mainz 1988, S. 324–334.

Ikonische Texte. Eine Chance für „Schulversager". – Zuerst veröffentlicht in: Praxis Deutsch. 14. Jg. 1987, Heft 82, S. 8–11. Der Beitrag ist Klaus Giel gewidmet.

„Die in der Fremde arbeiten …" Unterricht mit Karikaturen von Arbeitsmigranten. – Geringfügig verändert gegenüber: Praxis Sonderschule. 1. Jg. 1986, Heft 2, S. 7–11.

Aufsätze ernst nehmen – korrigieren alleine reicht nicht. Ein Weg zu sozialem Lernen und Lehren im ganz alltäglichen Unterricht. In: Lernen. Ereignis und Routine (= Jahresheft IV. Hrsg. vom Friedrich Verlag, Velbert, in Zusammenarbeit mit Klett). – Seelze 1986, S. 98–101.

Förderlicher Aufsatzunterricht. Erstdruck. – Gekürzter Nachdruck in: Sandfuchs, U. (Hg.): Förderunterricht konkret. Materialien und Unterrichtsbeispiele für die Jahrgangsstufen 5–9. Bad Heilbrunn 1990, S. 122–138.

Texte befragen. Methodische Anregungen zu einem kritischen Leseunterricht. Erstdruck. – Übernommen in: Praxis Schule 5–10. Zeitschrift für die Sekundarstufe I des Schulwesens. Braunschweig 1989, S. 14–18 und 53f.

Wohnen und Wohngemeinschaft als Unterrichtsthema. Erstdruck.

Die Berufswirklichkeit und die Vorbereitung in den Schulen für die behinderten Jugendlichen. Im November 1990 erneut überarbeitet und aktualisiert gegenüber: Zeitschrift für Heilpädagogik. 38. Jg. 1987, S. 89–108. Der Beitrag ist Andreas Möckel gewidmet.

Benachteiligte Jugendliche im Berufsvorbereitungsjahr. – Erweiterte Fassung des Aufsatzes: Didaktische Probleme mit benachteiligten Jugendlichen im Berufsvorbereitungsjahr. In: Die berufsbildende Schule. 39. Jg. 1987, S. 573–584.

Arbeit und Beruf – für benachteiligte und behinderte Jugendliche? Aufgrund einer Nachuntersuchung aus dem Jahre 1990 von Michael Storz erheblich erweiterte und überarbeitete Fassung des Aufsatzes in: Die deutsche Schule. 80. Jg. 1988, S. 161–181. In den neuen Text sind außerdem zentrale Passagen übernommen aus: Hiller, G.G.: Selbständig leben – für „schwache" Hauptschüler und Sonderschulabgänger künftig eine Illusion? In: Lehrerzeitung Baden-Württemberg, Süddeutsche Schulzeitung. 43. Jg. 1989, S. 344–346.

Konzept zur Verzahnung von Schulunterricht und beruflicher Ausbildung für Jugendliche mit Lernschwierigkeiten. Ein Modell für den Bereich der Bauberufe. – Geringfügig gekürzt gegenüber dem Erstdruck in der ersten Auflage.